Commercial Law

商法界论集

第6卷

证券纠纷代表人诉讼的理论与实践

陈 洁／主编
夏小雄 唐林垚／副主编
中国社会科学院法学研究所
商法研究室 主办

法律出版社 LAW PRESS·CHINA

编 委 会

总　　序

在党的十四大报告确定建立社会主义市场经济体制的改革目标之后,1992 年 10 月王保树先生以敏锐的学术观察力及时做出反应,建议将中国社会科学院法学所经济法研究室改为商法经济法研究室,并坚持将"商法"放在名称构成的前面。王保树先生的该项提议被迅速采纳,商法经济法研究室在 1992 年 10 月即实现更名,成为我国最早的冠以商法名称的科研机构之一。当时在商法经济法研究室工作的我学轻而识浅,却与保树先生言谈无忌,曾言"商法不就是个词嘛,在研究室名称中商法之先后或有无,没啥实际意义,只需追求科研有实在内容就行了"。至今我还记得,当时保树先生意味深长地看了我一会儿,伴以扣桌之声很有节奏地对我说:"你以后就知道叫商法有啥意义了。"10 年之后,商法经济法研究室分立为商法研究室和经济法研究室,商法研究室以商法学科为专属科研领域,作为一个充满理论创造力与学术号召力的专业团队存续并壮大于商法界,为中国商法的法治进步与学术繁荣不断做出努力与贡献。

随着法学所商法研究室的发展而成长的 20 多年间,我时常感怀保树先生的学术擘画之功及对我的提携之情,亦因年轻时一句"有啥意义"而更为深刻地体悟精心建构学术平台的重要意义。如果没有保树先生当年率先对商法概念的再本土化,以及在此过程中殚精竭虑地建构各种形式的商法学术平台,如主编《商事法论集》、在单位设立商法研究中心、领导中国法学会商法学研究会等,那么中国商法及商法学即便也会应时出现并有所发展,但或许是另外一个样子。

因承继积淀与创新拓展,法学所商法研究室已是一个科研效益与学术能量颇为可观的平台。为学养培植与学识增进,商法研究室并不囿于本单位课题研究与编制内团队培育,愿意并努力秉持更广阔的学术情怀与更勤勉的学术担当,为整个商法界的兴盛繁荣付出努力,包括为商法界精心搭建并维护更有特色与效益的学术平台。继开设微信公众号"商法界"广获影响之后,又再接再厉,创设《商法界论集》系列,以期商法界同仁可以在此坦诚砥砺学问、系统阐释观点、集萃思考精华。

商法研究室开设的微信公众号"商法界"旨在"以商新法,以法促商",《商法界论集》仍将秉持这一学术理念,并努力使之在商法制度建设和学科发展中持续彰显、不断增效。"以商新法,以法促商"概括了商与法的关系,既反映了经济社会发展中商与法之间的互动规律,也标明了商法研究中学术生长的基本机制。把握"以商新法,以法促商",商法研究者要作为敏锐、睿智且负责的观察者深度介入商事活动实践,与市场主体同时感受市场运行中变化着的力量与趋向,及时发现新的业态、交易模式、资源配置方式,且比一般的市场主体更能深刻地观察到商事创新的动因、性质、结构以及规则表现与运行效果;秉持以法治方式促进经济社会发展进步的学术立场,在科研实践中充分认识到商法建构与实施的能动性要服从市场运行的规律性,科学运用法治思维认识并以法律语言表述商事活动的事物属性、法律关系结构及应有的法律评价,进而作出有效的商法理论创新或者提出适当的商法制度建议,推动市场经济的良性运行与协调发展。

改革开放40年以来,尤其是社会主义市场经济体制确立以来,中国法治建设特别是商法建设具有前所未有的时空场域,商法及商法学经历了前所未有的跨越式发展。在这一时代背景中,商法界面临前所未有的贡献于学术、贡献于法治、贡献于社会的机会与责任。商法界专家学者在其科研实践中的睿思宏想、真知灼见是珍贵的学术资源和社会财富。《商法界论集》有心通过精心选粹和用心推广,使商法研究之圃的理论之花更多、更明媚地绽放于学界、灿烂于社会、辉煌于时代。商法研究室作为《商法界论集》这一学术新平台的维护者,希冀获得商法界专家学者的大力支持和深度参与,资深者率先倡导,莫自谦一得之见,再做学术示范;新锐者勇于展现,莫拘谨一议之功,放飞学术理想。只要我们用心过、合作过、努力过,《商法界论集》对中国商法学科体系、学术体系和话语体系的建构意义,以后我们就知道了。

*

2018年8月23日于北京

* 中国社会科学院学部委员,法学研究所所长,研究员、博士研究生导师。

目　　录

专　　题

论　　文

学位论文

专　　题

证券纠纷代表人诉讼的理论与实践会议纪要

主　题：证券纠纷代表人诉讼的理论与实践
时　间：2020年8月13日9：30～12：00
地　点：中关村皇冠假日酒店四层3号会议室
主持人：中国社科院法学研究所商法室主任陈洁研究员

陈洁：

尊敬的各位老师、各位同学：

大家上午好！

中国社科院法学所2020年第一期商法界圆桌会议正式开始，首先，我谨代表中国社科院法学所对在线光临本次会议的各位老师、各位同学，表示热烈的欢迎和衷心的感谢！

大家知道，我国2019年新《证券法》的一大亮点就是推出了独具中国特色的证券纠纷集体诉讼制度。在新《证券法》实施不到半年之际，最高人民法院就出台了《关于证券纠纷代表人诉讼若干问题的规定》，随即中国证监会出台了《关于做好投资者保护机构参加证券纠纷特别代表人诉讼相关工作的通知》，中证中小投资者服务中心（以下简称投服中心）也推出了《特别代表人诉讼业务规则》。这三个规范性文件基本确立了我国证券纠纷集体诉讼制度的具体运行规则，让中国版的证券集体诉讼制度从文本变成实践，可谓意义重大。它对我国的证券民事赔偿诉讼乃至整个资本市场生态都将产生重大的影响，为此，我们召开这个圆桌会议，大家切磋交流，建言献策，以期共同推进完善我国证券纠纷集体诉讼的理论与司法实践。

首先，按照会议的议程，我们进入主题发言环节，有请第一位发言嘉宾，北京大学的彭冰教授。

彭冰：

中国的证券代表人诉讼，包括普通代表人诉讼和特别代表人诉讼两套程序，我主要关注特别代表人诉讼程序，可以称为中国版的证券集体诉讼。关于这个制度的具体安排，现在已经有很多讨论了。但具体效果如何，很大程度上要依赖于未来的实践。在实践中，具体制度可能还会有一些调整，使它更适合中国现实。前几天，我也写了一个小评论,大家有兴趣可以看看。[1] 所以我在这儿不打算讨论具体的制度问题,而是想讨论一下理论上的问题。

核心问题就是中国版证券集体诉讼的定位问题,这个制度安排的目的是什么?要解决什么问题?一般集团诉讼有两个核心功能:一个功能是把很多小额的诉讼集合起来,使原来没有效益的负值诉讼可以进行,从而使小投资者可以获得赔偿;另一个功能是张巍在他的文章中提到的集体诉讼的所谓私人检察官功能,即通过发动私人主体,以发现更多的证券违法行为。[2] 我认为,私人检察官功能在中国现实制度环境下基本上是发挥不了作用的。这个发挥不了有很多原因,从现实来看,最核心的原因有以下几点。

第一,我们现在这样一个证券集体诉讼制度,其实仍然隐含有前置程序的安排:最高人民法院的司法解释中规定,只有原告能够提交行政处罚决定、刑事裁判文书等材料时,法院才会进入普通代表人诉讼程序,而只有进入普通代表人诉讼程序才有可能进入特别代表人诉讼程序,所以它仍然是一个隐含的前置程序。[3] 当然,与原来的前置程序相比,增加了被告自认材料和交易所的纪律处分和自律管理措施。在这个隐含的前置程序下,原告没有动力去发现证监会没有发现的或者公共执法主体没有发现的证券违法行为。

第二,即使我们去掉前置程序——这也是很多人所倡导的——会不会使原告有发现违法行为的积极性?我觉得也很困难,因为在中国法上没有一个类似美国集团诉讼中的证据开释程序,就是"Discover"的规则,原告有权要求被告出示各种相关的重要证据。其实不光中国,大多数国家都没有这样一个证据开释程序。因此,在实践中要求原告去收集足够的证据来证明证券侵权行为的存在就很困难。当然也不是没有可能,张巍在文章中举出浑水的例子,但那是有巨大利益激励情况下偶然的个案。

第三,我觉得私人执法的观念在中国是不能被公众接受的,也是主流观念不能接受的。其实不光中国,大多数国家都不能接受。从制度安排上,我们把中国版证券集体诉讼的发动权只给予了少数的法定主体,实际上就是说大多数私人主体是没有资格来做这件事的,有权发动中国版证券集体诉讼的只能是法定的、特定的主体。这个法定的特定主体,具有垄断性、排他性的诉讼发动权,也就很难说是私人检察官了,它只能说是一个准公共机构。

从这些因素来看,目前的中国版证券集团诉讼很难说它能够发挥所谓的私人检察官功能。所以,我们应该把它的功能明确定位为让投资者获得更多的赔偿,从而能起到对违法者的威慑作用,以及对投资者的保护功能。这个当然有它的现实需求,主要有两个

---

① 参见彭冰:《中国版证券集体诉讼的发动》,载北京大学金融法研究中心微信公众号,2020年8月1日。

② 参见张巍(清澄君):《再论证券集团诉讼——投服中心应当如何选案?》,载比较公司治理微信公众号,2020年8月2日。

③ 参见最高人民法院《关于证券纠纷代表人诉讼若干问题的规定》(法释〔2020〕5号)第5条第3项的规定,即"符合以下条件的,人民法院应当适用普通代表人诉讼程序进行审理:……(三)原告提交有关行政处罚决定、刑事裁判文书、被告自认材料、证券交易所和国务院批准的其他全国性证券交易场所等给予的纪律处分或者采取的自律管理措施等证明证券侵权事实的初步证据"。

原因。

1. 尽管大家对证券违法行为的行政处罚力度不足有所不满,但实际上在中国目前不可能特别大幅度地提高行政处罚的力度和金额,这次《证券法》修订已经在这方面做了最大限度的努力。这主要受制于《行政诉讼法》《行政处罚法》等原因以及立法的障碍——实际上证监会的处罚权不可能无限扩大,立法者和公众对它也有很多担忧。

2. 即使扩大了行政机构的处罚权,从现在来看,把罚款还给投资者也实现不了:罚款仍然都没收进了国库——尽管有很多学者呼吁,这次《证券法》修改仍然没有修改相关条款。

所以通过证券集体诉讼能够让投资者获得赔偿,同时加大违法者的违法成本,起到威慑的作用,是相对来说比较现实的选择。这应该是中国版的证券集体诉讼主要的定位。

在这个定位下当然会带来很多问题,我觉得可能有两个问题需要我们思考。

第一个就是我在前面写的评论里所讨论的问题:投保机构到底能不能选案,应不应该有选案的权力?我觉得张巍说的公共执法资源有限这样一个理由在这里不能成立,因为在这之前其实已经有人帮它选了案——证监会通过行政处罚,法院通过刑事判决已经帮他选定了,前置程序的存在本身就已经帮它排除了很多不值得进行的诉讼,因为不重要的违法行为根本就不予行政处罚。在这种情况下,它还能不能接着在其中再次挑选案件呢?我觉得不可以。我在评论上已经讲过了,所谓的人手不足、经费不足都不是原因,因为在前置程序存在的情况下,投保机构即使自己的人手不足,即使自己的经费不足,都完全可以通过雇佣和聘请律师来做这些事,这也可以说是一种公私合作的方式(Public-Private Partnership,PPP)。投保机构也可以采用胜诉酬金的方式来解决资金不足的问题。通过聘请律师,让他们来加入特别代表人诉讼,就可以解决人手不足、经费不足的问题。我觉得这些问题都可以解决,不是不可以解决,而且在投保机构的监督下,美国证券集团诉讼中的律师利益冲突、激励偏向等问题都比较容易得到解决。

第二个值得讨论和思考的问题,就是我们整个证券民事赔偿制度本身的问题。在以前因为没有中国版证券集体诉讼制度,上市公司对于虚假陈述的赔偿金额并不高,所以这个问题并没有引起大家的关注,大家想的主要是受害投资者能不能得到足够赔偿的问题。但是如果现在中国版的证券集体诉讼能够切实展开,我们面临的很大问题就是很多上市公司会面临巨额赔偿,这个巨额赔偿可能导致他们破产。而很多学者早就论证过,如果我们要发行人或者上市公司来全部承担这个赔偿责任,其实结果就是用一批投资者去赔偿另一批投资者,很多没有及时卖出的受害投资者会受到多次伤害:在虚假陈述行为发生的时候会受到一次伤害,在处罚做出之后再受到一次伤害,在赔偿的时候还会受到另一次伤害,甚至导致他持有股票的公司破产了,他手上的投资一钱不值了。这个问题可能在未来切实发生,因此,在发生之前,我们就应该讨论或者思考这件事情。

对这个问题,最近约翰·考费(John coffee)提出了一个解决方案,[①]我觉得可以借鉴。他提出,在发行人或者上市公司本身没有参与交易并且获利的情况下,将发行人或者上市公司的赔偿责任免除,或者给予一个赔偿上限的限制,规定一个赔偿额度。这样就可以很大程度上减少对发行人、上市公司的伤害,而真正地去追究那些实际控制人、高管、中介机构的责任,让他们来赔偿。约翰·考费在他的书中引用了一个例子,就是加拿大安大略省的证券法已经颁布了这样的规则,要求发行人、上市公司对虚假陈述赔偿的额度限制在市值的5%或者不超过100万加拿大元(取其中最大值)。[②] 现在我们的诉讼针对的都是"深口袋"有钱人,往往是发行人、上市公司,如果我们能采纳这感恩规则,把发行人、上市公司的赔偿额度控制住,大家就会去找其他的"深口袋",如四大会计师事务所、承销商证券公司或者实际控制人之类的。我觉得这可能确实是未来理论上要讨论的问题——我们现有的理论关于证券民事赔偿,特别是虚假陈述的法律责任非常简单,发行人、上市公司对虚假陈述承担严格责任,在任何情况下都要承担全部责任,所以现在大家都把发行人、上市公司列为最深的口袋,针对其他人的诉讼其实很少。这是我觉得在目前中国版证券集体诉讼的定位下,可能需要在未来思考的问题。

进一步的思考就是,既然如果是赔偿,是不是一定要通过证券集体诉讼来走?我一直在考虑的就是,我们的先行赔付制度其实做得很好,因此,我最近一直在倡议我们应该有一个强制保险制度——虚假证券违法行为的强制保险,干脆由保险机制来赔。因为对上市公司的股东来说,证券违法行为的风险是没有办法事前去规避的,也没有办法分散它的风险,如果通过保险机制来进行分散这种大规模侵权的风险,我觉得可能会是一个更好的安排。关于这个问题,我还没完全想清楚,等未来我们有时间再讨论。

陈洁:

谢谢彭冰教授。彭老师一贯都是观点鲜明、意见犀利,他提出了特别代表人诉讼制度的功能以及投服中心是否有选择权的问题等。我想张巍老师对此肯定会做进一步的回应,我们后面也有与谈的环节,可以进一步讨论。下面我们先请北京大学的郭雳教授。

郭雳:

谢谢陈洁老师、赵磊老师、小雄老师,感谢法学所商法室的精心组织,很高兴和大家一起讨论这个话题。刚才彭冰老师讲了很好的观点,我想就全面理解和把握证券纠纷代表人诉讼制度,谈以下三方面的内容。

一、对最高人民法院《规定》出台前后的整体观察

此次最高人民法院《关于证券纠纷代表人诉讼若干问题的规定》(以下简称《规定》)

---

① See John C. Coffee, Jr., *Entrepreneurial Litigation: Its Rise, Fall, And Future*, Harvard University Press 2015, p. 169.

② Ibid., p. 170, note 26.

出台之前,最高人民法院对此问题的研究实际上已经持续多年。随着2019年年底新《证券法》的通过,这个规则的制定有了更加明确的方向。即便如此,《规定》能够在7月底出台还是超出了很多人的预期,这当中有一个重要的背景,最近几个月在国内外资本市场出现了若干起恶劣的财务造假事件,直接引发了"零容忍"的监管态度。假如这几起事件不发生的话,关于《规定》内容的讨论可能还会再延续一段时间。从内容上来看,也的确存在不同的方案可以选择。

举两个例子,比如,目前是规定了普通代表人诉讼和特别代表人诉讼这两类,实际上在《规定》起草过程中,也曾有过划分为三类的主张。在特别代表人诉讼中,投保机构应不应该,或者说可不可以主动来征集投资者的委托,事实上也有过不同的倾向。

我想现在《规定》出来了,整体上是一件好事。一方面,它参考吸纳总结了前期各地方法院的规则和做法;另一方面(也是我希望强调的),它能为地方法院下一步实际开展工作提供比较清晰的指南。

二、《规定》中的亮点梳理

(一)"多措并举降低投资者诉讼成本"

证券民事诉讼一般具有受损投资者众多、中小投资者占比大、单一原告损失有限、单独诉讼不经济等典型特征,导致广大投资者在诉讼维权时面临集体行动困境,兴诉维权的实际意愿不强。《规定》在强调多元化解决纠纷的基础上,采取多项规则设计来降低投资者的维权成本,提升投资者参与诉讼的意愿。

一方面,《规定》通过技术创新和规则创新,减少投资者加入诉讼的成本。例如,其第8条允许投资者借助电子信息平台进行权利登记和材料提交,第34条则在特别代表人诉讼中进一步明确了"默示加入、声明退出"的创新性规程。上述条文使投资者足不出户便有机会参加诉讼,节约了他们的时间与金钱成本。

另一方面,《规定》多角度、大幅度地降低了投资者的诉讼费用。其第25条指出,在普通代表人诉讼中投资者可以请求败诉的被告赔偿合理的公告费用、通知费用、律师费用等费用。而在特别代表人诉讼中,其第39条允许原告一方不预交案件受理费,败诉或者部分败诉时可以申请减交或者免交诉讼费用。此外,其第40条还允许原告方在提出财产保全申请时不提供担保。与此前各地方法院如上海金融法院所推出的类似规则相比,《规定》对投资者更加友好,无论其最终是胜诉还是败诉都不必承担过重的诉讼成本。

(二)"公私协同保障投资者合法权益"

在证券民事诉讼中,多数中小投资者的维权能力相当有限,经常处于弱势地位。为此,公益性质的投资者保护机构选择参与特别代表人诉讼或者普通代表人诉讼,对私人投资者能力进行补强。同时,《规定》还通过公私协作、私人自治为主、适度干预为辅的方式,为原告投资者各项权益提供全面保护。

其一,《规定》旗帜鲜明地赋予投资者广泛权利,尊重投资者在诉讼各环节的自主性。例如,根据《规定》第7条、第8条、第32条的规定,投资者对诉讼活动享有参与权和退出权,可以自由决定是否参加诉讼。根据《规定》第13条、第14条的规定,在普通代表人诉讼中,参与投资者享有选举权,有权投票选择代表人;根据第19条、第20条、第22条,投资者对调解协议、重大诉讼事项等享有知情权、异议权;根据第27条、第28条,一审结束后,投资者还有权自主决定是否上诉。

其二,《规定》允许法院适度干预,实现对投资者更好的保护效果。囿于技能缺失、信息偏在等障碍,私人自治有可能难以实现甚至是适得其反,因此,在给投资者广泛赋权的同时,法院的适度干预可以克服私人自治失灵,节约司法资源,更好地实现保护投资者利益的目标。例如,《规定》第15条规定,在普通代表人诉讼中,投资者如果无法自行推选出代表人,法院有权指定。

(三)"宽严相济合理配置代表人权能"

证券民事诉讼属于群体性诉讼,为提高司法效率,选择诉讼代表人并赋予其应有权限,是保证诉讼活动正常开展的必要前提,因此,《规定》第7条及第32条等条文明确代表人享有决定诉讼中诸多事项的特别授权。但是,投资者与代表人之间也可能产生"代理问题",代表人的诉讼行为未必总是以原告整体利益为依归。故而,《规定》在给代表人配置自由裁量权的同时,也通过多种机制来制衡代表人权利,督促代表人勤勉履职。

首先,《规定》明确了代表人相关职责。其第12条将能否"忠实、勤勉地履行维护全体原告利益的职责"作为普通代表人诉讼中代表人资格条件之一。第38条则要求特别代表人诉讼中投资者保护机构采取必要措施,对投资者履行好披露、解释等义务。

其次,《规定》赋予投资者撤销权等权利。其第17条规定当代表人损害原告利益时,投资者有权向法院申请撤销代表人资格。同时,如前所述,投资者对调解协议草案、重大诉讼事项等享有知情权和异议权,倘若投资者不认同代表人的行为,还可以在适当时机"用脚投票"退出诉讼。

最后,《规定》给予法院居中监督的权力。例如,投资者根据其第17条撤销代表人资格时需经法院审核同意;代表人对重大诉讼事项作出决定时,法院将根据原告异议情况加以审查后决定是否准许。

三、应全面理解和把握《规定》内容和制度意义

在我看来,《证券法》第95条,以及我们今天重点讨论的这个《规定》,应当作为一个整体来加以认识。所谓的"中国版证券纠纷集体诉讼机制"包括两大块,即普通代表人诉讼和特别代表人诉讼。现在比较多的注意力是放在特别代表人诉讼上的,因为它相对来说更新,糅杂了集团诉讼和团体诉讼的特点,这种集中关注是比较自然的,但是我觉得在理解和宣传这个概念时,应把两者都包括进来,即普通的和特别的,两者共同构建出中国的制度创造。换个角度来分析,新《证券法》第95条和最高人民法院这次《规定》提供了一种并行的路径,给实现投资者保护以不同的方式选择,这是我们需要注意的。

关于投资者保护机构的作用,在《规定》酝酿制定过程中,不少心思花在多家或者目前来说至少两家投保机构之间的功能配置上。比如,如果这两家机构都希望代表投资者参加诉讼,怎么样来平衡?怎么样来规划?我想现在的这种方式也不失为一种好的做法、简明的做法,就是现阶段主要先由投服中心来开展,投保基金扮演辅助和支撑的角色,这可能是监管者的选择。

投服中心将选择什么样的案子,接下来我们期待张巍老师的高论。在这方面,我想提醒的一点就是不要把太多的压力和希望都简单地放在一家机构身上,放在投服中心身上。因为无论选择怎样的案子,它都会受到业界、学界乃至全社会的审视和批评。坦白地说,投保机构(更别说投服中心这一家投保机构)是无法承担通过证券诉讼而为投资者维权的所有使命的。特别代表人诉讼是一个新生事物,出来后大家都很重视,讨论比较多,可是从长期来看,它只是资本市场制度拼图中的一块。我们希望它能发挥作用,但其实它是跟其他机制一起来体现功能的。证券诉讼是这样,目前试行的注册制也是这样,大家要有一个比较合理的预期和期待,不能太着急,也不需要过于求全,我想以一个比较平稳的心态去努力,可能会收到更好的效果。

陈洁:

谢谢郭雳教授,郭雳教授对中国版证券集团诉讼制度的亮点谈了他的认识,还有对投服中心作用的发挥等,表达了自己的想法。我觉得郭教授的观点跟他的为人一样,谦和不失厚重、温润而有力量,谢谢郭雳教授。

下面有请地域最为遥远的新加坡国立大学的张巍教授。

张巍:

我今天写的这个 PPT 是我以前写过的一篇文章,在《投资者》上,当时写的是"美式证券集团诉讼",我们现在讲的特别代表人诉讼的意思是要借鉴美式的相关制度。前面的文章写的是它的矛盾,我这里面矛盾就不多讲了,我接下来就讲一讲我认为怎么来破解这个矛盾的东西。

首先,美式集团诉讼的问题大家可能都知道了,我就不多讲了,一个是专门告大公司,包括特别重要的是经常有很多滥诉,律师也没有好好地把事情做好。这里我想稍微提一提,美国人想出来的这一套东西,我认为是很难做好的。因为它有一个非常大的内生矛盾。它实际上本来是一个共益品,却非要让私人来提供,这在经济理论上根本是说不通的。它就是市场失灵的地方,非要市场做一个它不能做的东西,所以我认为不产生很多滥诉才奇怪呢。

其次,它的本意是要做一个私人检察官,用"去中心化"的方式来搜集信息。这方面也是很难做到的,因为私人检察官就要使私人有很大的权力搜证,原告方有很大能力去搜证,就很有可能给被告方造成很大的困扰,既然被告方有很大的困扰,就很愿意低头,他一低头滥诉就来了。而不让原告方进行很大的搜证,那私人检察官也做不到,这叫"成也萧何、败也萧何",这个事情很难做到。

这里提到一个大的问题,到底证券执法是否应该像美国一样弄一个私人执法或公共执法?这方面的讨论很多,我的意见是不一定要私人来执法才有出路。

特别代表人诉讼这套规则下面到底谁来主导?在现在的规则之下,一开始要出头的普通代表人诉讼的律师没有动力去发动,也根本没有激励去做。第一个普通代表人诉讼恐怕就没有办法开头,所以彭老师讲的这点我是完全同意的,很有可能是投服中心自己运作、自己开这个头。

何时开始评估?投服中心什么时候开始评估?你要告哪个案子?彭老师说不要选案,不要选案是不可能的。在行政前置条件之下,每个案子是不一样的,有些案子去告了也没有用,即使你就是让他增加赔偿的话也做不到。有财政限制在那里,我觉得无论怎么说都是在的,所以选是肯定要选的,问题是到底什么时候开始选、什么时候开始评估?如果一切等着有人开始告,普通的代表人诉讼开始走的话,那么,这个时间到底够不够?反过来讲,我可不可以先选案?现在最高人民法院司法解释也没有说一定不能投服中心先来评估,如果在前置程序的筐里面选案的话,投服中心可以先选起来,选了以后如果最后还是要靠投服中心运作开第一炮、第一枪的话,可以选好以后,再去安排或者提起普通的代表人诉讼。

第三个问题,这个特别代表人诉讼,到底是不是只是行政处罚的延伸还是独立的政策?这就回到我前面最初提到的美国集团诉讼。美国集团诉讼的原因,一个就是聚沙成塔,另一个就是私人检察官,就是“去中心化”的对违法信息的发现机制。如果说我们都是跟着行政处罚走的话,这个制度意义实际上是很有限的,有了所谓选出不选进的集团诉讼的执行,恐怕是有其表而失其实的。

接下来是讲投服中心的代表人诉讼的路怎么走。我觉得原来美国的制度是有很大矛盾的,我认为它很难办好。投服中心这个路怎么走?要打破美国那套东西,实现它要实现的功能目的,打破滥诉的局面有一条路,这个路就是化私为公或者叫存公去私。从理论上来讲,有投服中心这样的公益机构出来组织集团诉讼是一个出路,可以打破那些矛盾的。美国的制度是以私人利益为先,不考虑社会的利益,而我们是让投服中心进来,让其从社会公益的角度考虑。

另外,私人检察官造成的另一个悖论,我们能给投服中心什么好处?我们仍旧可以利用“去中心化”的信息采集,尤其是线索搜集,但是当这个线索来了之后我们把它交给一个中心化的验证机构验证。这个让投服中心来做,就是“去中心化”和中心化结合起来。

另外,彭冰老师提到,没有证据开示,一般的原告没办法搜集信息,如果有投服中心的话,可以让投服中心取得类似证据开示这样的权力,就可以把原告方的证据问题化解一下。

投服中心接下来怎么样发展业务或者工作,我觉得有四点很重要:

第一,是不是有可能激励向他提供线索的方式?

第二,专业的评估,因为要评估到底哪些案子要打,投服中心在人才引进方面要看得远一点,可以考虑用什么样的方法吸收他们进来。

第三个最重要,投服中心作为一个“公”的机关,在制定指标的时候要有一个激励政策引导案件选择。

第四，经费来源。我认为要有比较充足的资源，尤其要吸引市场上优秀的人才来服务于公益，是都需要经费的。经费一方面可以通过政府财政拨款，另一方面可以通过行业共筹。投服中心做的这个事情对全体资本市场的参与者都是有益的，行业协会、证券基金业协会、上市公司业协会、证券业协会等行业组织，可以通过共筹来支持这个工作。

陈洁：

谢谢张巍教授，张巍教授一贯以文章出手很快、中外比较借鉴见长，今天的发言风格一如既往，主要是对美国的证券集团诉讼的矛盾解决之道，以及我们国家的证券集团诉讼存在的问题及解决之道提出了自己的思考和见解，感谢张巍教授。

下面我们有请浙江大学的霍海红教授。

霍海红：

各位老师好！很高兴有机会分享自己对证券纠纷代表人诉讼新规则的理解。我自己的专业是民事诉讼法，以往在民事诉讼法课上讲到代表人诉讼时，经常感到没有多少东西可讲，因为制度没能在司法实践中落地。新《证券法》第 95 条和最高人民法院《规定》真正实现了《民事诉讼法》代表人诉讼制度的落地，规则上也有不小的突破，有两个方面比较突出。第一个是解决了传统代表人诉讼制度可能面临的具体难题，如规定“默示加入”机制，利用信息平台，解决权利登记难题；用事前推选和事后推选相结合的方式，解决代表人推选难题；解决代表人与当事人在上诉问题上的协调规则。第二个是学习美国法的集团诉讼，确立“默示加入、明示退出”机制，并以此为基础确立所谓“特别代表人诉讼”制度。这些突破对于保护中小投资者的权益，降低投资者维权成本，遏制资本市场违法、违规行为都具有重要意义。

证券纠纷代表人诉讼的新规则，由于我们“摸着石头过河”的习惯性思路，由于降低制度风险的考虑，在设计时表现出“保守”的一面。这些保守固然有谨慎的需要，但也有代价。

第一个保守是，《规定》虽然确立了普通代表人诉讼与特别代表人诉讼的区分，但特别代表人诉讼基本都是在普通代表人诉讼的框架中设计的，特别代表人诉讼更像是普通代表人诉讼的“特别版”，特别之处的核心只是“默示加入、明示退出”，而且并没有发展出对应“默示加入、明示退出”的实质性特殊规则。目前的特别代表人诉讼规则主要分为两类，一类是确保“默示加入”以后当事人的“退出自由”，另一类就是给参与特别代表人诉讼的当事人以诉讼费等优惠。

如果真想让特别代表人诉讼制度发挥巨大作用，体现与“默示加入、明示退出”一样的独特性和效率性，目前的特别代表人诉讼制度似乎达不到要求，因为特别代表人诉讼在大多数情况下仍然适用普通代表人诉讼规则。虽然在权利保障上相对完备，但在效率上就会牺牲，甚至连提起特别代表人诉讼也要走先加入普通代表人诉讼再变成特别代表人诉讼的“迂回”方式。任何制度设计都有代价，如果我们不能承受特别代表人诉讼特殊规则的代价,那么只规定普通代表人诉讼就可以了。如果我们想要设定特殊的特别代表人诉讼制度,就要让他在符合基本程序保障的前提下足够特殊,不能时时处处要求特别代表人诉讼规则符合普通代表人诉讼规则的逻辑。

第二个保守是,投资者保护机构的诉讼定位不够明确。《民事诉讼法》规定的代表人诉讼里的代表人自身也是当事人,但《规定》里作为代表人的投资者保护机构显然不是。投资者保护机构是发挥公益职能、发挥专业优势的公益机构。如果参照民事公益诉讼,发挥公益职能的投资者保护机构应该有比较充分的权利。但是从《规定》来看,投资者保护机构即使受50名投资者委托,也不能直接提起特别代表人诉讼;投资者保护机构也不能完全代表当事人进行上诉,当事人对投资者保护机构的上诉或不上诉有充分的"退出自由"。

投资者保护机构既不同于《民事诉讼法》代表人诉讼中的"代表人",也不同于环保组织、消费者权益保护组织等民事公益诉讼中的"原告",投资者保护机构在民事诉讼法上的地位有些模糊。当然,如果要投资者保护机构充分发挥公益职能和专业优势,使特别代表人诉讼充分发挥期待的作用,就需要增加投资者保护机构的数量和投入,想办法提高投资者保护机构的积极性,当然也需要加强法院对投资者保护机构的监督。如果投资者保护机构仅仅挑选几个重大、示范性的案件,是无法满足人们对特别代表人诉讼的制度期待的。当然,也可能是我们从一开始就对"新突破"期待过高了。

总之,证券代表人诉讼新规则实现了代表人诉讼制度的落地,但未来任重而道远。以上是我对证券代表人诉讼新规则的粗浅认识,不当之处请各位老师批评指正。

陈洁:

谢谢霍海红教授。霍海红教授的发言给我很多的启发,霍老师主要是从普通代表人诉讼跟特别代表人诉讼的关系,还有投保机构的功能、权利的实然与应然,从程序法和实体法相结合的一体化的研究思路提出了他的观点见解,谢谢霍海红教授。

下面我们有请中央财经大学的缪因知教授。

缪因知:

谢谢陈老师。各位老师好,很高兴今天跟大家交流,前年学习了三位教授从实体法角度做的阐述,以及霍海红教授强化证券投服中心作用的主张。我将提供相对不同的视角,对于代表人诉讼一种潜在的,我们希望没有的负面的可能的后果来谈一下我的看法。

对于现在这样一个基本的制度,我们说代表人诉讼制度总体上是一个程序性的制度,那么,程序性的制度好不好?一定程度上讲,我们还需要从实体责任制度相配套的角度进行理解。我个人的观点可能不一定正确,我认为现行的实体责任制度在证券领域已经足够保护中小投资者,为什么这么说?可能在这个制度刚有的时候,大家会说效果不好、使用效率不高等,十几年之后,根据我的粗浅看法,现在已经形成了原告律师的产业链。证券市场赔偿制度是非常有利于原告的制度,对于原告律师来说,提起这样的案子,其实准备成本非常低。只要看证监会做出了哪些处罚,按图索骥发公告,跟法院说的时间表对上就行了,买入时间在什么时候、卖出时间在什么时候,对于原告来说,其实做这个事情是非常容易的。深圳已经出现了一个证券虚假赔偿的基金,专门有一个基金让投资者的原告律师帮他做这样一个事情,对于原告来说,诉讼成本也是非常低的。各地法院其实经过十几年的摸索,应该说这方面的操作比较熟练了,用得比较多的就是示范性诉讼的做法。基本上后面的判决逻辑都是一样的,对法官来说做这个事情,操作难度其实也不大。

这次的代表人诉讼制度并没有解决现有制度中需要解决的问题,或者说现有的制度已经做得很好,不能做得更好了。我们要先注意一个基本的大环境情况,我也想请教两位诉讼法的教授,我个人有一个怀疑,我们现行的证券虚假陈述制度,包括医疗纠纷、环境纠纷、产品质量纠纷,是不是对原告最友好、最方便、最容易让他们拿钱的民事诉讼制度?我们现在有行政前置程序,举证责任非常轻,基本套公式就可以用了,它的双重因果关系、事实因果关系、损失因果关系也都是推定好的,这样一个方便的制度,还有什么不满的吗?事实上根据我的观察,现行的证券虚假程序赔偿制度这 10 年的制度亮点是,一些法官的学习意识、思考意识提高了,开始在一些方面对这样的案件进行责任的限制。例如,主体责任方面的限制,如深圳最后有些判决,直接就对中介机构大小进行比例的责任限制,因为不是每一个虚假陈述行为都可能对原告造成损害。我们开一个玩笑说,董事长把自己的年龄报错了,应该是 60 岁,他说自己是 59 岁,严格说也算是虚假陈述,但算是对原告的决策造成影响吗?还有就是因果关系方面的否认,以及系统风险和非系统方面的可能,这是目前比较发达、先进地区法院所做出的努力。但是还有一些法院不管事实,只是套公式,甚至连虚假陈述行为本身是打压效果还是抬升效果都不太考虑,只要时间对得上就行,不讲逻辑。

所以,我们说虚假陈述诉讼制度如今会出现三重叠加的结果,实体责任制度上还是对原告高度倾斜的,有一个因果关系的推定,被告得花很大力气,去想办法把因果关系推翻。这次的代表人诉讼司法解释又把前置的认定程序泛化了,一些根本没有什么严重性或没有构成行政处罚的行为,如果也要作为可以自动触发因果关系推定的前置条件的话,这个问题是不是会更大一点?

诉讼制度现在对于代表人诉讼可以有利于原告,但我觉得是不是还应该多讲一些衡平的事情,有的投资者如果想不到加入这个诉讼,你非要给他拉进来,真的对我们的市场成熟性有利吗?我们应该鼓励投资者,特别是机构投资者有自主意识地起诉,而不是说在睡梦中给他送福利。

代表人诉讼制度当然也是有价值的,但是它更多的价值是在未来,就是在非行政前置条件下,代表人制度会比现在代表人制度的价值更大。因为它需要有一个强有力的人来动脑筋,就像美国那个案子,他只是推定了事实因果关系,还得自己去证明因果关系及某一个波动和某一个虚假陈述之间的关联,这是一整套的诉讼理由,这套措施工具得重新准备,不能说我怀疑就来起诉。现实中在刚刚实行注册登记的时候有人尝试过,在杭州的案子,举了一堆事实说年报里面有10个疑点,法院说这是你的看法,不能说明什么,就直接给驳回了。如果没有行政前置程序来认定的话,这个诉讼该怎么做?这个也是可以进行思考的。

我认为代表人诉讼制度其实会火热展开,不会有畏讼、怯讼的现象,这是特别代表人本身的机构定位所决定的,不是善和恶的问题,就是基本的经济人理性。如果过几年我们发现他开始百战百胜了,法院也没有驳回起诉的情况,这真的是我们所希望看到的一幕吗?套用一个比较流行的、实行的话语,这是对营销环境非常有利的现象,我对此仍是表示怀疑的。

陈洁:

谢谢缪因知教授。缪教授的观点很活跃,但是又富有理性。刚才因知教授的观点可以说是对我们证券纠纷代表人诉讼制度的冷思考,谢谢因知。

最后在主题发言阶段有请北京大学的刘哲玮教授。

刘哲玮:

谢谢陈老师和商法室的邀请,作为最后一个发言人压力挺大,特别担心自己准备的内容已经被前面的前辈老师讲完了。好在现在看来我还能从我自己的研究角度,为前面的老师们做一个注释。

我自己是做民事诉讼法学研究的,个人的研究兴趣也包括实体法和程序法的交融。但实体法和程序法交融,说起来容易,做起来还是挺困难的。我自己的经验就是尝试和民事实体法老师从各自的视角对同一个问题做一个分析,看看能不能得出大致相同的结论,如果能够得出的话,我大致会对这样的结论更有信心,如果不能的话其实也很好,可以看一看到底哪边出了问题,这样可以避免自说自话。参加今天这样一个论坛,跟商法和证券法学的学者一起讨论这个问题,我也希望能从程序法的角度为前面实体法老师的观点做一个注解。

时间的原因,我想大概谈三个小的问题。

一、代表人诉讼启动的问题

在这次证券代表人诉讼的司法解释出来之前,中国的代表人诉讼基本上停留在纸面上。我检索了一下,在这一次最高人民法院的代表人诉讼司法解释出台之前,最高人民法院没有出过任何关于代表人诉讼的司法解释,所以这是一个很大的空白,在实务中操作起来也是很困难的。过去最大的操作困难是在源头上,也就是说能不能够发动代表人诉讼,现行的民事诉讼法其实是把裁量权交给法院。特别是人数不确定的代表人诉讼,《民事诉讼法》第54条规定在起诉人数未确定的状态下,人民法院可以发出公告。这样一个规则就导致了即使有一些当事人希望法院以代表人诉讼的方式来处理这个案件,但是法院往往担心群体性诉讼可能引发的风险,或者觉得相关的程序武器不够充分,所以不愿意发出公告。这次我们看到最高人民法院的《规定》第5条规定了在满足特定条件下,应当适用代表人诉讼进行审理,从而把这一症结解决了。因此,这次的司法解释迈出了代表人诉讼适用的第一步,在程序的启动上,从过去完全由法院自由裁量到现在的司法解释作出的明确的条件规定。

但在《规定》第5条解决了过去代表人诉讼启动的症结之后,紧随其后的第6条又增加了新的疑惑。第6条第1款规定,对起诉时当事人人数尚未确定的代表人诉讼,在发出权利登记公告前,人民法院可以通过阅卷、调查、询问和听证等方式对被诉证券侵权行为的性质、侵权事实等进行审查,并在受理后30日内以裁定的方式确定具有相同诉讼请求的权利人范围。第2款还规定,权利人有异议的可以申请复议。我自己看完这个条文之后觉得是这一个跟《民事诉讼法》有比较大的冲突的条文,因为它实质上是未审先判:在权利人范围的确定上,在整个诉讼还没有彻底展开之前,法院就已经做出了认定,他们认定的方式是通过阅卷、调查,最多就是听证的方式,而它的救济途径是复议。从民事诉讼法学一般原理来说,权利人的范围是非常重要的,特别像刚才缪因知老师所说,现在虚假陈述的证券赔偿案件其实是比较简单的,基本上是套几个公式的,也就是说在这一个阶段,在《规定》第6条所规定的权利人范围的确定阶段就已经把公式给定下来了,后面基本上就是走一个流程。换言之,在起诉的前端处理当事人适格的问题这个阶段就基本解决了最后的实体权利认定问题。当事人是否有权利的请求原因事实在这一阶段就得以固定,而这样的固定是在整个诉讼程序尚未正式展开之前,仅仅通过法院一般的阅卷调查、询问完成的。这样的程序安排,我觉得还是比较有突破性的,和传统的民事诉讼法学的理论也是不大一致的。我不知道《证券法》对这一个程序的安排会不会有一些批评或者担忧。比如,没有纳入权利范围的当事人,他们还有什么样的救济机会?虽然《规定》第6条第2款规定可以申请复议,如果这个复议没有得到支持,被维持了,那么他还有没有诉权?他还可不可以另行提起诉讼?我觉得这个问题可能是需要严肃回应的,否则以裁定的方式就禁止当事人对这样的问题进行起诉,剥夺了当事人的实体权利,我觉得既不够严谨,在理论上也存在较大的障碍。

二、特别代表人诉讼和普通代表人诉讼之间的关系

这也是前面几位老师提到比较多的问题,我觉得我的大概观点、最后的结论和各位老师是比较一致。现在的特别代表人诉讼的制度设计可能更多的是一个形象上的设计,最后运行的结果怎么样,可能还难免有一些担忧。

从民事诉讼法学的角度来看,代表人诉讼是集团诉讼的一种制度安排,或者说是为了解决群体性纠纷所做的制度安排。在全世界范围来看,或者从比较法的视野来看,集团诉讼也好,代表人诉讼也好,都不是解决群体性纠纷的唯一路径,也不是最好的路径。过去我们可能对集团诉讼比较青睐,但是除了集团诉讼之外,还有很多其他的群体性纠纷的解决途径。比较典型的就是行政处罚之后的补偿,这在诸如消费者保护、环境保护方面都是惯常的一种方式,我们国家传统上其实就是走这样一种方式,依靠行政机关来解决这样一个问题。此外,还有一种比较特殊的途径,主要是以德国法为代表的团体诉讼方式,它不是美国式的集团诉讼,而是由一个团体来启动并完成诉讼。我觉得我们现在的代表人诉讼的制度设计安排,是上面三种方式——美国的集团诉讼,更大多数国家采取的行政处罚以及德国法上的团体诉讼——的杂糅,彭冰老师说的,中国式的集团诉讼即我们的特别代表人诉讼,形式上很像德国法上的一个团体来提起的所谓团体诉讼,是由一个团体来启动进行的,但最后的判决又很像美国式的集团诉讼,对团体之外的人都有既判力。

美国的集团诉讼和德国的团体诉讼的理论渊源,从诉讼法上来看是不一样的。美国的集团诉讼刚才张巍老师讲得非常对,其实就是在多元主义的"去中心化"的个人负责的美国式理念下,自由竞争、自我负责并获得最终结果的一种制度安排。而德国的这种团体诉讼,其实是受法团主义的影响,本身和美国的集团诉讼是相反的,它是由经济体自身形成的一种紧密的结合,然后去提起一种旨在完成内部经济治理的诉讼。所以其实团体诉讼本身是带有非常强的公益性,在我们民事诉讼法上讲公益诉讼时,经常会和团体诉讼放在一起讲。

在这样的一种情况之下,如果是公益性的话,就会涉及彭冰老师所说到的问题,即作为投资者保护机构的团体有什么资格可以选择案件?既然其本来就是一个国家中经济体内部的自我治理方式,对任何一个瑕疵、任何有可能出现问题的案件,都应当对它进行治理,这样才能做到平衡。如果适用美国式的集团诉讼,那么原告当然可以挑选案件,在各种各样的激励机制下筛选案件,因为这本来就是律师或者原告自身的选择权。当我们把二者混同在一起,就很有可能造就一个很光鲜的特别代表人诉讼。它很可能百战百胜,从绝对数量上来看似乎保护了投资者利益,却可能并没有真正实现,不管是大范围的公共治理,还是填补那些缺乏激励的小额的或者是有困难的私人诉讼所不能解决的问题。

现在特别代表人诉讼的制度安排在理论泉源上可能会存在一些问题,而在具体的制度配套上也有很多不匹配的情况。比如,对于特别代表人诉讼我们给了很多优惠条件,可以免交诉讼费,可以申请保全的时候不用提供担保,包括登记结算机关要予以配合,为什么在普通代表人诉讼中不能享有这样平等的权利保障?这些具体的技术设计问题,其实本质上都涉及对特别代表人诉讼到底何以产生这样一种代表权的理论追问。

三、救济程序多元化的质疑

最后一个小的评述,是我对程序救济多元性的疑问。从实体法来说,我们一般是支持权利越多越好,由当事人自由选择。比如,民法上请求权自由竞合是最好的,当事人可以自由选择到底行使哪样的权利。

但是,在诉讼法上是否也要秉持这样的原则,给当事人越多的救济途径越好?我个人对此是存疑的。不管是自由竞合这样一个民法实体法的理论在诉讼法上会导致诉讼标的一塌糊涂的混战,还是我们民事诉讼法上自己发生的第三人撤销之诉、案外人执行异议之诉、案外人申请再审的多途径救济之间的冲突,都会极大地损害程序的安定性。

现在代表人诉讼设计成两种途径:普通代表人诉讼和特别代表人诉讼,除此之外,还可能产生当事人自己一个人单独提起诉讼的情况,而且有可能会和《民事诉讼法》规定的、检察机关正在发力的检察公益诉讼发生重叠。

表面上看来,多元化的诉讼设计似乎是对投资者保护有利的,但是太多的程序保护机制或者程序救济机制出现了之后,可能会对整个市场秩序的稳定、整个司法资源的合理配置产生影响。比如,对于普通代表人诉讼和特别代表人诉讼之间的关系,现行司法解释的条文规定是,如果当事人不愿意参加特别代表人诉讼的话,原来的普通代表人诉讼还要继续进行。但在实务中,这必然是很奇怪的,假如真的有当事人不愿意参加投保机构所提起的特别代表人诉讼,这就意味着在一线城市会进行特别代表人诉讼,而在被告所在地的法院应当同时进行普通的代表人诉讼,那么,这两个诉讼之间是一个什么样的关系?要不要发生诉讼中止?是否会作出矛盾判决?这些问题可能是理论层面的空想,却也可能转化为实践中的难题。

总之,最高人民法院出台了专门的代表人诉讼的司法解释,必然有助于投资者保护,我们民事诉讼法学界对此也十分欢迎。但是还有很多具体的需要理顺的理论和现实问题,还需要实体法和程序法学者与实务界人士一起来协同推进,使这一制度更加完善。

以上是我的浅陋见解,欢迎各位老师批评。

陈洁:

谢谢刘哲玮教授,刚才刘教授从实体法,也是跟程序法结合的角度,对我们证券纠纷代表人诉讼制度立法理念与设计上的冲突,包括《规定》第 6 条与民事诉讼法的冲突发表了自己的见解,对我们都非常有启发性,谢谢刘教授。

第一个阶段的会议先到此,接下来,我们开始进入与谈环节,首先有请中国社会科学院法学所的赵磊教授。

赵磊:

感谢陈洁老师,也非常感谢各位除了社科院法学所的其他教授来参与我们此次活动,我本人对这个话题确实不太熟悉,在此谈一下我自己学习的体会。

前面有几位教授分别从《证券法》以及《民事诉讼法》的角度对刚刚出台的制度做了评述,我结合各位老师的观点谈点学习体会。

第一,根据大家的发言我有一个想法,代表人和被代表人之间如果从法律关系上区分的话,到底是什么样的法律关系?我们看到,普通代表人诉讼和特别代表人诉讼显然是不同的,普通代表人诉讼里面,我个人的理解是一个委托的关系,我们看到《规定》第 12 条第 4 项规定,要代表人忠实勤勉地履行维护全体原告利益的职责。代表人和被代表人之间到底是什么样的关系?这里可能会产生代理成本与道德风险的问题,我印象中郭雳教授在他的发言中谈到这一点,我们如何来消除代表人的道德风险,他的代理成本如何?在目前的制度设计里面没有相应的条款,《规定》第 12 条第 4 项谈到的忠实勤勉维护全体原告利益的职责,是从普通代表人诉讼角度来讲,如果特别代表人和被代表人之间的法律关系纯粹是法定的关系,我们赋予投服中心这样一个地位参与到证券的代表诉讼里面去,初衷当然是好的,是为了维护中小投资者利益,但当投服中心做出了一些行为不利于中小投资者时,我们应如何进行救济?虽然目前没有这样的案例发生,但我觉得这个问题是值得思考的。

第二,刚才缪因知教授谈到了很有意思的一点,投服中心作为一个所谓的厅局级单位,它在诉讼机制里面是不是相对于原告、被告而言或上市公司大股东或者实际控制人而言,可能处于强势的地位,可能会产生百战百胜的结果。投服中心到底在证券代表诉讼里扮演什么角色?我看到司法解释里面谈到,根据第53条以及第54条来设计这样一个制度,但是我看了一下《民事诉讼法》里面的第55条,我觉得投服中心所扮演的角色是不是更加类似于公益诉的角色,而并不是一般意义上的代表诉讼人的角色。我个人的理解,投服中心在诉讼代表中的定位,应当是一个公益诉讼的角色,而不是现在的代表人诉讼的制度设计。刚才刘哲玮教授好像也谈到了,目前我们的这样一个设计中,代表人诉讼制度类似于德国人的团体诉讼,是美国式集团诉讼机制的杂糅,这里显然存在一个悖论,在制度设计上和初衷上,这里面不同的制度,显然目的是不同的,导致具体的规则有很大的不同。

投服中心这种强势的地位,我觉得可能会导致在整个诉讼机制里出现失衡的问题,这也是缪因知教授一再强调的问题,但是我们另一方面需要考虑的是整个资本市场里,与上市公司大股东以及实际控制人相比,普通的投资者本身就是处于一个不掌握完全信息的劣势的地位,正因为这样才导致了一些证券民事赔偿案件的发生及中小投资者利益损害的出现。如何利用制度设计来平衡资本市场各方主体的利益,从代表人诉讼制度的最终目的出发显然是对的,但是对于特别代表人诉讼,我倒是部分同意缪因知教授的观点,不宜赋予其过大的权力,这样会导致诉讼机制中失衡的问题。这是我个人对它的理解。

另外,我觉得在具体的设计里面,刚才刘哲玮教授也谈到了,我们现在在司法解释里,对特别代表人诉讼和普通代表人诉讼具体的规则设计,有的东西是不是应该通用,为什么有所侧重?比如,谈到诉讼费的问题以及诉讼担保的问题,第39条及第40条的规定我觉得都是值得讨论的。我个人觉得可能不宜在这方面对普通代表人诉讼和特别代表人诉讼进行区别对待,应当是一视同仁的。

这是我的基本看法,我就说这些吧。

陈洁:

谢谢赵磊教授。下面有请华东政法大学的季奎明教授。

季奎明:

非常感谢中国社会科学院法学所,感谢邀请我来参与这么一个讨论。每次法学所总是引领我们研究的潮流,大家可能都注意到了,最高人民法院《规定》才公布了两周,我们今天就已经有了这么一个平台来共同讨论这个话题。

在说正题之前我先打个岔,我感觉这个司法解释包括相关的规范性文件颁布之后社会效应很好。特别巧,我收到通知以后打印了一些的规范文件,旁边坐着一个老股民,看我在看这个东西,说这个我在新闻里也注意到了,特别好,有了代表人诉讼制度以后,我们投资者的权益保护可以有更大的威慑力、更好的效果。为什么说这个事?我感应到从民众的角度来观察,有了这个司法解释似乎可以解决很多的问题,无论是促进诚信也好,促进投资者保护的规范化也好,都有很大的进益。但是冷静下来,我们从专业角度来判断的话,我非常赞同头几位发言人的认识。包括我们现在力推的代表人诉讼的定位到底是什么,其实现在还有点模糊。关于这个制度大概总共有三个规范性文件,最高人民法院的司法解释,投服中心当天发布的《特别代表人诉讼业务规则》,证监会同一天发表的《关于做好投资者保护机构参加证券纠纷特别代表人诉讼相关工作的通知》。证监会的通知主要是向其下辖的监管部门,包括投服中心、中国证券投资者保护基金、中国结算等所有的相关部门出具的一个相关工作的通知。但是仔细审视这个通知的话,他们究竟想说什么事,比起现行的法律规范有哪些进步或者突破的地方并不明确。比如,我想说的第一个实际问题,刚才彭冰老师、郭老师都说到这个问题,即代表人诉讼究竟想干什么?定位是什么?如果是扮演一个私人检察官的角色,也许我们还是用那句老话来说,理想很丰满,但是现实很骨感,效果不会特别理想。假如要实现扩大范围、增强威慑力的效果的话,原本我们已经在《证券法》中确定下来的先行赔付、示范诉讼可能在一定程度上也实现了这样的目标。我想到了另外一个词,以前做研究的过程中对这块不太熟,跟它相通的另外一个词印象比较深刻,叫训政。我们中国为什么要有代表人诉讼?可能因为原本零散的个别投资者的维权意识不太足,维权的专业能力不太够,我们通过代表人诉讼的方式,特别是通过特别代表人诉讼的方式,通过一个特殊的机构来帮助他形成一种掩饰的效果。一方面确实促进投资者权益的保护;另一方面也是展示的过程,能够非常好、非常完整地把什么样的案件能够起诉,应该举证到什么样的程度,什么样的诉讼请求之下,因果关系如何认定的情况之下,这样的案件是可能胜诉的,本身也是非常好的投资者教育的过程。

所以如果从训政的角度上来讲,我想对刚才几位老师争议的投服中心这样的特殊机构是否应该选案的观点提出我的看法。我认为显然是不应当选案的,特别是已经有了前置条件的前提下,这个选案就起不到训政的很好的效果,很有可能演变成刚才因知老师说的那种百战不殆、百战百胜、逢诉必赢的效果,投资者反而会形成一种错觉,这种错觉可能是跟“买者自负”的市场基本规则相悖的,这是我想提的第一点。如果从“训政”的角度来看,也许我们目前的特别代表人诉讼有它特殊的价值。

第二个是代表人诉讼由谁来做的问题。普通代表人诉讼还是秉承比较市场化的运作方式,跟原先的差别并不是特别大,比较有价值、比较有新意的是特别代表人诉讼。特别代表人诉讼大家目前比较集中的实行机构是投服中心,我注意到了证监会发的工作通知里面特别讲到了,如果投服中心或者投资者保护基金公司做代表人诉讼,证券交易所等证监会系统内的所有部门都应当积极地配合,在举证方面、调查方面,包括后续的执行方面都应该配合。我就在想,这个特别机构的配合,这个特殊的地位究竟是在特殊的规则设计之下所赋予的法定地位还是仅仅因为他们同属证监会机构,便于协调、沟通所造成的结果?我想提出一个问题,其实挺矛盾的,大家一开始会认为投服中心比较适合做这个角色,那是因为它本身的定位就是投资者保护机构,可是投服中心给人们非常突出的印象是持股行权,这就意味着它不是一个行政角色或者准行政的角色来履行投资者保护,而是市场化的手段介入的,因为它采取股东的方式,充分彰显股东的权利,给大家做出一种引导示范的效应。可是在代表人诉讼中,投服中心这样的地位并不浓厚、不突出,没有充分彰显持股行权的特色所在。如果这样的话,根据刚才几位老师所提到的观点,如果它一旦滑向类似于公益诉讼的角度的话,可能检察院做是不是比投服中心更合适?甚至检察院来做,调查取证上权力会更大、更方便。

第三个问题,目前的司法解释,明显给人一种感觉,即对于程序比较重视,但是对于特殊地位的安排相对弱一点。即便是在程序比较重视的前提之下,有些问题仍是比较好的,如登记便利的问题,特别是在默示加入、明示退出的特别代表人诉讼制度中,明显有助于壮大声势、扩大范围、增大威慑力。刚才因知老师提出了普通管辖的看法,这个我倒是有一些体会,我们原来做金融基础设施调研的过程中,发现了很多涉及金融基础设施的案件,就是由于缺乏这种款项,导致了案件的差异非常大,有些案件非常离谱,甚至是根本不受案。集中管辖在这个意义上来说,确实有助于我们审判的专业化,有助于避免涉证券、涉资本市场的案件受地方保护主义的不当影响。我是比较认同集中管辖的。

但是程序设计过程中还有一些问题值得我们考虑,因为诉讼法的问题很多年没有深入研究了,但是总有困惑。比如,司法解释明确讲了,当代表人提出上诉,有不同意见的原告可以不上诉,代表人可以决定不上诉,个别被告可以自己提出上诉。从诉讼法的法理来讲,是否可以把这种授权给代表人之后又把权利分立行使?这在上诉和撤诉过程中都会涉及,这是一个困惑。《规定》的第29条也讲到了非常有意思的话题,有一些原告没有在指定的期限内登记,但是事后再提起相同的、类似的诉讼请求可以参照已经生效的判决裁定,已经生效的判决裁定如果在代表人上诉部分原告不上诉或者倒过来的情况下就有可能形成两个内容不太一样的生效判决,究竟应按照哪个?还是可以选择性参照?这些问题也会有一些困惑,但是刚刚霍老师和刘老师都说,最高人民法院对代表人诉讼是没有司法解释的,制度设计也不是那么具体化,也许利用这个契机,我们还可以再进一步地澄清。

陈洁:

谢谢季奎明教授。下面有请清华大学的沈朝晖教授。

沈朝晖:

谢谢陈老师,非常感谢法学所陈老师、赵老师、夏老师提供这么一个学习的机会,今天在视频上也看到了各位新老朋友,非常高兴。

刚才听完各位老师的发言之后，我觉得我们今天的讨论其实有两条主线，第一条主线是讨论投服中心，包括投服中心的角色、性质；第二条主线是讨论诉讼机制与制度，这种诉讼如何组织起来、如何协调。我们今天的讨论好像这两条线是交织在一起的，一条线是在讨论投服中心、投保机构这种公共机构做这种证券起草的诉讼或者团体诉讼，它的功能与积极面，它的积极一面和它的消极面及它的局限性，就是正反两面。另一条线好像又在讨论诉讼法、诉讼机制制度、团体诉讼、公益诉讼的协调问题，所以我们两条线今天看起来是交织在一块的，我想借用考费(Coffee)教授的"企业家诉讼"的分析框架对诸位教授的发言进行评议。考费教授的分析框架认为，集团诉讼在一个法域要能够产生，能发挥它的功能、发挥它的目标，聚沙成塔的目标和私人检察官的目标，需要有三个方面的因素：法律、文化和激励。这是一个初步的分析框架，法律、文化和激励，他说要有这三大因素，这个国家才有可能出现美国式的企业家这种诉讼。第一个因素就是法律，前面诉讼法教授所讲的这么一种诉讼机制，如它的这种诉讼机制的安排、代表人诉讼的安排，还有默示加入、明示退出的安排，是在法律上要解决的问题。考费教授的分析框架的第一个要素是法律要素，法律要解决的第一个问题就是这种投保机构的地位是什么。霍海红教授提到，投保机构又不是当事人，不是原告，并不符合原告的资格，例如，不符合虚假陈述的原告资格，因为其所持有的一手股票因为持有时间等因素而使投保中心不具备原告资格。那么，他是以一种什么样的地位加入这个诉讼？这个问题值得思考，他不是原告，按《民事诉讼法》规定，代表人必须是原告，若不是原告又是什么样的地位？是诉讼代理人吗？诉讼代理人肯定是一种特别的诉讼代理人，是一种法定的诉讼代理人，是法律所强加进来的诉讼代理人。这种诉讼代理人跟那种普通代理诉讼中的代表人又不一样，在法律地位上就不一样，所以在结构中的地位就决定了他的行动和功能，这个也值得研究。我只是提出这个问题，请大家思考。

第二个在法律上的问题是，作为特别代表人，他加入诉讼后，是否以及在多大程度上适用普通代表人的权利义务方面的规则？这也是在法律上要解决的问题。

刚才因知教授也提到了这种可能在诉讼上发生一个失衡的问题，这个有待观察，投保中心加入进来，加入诉讼机制之后，是否会发生诉讼失衡？这里要区分静态和动态两个视角。因为投保机构加入会形成新的动态博弈，大家要知道，其实在中国资本市场上原告律师是相对弱势的，被告律师很强大，他们是真正帮助上市公司对抗原告、对抗原告律师的起诉，还有对抗行政调查。投保机构加入进来之后，这种平衡会形成进一步新的动态平衡，上市公司会做出进一步的应对，上市公司大股东也会做出进一步的应对，包括上市公司董监高强制保险的引入，也会引入新一轮博弈和博弈的均衡。对于这种博弈的平衡是否会发生诉讼的失衡，还有待进一步观察。

考费教授分析框架的第二个因素是文化。在文化上要解决的问题是，中国文化不适合这种设计，不太能接受这种把诉讼当作一门生意来做的机制。特别是法院可能不接受，可能抵制。集团诉讼的制度改革给法院带来了较大的压力和成本，特别是中级人民法院。文化的要素也提醒我们，中国的问题可能在于民事诉讼不够，而不是滥诉问题。

再往下一步走,考费教授讲的第三个因素是激励。投服中心的激励并不在于金钱获利,作为一种官方机构,它的激励并不在于酬金制度,不是通过这种诉讼来取得胜诉酬金,或者通过集团诉讼、特别代表人诉讼来取得这种资金,它更多的是通过这种方式来谋求某种意义上的公共成绩或政治资本。如果在诉讼制度上要解决这些问题,在文化上要进一步转型,还是比较任重道远的。因为这种公共机构容易发生公共机构失灵的问题,如果附加投服中心这么大的任务的话,其实是他不可承受的——"不可承受之重"。对他来说,他可能在应然层面不应当选案,但是在实然层面一定会选案,因为他的这种激励、能力、约束条件都是既定的。所以从这些方面来看,对于这样一个特别代表人诉讼机制在中国未来的发展还是持一个谨慎乐观。从考费教授所讲的三个因素,法律、文化、激励这三大因素来看,发挥特别诉讼人制度的私人检察官作用,还有聚沙成塔作用的功能的话,其实还应持一个谨慎乐观的态度。

谢谢各位老师,我的评议就到这里。

陈洁:

好,谢谢沈朝晖教授,沈朝晖教授的观点是谨慎乐观的,就跟我们的股市一样。

下面有请华东政法大学的李诗鸿教授。

李诗鸿:

感谢陈老师,感谢法学所提供的宝贵学习机会。听了几位老师精到的观点,我受到很大的启发。几位老师无论是从实体上还是从程序上,都反思了证券代表人诉讼各方面的问题以及存在的隐忧。无论是从对美国的学习也好,还是从对具体规则的本土化方面,都提出了多角度的见解,有分歧,当然也存在一些大家共通的意见,我在这里就想从投服中心在证券纠纷代表人诉讼中的角色层面来谈一谈自己的学习体会。

投服中心成立以来,其实从各个方面,包括作为股东行使建议权、质询权、诉讼权等类似的股东权利,似乎他想扮演的是一种中国版的积极主义股东的角色。通过我的思考,结合几位老师的观点,我想提出比较担心的两方面问题,一是担忧投服中心可能存在激励不足的情况,二是又怕用力过猛,而且这两个方面似乎很可能会分别加强,分别依循自身的路径、理论与实践,分别发展。在成本较高的领域和事件中,由于激励不足,可能导致没有足够的激励去提起诉讼;如果成本比较低的话,又可能会用力过度,产生滥诉的可能。

为什么会得出这样一个结论?我们回顾一下投服中心的发展历史,可以得到一些相关的印证。一方面,投服中心实际上有其自身的定位和范围。从机构设置之初我们可以了解到,投服中心所涉及的范围比较广,它深度关注股东大会的一些事项,如待审议的事项,包括股东会的报告,包括利润的分配、董事会的报告、监事会的报告等,从公司的治理、日常经营等各方面提出意见和建议,监督公司行使股东的角色。

成立两年以后,投服中心也总结了一系列经验,发现了自己业务覆盖不了的一些领域,或者定位又产生了一些新的认知,于是在2019年首次公布了《行权范围的工作指引》,在该工作指引中明确规定有些事项是不参与的,如干预或者参与公司日常的经营、公司董监高等高级管理人员的变更、涉及公司人事纠纷事项等。这个时候会发现,投服中心本身应当是有立场的,而这个立场恐怕主要不是公共利益,而主要是站在中小投资者保护的角度上。这个时候公共利益和中小投资者保护的两个立场似乎不是完全重合的。如果是从中小投资者利益保护角度出发,也许就不够侧重于公共利益,这个时候再参与某一些诉讼,也许激励就是不足的。

另一方面,因为投服中心毕竟具有半官方背景,而且在证券诉讼中规则更倾向于原告,所以滥诉的可能性确实会比较大。从历史看,投服中心所参与的诉讼中也确实存在了一些没有对抗的诉讼。比如,2018年发生在上海市奉贤区人民法院投服中心诉上海海利生物的案件,支持了投服中心的诉请,否定了海利生物在临时股东会中修改的关于提名股东资格的公司章程的条款,最后被确认为无效。这是投服中心首次以股东身份提起诉讼,也被不少观察人士视为A股市场首例反收购条款效力的司法确认案件。仔细看这个判决书可以得出,这是投服中心首次以股东身份提起诉讼就胜诉了,这个案件本身给市场带来的震动和影响也是很大的,但是判决书本身其实是有一定倾向性的,而且论证实际上很少,或者不那么充分,当事方在判决出来之前已经进行了章程的修改,并且当事方没有进行上诉,没有进一步让中级人民法院参与论证,所以我看来这样的诉讼是有问题的。

基于投服中心诉讼的历史可以看得出来,投服中心或许基于自身的优势地位,存在这样一种滥诉的可能性,而且投服中心对很多其他制度也开始动手诉讼,导致一些措施可能在域外是我们觉得比较常见、合理的措施,而在中国没有生存空间。例如,私人检察官或者商事习惯,我们都没有办法在中国形成,这种情况下我们应该怎样应对?我们构建起一个综合的回应体系还任重而道远。目前来看,我们最近颁布的关于证券纠纷诉代表人诉讼制度的司法解释是法院主导的可操作性的体系,如何选择性地执法,未来还要再看制度的具体实施情况,既考验投服中心的智慧,也考验诉讼法院的智慧。

以上是对于几位老师一些观点的学习体会,谈一点自己的想法,谢谢。

陈洁:

谢谢诗鸿教授。下面有请郑州大学的张彬教授。

张彬:

各位老师好,感谢中国社会科学院法学研究所给我这样一个机会能够参与其中,作为最后的与谈人,相信大家都已经饿了,我就尽快地把我今天上午所学习到的内容跟大家交流一下。

刚才沈老师提到说今天上午所有的这些讨论都有两条或明或暗的主线,一个是关于投服中心,另外是关于诉讼机制彼此协调和配合。除了这两条主线之外,似乎还有三重关系是我们在处理代表人诉讼的过程中需要解决的。

第一种关系,证券投资者保护应当是以行政为中心还是以司法为中心进行?缪老师的观点很有意思,他在强调我们国家目前的证券法律有简化的现象,法院在处理法律问题的时候并没有考虑到我们学者在探讨美国的证券诉讼中所处理到的复杂的因果关系,而是直接简单地套公式处理。像这样的法律简单化也许就是与我们国家这样一个行政中心的处理方式有关系。这种行政处理方式能够使我们法院难以在缺乏诉讼压力情境下推动法律规则的进化。这种行政化的处理方式之前是由证监会通过前置程序体现,现在又通过投服中心得到体现的。总体而言,这样行政化的处理方式让我联想到了木桶理论:目前证券诉讼能够为我们国家的投资者提供多少支持和保护,取决于我们这样一种行政机构到底能够提供多少足够的靶子去打。如果这样的靶子不够多的话,无论我们如何提供便利的诉讼条件,依然很难实现广泛的投资者保护。所以行政中心与司法中心的一组关系,是我们未来如何处理证券诉讼时需要重点考量的。

第二种关系,很多老师提到过的,证券投资代表诉讼到底是一个公共物品还是一个私人物品?从经济学角度来讲,公共物品具有受益不可转让、受益不可分离的这种属性,作为代表人诉讼来讲,其是否真的属于公共物品,是否真的属于我们公益诉讼的范围?这一点我觉得也是有待考量的。目前,我们说所有代表人诉讼是将投资者收益强行绑定在一起,其实这是法律的一种拟制。就根本而言,证券诉讼应当是一个私人物品,只不过由于诉讼成本和收益上的考量,这种物品很难通过诉讼的方式得到自我保护。通过强制规范的供给,我们把它造就成一种类似公共物品的存在。但如果我们把它作为公共物品对待,就得考虑公共物品供给的时候存在各种各样的失灵现象,如成本过高、供给不足,还有寻租等问题。这些问题的存在是普遍性的,在证券代表人诉讼过程中可能也存在这样的问题。比如我们说过证券投资服务机构选案的问题,包括证监会行政处罚的选择性问题,里面是不是意味着某种程度的保护供给不足?甚至在某些极端情况之下是否存在寻租的问题?由于我们国家证券市场中存在很多国有资本,是否更有可能在小规模范围的人群之间进行博弈,从而导致今天的代表人诉讼也好,或者证监会选案也好,都有可能并不是完全立足于投资者的保护,而可能杂糅了多种因素。证券诉讼的公共物品与私人物品这一组关系弄清楚,对完善证券诉讼规则具有重要的意义。

第三种关系,是证券代表人诉讼中的集中式处理与分散式处理模式。张巍老师提到的一点跟我之前想的有一点类似,就是张巍老师说我们能不能通过一种分散式的方式进行集中的纠纷处理。我认为,美国的以律师发起诉讼的方式是一种分散式的处理。律师分散在市场的各个部门,对市场中发生的各种侵权案件及时进行诉讼。分散式的处理模式最大问题是我们如何对律师提供足够的激励。而集中式的处理方式面临的最大问题就是刚才上一种关系中所提到的:我们如果把它作为一种公共物品的话,集中式的处理方式就存在刚才讲的供给不足、寻租的问题。对于这样的问题,张巍老师提供了很好的建议:我们能不能由投资者提供一些诉请,由集中式的处理机构,如投服中心来进行诉求信息的验证。这样的思路给我很大的启发,我甚至在想我们能不能将这样的方式进一步扩大化,干脆建立某种关于证券投资诉讼的论坛。在这个论坛中,我们可以允许投资者、证券律师、投服中心在这样的论坛中及时就市场中投资者所关心的诉讼进行信息的搜集、反馈,甚至我们还可以进一步地考虑改变现在的信息推送方式来提醒投资者保护权利。比如,刚才缪老师提到过,可能很多投资者几年之前买过股票,过了几年之后都不知道自己投资的公司已经进入诉讼程序。能不能由这样一个论坛或者这样一个信息服务系统向所有买过涉诉股票的投资人发送短信,就像北京昨天发送暴雨短信一样,让所有投资者对自己的权利状态有最新了解?从这个角度来讲,也许能够更好地实现投资者保护。即我们应当思考,如何通过分散式的权利受损发现机制,通过集中式的诉讼机制节约诉讼成本。这样也许能够结合美国分散模式和我国集中模式的权利保护的优点。

上述这三种关系促使我们思考如何处理行政式保护和司法式保护,如何处理公共物品和私人物品之间的关系,如何处理集中式保护和分散式保护。这三组关系的厘清能对我们接下来进一步优化中国的证券投资保护机制发挥一定的作用。这是我听完各位专家发言后一点浅陋的想法,跟大家分享一下,请不吝赐教。我今天的交流就到这里结束,谢谢各位。

陈洁:

谢谢张彬教授。今天的会议两个多小时的时间,在各位专家学者的思想碰撞当中是转瞬而逝的。今天各位的观点可以说从不同的领域、不同的角度和不同的层面对证券代表人诉讼的相关问题贡献了各自独特的观察、思考和建议。我想不仅仅是我,在场以及在线的诸位都应该说是收获良多的。

就我个人而言,结合上午的讨论,我觉得有几个问题还是值得进一步探讨、深入思考的。因为时间关系,我简要地提一下。

第一个问题,我认为就是特别代表人诉讼究竟应该怎么发动,由谁来发动的问题。按现有的规定,特别代表人诉讼是从普通代表人诉讼转换到特别代表人诉讼的,这就会涉及律师的问题等。我国台湾地区的经验是直接规定由“投保中心”在获得20名投资人授权之后,“投保中心”就可以以自己的名义提起诉讼。这种方式跟我们的这种方式相比较的话,就可以看出来,其实涉及的问题就是普通代表人诉讼跟特别代表人诉讼的关系问题,即二者是作为一种并存的关系还是从属关系?我们现在的关系就像霍海红教授提到的,是在普通代表人诉讼框架下为了满足默示加入、声明退出这样一个规则而做出的非常复杂化的安排。这个安排我认为是非常值得商榷的。这是第一个问题,究竟应该怎么发动?

第二个问题,在证券纠纷代表人诉讼中,权利人的范围究竟要怎么确定,要由谁来确定?我们去看现有《规定》第35条就提到了投资者保护机构是根据公告确定的权利人的范围,向证券结算登记机构调取权利人的名单,然后人民法院再登记。从这个《规定》来看,实际上是公告确定的权利人的范围。换句话说,公告权利人的范围是由法院确定的,但是法院是怎么确定的?法院的确定实际上是应该由当事人自己来登记的。如果当事人自己来登记的话,是不是要涉及申请加入的问题?如果我们从《证券法》第95条第3款来看,实际上投保机构是从证券登记结算机构来解决权利人范围的问题。那么,是不是仅仅有一个证券登记计算结构的信息就可以确定权利人的范围?这个问题的处理其实涉及了证券纠纷代表人诉讼中非常重要的如何实现“默示加入”的问题。

第三个问题,特别代表人诉讼的优越性究竟在哪里?为什么它可以有这样的优越性?郭雳教授也提到了,我们的规定里面规定了特别代表人诉讼的很多优惠,包括诉讼费用、担保费用的减免等。既然特别代表人诉讼有这么多的优惠、这么多的优越性,那么还有人想要参加普通代表人诉讼吗?普通代表人诉讼存在的意义在哪里?如果是这样的话,我们是不是应该以特别代表人诉讼制度作为整个证券代表人诉讼的主体,普通代表人诉讼作为辅助的程序来设定?但是从现在的《规定》来看,似乎有点本末倒置了。

第四个问题,涉及投保机构在特别代表人诉讼中的定位是什么?刚才很多的专家学者都提到了,说它不是一个原告的身份,而是一个代表人的身份。实际上,我们结合投服中心“持股行权”实践可知,投服中心在整个上市公司里是作为股东存在的,虽然仅持有一手股份,但它是所有上市公司的股东。所以它在特别代表人诉讼中为什么不能够是一种双重的身份?他为什么不可能既是原告又是代表人?现有规定的出发点、立法设计的安排上是怎么考虑的,我觉得这个也是值得斟酌的问题。

第五个问题,我看到刚才各位专家学者也提到了,就是我们的证券纠纷的诉讼制度实际上是杂糅式的。这样的一种杂糅式的制度肯定会存在立法理念和制度设计上的冲突。其实我们学习美国证券集团诉讼的时候最核心的是要借鉴它的默示加入、明示退出的设计,但是现在的安排究竟是不是做到了默示加入的问题,我对此持有一种怀疑的态度。从《规定》来看,很多地方都提到了登记的问题,法院公告的登记、要求投资人来登记的问题,这些我们在细节方面可以看到彼此之间的种种矛盾冲突。

因为时间的关系,其实我本来列了十大问题,很多问题我们可以等以后有机会再交流。古人说“生有涯,学无涯”,我们交流探讨的时间是有限的,但我们思考的空间、广度可以是无限的。最后,我再次对与会者的大力支持表示感谢,再次感谢各位专家学者对我们商法室、商法界公众号的支持,也感谢本次会议的会务人员,正是他们的辛劳才使本次会议举办得如此顺利。会议到此结束,再次感谢各位。

论　　文

新三板市场交易机制适用辨析

徐 明*

摘要:证券交易机制是证券市场的基础性制度。证券交易方式及规则的合理选择与科学适用,对证券市场的顺利运行和有序发展具有十分重要的意义。新三板成立以来,证券交易制度日渐丰富,尤其是全面深化新三板改革,在精选层实行连续竞价交易制度,对新三板交易制度的完善意义重大。目前,新三板交易机制的创新仍在持续推进,除了业已实施的集合竞价、连续竞价和做市商交易制度以外,也在进一步探讨T+0(日内回转交易)、混合交易、融资融券、质押式回购等交易制度是否适合新三板市场。在对上述交易制度进行考察分析时,应当充分考虑新三板市场的运行规律和发展需求,从现实的必要性和实现的可行性维度深化创新新三板市场交易制度,丰富新三板市场交易机制实践。

关键词:新三板 证券交易 T+0 混合交易 融资融券 质押式回购

证券交易机制是证券市场的基础性制度。证券交易方式及规则的合理选择与科学适用,对证券市场的顺利运行和有序发展具有十分重要的意义。新三板成立7年多来,证券交易制度日渐丰富,尤其是全面深化新三板改革,在精选层实行连续竞价交易制度,对新三板交易制度的完善意义重大。目前,新三板交易机制的创新仍在持续。从境内外证券市场来看,交易制度的完善,交易方式的多样性,为市场参与者提供了多重选择。多样性的交易方式对扩展市场深度、提高市场效率、提供市场流动性、活跃市场至关重要。在交易机制上,新三板市场除了目前业已实施的集合竞价、连续竞价和做市商交易制度以外,也在进一步探讨混合交易制度、融资融券制度等交易制度,而这些制度本身是否适合于新三板市场,在认识上并不一致。新三板市场对这些交易制度实践不足,需要进一步的探索,更需要实践中的创新。新三板市场具有主要服务于创新、创业、成长型企业的特殊性,市场本身也具有较大的复杂性和差异性。因此,应当充分考虑新三板市场的运行规律和发展需求,从现实的必要性和实现的可行性维度继续探讨、创新新三板市场新的交易制度,丰富新三板市场交易机制实践。正确选择合适的交易机制并加以科学实

* 全国中小企业股份转让系统有限责任公司总经理,教授、博士研究生导师。

施,是提高新三板市场流动性、推进新三板市场进一步市场化、维护新三板市场长远健康发展的重要课题,更是持续深化新三板改革的必然趋势。

一、T+0交易制度

(一)T+0交易的概念和沿革

T+0交易制度又称日内回转交易,是指投资者当天卖出股票获得的资金在当天可以买入证券、当天买入的证券在当天可以卖出的一种证券交易机制。在市场行情走势不确定、投资者对行情走势产生误判或买入股票后盘中价格上涨时,投资者能够通过日内回转交易及时止损或提前实现获利。这一交易制度在丰富投资者收益渠道和风险管理手段,以及提升市场流动性等方面均具有积极意义,是境外股票市场通行的做法。境外主要资本市场大多实施T+0交易制度,允许投资者日内回转交易,如美国、欧洲和我国香港特别行政区均允许股票日内回转交易。我国目前在债券、债券交易型开放式指数基金、交易型货币市场基金、黄金交易型开放式证券投资基金、跨境交易型开放式指数基金、跨境上市开放式基金、权证,以及经中国证监会同意的其他品种均允许投资者当日回转交易,但在股票交易中并不允许投资者日内回转交易。

T+0交易制度和结算制度是紧密相关的。没有结算制度的配合,T+0日内回转很难做到。由于沪深证券市场A股和B股的结算制度不同,实行T+0交易制度上也有所不同,对于A股而言,当日收市后开始清算交收,并于当日日终完成交收的证券(如A股),可实施的回转交易类型只有日内回转交易,即投资者当日买入的证券在当日卖出;对B股而言,证券交收日在次一交易日或更晚时间的,还有次日回转交易等回转交易类型,B股交收日为T+3日,实行次交易日起回转交易,即当日买入的股票,T+1日和T+2日虽未完成交收,但可以卖出。此外,由于A股现金交易禁止卖空,境内定义的日内回转交易仅包含买入后卖出的情形,并不包括先卖空再买入平仓的情形,也就不存在这一类型的结算问题。

T+0日内回转交易在交易方式上有两种类型,即信用交易账户交易和非信用交易账户交易。以美国证券市场为例,日内回转交易可以分为现金账户的日内回转交易和信用账户的日内回转交易。

第一,现金账户的日内回转。结合美联储对现金账户的相关规定以及美国证监会(U.S. Securities and Exchange Commission,SEC)、美国金融业监管局(The Financial Industry Regulatory Authority,FINRA)在证券交易方面的规定,①对于投资者当日通过现金账户买入并且在卖出前完成全额支付的证券,美国市场监管机构未对相关投资者当日后续卖出该证券设置禁止性规定。只要客户的经纪交易商(broker-dealer)为客户提供该

---

① 根据FINRA对日内回转交易相关问答,投资者在现金账户进行日内回转交易必须以不违反美联储Regulation T中禁止"搭便车"(free-riding)的相关规定为前提。(1)若客户买入证券的费用需要使用其卖出该证券的费用进行支付,则该交易不得通过现金账户进行;(2)经纪交易商不得允许客户通过现金账户卖出其在另一家经纪交易商处买入但尚未全额支付对价的证券。

项服务,即可卖出当日通过全额支付对价买入的证券。

第二,信用账户的日内回转。如果投资者希望能够在不全额支付买入对价的前提下卖出相关证券,则相关交易必须通过信用账户进行,且需要遵守法律法规和交易所自律管理规则中对于日内回转交易(Day-trading)的一系列监管要求。根据美国金融业监管局第4210号规则,日内回转交易的定义为"使用信用账户在同一天买进和卖出或卖出和买进同一只证券的行为"。同时,定义明确以下两种情况不属于日内回转交易:(1)隔夜持有多头头寸并在第二天买入新头寸前卖出该头寸;(2)隔夜持有空头头寸并在第二天卖出新头寸前买回该头寸。①

从防范信用风险的角度出发,美联储、SEC、FINRA和交易所均针对信用账户的日内回转交易设置了一系列监管要求。对于通过信用账户进行日内回转交易的投资者,首先,必须满足信用账户的开户条件,并在交易过程中遵守监管机构对于信用交易的保证金相关要求;其次,对于典型的日内回转交易者,还必须额外满足更高的账户自有权益要求和交易额度限制等。②

---

① FINRA第4210号规则将满足以下条件的投资者定义为典型的日内回转交易者(Pattern Day Trader):在连续5个交易日内进行4次或4次以上的日内回转交易,并且在这5个交易日中,日内回转交易的次数占总交易次数的6%以上。

② 《美联储Regulation T及FINRA 4210对信用交易及典型日内回转信用交易的相关监管要求》内容如下:"一、对信用交易的监管:1.投资者信用交易账户的净值最低不少于2000美元;2.融资或融券的初始保证金比例不得低于所有买入或卖出股票市值的50%;3.融资买入的维持保证金比例为所有买入股票市值的25%;4.对于融券卖空,若卖空股票的卖出价小于5美元,则维持保证金要求为每股2.5美元或者卖空股票市值的100%(孰大为准),若卖空股票的卖出价等于或大于5美元,则维持保证金要求为每股5美元或者卖空股票市值的30%(孰大为准)。证券公司则可以采取更为严格的保证金要求,如在不清楚该客户的信用情况时,可以要求客户先于信用交易账户中存入一定金额的款项,或采取查询客户与银行往来记录等其他措施,以确定客户的信用状况及投资能力。二、对典型日内回转交易者的特别监管措施。典型的日内回转交易者(Pattern Day Trader)的定义为:任何客户在连续5个交易日内,交易4次或4次以上的回转交易,并且在这5个交易日中,回转交易的次数占总交易次数的6%以上。具体监管要求如下:1.任何典型的日内回转交易者的账户必须遵守最低净值25,000美元的新规定。若账户净值未达25,000美元,将无法进行日内回转交易,也无法使用回转交易融资购买力(Day Trading Buying Power)。回转交易融资购买力=(前一交易日日终投资者信用交易账户的净值-维持保证金部分)×4,其中账户净值以前一交易日收盘价为计算依据。2.特别维持保证金。在投资者信用交易账户发生回转交易时,特别保证金不低于该交易日内所有交易成本的25%。作为选择,如果该投资者的账户在一个交易日内发生两次或以上的回转交易,则特别保证金按照日内最高敞口头寸来计算。为计算最高敞口头寸,必须记录投资者进行回转交易的时间和价格('time and tick'),以确定哪些交易被平仓、哪些尚未平仓。3.典型的日内回转交易者不能进行超过回转交易融资购买力的交易。一旦超过,则会产生特别维持保证金不足的情况,此时,经纪商需发出回转交易保证金追加要求(Day Trading Margin Call),并采取以下措施:(1)保证金要求将按照当日所有回转交易的累计交易成本计算('time and tick'计算方式可能无法使用);(2)投资者回转交易融资购买力下调至信用交易账户超过维持保证金部分的2倍。4.若典型的日内回转交易者未能在回转交易保证金追加要求后的5个交易日内补足保证金,则该投资者将被限制90日内只能进行现金交易(期间若投资者补足保证金,则可恢复日内回转交易)。5.为满足回转交易保证金追加要求或为满足最低账户净值要求所存入的资金,在入账后的2个交易日内不得提取。6.典型的日内回转交易者不可将其名下其他账户内的资产合并计算,以满足其特别维持保证金要求或账户最低净值要求。"

在风险控制方面,信用交易资券相抵交割的风险控制主要依托于对信用交易的风险控制。对于现股当冲交易,我国台湾证券交易所(以下简称台交所)和柜买中心主要采取了以下三方面的措施:一是标的证券的限制。当冲交易标的证券仅限于部分指数成分股及融资融券、借券的标的证券。二是投资者资质限制。要求投资者必须具有相应的投资经验,并事先和券商签订授权同意书和风险预告书。① 三是投资者交易额度限制。交易所要求券商落实好交易额度评估和管控措施,并视情形向投资者预收足额或部分款券。

我国目前的股票市场采取的是禁止实行 T+0 日内回转交易制度。我国股票市场禁止股票买卖过程中的日内回转交易有一个历史演进过程,并非一开始就禁止日内回转交易,它经历了从禁止到开放再到禁止的起伏过程。

早在1990年沪深证券交易所成立之初,对投资者的日内回转交易是禁止的,这是因为我国证券市场刚刚成立,并无太多的经验,也没有较强的风险防控手段。1992年人民币特种股票即B股开始在上海证券交易所上市交易,其投资者仅为境外人士,而境外投资者在境外市场的股票交易允许日内回转交易,考虑到境外投资者的交易习惯,我国资本市场允许对B股进行日内回转交易。在有限的范围实行一段时间后,进一步推广和扩大股票市场的日内回转交易被提上了议事日程,1992年12月24日,上海证券交易所在取消涨跌幅限制7个月后,率先对A股和基金推出了日内回转交易制度。1993年11月深圳证券交易所也在股票市场和基金市场实施日内回转交易。

日内回转交易刺激了交易的冲动性,也大大便利了投资者的交易频次,对市场的活跃提供了很大的帮助,同时也增加了市场的投机氛围。在实施日内回转交易后,沪深交易所的交易极度活跃、成交量迅速放大,市场的炒作和投机程度提高,市场的风险加大。基于防范股市风险的考虑,1995年1月1日,沪深两市再度禁止了 T+0 回转交易。国内的A股和基金交易又由 T+0 回转交易方式改回了 T+1 交收制度,这一制度一直沿用至今。

但是,在B股市场上,针对境外投资者,一直沿用日内回转交易。2001年2月沪深两市的B股市场对内放开,境内投资者可以买卖B股,仍然沿袭着先前的做法,境内投资者可以进行 T+0 回转交易。形成了内地投资者在沪深两市买卖A、B股时,分别执行着 T+0 和 T+1 两种交收模式。这一做法与原有的设立B股日内回转交易仅针对境外投资者的初衷有所不同。在国内资本市场 T+0 回转交易使市场投机氛围浓的情况下,仍让国内投资者执行两种交易和交收方式是有所不妥的。因此,1999年我国首部《证券法》对股票交易的日内回转交易进行了禁止性的规定,该法第106条规定:"证券公司接受委托或者自营,当日买入的证券,不得在当日再行卖出。"从法律上规定了中国股市的交易采取 T+1 方式。2001年12月3日,随着B股市场对内放开,对B股开始采取与A

① 台交所要求参与当冲交易的投资者必须满足以下条件:(1)开立受托买卖账户满3个月且最近1年内委托买卖成交达10笔(含)以上,已开立信用交易账户的投资者和专业机构投资者不受前述限制;(2)投资者应当事先和券商签订授权同意书,除专业投资者外,其他投资者还需签订风险预告书。

股一致的禁止日内回转交易制度,同时允许对可转债品种进行日内回转交易。

在此之后,随着市场的变化,理论和实践中的探索,对股票市场是否采取 T+0 日内回转交易均存在不同的争议,有的赞成,有的反对,各执一词,没有定论,监管者也十分关注股票市场的 T+0 交易制度。这种争议和看法也反映在之后修订的《证券法》中,2005 年《证券法》修订中删除了原第 106 条的规定,取消了有关"当日买入的股票,不得当日卖出"的规定,使 A 股市场推行 T+0 交易制度不存在法律障碍。2005 年 8 月 22 日,股票权证开始在上海证券交易所挂牌交易,允许对权证进行 T+0 日内回转交易。2016 年 1 月 7 日,沪深市场熔断"助跌"事件发生后,又引起了对我国股市实行"T+0"交易制度的关注,有的学者呼吁监管层下决心实施 T+0 及取消涨跌停板。他们认为,涨跌停板制度不仅没有稳定市场的效果,反而会限制流动性,制造恐慌,从而导致"助涨助跌",因此应该放宽或取消,并认为 T+0 回转交易是与涨跌停板配套的制度。从公平及保护投资者的角度来看,必须实施 T+0;①我国 A 股市场的制度体系日趋完善,而继续深化改革和对外开放需要交易制度方面的管制进一步放开。因此,再次考虑 T+0 交易制度的时机或已成熟;②从规则一体化、市场化和国际化的角度来看,股票市场全面实行 T+0 交易制度的时机已经成熟。③

2019 年 12 月修订的《证券法》继承了 2005 年《证券法》的立法指导思想,对证券市场 T+0 日内回转交易制度没作禁止性规定,为国内证券市场股票 T+0 日内回转交易制度的推出留足了法律空间。

(二)T+0 交易的利弊

T+0 交易制度作为一种工具,在实践中反复不定,在市场中争议较大,是因为这种工具有利有弊,运用得好会给市场带来正面效应,运用得不好就会使市场产生较大的风险。从我国资本市场的实践和立法者的态度就可以看出,对待 T+0 交易制度的摇摆不定。那么,T+0 交易制度的利弊到底有哪些呢?笔者认为,主要体现在以下几个方面。

1. T+0 交易的利

第一,有利于增加证券交易量、提高市场流动性、活跃证券市场。T+0 交易制度最大的好处在于,它能充分激发投资者参与市场的积极性。在 T+0 的情况下,投资者可以在交易当日不断地进行回转、进行股票的买进卖出,使市场的证券交易量得到了提高。由于交易市场的标的被不断地交易,持有证券的投资者可以在当日卖出证券后再次买入,而持有资金的投资者也可以在当日买入证券并再次买入证券。在理论上投资者持有

---

① 参见陈恩挚:《设置熔断机制是为 T+0 做准备》,载腾讯证券:https://stock.qq.com/original/zqyjy/s953.html,最后访问日期:2020 年 5 月 9 日。

② 参见程丹:《T+0? 印花税? 提升市场活跃度还应标本兼治》,载证券时报网:http://stock.stcn.com/2020/0415/15845330.shtml,最后访问日期:2020 年 5 月 9 日。

③ 参见吴晓求:《实行 T+0 时机已成熟》,载新浪财经网:http://finance.sina.com.cn/stock/t/2016-01-11/doc-ifxnkkuv4336500.shtml,最后访问日期:2020 年 5 月 9 日。

的证券可以不断地卖出获得资金后再行买入,持有资金的投资者在买入证券后可以卖出证券获得资金再行买入证券,这样不断巡回买卖证券自然增加了市场的交易量,增加了证券的流动性,使市场更加活跃。以上海证券交易所为例,在1992年12月24日首次实行T+0日内回转交易时,对市场的交易量、活跃度和流动性的正面影响都是显著的。从实施前后的成交情况来看,1992年12月24日实施之日起后20个交易日,沪市A股成交量和成交金额分别较前20个交易日提升38.04%、54.31%,而同期深市A股成交量和成交金额与前20个交易日基本持平。

第二,有利于增加投资者资金和证券的利用率,降低投资者的资金和交易成本。投资者可以利用回转交易将所拥有的资金多次使用,使资金的使用不断扩大,以较少的资金买入更多的证券或者用所持有的资金在交易当日或者结算日之前多次买入证券,使资金的使用效率得到充分的发挥。以前述美国的资金账户和信用账户为例,投资者当日通过现金账户买入并且在卖出前完成全额支付的证券,只要客户的经纪交易商(broker-dealer)为客户提供该项服务,即可卖出当日通过全额支付对价买入的证券;信用账户则可以使投资者能够在不全额支付买入对价的前提下卖出相关证券,投资者可以使用信用账户在同一天买进和卖出或卖出和买进同一只证券的行为。我国的T+0回转交易制度也允许投资者的资金账户和证券账户在同一个交易日多次使用少量的资金买入更多的证券以及有限的证券买入更多的证券,只要在当日结算时净额轧差即可。

第三,有利于投资者的纠错和突发事件的应对机会。在T+1交易机制下,一旦投资者在买卖证券时决策失误,买入的证券在当天无法卖出,必须等待第二天方能卖出证券,纠正自己的决策错误。由于证券市场瞬息万变,投资者的错误决策必须尽快地加以纠正,但T+1的交易机制使投资者纠错的可能性大幅降低,而T+0回转交易能够使决策错误的投资者迅速纠错,在买入证券时可以及时处理因决策失误买入的证券,并及时再行决策再次进行证券买卖。此外,T+0的交易机制可使投资者遇到突发事件时能够及时规避风险或者及时获得投资机会,当投资者遇到突发利空事件,如市场出现"黑天鹅"事件、上市挂牌公司出现突发重要负面消息等,在T+1交易制度下,投资者无法抛售持有的股票,只能坐等股票下跌;同理,市场出现突发某类股票重大利好事件,投资者也无法及时换股,即使要卖出一些股票,再行买入重大利好消息的股票,也只能在第二个交易日进行。这样的情形往往使投资者无法买到利好公司的股票或者只能用更高的价格买入利好公司的股票。

第四,有利于提高资本市场的市场化程度。市场化是资本市场的发展方向和目标之一。市场化不但要求按照市场的规律规则办事,减少不必要的行政干预、放松管制,还应该进一步发挥市场在资源配置中的作用,不断促进和发展市场应有的功能。而市场的功能中,证券交易是资本市场最主要的功能,市场化要求交易功能应尽量完备、交易方式尽量多样、手段尽量齐全,资源在市场中能够得到最大的发挥,成本最低、效率最高。T+0交易制度恰恰对市场的交易活跃、市场的流动性和资源的使用效率十分有利,因而有利于提高资本市场的市场化。

2. T+0 交易的弊

T+0 交易制度的弊也是显而易见的。其最大的弊端在于这种交易制度给投资者和市场带来了一定的风险。主要体现在以下几个方面。

第一,投机炒作风险。日内回转交易增加了投资者的交易机会,对流动性有明显的促进作用。对于以散户为主的 A 股市场,其对流动性的刺激同样导致市场投机炒作,这也是 A 股市场当年禁止日内回转交易的一大原因。

第二,信用透支的风险。从境外市场监管实践来看,多数境外监管机构关注的核心风险在于非全额保证金制度下,频繁的日内回转交易可能给投资者带来超过其风险承受能力的损失,同时也将增加整个交收环节证券公司的信用风险。一是在非全额保证金制度下,若投资者卖出其买入时未全额支付对价的证券,一旦卖出价格大幅低于买入价格,可能会给投资者带来超出其账户自有权益的大额亏损;二是由于日内回转交易下相关账户日终无持仓,普通信用交易保证金要求无法约束日内回转交易,一旦发生大额亏损导致投资者无法完成交收,在没有可处置保证金的情况下券商面临的风险极大,甚至可能影响到券商和中央对手方的交收,引发连锁反应。

第三,市场操纵风险。实施日内回转交易是否会便利市场操纵行为也是市场上一直存在较多争议的问题。日内回转交易制度使投资者使用同一笔资金能够在一天内多次进行买卖,因此无须使用太多资金即可达到影响股价或放大成交量、引诱散户跟风炒作的目的。

第四,投资者交易风险。日内回转交易增加了进行短线交易的散户投资者的风险。由于散户投资者往往难以准确把握市场行情,其进行频繁日内反向交易反而可能放大其日内损失。此外,包括高频交易商在内的专业投资者在日内反向交易机制下更容易利用技术手段进行跨市场套利及日内波段交易,容易引发市场对于交易机会不公平的质疑。

(三)新三板 T+0 的合理性

1. T+0 交易的必要性

第一,新三板市场迫切需要增加交易量、提高流动性和进一步的市场化。长期以来,新三板市场的流动性成为新三板市场的一个严重问题。交易萎靡、换手率极低、流动性不够、市场品种和交易工具较少,成为新三板市场的短板。自 2013 年全国中小企业股份转让系统有限责任公司(以下简称全国股转公司)成立以来,新三板市场的交易量始终低迷,尤其是近几年来,市场交易量急剧下降,已经到了非常危急的时候。据不完全统计,2018 年和 2019 年新三板市场全年的交易量每年不足 900 亿元,平均每天的交易量不足 4 亿元,即使是整个新三板成立 7 年多以来,平均每天的交易量也不过数亿元,与此同时,新三板市场的挂牌公司多达 1 万余家,即使目前新三板挂牌公司也近 9000 家。新三板海量的挂牌公司和极小的交易量形成了极大的反差。按 1 万家挂牌公司计算,每家挂牌公司的日均交易量仅有 4 万元,年均交易量不足 1000 万元,非但如此,新三板市场还有大量的公司自挂牌上市以来从未进行过交易。与此形成鲜明对比的是沪深证券市场的流动性和交易量极大。2018 年和 2019 年上海证券市场的股票成交金额分别为 40.20 万亿元和54.38万亿元,日均成交分别为1654.18亿元和2228.87亿元;深圳证券市场分别为73.57万亿元和100.79万亿元,日均成交分别为3027.73亿元与4130.58亿元。2018年至2019年,上海和深圳证券市场的日均成交金额分别是新三板市场的551.70倍及1017.05倍。与此同时,新三板市场的挂牌公司在2018年年末和2019年年末分别为10,691家及8953家,分别是同期上海证券市场上市公司家数的7.37倍和5.70倍,深圳证券市场上市公司家数的5.01倍和4.06倍。新三板市场的全年交易量不如沪深证券市场一家上市公司的交易量,日均交易量不如沪深证券市场一家上市公司日均交易量,新三板市场交易是极不正常的。极低的交易量和流动性严重削弱了新三板市场的基本功能,影响了挂牌公司的融资、股票的定价、公司的价值和股票的价格发现、资源的优化配置和投资的退出,严重限制了新三板市场服务于实体经济和投资者的积极性。因此,增加新三板市场的交易量和流动性,对于新三板市场而言远比沪深证券市场迫切和重要。

第二,在新三板市场先行先试,震动小,可为资本市场改革创新积累经验。新三板市场尽管挂牌公司家数众多,但在总体上还是规模较小的市场。从全球主要资本市场来看,决定市场因素和影响力的并不是上市公司家数的多少,而是这一市场的功能,主要包括资本市场的融资功能、交易功能、市值状况等。因此,上市挂牌公司的市值、融资额、交易量等是市场大小、强弱的根本性标志。新三板市场在上述几个指标上相比,与沪深证券市场差别很大。新三板市场的总市值是万亿级,股票年均融资额和年均交易量分别为百亿级,而沪深证券市场的总市值均为数十万亿级,股票年均融资额和年均交易量均为千亿级和百万亿级的,如果加上其他证券的融资和交易,则差距更大。在投资者方面,新三板市场的合格投资者数量只有百万余人,而沪深证券市场的投资者数量高达1亿多人,投资者的数量差距惊人。T+0交易制度作为一项创新制度,从立法的指导思想来看,已从严格禁止转向不反对、不禁止的状态,实行T+0交易制度并无法律上的障碍。这一制度作为许多国家交易制度中的惯用工具,在我国应该有其一席之地,最为关键的是如何控制好这一制度所带来的风险。因此,在新三板市场先行先试T+0交易制度,不但是新三板市场本身的急需,更是因其涉及面较小、涉及的投资者较少、震动面相对沪深市场更小,可为以后在沪深证券市场实施T+0交易制度积累经验、控制风险打下很好的基础。

第三,进一步实行T+0交易制度,能够更好地体现公平公正。实际上,新三板市场已经实现了部分T+0交易制度。目前,基础层、创新层挂牌公司实行了做市商制度。主办券商为挂牌公司做市,以促进挂牌公司股票交易的流动性。而做市商在为挂牌公司做市时可以采用当日回转交易的方式进行,即做市商为保持挂牌公司交易的活跃,可以在当日将买进的股票再行卖出。《全国中小企业股份转让系统股票交易规则》(以下简称《交易规则》)第35条规定,“投资者买入的股票,买入当日不得卖出,全国股转公司另有规定的除外。做市商在做市报价过程中买入的股票,买入当日可以卖出”。其第42条规定“做市商应在全国股转系统持续发布买卖双向报价,并在其报价数量范围内按其报价履行与投资者的成交义务。做市交易方式下，投资者之间不能成交。全国股转公司另有规定的除外”。可以看出，在新三板市场，做市商在股票交易过程中可以实行 T+0 交易，而普通投资者则不能实行 T+0 当日回转交易。普通投资者和做市商之间形成了不同的待遇，也造成了彼此之间的不公平。因此，在新三板市场实行普遍的 T+0 日内回转交易，也是资本市场投资者公平对待的需要。

2. T+0 交易的可行性

第一，在新三板市场实行 T+0 交易制度风险总体可控。T+0 交易制度最大的问题是市场风险问题，主要涉及资金风险、操纵市场风险、市场炒作风险、投资者保护风险等。笔者认为这些风险总体是可控的。其一，相较境外市场，A 股市场的全额保证金制度使实施日内回转交易不会产生额外的信用风险。目前，A 股经纪业务实行全额保证金制度，即证券公司经纪业务客户在买入证券之前须全额存入资金，以此确保经纪客户不会发生超买风险。在这一制度基础上实施先买后卖的日内回转交易，一来客户可能的损失上限为其买入股票的资金（假设股价跌至 0），不会发生超出其账户自有权益的损失；二来资金交收时客户不会发生信用风险，更不会引发系统性市场风险。其二，日内回转交易的实施可能改变当前 T+1 模式下的市场操纵模式，但并不意味着日内回转交易会增加市场操纵风险。这是因为日内回转交易会增加以拉抬股价为目的的市场操纵难度。在无日内回转交易安排的情况下，市场操纵者集中资金优势连续买入以达到拉抬股价的市场效果。若允许进行日内回转交易，一方面，由于当日买入的投资者当日可以卖出，将会增加卖方的市场深度，使市场操纵者拉抬股价的难度上升；另一方面，由于拉抬股价的手段通常是在日内进行连续买入，拉抬者同一日内并不会频繁进行反向交易，实际无法通过回转交易实现资金的反复利用。此外，日内回转交易确实会使投资者用同一笔资金反复买卖放大股票交易量，但在日内回转交易将会放大交易量的合理预期下，普通投资者未必会因交易量的放大而跟风操作。其三，日内回转交易对普通投资者而言是一把“双刃剑”。一方面，对于频繁通过日内回转进行投机交易的普通投资者而言，日内回转交易的推出确实增加了其日内交易风险，且其相较专业高频交易者的交易劣势会进一步凸显；另一方面，日内回转交易同样给投资者提供了日内及时止损或获利平仓的机会，减少了投资者隔夜持仓风险。

第二，境内外已有的经验可对新三板实行 T+0 交易制度有所帮助。一是境外的经验可以借鉴。T+0 交易制度并不是我国资本市场的发明创新，在境外资本市场上，T+0 交易制度是一个较为普遍的交易工具。长期以来，境外资本市场在 T+0 交易制度的经验和教训可以借鉴。二是国内资本市场的经验教训可以借鉴。沪深证券市场所实行的 T+0 交易制度的反反复复也是一笔财富，可以用于新三板市场的 T+0 交易制度上。而目前除了沪深证券市场中的股票暂停实行 T+0 交易制度外，其他的证券品种并未完全取消 T+0 日内回转交易制度。可以借鉴基金交易和债券交易 T+0 的相关经验，以化解 T+0 交易所带来的风险。三是对新三板市场本身所实行的部分交易 T+0 制度经验的吸取。新三板市场做市商采取 T+0 交易制度为新三板进一步推行 T+0 交易制度提供更为现实、更加有针对性的经验。它是根据新三板市场本身的情况,具有新三板市场本身的特点,因此,借鉴新三板做市商的T+0交易制度具有较强的说服力。

第三,法律建设的不断完善、监管力量的不断加强使T+0交易制度有了保障。一方面,经过30年的发展,我国资本市场的法制建设取得了长足的进步。新修订的《证券法》等法律法规不断完善,我国资本市场初步形成了一整套较为完整的法律体系。法律、法规、部门规章、规范性文件和自律管理规则对资本市场的各个层面均有较完善的规定。在证券交易方面更是有大量的规定规范约束市场参与主体的证券交易活动,对证券交易中的违法违规行为采取坚决制裁的措施,尤其新《证券法》等强化了法律责任,大幅提高了行为人的违法违规成本,在民事赔偿、行政处罚、刑事责任承担方面都得到了大幅度的强化。因此,利用T+0交易制度在二级市场兴风作浪必将受到法律的惩处。另一方面,随着市场的不断壮大,监管的力量也在不断地加大。几十年来,证券监管部门有着一支专业精、业务熟、责任心强,能打硬仗、能打胜仗的监管队伍。尤其是在2016年股市异常波动事件之后,国务院监督管理机构进一步加强了和其他金融监管机构的联系和合作,扩大了监管的广度和深度,加强了证券市场的基础性建设,对证券市场的风险预判、预研,以及快速反应能力和风险防控能力都得到了提高。因此,对推出T+0交易制度可能出现的风险,预研预判和应对能力较之过去会更强,手段和措施更多,风险控制会更加有效。

第四,投资者保护措施的到位有利于T+0交易制度的推出。新三板实行投资者T+0交易制度,对投资者的保护是否到位非常重要。笔者认为,新三板的投资者保护是有保障的。其一,法律对投资者的保护越来越全面。新修订的《证券法》专章对投资者保护进行了集中全面规定,规定了一系列针对投资者保护尤其是对广大中小投资者保护的具体措施,如先行赔付、集团诉讼、代表人诉讼等。其二,国家设立的投资者保护机构具有法律地位,获得了《证券法》的全面支持。专门的投资者保护机构在人才、资源、经验和法律地位上的独特优势定能将投资者保护落到实处。其三,新三板市场投资者适当性管理使投资者的风险意识有所加强。100万元至200万元较高的投资者准入门槛使众多小额投资者无法进入新三板市场,也降低了这一交易制度所带来的风险。其四,分步推出、逐步放开使T+0交易风险可控。可从以下三个方面入手:一是在允许实行T+0交易的同时,不允许信用交易。投资者不得卖空进行日内回转交易,投资者从事日内回转交易必须有现金或实物券方能进行。二是对日内回转交易的频次和交易额度进行一定的限制,初次推出时可采取较低频次的日内回转交易,不允许投资者频繁进行回转交易,对交易可采取、借鉴境外的做法加以限制,①以防止投资者的过度投机和市场的泡沫化。三是

① 基于保护投资者和防范信用风险的目的,境外市场对日内回转交易的相关风险防范措施主要包括对交易额度的限制以及额外的保证金或账户权益等方面要求。例如,美国要求买入时未全额支付对价的交易只能通过信用账户进行,并且对频繁、大量从事日内回转交易的"典型日内回转交易者"设置交易额度限制、更严格的账户权益和保证金要求。

在精选层初期推出混合交易时在做市商做市时试行，稳定运行一段时间，取得一定经验再在精选层全面推开。精选层是新三板全面深化改革的重中之重，在制度的供给上有了向不特定的投资者公开发行、连续竞价、向沪深交易所转板等，在投资者准入上，不但一定范围的个人投资者可以进入精选层，公募基金、私募基金、合格境外机构投资者（Qualified Foreign Institutional Investor，QFII）、人民币合格境外机构投资者（RMB Qualified Foreign Institutional Investor，RQFII）以及保险资金、社保基金等机构投资者和长期资金均可进入精选层参与交易，同时精选层还实行了较为严格的监管措施，各种监管措施比照沪深上市公司。这些制度和条件使精选层实行 T+0 日内回转交易具有了可行性，也对投资者保护有利。

综上所述，在新三板市场推行 T+0 日内回转交易制度总体上利大于弊，不但必要而且可行。从提升市场流动性和价格稳定性、丰富投资者交易策略的角度看，在新三板推出日内回转交易制度对提升市场流动性具有积极意义；从市场风险角度看，基于新三板的投资者适当性制度、投资者结构及相关条件，实施 T+0 日内回转交易的市场风险整体可控。笔者认为，应将 T+0 日内回转交易制度作为新三板市场的一项基础性交易制度，在初期以精选层引入混合交易制度为契机，在精选层探索推出投资者的日内回转交易制度后，时机成熟时逐步推广到整个新三板。

二、混合交易制度

（一）混合交易制度的概念和内容

混合交易制度又称混合型做市商制度，是指在做市商制度中引入竞价交易制度或在竞价交易制度中引入做市商制度，其实质是将两种单独的交易方式并入一起进行交易的一种交易制度。混合交易制度的出现突破了原有的竞价制度和做市商制度的范围，它吸取了不同交易机制的特点，克服了单一交易机制本身的不足，成为一种新的交易制度，一定程度上代表了市场发展的趋势。

交易机制的核心要素是证券价格形成机制，即通过何种方式对市场的订单进行撮合，从而形成交易证券的价格，使投资者可以买卖。而价格的形成一般有两种情形，一种为订单驱动，另一种为报价驱动。两种情形的价格形成机制导致了证券市场上两种类型的基本交易机制，即竞价交易制度和做市商交易机制。混合交易制度就是在该两种交易机制上形成的第三种交易机制。因此，要进一步了解混合交易制度的概念、内容和特点，必须要了解竞价交易制度和做市商交易制度。

1. 竞价交易制度。竞价交易制度是订单驱动的交易机制。订单驱动形成的价格主要依赖于对投资者持续订单流的排序撮合，投资者之间可以直接进行交易。因竞价交易时间是否中断，竞价交易又可分集合竞价和连续竞价，前者是不连续交易，订单报入后，定时撮合；后者是连续交易，订单随时报入随时撮合。竞价交易机制是证券市场一种常见的交易机制，也是一种最主要的交易机制。

竞价方式最主要的功能就是确定证券的价格。证券价格的确定，实际上是证券所代表的资产价格的确定。证券市场的有效运行，使价格确定可以通过证券需求者和证券供给者的竞争形式,从而能较为充分地反映证券市场的供求状况。通过竞价方式,证券买卖双方能在同一市场上公开竞价,充分表达自己的投资意愿,直到双方都认为已经得到满意合理的价格,撮合才会成交。所以,竞价方式在投资者充分表达自己意愿的基础上,通过撮合成交最终确定了证券的交易价格,具备了定价的功能。

2. 做市商交易制度。做市商交易制度即报价驱动的交易制度。它是由一名或多名做市商持续提供买卖双向报价,投资者可以按照做市商报价与做市商进行交易,投资者之间不能直接交易。做市商交易机制主要解决的是市场流动不足、投资者通过竞价交易的意愿不够强烈,市场订单不足,无法满足订单驱动形成证券价格,投资者无法买卖股票,从而使市场的交易功能受到很大的抑制等问题。因此,在竞价交易引入做市商制度更多的是处于解决市场流动相对不足的需要。

做市商制度的特点在于,投资者的买进订单和卖出订单不直接匹配,所有投资者均与做市商进行交易。在证券交易过程中,做市商充当了买方的卖方和卖方的买方角色,实际上作为投资者中间的桥梁,使证券的交易得以连续,使市场具有流动性。在具体操作上,做市商对某只特定证券做市,就该证券给出买进和卖出报价,且随时准备在该价位上买进或卖出。

做市商之所以愿意就某只特定的证券做市,不仅是监管者的要求,更有自己的利益,其主要的目的并不在于解决市场的流动性问题,而是通过做市,从其买进价格和卖出价格之间的差额中赚取差价。在市场波动剧烈,做市商风险过大的情况下,做市商也会选择退出做市。

做市商制度既有其明显优点,也有一定的不足。其优点在于这种制度可以促使证券的及时成交,增加市场的流动性,有利于稳定证券价格,矫正买卖指令不均衡现象,进一步抑制股价操纵。做市商制度的不足在于缺乏透明度,增加投资者负担,在一定程度上还可能利用做市商的身份和便利性滥用权利,也使监管成本有所增加。

竞价交易制度和做市商交易制度作为两种基本的交易制度,其特点和区别是明显的。

1. 价格形成方式不同。竞价交易机制无论是集合竞价还是连续竞价,证券的开盘价格与随后的交易价格均是通过订单驱动竞价形成的。以集合竞价为例,其证券价格形成的基本规则为:首先是成交量最大;其次是高于基准价格的买入申报和低于基准价格的卖出申报全部成交;最后是与基准价格相同的买方或卖方申报至少有一方全部成交。成交价格是在交易系统内部生成的。而在做市商报价驱动机制中,证券的开盘价格和随后的交易价格是由做市商报出的,成交价格是从交易系统外部输入的。

2. 处理证券交易的效率不同。对于竞价交易而言,由于是订单驱动,没有订单就无法交易,但对于大额买卖订单,如果没有对手方的订单就无法成交。一般情况下,大额买卖的订单需要等待交易对手方的买卖盘的订单指令,对大量订单的完成需要等待较长的时间;而做市商交易由于是做市商自己双边报价,报价驱动由自己控制,其对大额买卖的控制能力要比一般投资者强,再加上做市商本身具有的实力和专业能力,处理证券交易尤其是大额证券交易的效率要明显高于竞价交易。

3. 投资者的交易成本不同。在不同的交易机制下,投资者的交易成本不同。对投资者而言,竞价交易的成本较低,做市商交易的成本较高。在竞价交易市场上,证券价格是单一的,投资者的交易成本仅仅是付给经纪人的手续费。在做市商交易的市场上,由于做市商报价驱动形成价格,作为买方的卖方和卖方的买方,做市商同时存在两种市场报价,即卖出价格与买入价格,而两者之间的价差则是做市商的利润,是做市商提供"即时性服务"所索取的合理报酬。这一差价是由投资者承担的,因此,投资者不但要支付给经纪人证券交易手续费,还要承担做市商双边报价中的差价。

上述可以看出,竞价交易制度和做市商交易制度互有优劣,做市商制度在交易即时性、大宗交易能力以及价格稳定性方面具有优势,但在运作费用、透明性等方面不如竞价交易制度。

正因如此,单一的证券交易机制局限性明显,混合交易制度使证券交易的流动性更强、效率更高,市场发挥的作用更大。

(二)混合交易的类型

在单一证券交易的情况,世界各国的证券交易制度并不完全相同,总括起来有两种主要的交易模式。以欧洲大陆市场和亚洲新兴市场为代表,采取的是竞价交易为主的交易模式;以英国和美国为代表,采取的是做市商交易为主的交易模式。由此形成的混合交易也有所不同,虽然混合交易是将竞价交易和做市商交易吸收,同时采取竞价交易和做市商交易。但在单一交易模式不同的情况下,混合交易也有所不同,形成了两种不同发展路径,即在竞价交易机制基础上引入做市商交易制度和在做市商交易机制基础上引进竞价交易制度。两者的路径不同,其混合做市的目的也不尽相同。虽然同为混合交易,在竞价交易基础上引入做市商制度的目的是解决股票交易不活跃,做市商承担了双边报价的义务,成为流动性提供者的角色。由于做市商承担连续报价义务或者在特定情形下的报价义务,在流动性不足时,做市商可以为市场提供基础流动性和定价基准;而在做市商制度的基础上引进竞价交易制度的目的是维护市场公平的考虑。由于做市商在提高流动性基础上会使一般投资者成本增加,做市商也有可能利用做市的优势滥用权利去损害一般投资者的利益,还有可能为了实现做市商的订单和投资者的订单公平竞争等。

正因如此,各国的交易制度对混合交易均予以肯定,随着 21 世纪科技的不断进步,尤其是电子信息技术突飞猛进的发展,证券交易机制有了很大的创新和进步,加速了不同交易机制的相互融合。混合交易制度在两个不同的层面展开:一是在同一证券市场的不同层面进行混合交易,这种交易是在不同的证券上体现的,即一些股票可以进行竞价交易,而另一类股票可以进行做市商交易。比如,伦敦证券交易所的市场就存在两个不同证券交易制度,有两个不同的交易系统,采取竞价交易的为 SETS 系统(Stock Exchange Electronic Trading System),采取做市商交易的为 SEAQ 系统(Stock Exchange Automated Quotation),我国新三板市场中目前的基础层和创新层也是如此,做市的股票是不能用于竞价交易的。二是在针对同一只证券进行的混合交易,即同一只股票在进行竞价交易的同时又允许做市商持续提供报价。比如,美国纽约证券交易所市场和纳斯达克市场等均采取这样的混合交易模式。真正意义上的混合交易应该是这一种模式。

混合交易制度的类型较为常见的有三种:一是"连续竞价+做市"。即主要是基于单一订单簿上的混合交易,连续竞价机制配置做市商交易制度或者专家制度等其他流动提供方式。连续竞价的订单和做市商订单等共同进入交易系统参与竞争。这是混合交易制度最普遍、最主要的类型。目前,美国纽约交易所、纳斯达克、伦敦交易所、泛欧交易所、德国交易所、韩国交易所等均采用这一方式。我国上海证券交易所在期权的混合交易上,也采取这种方式。二是"集合竞价+专家"。即主要基于单一订单簿上的混合交易,集合竞价配置专家制度。① 在这种模式下,专家有较大的自主决定权,他负责维护订单簿,有权决定集合竞价次数、单次集合竞价的撮合时间,同时对提出的双向报价、回应询价、尽最大可能避免订单部分成交等义务。德国法兰克福交易所采取的就是这种模式。三是"集合竞价+做市"。与前两者不同的是,它是在不同的订单簿上的混合。它是集合竞价和做市商制度同时存在。它是在一个证券市场采取不同的交易模式。如前所述,英国伦敦交易所就是如此,我国新三板市场也是如此。伦敦交易所的SETSqx系统采取传统的做市商交易制度场外交易与电子化集合竞价的场内交易并行。投资者可以选择在场外通过做市商的自由交易系统交易,由做市商将成交结果上报伦敦交易所,投资者也可以选择直接申报参与伦敦交易所交易系统集中撮合成交,而做市商有持续报价并按报价成交的义务,但无参与集合竞价的义务。我国新三板市场中,基础层和创新层市场的订单簿上,一部分订单簿可以集合竞价交易,而另一部分订单簿可以做市交易。做市商选择做市交易就无须参与集合竞价交易,而挂牌公司的股票一旦选择做市商做市也就不再进行集合竞价交易。

(三)精选层混合交易合理性

新三板市场在基础层和创新层有了集合竞价和做市商交易制度。但这两种制度并无交集,对于挂牌公司来说只能选择其一,挂牌公司的股票不能同时在竞价基础上进行做市交易,也不能在做市的基础上实行竞价交易。因此,对于挂牌公司及挂牌公司的股票而言,仍然是单一制度下的交易方式,不是真正意义上的混合交易。

采取这样的方式进行所谓的混合交易,对于新三板市场是不得已而为之。由于新三板市场的挂牌公司数量极大而投资者人数又极少,新三板市场挂牌公司的连续竞价交易

① 专家交易制度,是指指定一个会员公司为每一只上市股票担任专家(亦称庄家),专家的主要职责是依照交易所及证监部门制定的规则维持该股票连续有序的交易"连续的交易指投资人在整个交易时间内都能够买入或卖出该只股票;有序的交易指投资者可以以相同或相似于上一笔交易的价格买入或卖出该只股票。为了履行职责,专家在交易期间不断传递指定股票的买卖报价及其他信息,当没有买家或卖家时,以自营方式买入或卖出该只股票"。专家的另一作用是充当经纪人的经纪人,即当场内经纪人接到一笔大大高于或低于现场价格的委托时,他们将委托交给该只股票的专家,当股价到达该笔委托的价格时,专家便代理场内经纪人处理这笔委托。专家的另一个作用是买卖零股。

方式很难实现。尽管全国股转公司的《交易规则》中已经明确了新三板市场可以采取连续竞价的方式,但多年来都未曾真正实行。海量挂牌公司在有限的投资者面前,订单的及时性和订单深度是无法保证的。大量的挂牌公司在日常交易中很少有投资者问津,采取连续竞价无疑是空中楼阁,只能间断性的集合竞价。而在流动条件较差的情况下实行单只股票的混合交易,让主办券商担当起连续报价的责任是勉为其难的。主办券商没有经济利益,混合交易就无法长久。因此,在基础层和创新层分别采取非单一订单的集合竞价和做市商交易制度并存是符合新三板实际情况的。

精选层设立后,情况就大不一样了。笔者认为在精选层实行同一股票情况下,以连续竞价为基础的做市商交易并存的混合交易非常有必要。理由如下。

第一,以连续竞价为基础的混合交易是境外资本市场发展的大趋势,更是国际通行规则。这种形式的混合交易的基本特点在于:一是价格发现速度快、价格有效性高、成交及时性强。投资者在正常交易时间段内能够随时买卖股票,到价及时成交,市场信息能够在第一时间内反映到成交价格中。因而它具有采取集合竞价的混合交易的优势。因为在集合竞价的混合交易情况下,由于采取的是间断的撮合成交,市场信息则会经过一段时间的积累,集中反映在下一次的撮合交易中,信息的滞后导致了股票价格发现的滞后,影响了成交速度和价格的有效性。二是减少股票价格的操纵、平抑股票价格波动和降低交易成本。减少股票价格的操纵、平抑股票价格波动的重点在于使股票价格的差价波动更小。做市商等流通提供者的介入使对股票价格的持续报价成为可能,做市商通过双向报价缩短了报价的时间,缩小了报价差距。在这种情况下,无论操纵者采取大额申报大单封停、频繁虚假申报以影响市场价格,还是普通投资者不愿参与市场,使市场订单深度不够,做市商的流动性订单都能有效地保证市场的基础流动性,保证市场订单及时得到执行,以平抑股票差价波动,纠正市场情绪,减少市场操纵和股价的波动,促进市场流动性。三是适用范围较广,规则相对简单、市场认可度较高。这一制度克服了竞价交易和做市商交易各自的不足,将竞价交易制度和做市商制度的优势集于一身,得到了资本市场的青睐。欧美主要资本市场和部分新兴市场均采用连续竞价并配套做市商等流通性提供者的混合交易制度。

第二,以连续竞价为基础的混合交易是精选层的现实需要。精选层门槛的降低、向不特定合格投资者公开发行,在一定程度上活跃了市场,流动性得到了改善。如果不采取以连续竞价基础上的做市商混合交易制度,可能存在一定的市场风险。一方面,市场的流动性并不能完全得到保证。在新三板市场流动性长期缺乏、交易极其低迷、交易量极小的情况下,投资者对市场的预期远不如沪深证券市场。况且投资者门槛虽然大幅降低,但精选层100万元证券资产对于众多中小投资者来说,也是一道很难跨越的障碍,精选层合格投资者的人数还是有限。另一方面,由于新三板挂牌公司在股东结构、股本总量、公开发行数量等方面均属小盘股,股东人数较少、股份较集中,市场流动股票不多,很容易成为炒作的标的,市场操纵、股票价格大幅波动等比沪深上市公司可能性更大。

新三板的差异化市场需要进行差异化的制度安排。新三板挂牌公司同质化不足,差异化有余。海量公司和覆盖行业极广、门类齐全、质量各异,公司在经营、盈利能力、公司治理、信息披露、股东结构等方面情况较为复杂。正因如此,新三板市场实施了分层制度,在基础层、创新层和精选层上实行差异化,在制度供给、监管和发展上均有所不同。在交易制度上,不同层级的挂牌公司也有所不同,基础层和创新层采取集合竞价的方式,精选层采取了连续竞价的方式,即使是同样采取集合竞价,集合竞价的频次也有所不同。基础层集合竞价的频次每个交易日仅有5次撮合,而创新层每个交易日的撮合频次达到25次。而在参与交易的投资者要求上,基础层投资者的参与资格必须具有200万元的证券资产,而创新层和精选层投资者参与交易的资格则分别为150万元证券资产和100万元证券资产。在精选层实行以连续竞价为基础的做市商交易并存的混合交易是新三板差异化制度供给的更进一步体现。这一差异化的交易方式,更能适应新三板交易的特点,既能促进新三板挂牌公司股票交易、改善流动性,又能减少市场操纵和抑制股票的价格异常波动,这些正是精选层所需要的。

在精选层实行以连续竞价为基础的做市商交易并存的混合交易也是可行的,具体有以下几方面原因。

第一,精选层具备了市场基础。新三板市场精选层的设立,在市场的功能上相对基础层和创新层发生了很大的变化。在市场功能上,精选层将比基础层和创新层有明显的完善,精选层的融资能力、交易功能、挂牌公司的资产质量、经营能力、盈利水平、治理情况、信披状况、市场的流动性、投资者的参与等,相较基础层和创新层均有不同程度的提高,精选层在许多方面具备了类似于沪深证券市场的市场基础。

第二,精选层具备了制度基础。精选层的设立在制度上有许多重大创新。由于精选层实行了向不特定合格投资者的公开发行、投资者门槛的大幅降低和挂牌公司向沪深证券市场转板等制度。如前所述,新三板在未设立精选层之前,基础层和创新层的集合竞价交易和做市商制度分离而行,并不能真正反映混合交易制度所具有的优越性,虽然根据新三板市场的情况,对活跃市场也起到了一定的作用,但还是无法完全发挥单只股票上的混合交易所具有的优势。与基础层和创新层不同的是,精选层的设立使这一制度的实行具有了可能性。

第三,精选层具备了投资者基础。进入精选层的挂牌公司都是经历了向不特定合格投资者公开发行股票的过程。挂牌公司的公众性大为加强。由于精选层投资者门槛大幅下降,精选层投资者的人数比基础层和创新层大幅提高。这一状况使精选层的连续竞价交易成为可能,也使精选层具有一定的流动性有了可能,主办券商参与做市的积极性有所提高。

第四,精选层具备了一定监管基础。在精选层设立前,新三板市场基础层和创新层已经建立了集合竞价和做市商制度,并建立了相应的业务规则和监管制度。在全国股转公司的日常监管中,做市商的做市行为作为一项重点监管内容,旨在防止主办券商利用做市的优势地位进行不当行为以及其他违反监管规定的行为。在这方面,监管部门和监管人员已经积累了一定的监管经验。这些监管规定和监管经验完全可以用于精选层的混合交易制度上。

第五,精选层具备了风险控制基础。加强精选层挂牌公司和交易市场监管、控制精选层市场的风险、保护好精选投资尤其是个人投资者的合法权益,是设立精选层制度和控制手段上重点考虑的内容。精选层的设立,在交易市场上,全国股转公司加大了实时监控的力度,在规则安排、监控指标的设定、监控系统的开发、监管人员安排等方面均进行较多的投入,防止精选层市场异常波动,严密监管市场操纵、内幕交易、欺诈客户等违法违规行为;在对精选公司的监管上,专门设立了精选层公司监管部门,对精选层挂牌公司严格监管;精选层市场还专门建立了有针对性的风险基金。因此,精选层混合交易的实行,在风险控制上具有了一定的基础。

(四)精选层混合交易内容要点

精选层的混合交易是基于连续竞价的基础上加入做市商交易制度,在内容上主要是连续竞价制度和做市制度的混合,因此,混合交易的内容包含这两种制度,并将两种制度很好的集合起来。精选层连续交易制度在全国股转公司的《交易规则》中有了详细的规定,且连续交易制度相对易于理解,连续交易制度在沪深证券市场从一开始至今已有30年的历史,新三板市场的竞价制度也从全国股转公司市场就已存在至今,因此,我国资本市场的普通投资者对竞价制度尤其是连续竞价制度非常熟悉,操作也很熟练。尽管全国股转公司《交易规则》对做市交易方式进行了规定,但根据《交易规则》第42条第2款规定,精选层做市商制度并不在其规定范围内,《交易规则》关于做市交易的规定只适用于基础层和创新层,且根本无混合交易的规定,因此有必要对精选层混合交易的内容要点进行介绍。

一是混合交易的原则。有两个主要原则,即“同时交易”原则和“T+1与T+0并存”原则。“同时交易”原则要求精选层股票采取竞价交易方式的同时,做市商可以申请为精选层股票提供做市报价。做市商为精选层股票做市的,应当持续发布买卖双向报价,并在其报价数量范围和限定的价格内履行成交义务。“T+1与T+0并存”原则,主要指的是在混合交易制度下,采取连续竞价方式进行股票交易的,投资者当日买卖的股票不得再行卖出或买进,而采取做市商制度进行股票交易的允许做市商进行日内回转交易,做市商可以将买进的股票当日卖出或者卖出的股票再进行买进。

二是做市商管理。主要涉及做市商的加入、期限和退出问题。其一,做市商加入精选层做市原则上都应该由主办券商主动申请,即应当事先向全国股转公司提出申请,经全国股转公司备案的做市商可以开展精选层做市业务。但是,因挂牌股票层级调整的,原做市商未申请退出做市,且股票符合做市交易条件的,继续为该股票做市。其二,做市期限。做市商为精选层股票做市的,做市服务期应当不低于1个月。挂牌公司进入精选层前的做市商,其做市服务期从股票进入精选层之日起算。其三,做市退出。出现了做市商自动终止为精选层股票做市,做市股票被摘牌,或者做市商被暂停、终止从事做市业务或被禁止为该股票做市等情形的,做市商应当退出精选层做市。

三是做市账户与做市股票。其一,专用账户。做市商开展精选层做市业务,应当通过做市专用证券账户进行。其二,账户隔离。做市商证券自营账户不得持有其做市股票或参与其做市股票的买卖。其三,库存股来源。做市商开展精选层做市业务,可以通过在进入精选层前已取得的库存股、发行认购、采取包销方式承销的剩余股票向股东买入或借入等方式取得。其四,库存股数量调整。做市商可以按照《交易规则》第四章第四节的规定调节做市库存股数量。①

四是申报与报价。主要为申报的类型、申报的数量、报价价差、报价时长、补充报价和报价豁免等。其一,在类型、数量上,做市商可以采用限价申报和市价申报的方式进行做市报价;做市商的单笔申报数量应当为100股的整数倍,且买卖双向各累计申报数量应当不低于1000股。其二,在报价价差上,连续竞价时段,做市商在符合最低申报数量的报价上的买卖价差应不超过2%或两个最小价格变动单位(孰高为准)。集合竞价时段,做市商在符合最低申报数量的报价上的买卖价差应不超过5%或两个最小价格变动单位(孰高为准)。买卖价差的计算公式为:买卖价差=(符合最低申报数量的卖出价格-符合最低申报数量的买入价格)÷符合最低申报数量的买入价格×100%。② 其三,报价时长。做市商为精选层股票做市的,开收盘集合竞价时段,应当最晚于9:21和14:58前发布双向报价。连续竞价时段,做市商双向报价时长应当不少于连续竞价交易时长的90%。其四,补充报价要求。做市商因成交或撤单后累计申报数量不足1000股的,应当于1分钟内补充报价。做市商成交后在1分钟内补足报价的,补充报价时间计入做市报价时长。其五,豁免报价。发生下列5种情形之一的,做市商可以豁免相应报价义务,即股票最近成交价为涨跌停价格的,做市商豁免报价义务;无最近成交价,且最优买价为涨停价或最优卖价为跌停价时,做市商豁免报价义务;盘中临时停牌期间,做市商豁免报价义务;股票在摘牌整理期内,做市商豁免报价义务;做市商持有库存股票不足最低申报数量时,豁免卖出报价义务,但应当在该情形发生后3个交易日内恢复双向报价。

---

① 《交易规则》第四章第四节"做市商间转让"共6条,即第61条至第66条。其第61条规定:做市商间为调节库存股等进行股票转让的,可以通过做市商成交确认申报方式进行。第62条规定:做市商成交确认申报是指做市商之间按指定价格和数量与指定对手方确认成交的指令。做市商成交确认申报应包括证券账户号码、证券代码、交易单元代码、买卖方向、申报数量、申报价格、对手方交易单元、对手方证券账户号码以及成交约定号等内容。第63条规定:全国股转系统接受做市商成交确认申报和进行成交确认的时间为每个交易日的15:00至15:30。第64条规定:全国股转系统对证券代码、申报价格和申报数量相同,买卖方向相反,指定对手方交易单元、证券账户号码相符及成交约定号一致的做市商成交确认申报进行确认成交。做市商间转让股票,其成交价格应当不高于前收盘价的130%或当日最高成交价中的较高者,且不低于前收盘价的70%或当日最低成交价中的较低者。第65条规定:做市商间转让不纳入即时行情和指数的计算,成交量在每个交易日做市商间转让结束后计入该股票成交总量。第66条规定:每个交易日做市商间转让结束后,全国股转公司逐笔公布做市商间转让信息,包括证券代码、证券简称、成交量、成交价以及买卖双方做市商名称等。

② 符合最低申报数量的卖出价格,是指订单簿中做市商的卖出申报按价格由低到高进行排列,累计申报数量达到做市商最低申报数量所对应的卖出价格。符合最低申报数量的买入价格,是指订单簿中做市商的买入申报按价格由高到低进行排列,累计申报数量达到做市商最低申报数量所对应的买入价格。

三、融资融券制度

(一)融资融券的概念和内容

融资融券又称“信用交易”和“保证金交易”,是指证券公司向投资者出借资金供其买入证券或出借证券供其卖出的业务活动。融资交易,是指投资者以证券或者资金作为抵押,向证券公司借入资金用于购买证券,并在约定的期限内偿还借款本金和利息的行为。融券交易,是指投资者以资金或证券作为质押,向证券公司借入证券卖出,在约定的期限内,买入相同数量和品种的证券归还券商并支付相应的融券费用。融资融券交易是国际证券市场中较为常见的交易方式。一般认为,融资融券具有增加市场流动性、提高价格发现效率以及增加投资者风险收益的作用。

对待融资融券交易,我国证券法有着不同的态度,经历了由禁止到允许的过程。1999 年实施的我国第一部《证券法》对融资融券采取了禁止的态度,不容许证券公司向客户融资融券。该法第 36 条规定“证券公司不得从事向客户融资或者融券的证券交易活动”,从而堵死了融资融券发展的空间。首部《证券法》这样规定是考虑了当时的资本市场的实际情况。为了抑制和防止证券交易活动中的过度投机,防范金融风险,《证券法》在证券交易一章“一般规定”中对融资融券作了禁止性规定。要求证券公司接受客户委托卖出证券必须是客户证券账户上的实际持有的证券,不得为客户融券交易;证券公司接受委托买入证券必须以客户资金账户上实有的资金支付,不得为客户融资交易。这一规定在当时起到了防止和抑制过度投资,减少了资本市场的风险。随着我国资本市场的不断发展,投资者的不断成熟,证券公司防控风险能力的提升,法律法规和部门规章、自律规则的不断完善,监管力量的不断加强,证券交易活动日渐规范。融资融券作为境外资本市场通行的交易工具,逐渐被我国法律所接受。2005 年修订的《证券法》修改了首部《证券法》的规定,允许融资融券。修改后的《证券法》第 142 条规定,“证券公司为客户买卖证券提供融资融券服务,应当按照国务院的规定并经国务院证券监督管理机构批准”。2008 年 6 月 1 日国务院颁布实施了《证券公司监督管理条例》,其中在第四章“业务规则与风险控制”第五节“融资融券业务”中,专节 9 条对融资融券进行了详细的规定。2006 年 6 月 30 日,中国证监会颁布实施了《证券公司融资融券试点管理办法》专门对证券公司的融资融券业务进行详细的规定。2019 年 12 月全面修订的《证券法》仍然沿袭了 2005 年《证券法》的规定,保留了有关融资融券的规定。该法第 123 条规定,“国务院证券监督管理机构应当对证券公司净资本和其他资本风险控制指标作出规定。证券公司除依照规定为其客户提供融资融券外,不得为其股东或者股东的关联人提供融资或者担保”,再次肯定了融资融券的合法性。

在法律上,融资融券是一种借贷合同,具有了借贷合同所具有的特点。一是要物合同。除当事人协议外,在出借人即证券公司把货币或证券交付给借贷人即证券公司的客户时,合同才能成立,双方的权利义务关系才能发生。二是单务合同,借贷合同成立后,只有客户单方面承担偿还的资金或证券的义务。证券公司则只享有收回出借的资金或者证券并享有出借孳息的权利。三是标的物所有权移转合同。借贷合同的目的是能够使客户通过借贷合同取得标的物的所有权,并对所融得的资金或证券使用处分,以达到客户利用所融资金或者证券参与证券交易。

在主体上,融资融券业务的主体是证券公司和证券公司客户。证券公司要成为融资融券的主体是有前提条件的。根据有关规定,只有具备下列条件时,证券公司才能从事融资融券业务:(1)证券公司治理结构健全,内部控制有效;(2)风险控制指标符合规定,财务状况、合规状况良好;(3)有经营融资融券业务所需的专业人员、技术条件、资金和证券;(4)有完善的融资融券业务管理制度和实施方案。

作为融资融券主体的客户必须是法律法规规定的合格投资者,方能向证券公司融资融券。一般认为,投资者参与融资融券交易前,证券公司应当了解该投资者的身份、财产与收入状况、证券投资经验和风险偏好等内容。对于不满足证券公司征信要求、在该公司从事证券交易不足半年、交易结算资金未纳入第三方存管、证券投资经验不足、缺乏风险承担能力或者有重大违约记录的投资者,以及证券公司的股东、关联人,证券公司不得融资、融券。

在内容上,融资融券业务是通过融资融券合同体现出来的。证券公司与客户签订融资融券合同后,即应以证券公司的名义在证券登记结算机构开立客户证券担保账户,在指定商业银行开立客户资金担保账户。客户资金担保账户内的资金应当按照规定进行管理。证券公司在以证券公司名义开立的客户证券担保账户和客户资金担保账户内,应当为每一客户单独开立授信账户。

在具体融资融券时,客户应当提供保证金,即应当交存一定比例的保证金,保证金可以用证券充抵。客户交存的保证金以及通过融资融券交易买入的全部证券和卖出证券所得的全部资金,均为对证券公司的担保物,应当存入证券公司客户证券担保账户或者客户资金担保账户并记入该客户授信账户。客户证券担保账户内的证券和客户资金担保账户内的资金为信托财产。

证券公司向客户融资,应当使用自有资金或者依法筹集的资金;向客户融券,应当使用自有证券或者依法取得处分权的证券。证券公司从事融资融券业务,自有资金或者证券不足的,可以向证券金融公司借入。

(二)融资融券的利弊

对融资融券交易,无论理论界还是实务界均存在不同的看法,有不小的争议。但总体上都认为,融资融券是把“双刃剑”,有利有弊。一般认为,融资融券对投资者而言,在扩大投资收益、丰富交易策略的同时,也放大了投资风险;对证券公司而言,融资融券丰富了其业务种类,增加自有资金的收益,但同时也增加了运营风险,证券公司需要审慎开展业务,做好风险控制和客户信用管理;对证券市场而言,融资融券完善了交易制度,有利于促进价格发现、增强流动性,可以增强证券市场在国际上的竞争力,但也需要承受其放大价格波动的风险,需要监管机构谨慎控制市场投机氛围,避免信用交易的过度膨胀扰乱市场秩序,并严格控制结算交收违约风险。

1. 融资融券的利

第一，融资融券有利于增加交易的活跃性，促进市场的流动性。融资融券交易可以在一定程度上放大资金和证券供求，降低投资者交易成本，扩大投资者交易能力，从而活跃证券交易，增强证券市场的流动性。实践证明，融资融券交易对于增加股市流通性和交易活跃性有明显的作用，据统计，国外融资融券交易量占证券交易总量的比重达到15%以上的水平，美国为16% ~20%，日本为15%。我国内地证券市场的融资融券交易对市场流动性提升的作用也很明显。2015 年我国 A 股市场股市异常波动，上市公司股票异常活跃、交易量不断放大、流动性不断增加，融资融券交易就是其中的一个重要原因。由于融资融券交易是以保证金和保证证券作为担保物，投资者以少博多，将其所拥有的资金和证券进行了放大，并进入市场参与证券交易活动。因此，融资融券的杠杆作用是明显的。在一定程度上，融资融券在交易市场对流动性促进作用和 T +0 日内回转交易的功能和作用相似。

第二，融资融券有利于稳定市场价格，发挥定价功能作用。对于融资融券的客户而言，其融资的目的是利用所融的资金来买入二级市场的股票和其他证券。当二级市场股票下跌时，证券公司的客户就有买进证券的需求，客户向证券公司融入资金后，迅速买进下跌的股票，等待股票价格上涨后再卖出该股票，通过融资，低价买入股票高价卖出股票，在偿还所融资金的同时赚取了股票的差价，获得了由此带来的投资收益；其融券的目的是将所融的证券卖出获取资金，当二级市场的证券下跌时，融券的客户再次将已经卖出的证券买进，通过融券高价卖出证券，低价买进证券，在偿还所融证券的同时赚取了证券卖买之间的差价，获得了由此带来的收益。这一过程尽管是融资融券者参与交易获取证券差价收益的过程，同时也是融资融券交易者将更多信息融入证券价格，为市场提供方向相反的交易活动的过程。融资融券交易者通过对证券价格过高和过低的判断，通过融资的买入和融券的卖出促使证券价格趋于合理，有助于市场内在价格稳定机制，改善市场的定价功能。

第三，融资融券有利于提升资金和证券的使用效率。融资融券可以拓宽证券公司业务范围，在一定程度上增加证券公司自有资金和自有证券的应用渠道，在实施转流通后可以增加其他资金和证券融通配置方式，提高金融资产运用效率。融资融券扩大投资者的交易能力，从而可以提高投资者的资金和证券的利用率。投资者可以利用较少资金或者证券作为保证，可以从证券公司获得更多的资金和证券。因此，投资者所拥有的资金或者证券所发挥的作用比在没有这种方式的情况下大大增强。在这种交易方式下，当投资者预测证券价格将要上涨，可以通过提供一定比例担保金就可以向证券公司借入资金买入证券，投资者到期偿还本息和一定手续费。当证券价格符合预期上涨并超过所需付的利息和手续费，投资者可能获得比普通交易高得多的额外收益；相反，当投资者预测证券价格要下跌时，可以通过一定的证券或者资金担保向证券公司借进更多的证券，并将借入的证券卖出，当证券价格符合预期下跌并超过所需付的利息和手续费，投资者再行买入该证券就获得了收益。无论是融资还是融券，无论是买券还是卖券，投资者都是用少量的资金或证券做担保,获得了更多的资金和证券。投资者本身的资金或证券的利用效率都大大增加。

第四,融资融券有利于改变单边市的弊端,发挥避险功能的作用。一直以来,我国证券市场属于典型的单边市,只能做多,不能做空。投资者要想获取价差收益,只有先买进股票然后再高价卖出。一旦市场出现危机时,往往又出现连续的"跳水",股价下跌失去控制。因此,在没有证券信用交易制度下,投资者在熊市中,除了暂时退出市场外没有任何风险回避的手段。融资融券的推出,可以使投资者既能做多,也能做空,改变证券市场单边式状况,不但多了一个投资选择以及赢利的机会,而且在股市下跌时,投资者可以融券卖出以回避风险。融资融券这种新的交易方式,为投资者提供了新的规避市场风险的工具。

2. 融资融券的弊

第一,融资融券加大了市场的波动风险。融资融券具有"双刃剑"的特性,如果使用不当,也会给市场造成波动。这是因为融资融券是投资者利用杠杆,以少博多、以小博大,用保证金作为担保,利用证券公司的资金或者证券进入二级市场买卖证券,融资融券交易放大市场上资金和证券的供给,在放大交易量的同时,也助长市场的投机,会进一步加剧市场的波动性。尤其是在市场大幅波动时,融资交易的杠杆效应和去杠杆效应容易形成助推作用,加速股价的上涨和下跌;而融券交易在实践中往往因规模较小,难以有效发挥抑制价格波动的理论效果。2015 年 A 股市场的异常波动恰恰证明了这一点,一致性看涨预期导致场内外杠杆加速入场,导致行情不断、股指上涨,A 股各板块上市公司估值水平均远超历史平均水平。同年 6 月,中国证监会严查场外配资成为导火索,引燃市场紧张情绪,股价开始急速暴跌,市场急剧波动,沪深证券市场出现了全球资本市场从未出现过的千股涨停又千股跌停、千股停牌又千股复牌的奇特景象,淋漓尽致地演绎了高杠杆对我国股市造成的巨大冲击。

第二,融资融券加大了投资者的投资者风险。融资融券的特点之一就是具有较强杠杆性。投资者用放大的资金和证券投资本身就面临着交易大的风险。在交易过程总,如果投资者判断失误,即面临着比不进行融资融券的投资者遭受更大的风险。在信用交易的情况下,投资者在自有投资规模上得到了一定比例的交易杠杆,亏损将进一步放大。非但如此,投资者还面临着被证券公司强行平仓风险。因为在融资融券交易中,投资者利用证券公司的资金和证券是有前提条件的,他们之间除了普通交易的委托买卖关系外,还是一种借贷关系,存在债权债务以及由于债权债务产生的担保关系。证券公司作为出借人,不但要求投资者到期还本付息,还会对投资者买卖的证券或其他担保物品实行监督。证券公司为保护自身债权,对投资者信用账户的资产负债情况实时监控,当投资者的投资亏损达到了强制平仓线时,证券公司即可对投资者担保资产执行强制平仓,造成融资融券者进一步的亏损。

第三,融资融券加大了监管的风险。由于融资融券本身所具有的上述特点,使这一交易工具具有较大的不特定性,也加剧了融资融券交易工具的复杂性,给监管者带来了很大的考验。如果监管有力、制度适当,融资融券完全可以发挥其所具有的正向作用,既有利于市场的发展、繁荣和稳定,又有利于投资者和中介机构;如果监管失当,就会使融资融券的负面作用加大,导致交易出现异常、市场出现系统性风险,监管者不得不采取相关措施,以维护市场平稳运行,甚至可能暂停融资融券交易。这些监管措施将对从事融资融券交易的投资者产生影响,投资者应留意监管措施可能造成的潜在损失,密切关注市场状况、提前预防。从这一角度来看,融资融券也加大了监管的风险。

综上可以看出,融资融券各有利弊。笔者认为,必须充分认识和承认它的“双刃剑”性质:对投资者而言,投资者融资融券在扩大投资收益、丰富交易策略的同时,也放大了投资风险;对证券公司而言,证券公司融资融券业务丰富了其业务种类,增加自有资金的收益,但同时也增加了运营风险,证券公司需要审慎开展业务,做好风险控制和客户信用管理;对证券市场而言,融资融券完善了交易制度、有利于促进价格发现、增强流动性,可以增强证券市场在国际上的竞争力,但也需要承受其放大价格波动的风险,需要监管机构谨慎控制市场投机氛围,避免信用交易的过度膨胀扰乱市场秩序,并严格控制结算交收违约风险。

融资融券作为世界上大多数证券市场常见的交易方式,境外的法律和监管机构在融资融券的交易中抑弊扬利,对融资融券的负面作用大加限制、严格监管,充分发挥融资融券给市场和投资者等市场参与者带来的利益。

(三)新三板市场的融资融券

2008 年 10 月 5 日,中国证监会宣布启动融资融券试点。2010 年 1 月 8 日,国务院原则上同意了开设融资融券业务试点,这标志着融资融券业务进入了实质性的启动阶段。2010 年 3 月 30 日,上海、深圳证券交易所正式向 6 家试点券商发出通知,于 2010 年 3 月 31 日起接受券商的融资融券交易申报。融资融券交易正式进入市场操作阶段,时至今天,融资融券业务在沪深证券市场已经超过了 10 个年头,融资融券经历了风风雨雨,在沪深市场已经成为一个交易成熟的交易品种。然而,新三板市场的融资融券业务仍然一片空白。新三板市场是否应该有融资融券业务?如何进行融资融券业务?笔者认为,新三板市场自成立至今没有融资融券是有其客观原因的。这是因为,融资融券业务的开展必须具备一定的市场条件,其中最为主要的是融资融券的标的必须具有较好流动性条件。目前,新三板市场应该充分借鉴境内外资本市场融资融券业务情况,结合新三板市场的流动性条件,应当开展融资融券业务,在具体的策略上,先在精选层推出该项业务,在市场环境进一步成熟时再将该项业务推广到创新层和基础层。

1. 境内外情况

从境内外资本市场来看,融资融券制度的推出,都采取较为严格的监管措施。由于融资融券是信用交易,具有较大的风险,成熟证券市场对融资融券交易制度均采取了多角度的风险控制手段。除担保金比例下限、禁止裸卖空、卖空提价规则、充分信息披露等各项措施外,各证券市场在发展过程中均对融资融券标的进行一定的限制,这其中财务指标以及流动性指标,尤其是流动性要求是开展融资融券的基本前提。没有流动性,投资者就没有动力去融资融券,即使想融资融券,也无法达到融资参与二级市场博弈进而实行差价的可能性,反而明显增加了投资者因融资融券所带来了巨大的风险。因此,境内外主要资本市场均对融资融券标的股票的流动性有所要求。分别列出了融资融券应当具有的基本要求和不符合融资融券流动性方面的排除性要求。

美国对于融资融券分为场内市场和场外市场两种情况。对场内市场的基本要求为:应当符合各交易所设置的有关股东人数、公众持股等流动性相关的上市标准。排除性要求为达不到各交易所设置的有关流动性的维持标准。对场外市场的基本要求为:流通股数量达到40万股,公众股东人数超过1200人或日均成交达到500股。排除性要求为:公众持股低于30万股,股东人数低于800人且日均成交不足300股。

日本对于融资融券的基本要求为:股东人数超过200人;流通市值超过5亿日元;流通股数超过一定量或比例(不同板块有所区别)。排除性要求为有退市风险,负债过多。

日本东京交易所曾将融资融券交易限定在其主板(第一上市、第二上市)使用,其维持标准中对股东人数、市值、交易量均有较高标准;随着融资融券交易的发展,目前已将标的范畴扩大至包括JASDAQ、MOTHERS板块在内的全市场适用,流动性强制要求降低至较低水平,仅对股东人数及流通股份规模作要求。

沪深市场对于融资融券的基本要求为:(1)上市交易超过3个月(科创板上市即可);(2)融资买入标的股票的流通股本不少于1亿股或流通市值不低于5亿元,融券卖出标的股票的流通股本不少于2亿股或流通市值不低于8亿元;(3)股东人数不少于4000人。排除性要求为:(1)最近3个月曾出现日均换手率低于基准指数日均换手率的15%,且日均成交金额小于5000万元;(2)最近3个月日均涨跌幅平均值与基准指数涨跌幅平均值的偏离值超过4%;(3)最近3个月价格波动幅度达到基准指数波动幅度的5倍以上;(4)被实施风险警示。

沪深市场融资融券虽设定了流动性下限,但其标的选择仍高于该下限。主板的融资融券标的经历了6次扩容,前期扩容中标的的选择以流动性高、抗操纵性强为原则;在融资融券变成常规业务后,融资融券标的扩容,使用流动性指标对符合标准的股票进行排序择优纳入标的范围。

从境内外市场融资融券业务对流动性的要求可以看出:一是流动性在融资融券中地位重要。上述规定主要是对标的股票公司的股东人数、流通股数量、流通比例和流通市值、公众股东的人数和持股数量、股票的成交股数和成交金额、换手率等方面加以规定,确立了融资融券标的的加入标准和排除标准。这些指标均为保证融资融券流动性的核心指标,对融资融券流动性具有重要意义。二是在流动性不足的市场中,融资融券交易的违约风险、对价格助长助跌的作用均将明显放大,而其功能的发挥则将受到限制。从境内外实践经验来看,监管机构在融资融券业务开展初期,多通过对流动性提出较高要求来控制风险,在市场发展已较为成熟的情况下,逐步放弃对标的高流动性的要求,但仍通过维持上市标准、及时调整保证金比例等控制手段,对标的股票的流动性提出基础性的要求。

2. 新三板市场的流动性

新三板市场的流动性是不容乐观的。除了精选层市场外，基础层和创新层的流动性还无法适应融资融券对流动性的最基本的需要。

比照沪深市场融资融券的流动性要求来看，沪深主板规则中设定的融资融券标的流动性底线性要求为日均成交5000万元，最近3个月内标的股票日均换手率不低于基准指数日均换手率的15%。据不完全统计，深市近2年来基准指数日均换手率水平较低时(2018年第3季度)的15%大致在0.2%左右，即年化换手率50%；沪市基准指数日均换手率15%的低值为0.06%，即年化换手率14%。考虑到沪市主板股票流通规模较大，其换手率数值于对新三板市场参考意义不大。使用深市换手率指标，按80%折算则使用融资融券的股票流动性需达到年化换手率40%、日均成交4000万元；按60%折算需要年化换手率30%、日均成交3000万元。按照挂牌公司2020年一季度交易情况计算，即便使用主板标准的50%作为准入要求，仍无股票符合基础流动性要求。若以2015年第3月、第4月市场极为活跃的交易情况来估算，仅有4只股票可以到达主板标准的50%。

因此，新三板市场基础层、创新层挂牌公司股票在流动性要求上是无法达到融资融券的要求的。

新三板市场基础层、创新层流动性的不足的原因主要在于其股东人数集中、投资者门槛较高、投资者人数极少、集合竞价使交易无法连续、公司质量一般、股票定价功能萎缩等一系列原因导致的。但精选层的设立不同于基础层和创新层挂牌公司，其流动性要大大高于基础层、创新层挂牌公司。在一定程度上精选层和沪深证券市场在制度安排上并没有太大的差异，它可以向不特定的合格投资者公开发行股票、实行连续竞价交易、投资者人数较多、挂牌公司质量较好、公募基金等机构投资者可以参与精选层交易，加之精选公司达到一定条件可以直接转板直接在沪深市场上市成为上市公司等，精选层公司股票的基础流动性可以得到一定的保证。因此，在精选层实行融资融券是有可能的。

3. 精选层的融资融券

精选层的流动性使融资融券有了一定的基础。但精选层毕竟刚刚设立，在流动性上与沪深证券市场相比较仍存在较大的差距，因此，在精选层全面实行融资融券还需一定的时间。笔者认为，采取分步分类型的实行融资融券较为现实。在初期选择部分挂牌公司的股票作为融资融券的标的，并且在试点阶段只展开融资业务，等市场条件成熟时再扩展到融券业务中。

试点期间选择融资交易而不选择融券交易，是精选层市场的现实需要：一是针对目前新三板流动性不足的直接原因是入市资金不足，融资交易直接对症；而融券交易系投资者看空市场时的使用工具。部分实证研究认为融券交易对流动性有负面影响，未到推融券制度的时机。二是融券交易较融资交易的实现更为复杂和耗时，且主办券商的券源储备较低，必须与转融通制度结合方可有效支撑制度实施，进一步增加了融券制度实施的难度，先期推出融资交易可为新三板市场争取更多时间与机会。三是从境外市场经验来看，同样构建有集中授信机制的日本等国家或地区均自融资交易起步，分步完成融资融券机制。日本自1951年推出保证金交易制度,开始允许融资交易,后于1954年通过《证券交易法》,推出融券卖空制度。

我国融资融券业务自2010年3月正式启动以来,历经2014~2015年的牛熊市考验,已构建了成熟的规则体系、技术架构及监管经验;信用交易规模持续增长,市场各方已熟悉既有操作方式。笔者认为,在融资交易的具体实现方式和具体内容上,可以完全借鉴沪深市场已有的经验,结合精选层的特点来设计,基本内容如下。

一是投资者适当性。已开通交易精选层股票合格权限的投资者不存在重大违约记录的,可以进行融资交易。融资融券的投资者适当性为半年投资经验、20日日均资产50万元、不存在重大违约记录等,新三板合格投资者增加诚信记录核查要求后即可覆盖融资融券适当性要求。挂牌公司董监高及持股10%以上股东不得融资买入本公司股票;证券公司不得为本公司5%以上股东及关联人提供融资交易服务。

二是主办券商资格管理。在主办券商业务中增加"融资融券业务"。具备融资融券业务资格的主办券商向全国股转公司备案后,即可通过融资融券专用交易单元开展融资业务。

三是融资标的。融入资金仅可用于购买精选层股票。ST、拟摘牌、拟降层股票排除。若精选层股票仍存在明显的流动性分化,需增加流动性指标,如日均成交金额达到2000万元、年化换手率达到50%等。

四是保证金和担保物。初始保证金比例不低于100%,不设置维持保证金比例下限,保证金可使用指定证券冲抵。新三板市场可冲抵保证金的证券限于精选层,并与融资标的同步设置流动性要求。考虑到一旦投资者出现违约,将使作为担保物的精选层股票面临较大的卖出压力,为其流动性带来负面影响,极端情况下可能形成连锁反应。可考虑增补担保物要求,如参照东京交易所、韩国交易所,要求保证金中应包含至少20%的现金,可在违约处置过程中形成一定缓冲作用。

五是账户体系。账户体系设计沿用主板模式。主办券商及投资者需开立信用证券账户及信用资金账户用于融资交易。

六是风险控制。单只标的证券的融资余额、信用账户担保物市值占该证券流通市值的比例均达到25%时,于次一日暂停其融资买入。待该比例下降至20%后恢复。个股出现价格大幅波动时,可临时调出标的证券范围,或调整融资保证金比例等。

七是信息报告与披露。主办券商每日日终向全国股转公司及中国证券金融股份有限公司报告融资交易相关信息;股转公司每日公布前一日单只标的证券的融资交易信息,包括融资买入额、融资余额及市场融资交易总量信息。

四、股票质押式回购

(一)股票质押式回购的概念和内容

股票质押式回购,是指符合条件的资金融入方以所持有的股票或其他证券质押,向符合条件的资金融出方融入资金,并约定在未来返还资金、解除质押的交易。股权质押作为质押的一种,是出质人以其所拥有的股权作为质押标的物而设立的质押。其作为一种担保物权是为担保债权的实现而设立的，是补充流动资金的一种常用方式。股权质押担保力的大小直接关系到债权的安全，与质权人的切身利益相关。

我国《物权法》和《担保法》等法律对股票质押作出了规定。《物权法》第 226 条第 1 款规定："以基金份额、证券登记结算机构登记的股权出质的，质权自证券登记结算机构办理出质登记时设立；以其他股权出质的，质权自工商行政管理部门办理出质登记时设立"。《担保法》第 75 条第 2 项规定：依法可以转让的股份、股票可以质押。目前，就股票质押式回购并无法律、行政法规或部门规章层面的专门规定。

1. 股票质押式回购和抵押的关系

股票质押式回购在本属性上是质押，与抵押既有相同之处也有区别。相同之处在于它们都属于物权的范畴，又是债的一种担保方式。质押是指债务人或者第三人将其动产移交债权人占有，或者将其财产权利交由债权人控制，将该动产或者财产权利作为债权的担保。债务人不履行债务时，债权人有权依照担保法的规定以该动产或者财产权利折价，或者以拍卖、变卖该动产或者财产权利的价款优先受偿。而抵押则是指债务人或者第三人不转移抵押财产的占有，将抵押财产作为债权的担保。当债务人不履行债务时，债权人有权依照担保法的规定以抵押财产折价或者以拍卖、变卖该财产的价款优先受偿。我国《物权法》将担保作为物权的一种规定在该法的第四篇"担保物权"之中，并且将质权和抵押权作为担保物权两种不同的类型进行了详细的规定。该法在第十五章担保物权的一般规定中，对担保物权的含义进行了规定，即第 170 条规定的"担保物权人在债务人不履行到期债务或者发生当事人约定的实现担保物权的情形，依法享有就担保财产优先受偿的权利，但法律另有规定的除外"，并分别在第十七章和第十六章对质押权和抵押权进行了详细的规定。我国《担保法》均将质押和抵押作为债的担保加以规定，该法第 2 条第 2 款规定"本法规定的担保方式为保证、抵押、质押、留置和定金"。此外，股票质押与抵押的目的、实现价值和受偿程序上也具有相同性。它们均以担保债权的实现为目的，以取得担保物的价值或替代价值为内容，具有比普通债权优先受偿的特点。

但是股票质押式回购与抵押的区别是明显的。在担保物上，质权以质物转移占有为必要，质权除有优先受偿的效力外，尚具有对标的物或其权利凭证占有、留置效力，由质权人直接控制标的物。抵押权一般不需要抵押物的移转占有，抵押权为非占有性担保物权，以优先受偿效力来发挥担保作用；在实行方式上，质权人于债权期限届满或约定事由发生而未受清偿时，因其已经事先占有标的物，可不经司法程序而径直参照市场价变卖质押财产或者其他方式处分质押财产并就其变价价值受偿。抵押权人行使其抵押权时，在达不成协议时一般需要通过申请法院拍卖、变卖抵押财产并就其价款优先受偿，而不能强行夺取抵押财产并变卖。

2. 股票质押式回购与股票质押的关系

它们的性质是相同的，均是质押的一种，是不同于抵押的债的担保方式。它们的不同之处在于：(1)在行为上，股票质押往往是上市公司或者大股东、控股股东等和银行等金融机构通过股票质押获得贷款，股票质押式回购往往是一方持有股票并以此为担保通过二级市场的交易行为融入资金,拥有资金的投资者通过交易行为融出资金获得股票,到期后资金融入者再购回股票。(2)在场所上,股票的质押大多是上市公司或者上市公司的大股东在银行、信托机构等金融机构进行的,因而是在证券交易场所之外进行。而股票质押式回购既可以在场外进行,也可以在证券交易场内进行,在场内是通过证券交易场所的交易行为完成的。(3)在市场层级上,股票质押基本上不同二级市场的交易挂钩,而股票质押式回购即体现一级市场融资行为特征,又有二级市场交易的特征。(4)在交易的方式上,股票质押一般是非标准化的,并没有统一的标准。进行股票质押大多数是通过当事人之间一对一的协议达成的,而股票质押式回购一般是在证券交易场所依据统一的规定,通过标准化的证券交易达成的。(5)在融资效率上,股票质押由于一对一的协议行为,其便捷程度和效率不如股票质押式回购,股票质押式回购在场内交易的情况下,通过证券交易场所的系统进行,非常便捷,效率高。(6)在监管上,股票质押相对松散,没有统一的规则,交易的透明度相对有限,而股票质押式回购则由统一的规则和较为严格的监管,市场的透明度高。

3. 股票质押式回购和一二级市场的关系

股票质押式回购是一种"融资 + 交易"的方式,但其目的是通过这种交易方式,公司的股东通过质押股票获得资金,因而在本质上股票质押式回购是一种融资方式。但与一般形式上的股票质押不同,这种融资方式紧紧地和二级市场交易联系在一起。因此,股票质押式回购是兼有一、二级市场的行为特征。

从沪深证券市场实施情况来看,股票质押式回购是一种融资方式,其更偏向一级市场业务,尽管对二级市场有一定的影响,但影响有限。

从业务定位来看,沪深市场主要将其定位于服务实体经济,解决中小型、创业型上市公司股东融资难的问题,绝大多数资金融入方为上市公司主要股东,且资金主要用于企业经营周转。从资金投向来看,沪深证券市场明确融入资金应当用于实体经济生产经营并专户管理。这一规定意味着融入的资金并不能再次用于二级市场购买股票。从融出方的风险防范机制来看,出资方不倾向于轻易通过二级市场进行违约处置。对于因股价下跌导致担保不足的合约,资金融出方通常不会立即要求平仓,而是与融入方协商通过部分提前购回、延期购回、补充标的证券或者其他质押物等多种方式进行处理。特别是上市公司控股股东,为保持对公司的绝对控制权,更倾向于采取追加担保等方式化解风险,避免进入违约处置程序。从对质押标的最终处置来看,证券公司一般不会简单通过二级市场"一平了之",更倾向于寻找有意整体承接股权的主体,通过协议转让达成交易。如果相关股份仍处于限售期,短期内更是无法通过集中竞价卖出的方式进行处置。对于可以通过集中竞价处置的股份,对5%以上股东、董监高、特定股东的违约处置,仍需遵守上市公司股份减持规定中关于减持时间、比例和信息披露等方面的要求,二级市场平仓卖出导致上市公司控制权非正常转移的情况鲜有发生。可见,沪深证券市场股票质押式回购业务对二级市场提升流动性几乎没有太大影响。

（二）我国股票质押式回购的实践

股票质押式回购在我国资本市场的历史并不太长，作为一种创新交易品种，它是在约定式回购的基础上适应市场发展的需要而产生的。自 2011 年上海证券交易所推出约定购回式证券交易以来，证券公司的股权融资业务成为投资者，特别是持有大量股权的机构投资者日益重要的融资工具。借鉴约定购回式证券交易和银行、信托场外股票质押式回购的业务特点，2013 年沪深证券交易所推出了证券公司股票质押式回购业务，该业务突破了约定购回式证券交易在资金来源、标的证券范围、交易期限等方面的限制，弥补了场外质押在违约处置、时效性等方面的难题，通过场内交易来满足客户的融资需求。

1. 股票质押式回购的业务规则

2013 年 5 月 24 日，沪深交易所首次同时发布实施了各自市场的《股票质押式回购交易及登记结算业务办法（试行）》，规则体例章节等基本一致。从交易所业务规则层面明确了股票质押式回购的概念、证券公司交易权限管理、适当性管理、业务协议、交易、清算交收及质押登记、风险管理及违约处置与异常情况处理等 7 个方面的内容。

2017 年 6 月 30 日，深圳证券交易所为配合深圳证券市场登记结算系统优化二期项目实施，对有关交易申报、质押登记模式、限售股司法冻结生效时点等条款进行了修订。深圳证券交易所 2017 年修订之后的版本将原有与上交所不一致的申报类型、质押登记模式以及司法冻结等内容进行了调整，基本与上海证券交易所 2013 年的规定保持了一致。

2018 年 1 月 12 日，沪深证券交易所同时修订了规则并均于 3 月 12 日起施行并沿用至今。其主要进行了三方面的修订：一是进一步聚焦服务实体经济定位，规范融入方资质、资金用途、最低交易金额和初始质押标的范围。明确融入方不得为金融机构或其发行的产品，融入资金应当用于实体经济生产经营并专户管理，融入方首次最低交易金额不得低于 500 万元，后续每次不得低于 50 万元，不再认可基金、债券作为初始质押标的。二是进一步强化风险管理，明确股票质押集中度和质押率上限要求，允许补充其他担保物，规范接受业绩承诺股票质押相关要求，增加交易申报要素。具体股票质押率上限不得超过 60%，单一证券公司、单一资管产品作为融出方接受单只 A 股股票质押比例分别不得超过 30% 和 15%，单只 A 股股票市场整体质押比例不超过 50%。三是进一步规范业务运作。明确证券公司开展业务的资质条件，要求证券公司建立融入方信用风险持续管理及资金用途跟踪管理机制。

除交易所对股票质押回购业务规则的修改完善外，中国证券业协会作为行业自律组织，也在积极配合制定并完善相关行业自律规则。

2015 年 3 月 16 日，中国证券业协会发布《证券公司股票质押式回购交易业务风险管理指引（试行）》（以下简称《风险管理指引》）。《风险管理指引》的要点包括：一是证券公司以自有资金出资的，融出资金余额不得超过其净资本的 200%。单一融入方累计融资余额不得超过证券公司净资本的 10%。二是证券公司应根据融入方和标的证券的具体情况进行差异化风险管理。应当建立健全盯市机制，密切关注标的证券的风险状况。三是证券公司应当对所有融出资金设置差异化的履约保障比例，并采取措施使该比例维持在约定最低比例之上。

2018年中国证券业协会修订了《风险管理指引》并更名为《证券公司参与股票质押式回购交易风险管理指引》。修订主要包括7个方面:(1)强化尽职调查要求,进一步加强对融入方尽职调查制度、流程、人员、报告等方面的要求,加强风险的事前控制。(2)对融出资金进行限定,要求融入方使用专用账户存放融入资金,证券公司发现资金用途违反协议约定的,应当督促融入方采取改正措施。(3)完善风险防范措施,进一步细化风控要求,按照分类监管原则对自有资金融资规模进行控制,同时要求对坏账减值进行计提。(4)建立黑名单制度,规定证券公司对融入方重大违约行为等情形记入黑名单并通过协会向行业披露,同时证券公司在披露的日期起3年内,不得向其提供融资。(5)加强对证券公司的自律管理,明确规定了证券公司不得有虚假宣传、为客户不正当交易行为提供便利、占用其他客户交易结算资金等9项禁止性行为。(6)强化对资产管理客户的权益保护,要求证券公司充分揭示业务风险,严格防范利益冲突,强化管理人责任。(7)严格限制关联方交易,明确规定证券公司不得通过交易为本公司股东或关联方提供服务。

2. 股票质押式回购的作用及风险

与银行、信托传统的质押业务相比,作为场内的股票质押式回购,其作用是明显的:第一,业务便捷性较高。证券公司的股票质押式回购交易通过场内模式来完成交易标的质押登记及解除质押,而传统的质押业务必须签订主合同及质押合同,且需前往中国结算临柜办理。第二,省略公证手续。股票质押式回购交易一般无须办理公证手续,而传统的质押业务一般均需办理公证手续。第三,实现场内违约处置。股票质押式回购交易融入方违约时,可在质押状态下直接通过二级市场抛售标的证券,收回债权,而传统的质押业务若双方无法协商一致,须通过司法途径解决。第四,质押率较高。证券公司的质押率较传统的质押业务质押率较高。第五,利率较低。较信托而言,证券行业竞争激烈,利率较信托低2%~3%。[①]

场内股票质押回购由于手续简便,不涉及过户、交易税收等问题,加之最长回购期限达到3年,使其自2013年开始经历井喷式发展。这一状况归因于灵活的业务模式和强劲的市场需求。证券公司股票质押式回购业务到2014年仅1年,证券公司股票质押式回购业务标的证券总市值增长271%至5260亿元人民币。数据显示,证券公司(含券商资管)市场份额在2017年5月达到峰值超过75%,截至2017年11月10日,A股市场共有上市公司3445家,根据中国结算的数据,涉及股权质押的公司共有3375家,占上市公司总数的97.97%。其中未涉及股权质押的公司多数为刚上市的新股或是ST股。

在业务火爆的同时,市场的风险也随之而来。市场股票质押回购市场“无股不押”的现状背后,多家上市公司大股东频频拉响“爆仓”警报,跌入质押危局的个股不在少数。股票质押本身是上市公司股东自身的融资行为,但却具有极强的外部性。如果因股票价

① 参见高伟生、许培源:《证券公司股票质押式回购业务的现状、问题及对策》,载《证券市场导报》2014年第7期。

格迅速下滑,逼近警戒线甚至平仓线,就会威胁投资者的交易安全,也有可能危及市场稳定运行。此外,由于融资主体存在后续还款压力,也容易诱发一系列的违法行为,如侵占上市公司资金、违规减持股份等。

对于股票质押式回购所导致的风险,中国证监会高度重视,从 2018 年到 2019 年连续两年将防范股票质押式回购风险作为年度重点工作。2018 年在其工作任务中指出,要坚决打好防范化解资本市场重大风险攻坚战,做好重点领域风险防范和处置,着力防范股票质押式回购潜在风险。2019 年则更加细化了防范要求,在全力打好防范化解重大金融风险攻坚战基础上,继续扎实做好重点领域风险防范,完善股票质押风险处置方式和流程,引导证券公司稳妥处置违约风险,压实大股东化解股票质押风险的主体责任,坚决查处纾困过程中的内幕交易、违规减持、市场操纵、大股东资金占用等违法违规行为,严防道德风险。2020 年中国证监会进一步强调加强重点领域风险的防控处置,其中就包括了推动统一场内外质押监管标准。

经过近几年的治理和疏导,2019 年以来,股票质押回购业务整体运行平稳,规模稳中有降,风险总体可控,未发生系统性风险。

(三)新三板股票质押式回购的合理性

为中小型民营企业服务是新三板市场的出发点和使命。近年来,全国股转公司颁布了为服务创新、创业、成长型企业融资需求在内的一系列政策措施。挂牌公司以创新、创业、成长型企业为主,大多处于初创期,偏好成本较低的债务类融资。而股票质押式回购业务的目标和内容恰恰可满足挂牌公司发展需求且符合我国相关政策,不但具备必要性还具有一定的可行性。

1. 必要性分析

一是有利于挂牌公司。可以解决挂牌公司融资难、融资贵问题。股票质押式回购对于挂牌公司的积极意义主要在于公司大股东通过质押挂牌公司股票获得资金并投资于以公司发展为目的的领域。由于新三板挂牌公司多为创新型中小民营企业,且多处于初创阶段,对于银行等金融机构仍然倾向于发放传统抵押贷款,因此,大多数轻资产类型的挂牌公司,短期内很难通过银行股权质押贷款等形式满足其债务融资需求。而股票质押式回购具有股权质押担保、融资快速、期限灵活、成本较低、还款便捷等特点,恰恰可以弥补传统融资模式的不足,对挂牌公司更加友好,可以较好地满足挂牌公司债务融资需求,能够在一定程度上解决融资难、融资贵的问题。

二是有利于挂牌公司股东。有利于挂牌公司股票价值的更进一步体现。股票质押式回购为股东提供了一种新的融资方式,且该方式由于属于场内模式,更加标准和便捷,且融资成本更低。股票质押并没有转移股票所有权,因此,股东所持股票比例不会因质押而改变,投资者可以在不改变股东地位的情况下通过所持股票获得流动资金。尤其是对于大股东,其所持股票数量大,可对公司决策产生影响,股票质押不会使其丧失大股东地位,又可以获得融资。股票质押式回购的标的可以是限售股,这无疑可以变相大幅增加股票流动性价值。尤其是对于持有股票的挂牌公司董事、监事、高级管理人员、原始股东、通过收购成为控制人的股东等具有法定限售要求的股东,其可用处在于限售期的股票作为质押标的,以满足融资需求。

三是有利于证券公司的发展。参与挂牌股票质押回购等融资业务,可以进一步提升主办券商资本中介能力,丰富主办券商盈利手段,并提高证券行业服务挂牌公司等中小企业发展能力。

2. 可行性分析

一是新三板市场具有了一定的流动性。2019年10月25日,中国证监会宣布全面深化新三板改革以来,中国证监会和全国股转公司采取了一系列措施,在这些措施中,改善市场的流动性是其重要任务。随着挂牌公司股票向不特定合格投资者公开发行、精选层的设立、挂牌公司向沪深证券市场转板、连续竞价交易制度推出、投资者门槛的大幅降低,新三板市场的流动性大为改善。股票流动性的改善,使场内业务开展更具便利性,同时也为质押股票提供了较好的履约保障,对股票质押式回购业务有积极意义。

二是沪深证券市场的成功经验可以借鉴。沪深证券市场股票质押式回购业务开展了7个年头,其间既经历了业务规模爆发式增长,也经历了股市剧烈波动带来的高违约风险以及紧跟其后的严监管和业务规模收缩。从主板的发展路径中可以看出,二级市场流动性是业务顺利开展和蓬勃发展的基础,同时谨慎评估风险,稳步发展,避免业务规模的急速扩张和收缩是平稳有序健康发展的关键。因此,可以积极借鉴主板的经验,保持总体节奏和步调的一致,加强对证券公司等业务开展主体的监督管理,强调证券公司风险评估和控制机制的完善,规范融入资金用途等。

三是新三板市场的挂牌公司有需求。股票质押式回购业务有市场需求,场内开展此项业务可以降低融资成本,使业务办理更加便捷高效,新三板市场的海量挂牌公司中,大多数是民营中小企业,这些企业与国有企业及大中型企业相比优势不足,它们融资渠道有限,融资难、融资贵。而股票质押式回购恰恰是针对中小企业,能够帮助它们高效便捷和低成本融资。因此,新三板市场的挂牌公司需要这样的融资交易方式。

四是新三板市场已做了一定的前期准备。为落实中国证监会《关于证券经营机构参与全国股转系统相关业务有关问题的通知》《关于进一步推进全国中小企业股份转让系统发展的若干意见》,进一步提高新三板市场和证券行业服务实体经济能力,保护投资者合法权益,规范市场秩序,全国股转公司自2014年11月以来,开展了挂牌股票质押回购业务筹备工作,并于2015年2月完成了《全国中小企业股份转让系统股票质押式回购交易及登记结算业务办法》起草工作,按照"兼收并蓄、市场自治、严控风险、平稳起步"原则,积极准备股票质押式回购的相关工作。该办法共9章88条,包括总则、主办券商交易权限申请、适当性管理、业务协议、转让安排、清算交收及质押登记、风险管理、违约处置及异常情况处理、自律管理、附则,以及业务协议必备条款、风险揭示书必备条款等3个附件。同主板规则相比增设了"自律管理"一章,对违反办法的主办券商、资产管理子公司及其相关从业人员明确可以采取自律监管措施等,为新三板股票质押式回购的推出奠定了一定的基础。

（四）股票质押式回购的主要内容

新三板股票质押式回购的主要内容至少应当包含以下几方面：(1)业务基本模式及业务管理原则。明确通过交易系统实现资金融入及偿付、证券质押及解质押等业务功能的基本交易及结算流程，包括委托、申报、证券质押登记及清算交收3个基本环节。按照严控风险原则，要求主办券商建立健全股票质押回购风险控制机制，合理确定业务规模。明确尊重市场自治的业务管理原则，不对业务协议的内容及效力进行审查。(2)交易权限申请。对主办券商实行交易权限的管理，申请开通交易权限的条件、流程、申请材料等内容。(3)适当性管理。一是融入方资质审查；二是融出方范围包括主办券商、主办券商及其资产管理子公司管理的集合资产管理计划或定向资产管理客户，专项资产管理计划参照适用；三是融出方为集合资产管理计划或定向资产管理客户时的特别要求，包括投资范围、投资风险、质权人约定等；四是融入方、融出方适当性报备制度。(4)业务协议。为加强对业务协议标准化、规范化管理，在充分尊重市场主体自主权利基础上，对协议当事人、协议内容、质权人登记等事项提出了必备要求。(5)交易。按照标准化原则，规定股票质押回购交易相关要素、申报类型及流程。一是交易要素。标的证券限于新三板挂牌公司股票或其他经全国股转公司、中国结算认可的证券；购回期限不超过3年；申报及成交时间与股票转让时间一致。二是申报类型。包括初始交易申报、购回交易申报、部分购回申报、补充质押申报、部分解除质押申报、违约处置申报、终止购回申报等7种类型。三是委托、申报与成交确认。明确委托、申报、成交流程及各交易类型的申报要素，要求主办券商应通过指定交易单元申报股票质押回购交易指令。(6)清算交收及质押登记。确立规范安全的清算与交收、质押登记及托管模式。(7)风险管理、违约处置与异常情况处理。为防范主办券商业务风险，主办券商建立健全全面业务风险管理体系。一是主办券商建立健全业务管理制度；二是主办券商业务风险管理基本措施；三是违约处置，交易双方应事前约定通过交易系统进行违约处置的情形、方式、流程等；四是异常情况处理，交易各方应事前约定异常情况类型及处理方式。(8)自律管理。全国股转公司履行对主办券商挂牌股票质押回购业务的自律监管职责，可采取要求主办券商报送业务信息及公开、开展业务检查等措施进行日常自律监管。

尽管挂牌股票质押回购业务运行及管理模式与沪深交易所基本一致，但由于在交易制度、市场层次、涨跌幅限制等方面，新三板市场与沪深市场存在较大差异，因此，在试点股票质押式回购初期，新三板市场可以根据自己的特点实施差异化的制度安排。比如，股票质押式回购的标的证券市值计算问题上，各方应根据标的证券交易方式、市场层次约定市值计算方式，并在“盯市报告”中分别注明不同交易方式股票估值方法，以便对业务风险进行及时监测分析，便于主办券商和相关主体及时了解业务发展情况；在盯市管理问题上，可以要求交易各方根据不同交易方式、不同层级，设置差异化的阈值及触发条件；在违约处置中的利益冲突上，由于对做市股票进行处置时，只能与做市商进行交易，且在主办券商同时为该股票做市商的情形下，可能出现同一券商自营账户与做市账户之间成交等情形。主办券商可以针对交易特点，以及违约处置中可能存在的利益冲突等特殊情形与风险,应向融入方履行充分告知义务。

五、转板制度中的股份限售

(一)几个不同的观点

我国《公司法》第141条第1款规定,"发起人持有的本公司股份,自公司成立之日起一年内不得转让。公司公开发行股份前已发行的股份,自公司股票在证券交易所上市交易之日起一年内不得转让"。其第2款规定,"公司董事、监事、高级管理人员应当向公司申报所持有的本公司的股份及其变动情况,在任职期间每年转让的股份不得超过其所持有本公司股份总数的百分之二十五;所持本公司股份自公司股票上市交易之日起一年内不得转让。上述人员离职后半年内,不得转让其所持有的本公司股份。公司章程可以对公司董事、监事、高级管理人员转让其所持有的本公司股份作出其他限制性规定"。

《公司法》的该条规定,对于新三板精选层挂牌公司直接转板到沪深交易所成为上市公司后,发起人及董事、监事、高级管理人员持有的精选层挂牌公司的股票,是否适用该条规定以及如何适用该条规定,引起了理论和实务部门的争议。有人认为,我国《公司法》规定的"公司公开发行股份前已发行的股份,自公司股票在证券交易所上市交易起一年内不得转让",十分明确地表明了公司股票在证券交易所上市应当限售的限期为1年。因此,无论什么的公司,其公开发行前的股份都应当遵守这样的法律规定,新三板公司挂牌公司直接转板到沪深交易所上市不应该有所特殊,当然应该遵守《公司法》第141条的规定。① 更多的人认为,新三板挂牌公司直接转板沪深证券市场是可行的,没有法律上的障碍。② 这些人认为,尽管新三板转板没有法律障碍,但在具体操作上,对发起人、董事、监事、高级管理人员是否限售及限售期限认识并不完全一致,认为新三板转板落地沪深证券市场,在具体限售问题上,涉及《公司法》第141条规定的有3种观点,分别体现了转板的3种路径。

第一种路径,即直接转板与公开发行的法律性质不同,无须适用《公司法》第141条。《公司法》第141条仅针对公司公开发行并上市,而直接转板是存量股票转换交易场所,不涉及新增股票的发行,因此无须适用《公司法》第141条。为了解决不同市场间的制度套利问题,做好直接转板后老股东与社会公众股东的利益平衡,证券交易所可以对非社会公众股东(持有公司10%以上股份的股东及其一致行动人,以及公司董事、监事、高级管理人员及其关联人)持有的老股限售1年。

第二种路径,即新三板对公开发行前的老股按照《公司法》第141条限售1年,挂牌公司转板上市后老股不再限售。《公司法》第141条是在新三板尚未成立的背景下,针对

---

① 笔者在工作过程中,在相关新三板转板的研究讨论时,有人提出了这样的观点。

② 2019年3月14日下午,全国股转公司召开"股份限售法律问题研讨会",邀请了来自北京大学、人民大学、中国社科院及律师事务所的5位专家,就《公司法》第141条股份限售的规定如何理解适用进行了深入探讨。参会专家在对第141条立法本意及如何防止制度套利等进行充分讨论的基础上,得出以下一致意见:直接转板在法律上可行。国务院《关于全国中小企业股份转让系统有关问题的决定》(以下简称《国务院决定》)规定,新三板挂牌公司达到股票上市条件的,可以直接向证券交易所申请上市交易。实施直接转板,是落实《国务院决定》的必然要求,不违反相关法律法规。

公开发行并上市后老股限售的规定,本意是为了稳定公司治理、做好老股东与社会公众股东的利益平衡。新三板作为组织股票公开集中交易的场所,与证券交易所具有相同的法律性质,公开发行并挂牌与公开发行并上市本质相同,因此,新三板实施公开发行后,也需对老股转让按照《公司法》第141条予以限制。前述要求落实后,挂牌公司直接转板至证券交易所,将无须再适用第141条。①

第三种路径,即新三板挂牌公司转板上市,股份限售应当遵守法律法规及交易所业务规则的规定。在计算挂牌公司转板上市后的股份限售期时,原则上可以扣除在精选层已经限售的时间。证券交易所对转板上市公司的控股股东、实际控制人、董监高等所持股份的限售期作出规定。②

(二)基本看法

笔者赞同第一种和第三种观点,即应将第一种观点和第三种观点结合起来,以第一种观点为大前提,在此基础上采取第三种观点的实际操作。这种观点既考虑了《公司法》的立法本意,又考虑了新三板的实际情况及转板后的沪深证券市场的市场稳定性。

第一,对发起人、董监高的股份限制是其应有的职责。对于公司而言,发起人、控股股东、实际公司人和董监高是公司中的重要人物,对公司负有不同于一般股东的责任,他们的行为会对公司产生重要的影响。发起人在公司成立后的一定期限内不得转让其持有的股份,这是其应承担的责任。发起人是公司的创办者,与公司有着特殊的利益关系,规定发起人不得在一定期限内转让或抛售股份,有助于增强发起人的责任感,也有利于维护公司的稳定性。因此,许多国家的公司法均规定发起人在一定期限内不得转让或抛售股份。由于发起人的行为直接关系到公司及公司的其他股东、债权人等,公司在成立时,为了公司利益的需要就要对其进行相关的约束。如果发起人在公司成立或者公司上市后很快将股份转让他人或者抛售,就会对公司产生不利的影响,也会影响到公司的其他股东、债权人的利益。同样的道理,公司的控股股东、实际控制人、董事、监事、高级管理人员等对公司具有同样的重要性,在公司成立时,对其所持有的股份进行一定的限制,对于增加他们对公司的忠诚度,强化他们的责任,维护公司的稳定、生产经营和整体利益,以及公司其他股东和债权人的利益均十分有利。

对于公开发行的股份公司来说,其股票在证券交易场所上市后,对在公开发行前已经发行的股份进行一定期限的锁定,限制其转让,也是出于上述的原因。在公司法中,与采取发起设立股份公司方式相比,采取公开募集设立方式成立的股份公司,其公众性要大得多,尤其是在公开发行上市后,如果不对其公开发行前已经发行的股票即老股进行一定期限的限制,这些之前持有股份的发起人、控股股东、实际控制人、董事、监事、高级管理人员等是有可能在上市后抛售股份的。这是因为根据我国资本市场的实践,公开发行的股票一般都采取溢价发行,且在上市时公司股票获得的溢价往往更高,在巨大的利

---

① 2019年3月14日,全国股转公司组织"股份限售法律问题研讨会"上,有的专家学者提出这一观点。

② 这一观点体现在中国证监会《关于全国中小企业股份转让系统挂牌公司转板上市的指导意见》中。

益面前,他们抛售股票的诱惑极大。如不限制就会对上市公司的经营和公司治理的稳定性产生影响,也会对公司股票在二级市场产生较大的影响,更不利于保护公众投资者和广大中小股东的利益。公司法对发起人、大股东、控股股东、实际控制人和董事、监事、高级管理人员的限制正是出于这样的考虑。

第二,《公司法》第141条的规定与转板制度的属性不同。前者规定的是发行并上市所涉的问题;后者规定的是两个不同市场的交易问题,不涉及发行环节。前者是公开发行后初次上市,发行人的股票并没有在二级市场进行过交易;而后者是经过公开发行后,进入了二级市场进行了交易,完成了《公司法》第141条规定的内容,只不过是再次从一个市场转移到另外一个市场的交易。对精选层市场转板而言,尽管其挂牌公司在称谓上不是上市公司,新三板市场也不能称为证券交易所市场。但在属性上,精选层的挂牌公司和证券交易所的上市公司并无实质性差别,他们都是经过了向不特定投资者的公开发行,其公众性非常强,而精选层的交易场所和证券交易所的交易场所在制度安排上也无实质性不同,它们的发行方式、交易方式、监管方式、公司治理和信息披露要求、投资者适当性要求大致相同。因此,在新三板市场向不特定投资者公开发行股票并在精选层挂牌上市,与《公司法》第141条规定的内容和要求并无实质性差异。按此逻辑,精选层公司转板上市,实际上已经符合了《公司法》第141条的规定。对精选层挂牌公司的发起人、董事、监事、高级管理人员等限售应该从精选层本身算起,而不是从转板后在证券交易所上市时成为上市公司的那一刻算起。

《公司法》第141条之所以没有规定新三板公司这样一种情况,仅仅规定了公开发行并在证券交易所的限售问题,是因为《公司法》在制定时还没有全国股转公司市场,也就无从谈起对新三板公开发行并上市的规定。

第三,给予证券交易所对精选层挂牌公司转板上市审核一定的灵活性,兼顾了证券交易所市场的稳定性。2020年6月3日,中国证监会发布的《关于全国中小企业股份转让系统挂牌公司转板上市的指导意见》,分别从范围、上市条件、上市程序、保荐、限售安排等5个方面对转板制度作了规定,明确新三板挂牌公司转板上市的,股份限售应当遵守法律法规及交易所业务规则的规定。在计算挂牌公司转板上市后的股份限售期时,原则上可以扣除在精选层已经限售的时间。这一规定首先肯定了《公司法》第141条规定的内容和转板上市分属于两个不同的制度,属于两个不同的市场。因而,在原则上确立了精选层公司的限售期限应当予以认可,即精选层公司的限售问题已经遵从了《公司法》第141条的规定,转板上市不再涉及《公司法》的相关规定,也不涉及公开发行所带来的问题。但在实践中,如果完全按照《公司法》规定,在很多情况下会出现大多数公司一旦转板成功在证券交易所上市后,原精选层公司的限售期限均已超过后者限售期限,精选层公司的限售股股东可能立即抛售,不但会对证券交易所市场带来极大的波动,也会使原精选层挂牌公司的公众股股东和证券交易所市场中小股东的利益受到很大损害,同时对精选层挂牌公司刚刚转板成为上市公司的经营稳定不利。因此,赋予一定期限的灵活安排和短期内的限售,进行跨市场的安排十分必要。

资管业务中金融机构义务统合与范式表达

周友苏* 庄 斌**

摘要：囿于金融业“分业而治、机构监管”的约束，我国同质性的资管业务中金融机构义务来源与义务标准不一，处于纠葛不清的状况，亟须作出追本溯源的统合。本文指出，资管业务中金融机构义务统合的法理基础为信义关系，在此基础上为确保有效统合，需从区分资管产品的“公募”与“私募”，金融机构义务设定的严苛程度，根据合同关系的历时性划分信义义务的内容以及实定法、理论学说与司法判例互动这4个维度来设计金融机构的信义义务。统合后的金融机构的信义义务包括但不限于如下内容：适当性管理义务、说明义务、禁止不当劝诱行为义务、谨慎投资义务、最佳执行义务、信息披露义务等。

关键词：资管业务 信义义务 义务统合 范式表达

一、问题源起：金融机构参与资管业务的义务来源纠葛不清

近年来，我国银行、保险、证券、信托等金融机构资管业务呈蓬勃发展之势。资管产品包括但不限于人民币或外币形式的银行非保本理财产品，资金信托、证券公司、证券公司子公司、基金管理公司、基金管理子公司、期货公司、期货公司子公司、保险资产管理机构、金融资产投资公司发行的资管产品等。① 尽管资管产品种类多样、名目繁多，其交易模式和法律构造彼此之间并无二致，可以归纳出金融机构和投资者之间法律关系的基本属性为“受人之托、代人理财”。

根据《商业银行法》第43条、2019年新修订的《证券法》（以下简称新《证券法》）第6条等金融法律规定，我国金融业确立了分业而治的格局，并形成了与之相适应的机构监管这一金融监管体制。因此，在商事信托领域，信托公司从事资管业务，其内部法律关系为信托法律关系，信托公司的义务集中源于《信托法》第25～33条，需负担依照信托文件处理信托事务的义务、谨慎义务、忠实义务、亲自管理义务以及记录和说明义务等。商业银行、证券公司等从事资管业务，由于受到金融分业经营的“紧箍咒”限制，加之国家对信

---

* 四川省社会科学院研究员。

** 四川省社会科学院研究人员，法学博士。

① 参见《关于规范金融机构资产管理业务的指导意见》（银发〔2018〕106号）。

托行业实行牌照管理,所以商业银行、证券公司等与投资者之间的法律关系为委托法律关系,义务集中源于《民法典》合同编委托合同中受托人义务,典型如按照委托人的指示亲自处理委托事务,尽到必要的注意义务、报告义务以及转交财产义务等。

由此观之,同质性的资管业务仅因金融机构的类型不同而异其法律关系,进而适用两套不同的法律标准来认定金融机构的义务,显然有违"同者同其处理、异者异其处理"的法律原则。其根本在于我国属于大陆法系国家,注重概念法学的形式逻辑分析和概念推演计算,在金融业"分业而治、机构监管"的约束条件之下,将同一属性的资管业务内部法律关系因金融机构类别不同而割裂为"委托"和"信托"也就顺理成章,并对不同金融机构课以不同标准的义务。然而,有学者通过对实践中资管业务进行深入研究发现:我国信托业一半的业务量源自通道类的事务管理型信托,信托公司并不真正承担受托人角色而且受托人义务不明确,信托法律关系虽属美好但难求;而委托法律关系并不符合资管制度设计的本意,其实际运作形态也不完全由委托来界定。① 这折射出了现实中丰富多彩的资管业务法律定性的难点与现实痛点之间的游离。② 其实,委托和信托虽说在行为效果归属、合同当事人、受托人权限以及受托财产独立性等方面存在区别,二者性质上都属于合同关系范畴、在功能上都是基于人身信任关系而产生的受人之托处理他人事务的合同,在理解和运用上时常交织在一起,因此,信托从广义上是一种特殊的委托即可以将信托视为委托的特别规则。③ 这就使我们不得不思考,在资管业务中金融机构和投资者之间究竟是一种什么类型的法律关系?在资管业务中金融机构究竟负担什么样的义务?

2018年4月27日,中国人民银行、中国银保监会、中国证监会、国家外汇管理局联合出台的《关于规范金融机构资产管理业务的指导意见》(以下简称资管新政),为金融监管机构在资管业务中实现功能监管作出了部分实现统合立法的有益尝试。④ 纵观资管新政,尽管未对金融机构和投资者之间的法律关系作出明确界定,却对资管业务的含义进行了规定,实施"买者自负、卖者有责"的原则,并对金融机构课以诚实信用、勤勉尽责义务。不过,资管新政毕竟属于规章级别,在国家未以法律形式对我国金融监管体制做出修改之前,仍需遵守金融业"分业而治、机构监管"的原则,因此,当下金融机构义务依旧处于纠缠不清的状态。值得关注的是,本次资管新政统合立法的尝试无疑为统合金融机构义务提供了有益的探索价值。鉴于此,本文试图追问统合金融机构义务的法理基础源自何处?怎么统合,换言之,统合的方法论是什么?统合后的金融机构义务的具体行为范式表达有哪些?

---

① 参见缪因知:《资产管理内部法律关系之定性:回顾与前瞻》,载《法学家》2018年第3期。

② 参见刘燕:《资管计划的结构、功能与法律性质——以券商系资管计划为样本》,载郭文英、徐明主编:《投资者》(第3辑),法律出版社2018年版,第27页。

③ 参见王利明:《信托合同与委托合同的比较》,载《暨南学报》(哲学社会科学版)2019年第4期。

④ 参见叶林、王琦:《"资管新规"介评》,载《月旦民商法杂志》2018年第9期。

二、信义关系:资管业务中金融机构义务统合的法理基础

法律关系是以一定的权利、义务为内容特质的社会关系。一定的法律关系建立,意味着相应的权利和义务也就产生了。因此,讨论资管业务中金融机构义务统合,首先必须寻找金融机构义务产生的根据,实质上就是讨论金融机构义务产生于何种法律关系。

(一)金融机构和投资者之间是以信任为纽带建立的一种法律关系

信任作为社会和个人所追求的美德,从本质上讲,尽管是一种非正式制度,然而为法律尤其是私法活动提供了交易基础。“在市场经济中,信任是所有交易的前提。”①以借款合同为例,如果贷款人对于借款人在合同约定期限范围内的履约偿债能力没有信任的话,那么双方就不会签订借款合同,交易就不会达成。从这个意义上来讲,无信任则无交易。金融领域的资管业务也概莫能外,信任甚至变得尤为重要。

有别于民商法中的一般商品交易,资管业务往往具有高度的专业性、技术性并面临着较大的市场风险。首先,金融机构发行的资管产品具有很强的专业性和技术性。资管产品种类多样,内部交易结构设计复杂且充斥着大量专业化的金融术语,例如,何为券商系集合资管计划、商业银行结构性存款产品或者信用违约互换等,相信不具有相关金融专业知识的人士往往难以了解前述产品的概念,更遑论其交易结构、收益水平等内容。而且随着当前金融混业改革和金融创新,金融机构定会不断运用金融工程技术开发出种类多样、日趋复杂的新型资管产品。其次,投资者的收益不具有稳定的可预期性。金融业属于高风险的一类行业。一方面,金融市场作为市场经济的重要组成部分不可避免会面临市场失灵的问题。另一方面,金融属于信用经济,信用往往包含着诸多不确定因素,这就决定了金融机构的经营具有内在风险,一旦风险爆发,具有连带性和传染性,一个金融机构陷入金融危机,往往可能在整个金融体系引发恐慌进而产生信任危机,造成风险的扩大,从而对金融系统带来动荡。② 因此,金融机构参与资管业务,由于可能会受到金融市场失灵和金融风险的双重叠加影响,金融机构和投资者在缔约之际往往很难预测出资管产品的盈利或者损失。此外,资管合同区别于一次性给付属于继续性合同,时间因素在合同履行中居于重要位置。随着时间的经过,合同签订之际金融机构和投资者之间的信息不对称、合同履行过程中金融机构的道德风险行为等对投资者的不利因素仍然存在并影响着投资者利益。

虽然投资者参与资管业务面临着各类风险,甚至有可能出现“颗粒无收”“赔了夫人又折兵”等之类的情形,然而出于对金融机构的信任,投资者相信金融机构的财产管理能力、道德情操、品行和工作态度。详言之,投资者相信金融机构会“受人之托、忠人之事”,在金融王国里有着利他主义的高尚品格,以最高诚信义务承诺依托其专业的财产管理能力和应对金融市场风险的防范能力为投资者最佳利益行事。由此观之,资管合同虽以金融机构和投资者的合意为核心,但不得不说信任这一非允诺性机制在合同的达成中发挥

---

① 张维迎:《信息、信任与法律》,生活·读书·新知三联书店 2003 年版,第 2 页。

② 参见朱大旗:《金融法》(第 3 版),中国人民大学出版社 2015 年版,第 91 页。

了举足轻重的作用,双方是以信任为纽带建立的一种法律关系。

(二)私法中调整信任的两种不同法律关系——信义关系和合同关系

如前所述,在资管业务中金融机构和投资者是在信任基础上建立的一种法律关系,随之而来的问题即为这是一种什么类型的法律关系?换言之,基于信任而建立的法律关系由哪类具体制度来调整、保障?有学者指出,法律尤其是在贯彻意思自治的私法领域,存在着一些以促进和保障信任为目的的具体制度,其中具有代表性的即为信义关系和合同关系。①

1. 信义关系

何为信义关系?表面上看,这是一个令人捉摸不透的概念,很难展开并进行定义。在英美法系国家,就信义关系存在两种重要却有争议的观点。学术界的主流观点认为信义关系难以确切描述,只能提炼出有关信义关系的3种主要因素,即委托人对受托人的信任、委托人就财产或权力做出授权、因授权而给委托人带来的风险。② 司法实务界的法官和律师认为信义关系是一种法律关系,是承担信义义务和信义责任的先决要件和关键因素,应该给它下一个准确的定义。③ 最终,法官和律师的观点占了上风。米勒(Paul B. Miller)教授赞同法官和律师的观点,认为信义关系是一种特殊的、可以被界定清楚的法律关系,而且应当被界定。他借助信义权力理论(Fiduciary Powers Theory)来界定信义关系。信义权力指的是受托人凭借委托人赋予的权力,代替受益人行使通常由受益人的法律人格(Legal Personality)产生的法律能力(Legal Capacity)。这一法律能力包括以合法有效的方式行事的能力并对这种能力负有责任。因此,信义关系指的是一方(受托方)对另一方(受益方)的重大实际利益拥有自由裁量权或酌处权。④

通过前述定义,可知信义关系具有如下特征:第一,双方地位的不对等。信义关系的建立使得受益人在拥有和行使信义权力方面处于从属地位,尽管在其他方面他可能比受托人处于优势地位。第二,受益人对受托人的依赖性。信义关系建立的目的,在于委托人凭借受托人的知识专业、技术能力等实现受益人的特定目的。因此,受益人总是依赖于受托人,通过受托人行使信义权力以达到有益的效果。第三,信义关系是一种脆弱的关系,很容易被破坏。由于双方之间的信息不对称很容易引发受托人的道德风险行为,如自我交易、利益冲突、同业竞争等。⑤

由此观之,就信义关系如果缺乏法律层面的保障方式和必要的救济手段,受益人将

① 参见徐化耿:《论私法中的信任机制——基于信义义务与诚实信用的例证分析》,载《法学家》2017年第4期。

② See Tamar Frankel, *Fiduciary Law*, Oxford University Press, 2011, pp. 4 – 5.

③ See Paul B. Miller, "The Fiduciary Relationship", in Andrew S. Gold & Paul B. Miller, *Philosophical Foundations of Fiduciary Law*, Oxford University Press, 2014, p. 65.

④ See Tamar Frankel, *Fiduciary Law*, Oxford University Press, 2011, pp. 69 – 73.

⑤ 参见[美]安德鲁·S. 戈尔德、保罗·B. 米勒:《信义法的法理基础》,林少伟、赵吟译,法律出版社2020年版,第82页。

会处于"任人宰割"的困境。正是基于此,英美法系的信义法对受托人课以信义义务,例如,受托人必须热心并积极地为受益人服务,负有更高标准的信息披露义务,以最高的敬意对待受益人的信任,被要求避免与受益人发生利益冲突交易等。① 受托人背信弃义时应当承担信义责任,"这是法律所默示的最严格的责任标准",②具有强行性,当事人往往无法通过约定自行将其排除。

至于信义关系的类型,由于"fiduciary"一词来源于拉丁语"*fiducia*",③被翻译为信托(trust)或信任(confidence)。因此,信托往往被认为是典型的信义关系。目前,信义关系已扩张至与信托关系具有类似关系的领域,如代理人与被代理人、公司与高级职员、银行与顾客、证券经纪人与投资者等,覆盖了代理法、商事组织法、金融法等法律领域。近年来,普通法系国家的学者提出信义政治理论(Fiduciary Political Theory),将信义关系扩张适用至公法领域,根据该理论,政治职务属于一种公共信托,行政人员在社会管理过程中对民众负有信义义务。④

2. 合同关系

合同关系是关于合同当事人未来事务的一系列权利义务安排。其中,合同权利通常表现为一种请求权,债权人据此可以要求债务人为或不为一定行为的权利。合同义务是指债务人依合同关系所负担的义务。在现代法上,合同义务来源多元化,可基于法律的直接规定、当事人的约定以及诚实信用而产生。由于在合同缔约之际受到人的有限理性、机会主义行为倾向、信息不对称等因素影响,合同双方当事人不可能就未来事务的安排作出事无巨细的规定。因此,现实中不完全合同是必然也是经常会出现的。⑤ 根据合同法机制,虽然合同法规则在调整合同关系时往往会出现合同当事人预见性不足的情况,然而诚实信用在某种程度上起到了对合同法上法定规则和当事人约定规则不足的补充作用,通过对合同债务人课以诚实、善意的补充性义务,给予对方当事人利益合理的关注和照顾,纠偏失衡的合同当事人利益,促使合同目的的顺利实现。⑥ 可见,诚实信用有

① See Scott Fitzgibbon, "Fiduciary Relationships are Not Contracts", *Marquette Law Review*, Vol. 82, No. 2 (1999), pp. 308 – 309.

② 薛波主编:《元照英美法词典》,北京大学出版社 2013 年版,第 550 页。

③ Glare P. G. W., *Oxford Latin Dictionary*, Clarendon Press, 1968, p. 699.

④ See Ethan J. Leib, David L. Ponet & Michael Serota, "Mapping Public Fiduciary Relationships", in Andrew S. Gold & Paul B. Miller, *Philosophical Foundations of Fiduciary Law*, Oxford University Press, 2014, p. 388.

⑤ 关于不完全合同理论研究,参见[美]伊恩·艾尔斯、罗伯特·格特纳:《填补不完全合同的空白:默认规则的一个经济学理论》,李清池译,载《北大法律评论》编辑委员会编:《北大法律评论》(第 7 卷),北京大学出版社 2005 年版,第 3 ~ 73 页;[美]帕特里克·博尔顿、[比]马赛厄斯·德瓦特里庞:《合同理论》,费方域、蒋士成、郑育家等译,格致出版社、上海三联书店、上海人民出版社 2008 年版,第 24 ~ 28 页、第 343 ~ 384 页;[美]罗伯特·考特、托马斯·尤伦:《法和经济学》(第 6 版),史晋川、董雪兵等译,格致出版社、上海三联书店、上海人民出版社 2012 年版,第 266 ~ 297 页; [美]奥利弗·哈特等:《不完全合同、产权和企业理论》,费方域、蒋士成译,格致出版社、上海三联书店、上海人民出版社 2016 年版,第 147 ~ 180 页。

⑥ 参见赵廉慧:《信托法解释论》,中国法制出版社 2015 年版,第 35 ~ 36 页。

助于协调合同当事人之间的利益平衡,以确定利益的取舍和安排。当前,诚实信用在我国合同关系中的体现为:合同缔约阶段,合同当事人负担先合同义务,如《民法典》合同编第476条、第500条、第501条等;合同存续履行阶段,为实现合同目的,合同当事人负担通知、协助、保密、照顾以及保护等附随义务,如《民法典》合同编第509条第2款等;合同权利义务终止后,合同当事人负担后合同义务,如《民法典》合同编第558条等。因此,在合同关系中诚实信用的效力由完善合同当事人意思的补充性规范,转变为当事人不能以约定排除其适用的强行性规定。

从历史的维度考察诚实信用,其通常被简称为"诚信",在拉丁文中的符号表现形式为"*Bona Fides*"。其中,"*Fides*"由西塞罗和斯多亚利用其词源学意义,将其转义为"信"的意思;"*Bona*"原意为"好",起到强化"*Fides*"的作用,两者合成为"良信"之意,于是人们将其翻译为"诚信"。[①] 诚信从其产生之日起就具有很强的道德色彩,作为法律用语始自罗马法。诚实信用,最初主要活跃于债法领域,要求当事人严守合同、信守允诺。进入20世纪后,诚实信用的适用范围扩大适用至包括物权法、侵权责任法、亲属法、继承法等民法各个领域,并最终成为大陆法系民法上的一项基本原则,被认为是民法中的"帝王规则"。从今后的发展趋势来看,诚实信用不仅适用于财产法领域也适用于人身关系。诚实信用作为一种法律化的道德,实质上是由民事法律构造出来的民事法律与社会道德之间的通道,借此通道,社会道德规范的内容被吸引到民事法律领域,以法律规范的形象发挥具有法的强制力的规范作用。[②] 因此,诚实信用构成了当事人私法上往来的行为规范,要求当事人在不损害他人利益的前提下追求自身利益的最大化,这反映出了对严格个人主义限制的诚信实质。[③] 在现代意义上,诚实信用不仅是当事人参加民事活动的行为标准,而且是建立新时代社会主义诚信友善、信任合作的新型人际交往关系的基石。

3. 信义关系与合同关系的异同比较

信义关系与合同关系,尤其是合同关系中的诚实信用作为私法中调整信任的两种不同法律关系,尽管前者源于英美法系,后者扎根于大陆法系,两者有着共同之处。第一,从两者的词源上来考察,拉丁语中的表述很相似,两者的本意都指向"信",这是在历史长河中具有法律文化意义的符号。第二,从制度设计目的来看,都要求在市场经济活动中当事人符合"诚信商人"的道德标准。第三,虽说信义关系有扩张适用至公法范围,但其主要在财产信托、金融理财等私法领域发挥作用。诚实信用应适用于整个民法领域,但合同法是其适用的典范。因此,两者的适用范围集中体现在财产交易法领域。

两者的不同之处也是显而易见的。现代私法确立了法律主体地位平等原则。然而,这种平等是以抽象人格为起点,忽视了特定情形下的具体人格。诚实信用在合同关系中适用的基本理论预设为合同当事人的法律人格抽象平等。而在信义关系中,双方的法律

---

① 徐国栋:《诚实信用原则研究》,中国人民大学出版社2001年版,第6~7页。

② 参见韩世远:《合同法总论》(第4版),法律出版社2018年版,第55页。

③ 参见朱广新:《合同法总则研究》,中国人民大学出版社2018年版,第56~58页。

地位不对等,委托人往往依赖于受托人的专业技能、知识经验等行事,而这方面恰恰是委托人所欠缺的。正是基于这一前提,为防基于信任而发生的法律关系失衡,另一方当事人利益受损,信义关系与合同关系背后折射出了不同的人性设计标准,其义务设定的严苛程度也不同。合同关系中的"人"以个人主义为标准,追求自身利益的最大化,是市场中从事交易的经济人,只要不发生损人利己,合同法往往不会对其课以过多且过重的义务,负担的是私法上的一般诚信义务,更多的是一种"不损人利己"的义务。信义关系中的受托人则完全不同,根据信义权力理论,受托人手握对受益人重大利益的"生杀大权",因此,英美信义法对其课以忠实义务、注意义务等更多且更重的义务,以一种外部强有力的约束督促受托人摒弃私心,利用自己的专业技能竭诚为受益人利益服务。所以,信义关系很大程度上体现出强烈的利他主义精神。①

(三)资管业务中适用信义关系比合同关系具有比较优势

尽管信义关系根植于英美法系国家,不过随着两大法系的互鉴、交流,信义关系等信义法中的各项内容逐步引进到大陆法系国家。虽说公司制度的建立使得董事忠实、勤勉义务为人所熟知,不过信义关系、信义义务的概念在我国一段时间以来长期没有受到重视甚至缺失。有学者研究指出,这固然与我国经济法律背景有关,更为重要的是与过分强调了经济人假设有关,忽视了人存在利他且存在合作与信任的一面。② 应当说,通过从私有产权的有效保护、政府行为的规范、国民教育水平的提升以及中华文化复兴等方面的建设,③尤其是随着我国加入《海牙关于信托的法律适用及其承认的公约》(我国于1985年7月1日签订并在1992年1月1日生效)、《民法典》合同编对"委托合同"设专章规定以及《信托法》等与信义相关的法律制度的实施,无疑在为"受人之托、代人理财"培育一种信义观念、信义文化甚至信义制度作了很好的前期法治铺垫。而且现代社会不同于身份社会和合同社会,正逐步进入以信义关系为主要基础的信义社会,强调的是人与人之间的相互合作和信任。④ 所以,当前在我国适用信义关系应该不存在制度障碍。

如前所述,在资管业务中,投资者与金融机构之间是基于信任建立的法律关系,实现了从投资者的财产转移到金融机构的资产管理这一转型。但在这一法律关系中,金融机构无论是在信息掌握、专业技能还是资产处分方面处于优势地位,双方的法律地位不对等,金融机构单凭自身行为即可改变投资者的法律地位使其陷入不利境地。而投资者往往对金融机构缺乏一种直接有效的监督约束机制。为了保护投资者利益,纠偏这种失衡的法律关系使其回归到权利义务对等状态,就需要在以保护投资者利益为依归的基础上发展出更高的诚信义务,要求金融机构为投资者的最佳利益行事,对其课以一种利他性

---

① 参见徐化耿:《论私法中的信任机制——基于信义义务与诚实信用的例证分析》,载《法学家》2017年第4期。

② 参见宋琳、邹泰:《信义义务在我国的缺失及其根源探析》,载《山东社会科学》2007年第10期。

③ 参见张维迎:《信息、信任与法律》,生活·读书·新知三联书店2003年版,第22~24页。

④ 参见朱圆:《论信义法的基本范畴及其在我国民法典中的引入》,载《环球法律评论》2016年第2期。

的法律义务。

综上,在资管业务中,金融机构与投资者之间属于信义关系比适用合同关系具有比较优势,有利于金融机构更有利地为投资者利益而行使“信义权力”,而且可以弥补“委托关系”和“信托关系”的不足。

三、逻辑进路:资管业务中金融机构义务统合的方法论

法律义务根植于法律关系,法律义务与法律关系如影随形。前已述及,在资管业务中金融机构和投资者之间的法律关系为信义关系。这为统合商业银行、信托公司以及证券公司等不同金融机构参与资管业务中的义务奠定了法理基础。紧接着,需要考虑的问题即为如何统合即统合的逻辑进路,本文认为,需要从以下4个方面展开。

(一)区分资管产品的“公募”与“私募”对金融机构义务设置两套不同的义务标准

现实中,投资者因购买资管产品与金融机构引发各类纠纷的一大重要原因为:金融机构为了逐利,往往采用“公募”规则,通过广告宣传、公开劝诱等方式向不具有风险甄别、风险承受能力的投资者销售结构复杂的资管产品,有时甚至在销售过程中存在虚假宣传的情形,而在承担责任时避重就轻逃逸转向“私募”义务。投资者往往以“卖者有责”作为请求权基础规范向金融机构主张权利,而金融机构则以“买者自负”作为抗辩理由,两者陷入了“公说公有理、婆说婆有理”的“二律背反”状况。究其根本,在于我国2005年《证券法》所规定的证券品种的范围与许多发达市场经济国家相比还显得相对狭窄,仅规定了股票、公司债券、政府债券、证券投资基金份额以及证券衍生品种共计五种形式,没有将金融机构发行的资管产品作为一种证券品种纳入证券法的调整范围。

笔者认为,前述问题的破解之道,在于区分资管业务中金融机构发行资管产品的“公募”与“私募”两种类型,并对金融机构设置两套不同的义务标准。从域外发达的资本市场国家来看,无论是大陆法系的日本、韩国等效仿英国对理财产品和金融商品统合规制,分别出台《金融商品交易法》《资本市场法》等以金融商品统一立法方式导入集合投资计划;还是英美法系的美国在1933年出台的《证券法》中引入“投资合同”的概念并通过1946年的SEC. v. W. J. Howey Co. 案建立了识别“投资合同”四要素标准的“豪威测试”标准,都以各种方式扩大了本国法中的证券范围和品种。一方面,为顺应扩大证券范围的国际潮流;另一方面,为解决我国证券法与证券市场实践脱节问题,我国新《证券法》也扩大了证券法的适用范围,明确将资管产品纳入证券范围。① 此外,考虑到当前,一方面,我国“分业而治、机构监管”金融监管体制的基本模式没有改变;另一方面,2017年7月14日设立的国务院金融稳定发展委员会的作用重在统筹和协调。② 因此,在当前“功能监管”还不能取代“机构监管”的现实约束条件下,可以通过“功能监管”模式下证券法对

---

① 参见周友苏主编:《证券法新论》,法律出版社2020年版,第48页;范健、王建文:《证券法》(第3版),法律出版社2020年版,第64页。

② 参见董希淼、高江:《金融稳定发展委员会重在协调》,载《经济参考报》2017年11月13日,第A01版。

“公募”和“私募”的差异化安排和“机构监管”下各监管者有针对性的展开风险判断,[1]双管齐下对金融机构设定两套不同的义务标准。对于以“公募”方式发行的资管产品,金融机构所负的义务标准即为上市公司所应承担的义务。对于以“私募”方式发行的资管产品,金融机构承担的义务可以商业银行销售的非保本理财产品所应负担的义务为参照。

（二）金融机构义务设定的严苛程度考量

法律实际上是一种激励机制,通过义务配置和责任规则的实施,内部化个人行为的外部成本,诱导个人选择社会最优的行为。[2] 由此观之,法律往往通过设置义务、责任这一特有的约束机制禁恶导善以有助于建立社会优良秩序。义务作为法律上的一种拘束力,无论来源于法律规定、当事人约定还是诚实信用,应当具有现实的可履行性。资管业务中,金融机构义务的设定也不例外。这里涉及的其实是金融机构义务设定的严苛程度。换言之,金融机构应当能够履行义务,如果不能履行,就相当于为其设定了一项不可能实现的负担,也就没有任何实际的现实意义。考虑到资管业务区别于一般的民商事法律行为,面临着较大的市场风险,金融机构和市场之间的风险传染程度大、影响范围广,金融机构义务的设定应当符合金融领域公共政策、公共利益等方面的特殊要求,如不得承诺保底收益、刚性兑付等,否则金融机构和投资者之间的信义关系变质为借款合同,改变了资管业务的性质。因此,司法实践中,人民法院对于金融机构和投资者之间订立的含有保证本息固定回报、保证本金不受损失等保底承诺或者刚性兑付等之类的合同约款应认定无效。[3] 这背后折射出的是金融监管行政规章对金融领域商事合同效力的影响强度与力度。[4] 此外,关于金融机构义务的属性究竟是法定还是约定,即双方是否能够通过约定的方式排除法律规定或者资管合同中未就受托人法定职责做出约定而免除其法定义务,需要通过金融监管所需达致的目的这把尺子来进行统筹衡量,以防金融机构义务设定的目的落空。

（三）根据合同关系的历时性划分信义义务的内容

合同关系由合同权利和义务组成。而合同权利和义务往往是一一对应的,一方享有权利则意味着另一方负担义务。因此,从义务方视角以观,合同关系属于一组合同义务群——以主给付义务为重心,由近而远,渐次发展,分别为先合同义务、从给付义务、附随义务、后合同义务等。[5] 其实,无论是有名合同还是无名合同,合同关系不过是存在于时

① 参见黄韬:《我国金融市场从“机构监管”到“功能监管”的法律路径——以金融理财产品监管规则的改进为中心》,载《法学》2011 年第 7 期。

② 参见张维迎:《信息、信任与法律》,生活 · 读书 · 新知三联书店 2003 年版,第 63 页。

③ 最高人民法院《关于印发〈全国法院民商事审判工作会议纪要〉的通知》(2019 年 11 月 14 日发布,法〔2019〕254 号)第 92 条规定“保底或者刚兑条款无效”。

④ 参见李建伟:《行政规章影响商事合同效力的司法进路》,载《法学》2019 年第 9 期。

⑤ 参见王泽鉴:《民法学说与判例研究》(重排合订本),北京大学出版社 2015 年版,第 381 页。

间流程上的一种程序,合同目的实现而归于消灭,因此,合同关系具有明显的历时性。[①]正是基于此,可以根据合同的订立生效与终止这两个时间节点将合同划分为合同缔约阶段、合同订立生效履约阶段以及合同终止后的阶段(见图1),并以此来分配合同关系上的义务群(见表1)。

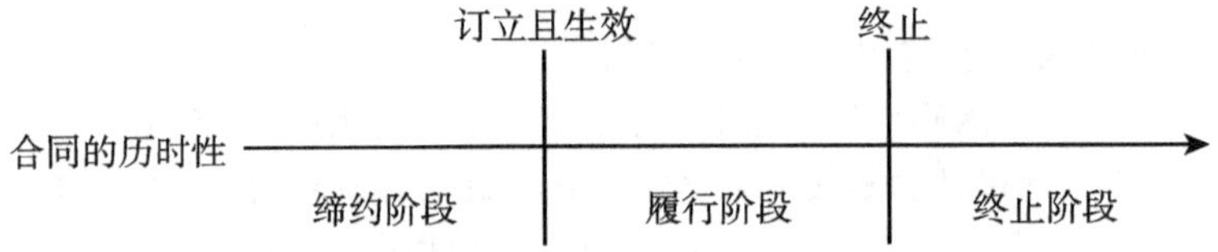

图1　合同的历时性

表1　不同合同阶段所对应的合同义务

合同阶段	缔约阶段	履行阶段	终止阶段
义务类型	先合同义务	主合同义务 从合同义务 附随义务	后合同义务

注:附随义务包括广义的附随义务和狭义的附随义务。广义的附随义务包括先合同义务、狭义的附随义务和后合同义务。本文在狭义上使用附随义务,是指在合同存续和履行过程中的通知、协助以及保密等义务。特此说明。

现实中,信托公司、商业银行、保险公司等不同金融机构与投资者之间签订的名称各异的资管计划或资管合同,其合同底色保持不变,均通过合同这一工具来配置双方的权利义务。前述各类资管计划或资管合同无一不是经过了缔约磋商、合同签订、合同履行、合同权利义务终止等阶段。因此,本文认为可以通过合同关系的历时性来设计信义义务的不同内容。申言之,从资管计划或资管合同的缔约阶段、履行阶段和终止阶段这三个阶段分别确定资管业务中金融机构相应的信义义务内容。

(四)实定法、理论学说与司法判例的互动

信义义务作为法学上的“舶来品”,并非我国固有法制,而是源自英美法系。随着我国公司法制中引入董事的忠实、勤勉等义务,信义义务为我国法学界所知。不过,公司法制中的信义义务集中体现在组织法层面,是董事对公司负有的信义义务,属于公司治理范畴的话题,为了实现公司组织利益最大化、确保公司组织的稳定性以及公司内部命令的上传下达。而在资管业务中,金融机构对投资者负担的信义义务属于交易法层面,金融机构以利他主义的行为标准为投资者的最佳利益执事,背后折射出的是对金融机构资产管理能力和道德品行的考验。由于两者的趣旨和依归不同,因此,组织法上的信义义务与交易法上的信义义务存在差异。其实,当前关于交易法上的信义义务的内容规定完

① 参见朱广新:《合同法总则研究》,中国人民大学出版社2018年版,第398~399页。

全有迹可循,散见于我国《信托法》第四章第二节"受托人"、《民法典》合同编第二十三章"委托合同"以及《证券投资基金法》第二章"基金管理人"等诸多法律规定中。目前,信托受托人、合同义务理论研究业已取得了较为丰硕的成果。此外,实践中发生的有关资管业务纠纷案例,[①]无疑为统合我国资管业务中金融机构义务提供了丰富的实证法、理论学说和司法案例方面的素材。另外,考虑到信义关系、信义义务等信义法上的内容滥觞于英美法系,欧盟、大陆法系的日本、韩国等进行了较好的吸收,因此,通过比较考察英美法系、欧盟、韩国、日本等国家的立法、理论以及判例等将为我国提供了借鉴。

四、范式表达:资管业务中金融机构信义义务的具体内容

前已述及,根据资管产品的"公募"和"私募"对金融机构设置两套不同的义务标准。公募情形下,由于金融机构的义务集中源于证券法、公司法等法律、行政法规以及规章中关于规范上市公司的规定,如信息披露义务、禁止内幕交易、禁止操纵证券市场等,已经形成了完备的义务体系。问题的关键在于以私募方式发行资管产品时,金融机构所负担信义义务的具体行为范式表达,这才是需要解决的重点问题。因此,笔者认为,根据合同关系的历时性,应从如下3个阶段来确定私募情形下金融机构的信义义务内容。

(一)资管合同缔约阶段金融机构信义义务的内容

资管业务的顺利开展有赖于资管合同的有效成立,而这取决于在合同缔约磋商阶段金融机构对投资者负有如下义务内容。

1.适当性管理义务

适当性管理义务作为保护投资者权益方面的一项重要内容,发轫于美国的证券市场。[②] 根据1938年《马诺尼法案》(the Maloney Act of 1938),美国于1939年建立了证券业自律组织(self-regulatory organization, SRO)——美国证券交易商协会(National Association of Securities Dealers,NASD)。为回应1934年《美国证券交易法》提出的,要求NASD在证券业建立和实施"促进公平和公正的交易原则"("to promote just and equitable principles of trade")。根据法定授权,NASD就在其成立后不久采用了适当性规则也就是为人所熟知的NASD Rule 2310。[③] 纽约证券交易所(New York Stock Exchange,

---

① 根据最高人民法院公布的《民事案件案由规定》(法〔2011〕42号),资管业务纠纷未被纳入其中,实践中发生的有关资管业务纠纷通常散见于"财产损害赔偿纠纷""金融委托理财合同纠纷""营业信托纠纷""其他合同、无因管理、不当得利纠纷"等不同案由中。因此,目前通过威科先行法律信息数据库、北大法宝法律数据库等法律专业数据库通过"案由检索"的方式查找出资管业务纠纷案例存在一定困难。所以,下文所援引的有关资管业务纠纷案例源自公开文献、案例报道、中国裁判文书网等。特此说明。

② 学界关于"适当性管理义务"的表述,众说纷纭、莫衷一是,典型如"适当性义务""适当性制度""适当性管理制度""适合性原则""适当性原则",等等。表述的不同主要有如下两方面的原因:一方面,"适当性管理义务"源自域外,属于比较法研究的产物,系因对"suitability rule"或"suitability doctrine"的翻译不一致而产生;另一方面,不同的表述也表明研究切入点、研究定位以及认识的角度不同。参见李东方、冯睿:《投资者适当性管理制度的经济和法律分析》,载《财经法学》2018年第4期。

③ See Norman S. Poser, "Liability of Broker – Dealers for Unsuitable Recommendations of Institutional Investors", *Brigham Young University Law Review*, Vol. 2001, No. 4(2001), p. 1529.

NYSE)并没有一般意义上的适当性规则,而是使用了"了解客户"规则(NYSE Rule 405),该规则要求交易所的会员公司通过"尽职调查"了解与每位顾客和每个指令相关的基本事实。[①] NYSE Rule 405 目前被认为是保护投资者不被诱导购买他们无力承担风险的证券。应当说,NASD Rule 2310 与 NYSE Rule 405 在宏观上都属于适当性规则的表现形式。由于 NASD Rule 2310 与 NYSE Rule 405 属于道德性规范,纵使证券经纪交易商或券商向顾客推荐了不适当的证券,美国法院不会受理经纪人违反 SRO 规则的案件。直到 1978 年,在 Clark v. John Lamula Investor, Inc. 一案中,适当性规则的性质发生了转变,法院认为被告经纪人向保守投资型的原告推荐购买可转换债券并造成原告相当大的损失,这一不适当推荐行为被认为属于欺诈行为,违反了 SEC Rule 10b - 5 反欺诈规则。[②] 在随后的 Clark v. Kidder Peabody & Co., Inc. 和 O'Connor v. R. F. Lafferty & Co. 及 Brown v. E. F. Hutton Group, Inc. 等案件中,美国法院进一步认可了适当性规则作为道德性规范向法律的进化。[③]

2007 年 7 月 NASD 及 NYSE 会员监管、执行和仲裁等部门合并成立了金融业监管局(The Financial Industry Regulatory Authority, FINRA),使该机构成为美国最大的证券业自律监管机构。FINRA 成立后,逐步对原 NASD 和 NYSE 的自律规则进行整合,形成统一的新的自律规则体系。[④] 2012 年 7 月 9 日,FINRA 新的适当性规则(FINRA Rule 2111)和了解顾客规则(FINRA Rule 2090)生效,并分别取代 NASD Rule 2310 与 NYSE Rule 405。[⑤] FINRA Rule 2111(Suitability)包括 2 条基本规则和 7 项补充规则。[⑥] FINRA Rule 2090(Know Your Customer)包括 1 条基本规则和 1 项补充规则。[⑦]

目前,美国已经形成了包括自律规范、法律规范以及司法判决等在内的适当性规则体系。受美国实践影响,欧盟、日本、韩国等纷纷在金融立法方面引进了适当性规则。以欧盟为例,2010 年欧盟启动了《金融工具市场指令》(MiFID)的修订工作,修订后的欧盟《金融工具市场指令Ⅱ》(MiFIDⅡ)已于 2014 年 6 月发布并于 2018 年 1 月 3 日正式实施。MiFID 被认为是投资者利益保护发展过程中的里程碑,确立了投资公司在向投资者提供投资建议或者推荐金融交易时应当承担的义务——投资者分类规则和适当性测

---

① See N. Y. Stock Exchange, NYSE Rule 405, NYSE GUIDE (CCH) 3696 (2000).

② See Clark v. John Lamula Investors, Inc., 583 F. 2d 594, 602 (2d Cir. 1978).

③ See Andrew M. Pardieck, "Kegs, Crude, and Commodities Law: On Why It Is Time to Reexamine the Suitability Doctrine", *Nevada Law Journal*, Vol. 7, No. 301(2007), pp. 309 – 314.

④ 参见张付标:《证券投资者适当性制度研究》,上海三联书店 2015 年版,第 57 页。

⑤ See Clifford E. Klrsch, et al, "Getting to Know You: Getting to Know All about FINRA's New Suitability & Know – Your – Customer Rules", *Wall Street Lawyer*, Vol. 16, No. 10(2012), p. 10.

⑥ 载美国金融业监管局网:https://www.finra.org/rules – guidance/rulebooks/finra – rules/2111#the – rule。

⑦ 同上。

试。[①] MiFID Ⅱ在 MiFID 的基础上,进一步强化了对投资者的保护,将投资者的利益保护范围扩大至金融产品、金融服务等领域。[②]

由此观之,所谓的资管业务中的适当性管理义务,是指金融机构提供的资管产品对客户应当是适当的,对不同客户应当提供不同的资管产品,客户不具备合格投资者条件时,金融机构必须从客户的风险承受能力的角度来考虑,将客户利益置于金融机构利益之前,将适当的资管产品推荐给投资者。它具体包括了解投资者义务、风险提示义务或风险警示义务、适当推荐义务等子义务。金融机构不能出于逐利性,罔顾投资者的利益而做出不适当地推介行为。

当前,有关"适当性管理义务"在我国法律规范体系中的表现如下:在法律层面,新《证券法》第 88 条第 1 款引入证券公司的适当性管理义务,并在第十三章"法律责任"第 198 条明确使用了"适当性管理义务"的表述;行政法规层面,2014 年修订的《证券公司监督管理条例》第 29 条确立了证券公司的适当性管理义务;在司法解释层面,最高人民法院《关于为设立科创板并试点注册制改革提供司法保障的若干意见》中使用了"适当性管理义务"的表述;在规章层面,出台了规章名称中直接包含"适当性管理"的证券综合性规定,典型如中国证监会于 2016 年 12 月 12 日发布的《证券期货投资者适当性管理办法》;在规范性文件层面,比如,《关于在上海证券交易所设立科创板并试点注册制的实施意见》中使用了"适当性管理义务"的表述等,不一而足。

诚然,在法律层面,除了证券公司之外,我国还没有确立其他金融机构的适当性管理义务。值得关注的是,在司法实践中已有法官通过援引信义义务法理和适当性管理义务原理,以法律续造的方式认可了其他金融机构在与投资者缔约阶段负有适当性管理义务。例如,在"胡某某等诉中国银行股份有限公司上海市田林路支行财产损害赔偿纠纷案"中,法院认为,在金融服务法律关系中,投资者和金融机构存在专业性及信息量等客观上的不对等,为弥补此种不对等,应当对金融机构课以相应的义务,要求金融机构承担为投资者挑选理财产品的责任……因此,商业银行首先应在推介投资产品之前对客户评估,在此基础上再向客户推荐合适的理财产品。本案中,中国银行上海市田林路支行在向胡某某推介系争理财产品前未对胡某某进行评估……故可认定中国银行上海市田林路支行未履行正确评估及适当推介的义务,具有相应过错,应对胡某某所受损失承担相应的损害赔偿责任。[③]

2. 说明义务

金融商品或金融服务交易有别于一般的民商事交易,是一种内含风险性的金融交易。如果说金融机构和投资者之间在信息对等的情形下,投资者基于自我意思负自我责

---

① 参见赵晓钧:《欧盟〈金融工具市场指令〉中的投资者适当性》,载《证券市场导报》2011 年第 6 期;蔺捷:《欧盟〈金融工具市场指令〉研究》,法律出版社 2012 年版,第 103 ~ 104 页。

② 参见益言:《欧洲金融工具市场指令(MiFID Ⅱ)的影响》,载《中国货币市场》2017 年第 11 期。

③ 参见上海市第一中级人民法院民事判决书,〔2015〕沪一中民六(商)终字第 198 号。

任,原则上并不存在疑问。然而,在信息不对称的情况下,为缓和双方信息落差而产生的在缔约阶段金融机构凭借信息优势不当推介而谋利、损害投资者利益的情况,日本2006年制定的《金融商品销售法》第3条、韩国2007年出台的《资本市场统合法》第47条等明确了金融机构与投资者之间在缔约阶段的说明义务。金融机构的说明义务通常情形下包括如下三方面的内容:一是说明事项,如金融商品或金融服务的交易结构、主要特征、市场风险、金融机构的业务能力等。二是说明程度。这里指的是,说明不是单纯的告知,而是指金融机构根据投资者的投资经验、学识、工作经历等,以书面或口头形式以投资者易于理解的方式表达。三是说明方式的确认。金融机构仅履行金融商品说明书、投资人须知、风险提示书等共通性的书面提供义务,并不能证明其已尽说明义务,尚必须依个案具体判断金融机构是否应采取其他适当及必要的方法辅助说明。① 比如,在"中国建设银行股份有限公司北京恩济支行与王某财产损害赔偿纠纷案"中,法院指出,王某购买涉诉基金时在《证券投资基金投资人权益须知》《投资人风险提示确认书》上签字,但上述须知和确认书的内容系通用的一般性条款,未有关于王某本次购买的基金的具体说明和相关内容,故王某的上述签字行为并不能免除建行恩济支行就涉诉基金的具体相关情况向王某作出说明的义务。② 2019年北京市高级人民法院再审了该案,并于7月30日作出了民事裁定,法院指出,王某虽多次购买理财产品,但其之前购买理财产品的事实,并不能导致其对本案涉诉基金的相关风险等内容有所了解,并不能据此减轻或免除建行恩济支行未向王某出示和提供基金合同和招募说明书而应承担的责任。③

3.禁止不当劝诱行为义务

此外,金融机构不得以不当劝诱方式与投资者达成交易。这在美国被称为高压销售,又称"锅炉房"销售,这种称谓源于销售活动对被造访者形成的高压。④ 现实中,金融机构往往凭借自身的信息、专业、地位等方面的优势,在缔约阶段采取欺诈、提供片面信息甚至夸大宣传等方式,诱导投资者与其达成交易目的。例如,金融机构给予投资者零风险、一定的收益回报等允诺,而在纷繁复杂并不时充斥市场风险的金融行业,这些允诺往往无法兑现;或者是金融机构采取电话、短信、微信、上门等方式,在投资者不愿意的情形下,继续"纠缠式"地反复劝诱投资者。前述诸种情形,即使双方达成合意,也不适用"买者自负"的规则,投资者可以向金融机构主张损害赔偿请求权。比如,日本大阪地方裁判所平成25年(2013年)2月20日作出的一项判决中就认定银行人员的投资信托之劝诱行为是不法行为。大阪裁判所认定的事实情况为,本案诉讼前原告顾客无证券交易

① 参见王志诚:《金融行销之控制及法制变革:金融消费者保护法之适用及解释》,载《万国法律》2011年第5期。另参见《最高人民法院关于印发〈全国法院民商事审判工作会议纪要〉的通知》(2019年11月14日发布,法〔2019〕254号)第76条"告知说明义务"。

② 参见北京市第一中级人民法院民事判决书,(2018)京01民终8761号。

③ 参见北京市高级人民法院民事裁定书,(2019)京民申3178号。

④ 参见[美]路易斯·罗思、乔尔·赛里格曼:《美国证券监管法基础》,张路等译,法律出版社2008年版,第775页。

经验，金融交易方面只有存款储蓄经验，投资意向是重视保本等金融商品。2007 年 7 月 6 日，中央三井信托银行的两名银行人员上门造访，对原告顾客进行投资劝诱。原告在劝诱下将中央三井信托银行的定期储蓄中近 2/3 储蓄（2100 万日元）解约，购入同金额的投资信托商品。大阪地方裁判所认为，银行人员仅仅是形式上的说明，从原告的年龄、经历、身体等情况来看，很难认定原告理解了商品的特性和风险。因此，认定被告银行人员的劝诱行为为不法行为，全面认可原告顾客的损害赔偿请求权。①

（二）资管合同履行阶段金融机构信义义务的内容

资管业务本质为“受人之托、代人理财”。这意味着，为确保受托财产保值增值，金融机构在“理财”过程中负担谨慎投资义务是其基本义务。如前所述，在金融机构和投资者之间，金融机构承担的是一种利他性义务，是为了投资者利益而负担。因此，金融机构在资管合同履行阶段还需承担最佳执行义务。此外，考虑到资管合同属于继续性合同类型，合同履行时间较长，在合同履行过程中投资者与金融机构之间的信息不对称现象依然存在，金融机构负有信息披露义务以保障投资者的知情权。总体而言，在资管合同履行过程中，金融机构负有如下信义义务。

1. 谨慎投资义务

在我国目前的法律体系中，要求金融机构在资管业务中负担谨慎投资义务是有据可循的。《信托法》第 25 条第 2 款作出了规定，对受托人管理信托财产课以谨慎义务。然而，立法的粗疏规定致使受托人管理财产、进行投资时，欠缺明确的义务标准。一方面，如果受托人是风险偏好者，则会引发其滥用权利损害投资者利益；另一方面，如果受托人属于保守稳健者则会有所顾虑不敢有所作为。因此，受托人谨慎义务有待进一步完善。

从两大法系来看，与我国同为大陆法系的日本《信托法》第 20 条、韩国《信托法》第 28 条等，没有对受托人的谨慎投资义务作出规定，而是适用民法上的善良管理人的注意标准来要求受托人处理信托事务。在英美法系中，受托人谨慎投资义务随着信托功能从规避法律限制到使信托财产保值增值的演变而得到蓬勃发展，其发展主要历经法定列表规则（Legal Lists Rule）、谨慎人规则（Prudent Person Rule）和谨慎投资人规则（Prudent Investor Rule）3 个阶段。在谨慎投资人规则这一阶段，美国统一州法律委员会在 1994 年第 103 次会上批准的《统一谨慎投资人法》在美国《第三次信托法重述》的基础上对受托人的谨慎投资义务提出了更加明确、客观、具体的标准，如目标标准（如信托条款、合同约定等）、投资组合标准、投资多元化标准、限制成本标准、技能标准以及判断标准（这是一种行为标准，而非结果标准，指的是根据行为人做出决定时周围的主客观环境来判断）等，从而使美国成为世界范围内关于受托人谨慎投资义务规定的集大成者。由此观之，与英美法系国家将谨慎投资标准具体化的现状相比，大陆法系国家的谨慎投资义务——善良管理人的注意标准规定较为原则，通常只概括规定，而对具体的以受托财产从事投

① 参见朱宝玲：《从投资信托案例看日本资产管理运营机构的受托者责任》，载洪艳蓉主编：《金融法苑》（总第 97 辑），中国金融出版社 2018 年版，第 294～295 页。

资行为方面的约束性标准和规则,尚付阙如。①

其实,在我国信托立法时,借鉴英美法系中的“谨慎义务”,而非日韩等国的“善良管理人注意义务”,其个中缘由值得法律学人深思。目前,我国的司法实践中已有法官在判决书的裁判说理部分暗含了美国法中的谨慎投资人义务标准中的目标标准、判断标准等内容。比如,在“田某某与长安国际信托股份有限公司营业信托纠纷案”中,法院指出,长安信托公司已提交的信托计划尽职调查报告、信息披露公告、受益人大会通知、清算报告等相关证据,能够证明其公司已按信托合同约定履行信托财产的投资管理、信托管理、风险揭示、信托清算等情况,表明长安信托公司已谨慎、有效地履行了受托人职责。②

2. 最佳执行义务

最佳执行义务源自美国的证券法律领域,指的是证券公司在为投资者提供投资服务时,要以对顾客最有利的条件进行交易,包括考虑价格、效率、成本、执行与结算以及选择适合的交易市场等因素。③ 一言以蔽之,证券公司应围绕着投资者利益最大化而行事。例如,美国国会于2011年通过的《多德—弗兰克华尔街改革与消费者保护法案》第九章“投资者保护及加强证券交易监管”第913条(g)款行为准则的一般规定中指出,对于向零售客户(以及证券交易委员会通过规则认定的其他客户)提供个性化的证券投资建议的经纪商、自营商及投资顾问,其行为应当符合客户的最佳利益,而非出于提供建议的经纪商、自营商及投资顾问的财务或者其他利益。④

2019年6月5日,美国证券交易委员会投票通过了《最佳利益规则》(Regulation Best Interest),旨在提高散户投资者与投资顾问和证券经纪交易商的关系质量和透明度,使法律要求和强制性披露符合投资者的合理预期和投资者的最佳利益。《最佳利益规则》包括告知义务、注意义务、避免利益冲突义务以及合规义务等内容。⑤

可见,最佳执行义务要求证券公司、投资顾问以及证券经纪交易商等金融机构在执行交易时不仅要忠于投资者利益,而且要勤勉尽职来实现投资者利益的最大化。⑥ 奉行最佳执行义务,一方面,是我国投资者结构性变迁,尤其是机构投资者大量兴起的逻辑结果;⑦另一方面,也与我国资管业务中金融机构负担的利他性义务相契合。在资管业务中,金融机构的出发点和落脚点皆为投资者利益,确立金融机构的最佳执行义务,是对投

① 参见张敏:《信托受托人的谨慎投资义务研究》,中国法制出版社2011年版,第97页。

② 参见陕西省西安市中级人民法院民事判决书,〔2016〕陕01民终6896号。

③ 参见黄爱学:《美国证券交易最佳执行规则及立法启示》,载《新疆社科论坛》2012年第1期。

④ 参见董裕平等译:《多德—弗兰克华尔街改革与消费者保护法案》,中国金融出版社2011年版,第349页。

⑤ 载美国证券交易委员会网:https://www.sec.gov/news/press-release/2019-89。

⑥ 参见刘燕:《大资管监管体制的反思与重塑——大资管法制建设二十年》(下),载中国金融新闻网:https://www.financialnews.com.cn/ll/xs/202002/t20200224_180925.html,最后访问日期:2020年6月19日。

⑦ 参见原凯:《美国券商之最佳执行原则及其启示》,载《华侨大学学报》(哲学社会科学院)2012年第2期。

资者利益至上的强调,有助于金融机构摈弃私心树立“利他主义”的意识,也有助于避免金融机构和投资者之间的利益冲突。比如,在“曹某与吉林省信托有限责任公司、中国建设银行股份有限公司山西省分行合同纠纷案”中,根据法院查明情况,首先,吉林信托在案涉信托计划实施期间,未违反案涉信托合同关于信托公司信息披露及方式。其次,案涉信托计划的融资人出现违约后,吉林信托采取诉讼等方式积极履行了受托人管理职责。最后,案涉信托计划的融资人进入破产重整程序后,吉林信托为受益人利益最大化选择了债转股的偿还模式,并不违背信托法律及信托合同关于受益人利益最大化的管理原则。因此,法院指出,在信托计划期间,信托公司恪尽职守,审慎、有效地为受益人的最大利益处理了信托事务。①

3. 信息披露义务

根据时间因素对合同给付义务和范围发生的影响,资管合同属于继续性合同或者为一种继续性交易。因此,合同缔约阶段金融机构和投资者之间的信息不对称状态,在合同履行阶段继续存在。所以,金融机构在资管合同履行阶段继续负有说明或通知的义务,这种在缔约后的说明义务,在日本被称为助言义务或警告义务,②本文将其称为信息披露义务,③彼此之间名异而实一。说明义务与信息披露义务两者所起的作用不同,前者在于保护合同缔约之际信息处于弱势方的投资者的自我决定权。后者目的在于以下几方面:第一,保护投资者的知情权,让其知悉金融机构在履约阶段是否谨慎投资、是否为投资者最佳利益而管理财产;第二,金融市场充斥着纷繁复杂的各类风险,通过信息披露让投资者做出恰如其分的后续投资判断;第三,对金融机构信息披露方式的一种监督,要求其实质性展开信息披露而非流于形式;第四,应投资者请求,还应向投资者进一步释明受托财产的管理、对外投资中所面临的各类情况。比如,在“中国工商银行股份有限公司日照开发区支行与周某金融委托理财合同纠纷案”中,法院指出,商业银行在从事个人理财业务中负有信息披露义务,应定期及时披露投资人资产的变动、收益、分配等情况,以便投资人及时了解市场行情、作出止损决定,并据此判断银行方是否存在过错加重投资人损失等问题……本案上诉人在诉讼中未提供其进行信息披露的证据,应认定违背信息披露义务构成违约。④

(三)资管合同终止后金融机构信义义务的内容

一方面,根据《民法典》合同编第 558 条的规定,合同关系终止后,当事人还负有通知、协助、保密等后合同义务。另一方面,《民法典》总则编第 111 条明确规定自然人的个

---

① 参见吉林省高级人民法院民事判决书,(2018)吉民初 2 号。

② 参见杜怡静:《金融商品交易商关于说明义务之理论与实务上之运用——对连动债纷争之省思》,载《月旦民商法杂志》2009 年第 12 期。

③ 为与前述资管合同缔约阶段的金融机构说明义务相区别,本文将资管合同履行阶段金融机构负有的说明义务称为信息披露义务,特此说明。

④ 参见山东省日照市中级人民法院民事判决书,(2018)鲁 11 民终 426 号。

人信息受法律保护。因此,资管合同履行完毕后,金融机构对合同缔约阶段和合同履行阶段所获得的投资者,尤其是自然人投资者的个人身份、财产等与交易有关的个人信息应当妥善保管并负保密义务,不得非法收集、使用、买卖或者公开自然人投资者的个人信息。否则自然人投资者可以根据《民法典》总则编第111条、侵权责任编第1165条等作为请求权基础规范向金融机构主张侵权责任。

公司立法的繁与简及其衡量标准①

姜　朋*

摘要：在公司法的条文和制度设计上，一味地趋繁或者求简，都非妥适，而应当追求一种该繁则繁、当简则简的“中道”。衡量此种“中道”、判断公司立法文本的繁简的妥当性的标准，不在文本自身的文字叙述是否完美，也不在于其是否经得起与异域的近似文本的比对，而在于本国的公司实践，在于公司法文本与其所欲规制的现实商业实践相匹配。

关键词：公司立法　过繁　过简　形繁实简　形简实繁　中道

Everything should be made as simple as possible, but not simpler.

——爱因斯坦②

一、问题的提出

“冗繁削尽留清瘦，画到生时是熟时。”这是郑板桥《题画竹》诗中的佳句。作者对于繁简问题的偏好非常鲜明。然而，需要注意的是，诗中对简的推重，其实是受语境限制的，即“简”只是评价绘画艺术的一种而非唯一标准，况且删繁就简的原则适用于特定的人和特定的领域（如该画家画竹枝时）。若绘制其他题材，或若其他流派画家创作同样的题材，则未必秉持同样的原则。

在《尼各马可伦理学》的开篇，亚里士多德讲道：

每种技艺与研究，同样地，人的每种实践与选择，都以某种善为目的。所以有人就说，所有事物都以善为目的。（但是应当看到，目的之中也有区别。它有时是实践活动本身，有时是活动以外的产品。当目的是活动以外的产品时，产品就自然比活动更有价值。）由于活动、技艺和科学有许多，它们的目的也就有多种。医术的目的是健康，造船术

① 本文初稿曾提交给中国社会科学院法学研究所公司法改革研讨会，后有修改。

* 法学博士，清华大学经济管理学院副教授，中国法学会商法学研究会理事。

② 参见张化桥：《一个证券分析师的醒悟：张化桥的股市真话》，中信出版社2010年版，第17页。

的目的是船舶,战术的目的是取胜,理财术的目的是财富。①

那么每种活动和技艺中的那个善是什么?也许它就是人们在做其他每件事时所追求的那个东西。它在医术中是健康,在战斗中是胜利,在建筑术中是一所房屋,在其他技艺中是某种其他东西,在每种活动中和选择中就是那个目的,其他的一切都是为着它而做的。②

在讨论各种事物的目的时,亚里士多德又引出了道德德性的话题。他提出:“道德德性是适度……它是两种恶即过度与不及的中间……它以选取感情与实践中的那个适度为目的。”③“德性是一种选择的品质,存在于相对我们的适度之中。”④为此,他还开列了德目表,以列举与各种德性相对的不及和过度。⑤

据此推演,法律无疑也具有自身的目的以及“德性”。史蒂文·J.伯顿指出:

规则和判例并不仅仅用来解决纠纷。我们能够通过抛硬币,花费极少地来做到这一点。规则和判例确立合法行为的标准,这些标准应当有助于把我们生活的世界塑造得更美好。做到这一点,规则和判例就会实现美好社会的法律理想。换句话说,法律含有目的:它们贯彻良好的原则和政策,同时又被这些原则和政策证明是正当的。⑥

法律规则、原则和政策总体上应该描绘一个要通过公民和国家协调一致的行为而变成现实的可能世界。例如,交通法代表驾驶员对不同颜色的交通信号灯和不同形状的路标作出反应而应该采取的协调行为的复杂系统。不难想象那个世界。在相当大的程度上,司机通过法律的引导而采取那些行为,从而在现实世界中实现交通法的理想。当然,别的一些法律(诸如那些禁止非法毒品的买卖和使用的法律)极其无效,臭名昭著。只有当对违法者施以法律制裁(对不服从者剥夺自由或财产)时,我们的社会生活才能变得与这些法律相吻合。⑦

---

① 参见[古希腊]亚里士多德:《尼各马可伦理学》,廖申白译注,商务印书馆2003年版,第3~4页。另有译为:“每门艺术和每门科学,同样,每个行动和决心,都可以说以某种善为目的。因此,善被定义为事物的目的。但显然这些目的是不同的,它们有时是活动,有时则是多于活动的结果。正像目的高于行动一样,活动的结果也自然优于活动。我们有各种各样的艺术和科学,它们的目的也是个个不同的。例如,医学的目的是健康,造船术的目的是船只,家事经济的目的是财富。”参见[美]梯利:《伦理学导论》,何意译,北京师范大学出版社2015年版,第128页。

② 参见[古希腊]亚里士多德:《尼各马可伦理学》,廖申白译注,商务印书馆2003年版,第17页。

③ 同上书,第55页。

④ 同上书,第47页。

⑤ 参见《欧台谟伦理学》(第2卷);[古希腊]亚里士多德:《尼各马可伦理学》,廖申白译注,商务印书馆2003年版,第333页、第336页。

⑥ 参见[美]史蒂文·J.伯顿:《法律和法律推理导论》,张志铭、解兴权译,中国政法大学出版社2000年版,第116页。

⑦ 同上书,第123页。

具体到公司立法层面,如果其也具有某种"德性",那么毋宁应该繁简适当,亦即过繁或过简的规定都可能是不妥适的。而要回答公司法条文到底该繁还是该简,以及怎样的繁或简算是适当的问题,则需要回到公司法立法的目的上来。站在将公司视为股东为追求自身利益最大化而进行的契约安排的立场上来看,公司法就是为了弥合任何契约安排均可能出现的不完满状态而由立法者预先制定的"缝隙填充剂"。① 其目的不外乎是使公司实践(也包含相关纠纷的解决)更具效率。进而,可以说,判定公司立法是否繁简适当的标准就应该是其是否更好地推动或服务公司实践。在这样的立意下,回过头来审视既有的公司立法,不难发现其中确实存在一些失当的问题,而有改进的必要。以下逐一举例说明之。

二、《公司法》上一些繁冗的规定

我国《公司法》虽然经过多次修改,但还存在一些繁冗的规定。

(一)监事会行使职权所需费用

《公司法》(2018 年)第 54 条规定,监事会发现公司经营情况异常时可以进行调查,必要时,还可以聘请会计师事务所等协助其工作,费用由公司承担。第 56 条规定:"监事会、不设监事会的公司的监事行使职权所必需的费用,由公司承担。"第 118 条规定:"本法第五十三条、第五十四条关于有限责任公司监事会职权的规定,适用于股份有限公司监事会。""监事会行使职权所必需的费用,由公司承担。"显然,在其第 56 条和第 118 条就监事会行使职权所需费用由公司承担作出一般性规定的情况下,第 54 条就公司负担监事会所聘会计师事务所的费用再作特别规定,实无必要。

(二)股票

"股票"一词在《公司法》(2013 年)中共出现 49 次,指涉的都是股份有限公司。例如,其第 125 条规定:"股份有限公司的资本划分为股份,每一股的金额相等。""公司的股份采取股票的形式。股票是公司签发的证明股东所持股份的凭证。"由股票又延伸出了"票面金额"(第 127 条)、"记名股票"(第 129 条、第 139 条)等概念。

问题是,我国证券市场很早就实现了无纸化运作。②《公司法》等于是规定了一个现实中并不存在的事物。煞有介事。③

(三)有关自然人一人有限责任公司的投资限制

《公司法》(2018 年)第 58 条规定:"一个自然人只能投资设立一个一人有限责任公司。该一人有限责任公司不能投资设立新的一人有限责任公司。"而同为该法规定的法

---

① 参见[加拿大]布莱恩·R.柴芬斯:《公司法:理论、结构和运作》,林华伟、魏旻译,法律出版社 2001 年版,第 144 页。

② 20 世纪 90 年代初,曾出现过短暂的纸质股票。参见涂建、毛国权:《证券登记与托管的国际经验与中国实践——以证券所有权为基础》,载郭锋主编:《证券法律评论》(总第 2 期),法律出版社 2002 年版,第 130 页。

③ 参见姜朋:《后顾与前瞻:公司注册资本制度改革述评》,载中国法学会商法学研究会编:《中国商法年刊(2014)——市场决定作用的商法实现机制》,法律出版社 2014 年版,第 121 页。

人独资的一人有限责任公司则没有上述限制。

由于外国自然人可以设立以其为唯一出资者的、具有有限公司形式的外商独资企业,因此,上述限制性规定规制的,其实至多只是拥有中国国籍的自然人。不唯如此,该规定其实很容易规避。比如,已经设立了一人有限责任公司的自然人可以和他人(如自己的配偶或子女等亲属)共同出资再设立一个由该自然人绝对控股(如99.99%)的有限公司。甚至该自然人还可以和其投资设立的一人有限责任公司共同出资再设立一家有限公司(非一人公司)。就效果而言,与由该自然人另设一家一人有限公司并无实质差别。①

(四)有限公司股东回购股权请求权的行使条件②

《公司法》(2018年)第74条第1项规定:"有下列情形之一的,对股东会该项决议投反对票的股东可以请求公司按照合理的价格收购其股权:(一)公司连续5年不向股东分配利润,而公司该5年连续盈利,并且符合本法规定的分配利润条件的……"

从字面来看,有限公司股东主张公司回购权的条件有四:(1)公司连续5年盈利;(2)此5年间从未分配利润;(3)公司股东会举行过会议,就不分配利润进行过表决,决定不分配利润;(4)该股东在表决时投了反对票。而实践中,很多有限公司的股东会不会就不分配利润进行表决,有的公司甚至不会召开股东会会议讨论此事。由此导致法院的判决也存在很大分歧。③ 此间值得思考的问题是,公司法允许该股东提出异议的对象究竟是什么,是由某些股东操控的股东会的不当决议,还是受某些股东操控的公司虽长期赢利却不分配利润的事实?如果立法的本意是要给予那些受排挤的异议股东以法律救济,那么就没有理由对其行使股权回购请求权设定过多的限制条件。

在以上4例中,都属于法律规定过于繁冗的情形,但成因不尽相同:或是因为单纯的立法技术不娴熟,条款行文啰唆;或是因为商业实践发生了变化,法律文本的表述却没有跟进而落伍了;或是因为立法时戴着有色眼镜,无端看重法人股东、刻意贬抑自然人股东,人为给后者设定制度障碍,又难保在现实中不被绕开;或是因为对具体制度的行文表述限定语过多,致使实践中难以同时满足。

---

① 参见姜朋:《新〈公司法〉改变了什么——基于对三个语词查考的分析》,载《法学》2006年第11期。

② 该权利亦称异议评估权(appraisal rights)。参见邓峰:《普通公司法》,中国人民大学出版社2009年版,第379页。

③ 例如,杨某某诉昆明宝信捷生物应用设备有限公司等公司盈余分配纠纷案([2004]盘法民一初字第0554号,昆明市盘龙区人民法院);广州越秀恒和企业投资有限公司诉广州市浚泰物业发展有限公司等公司利润分配请求权案(穗中法民二初字第32号,广州市中级人民法院);大柴旦西海化工有限公司等诉青海昆仑矿业有限责任公司股东知情权、盈余分配权案([2004]西民二初字第15号,青海省海西蒙古族自治州中级人民法院)。参见张辉:《公司盈余分配纠纷的司法裁判与解释规则》,载陈洁主编:《商法规范的解释与适用》,社会科学文献出版社2013年版,第230页。再如,上海建维工贸有限公司诉上海尊蓝山餐饮有限公司案[上海市第二中级人民法院民事裁定书(2010)沪二中民四(商)终字第1406号]。参见王军:《中国公司法》,高等教育出版社2017年第2版,第354页。

三、《公司法》上一些简省的规定

除了繁冗的毛病以外,公司立法还存在过于简约的问题。比如,《公司法》(2018 年)有关独立董事的规定,只有第 122 条一个条文,共 19 个字:“上市公司设独立董事,具体办法由国务院规定。”

回溯一下该条文出台的经过,可以发现,该条文一路简化的历程。2005 年 8 月国务院法制办主任曹康泰在向全国人大常委会做《关于〈中华人民共和国公司法(修订草案)〉的说明》时,提到“关于独立董事。修订草案规定‘上市公司董事会成员应当有 1/3 以上的独立董事’(第 151 条),并对独立董事的任职资格、职权范围、工作程序和退出机制等作出明确规定”。[①] 同年 10 月 25 日,全国人大法律委员会主任委员杨景宇向全国人大常委会报告《公司法》(修订草案三次审议稿)的修改意见时,该条在修订草案第三次审议稿中变为了第 123 条:“上市公司可以设独立董事,具体办法由国务院规定。”会上又根据部分常委会组成人员的意见去掉了“可以”二字,变为建议表决稿第 123 条(这也就是最后通过版本的第 123 条)。[②]

然而,与现实中蓬勃而多彩的独立董事实践相比,这一条实在是太过简略了。由于《公司法》(2005 年)第 123 条(2018 年版第 122 条)只是授权国务院另定具体办法,而国务院又迟迟未能出台相关办法,以至于在相当长时间里,对上市公司独立董事制度起决定性作用的只是中国证券监督管理委员会于 2001 年制定的《关于在上市公司建立独立董事制度的指导意见》。从法律位阶来看,该指导意见甚至都算不上是部门行政规章。

该意见中一些不严谨的表述更是影响了独立董事制度的严肃性和有效性。比如,其规定的独立董事的消极条件之一是,“在上市公司或者其附属企业任职的人员及其直系亲属、主要社会关系(直系亲属是指配偶、父母、子女等;主要社会关系是指兄弟姐妹、岳父母、儿媳女婿、兄弟姐妹的配偶、配偶的兄弟姐妹等)”不得担任独立董事。然而,将配偶归并于直系亲属,而将兄弟姐妹、岳父母等归于“主要社会关系”貌似简省,实在欠妥。按照亲属法常识,自然血亲才分直系、旁系;配偶既非血亲,也非姻亲;兄弟姐妹属旁系血亲;岳父母等则属于姻亲(岳父母、配偶的兄弟姐妹属于配偶的血亲,儿媳女婿、兄弟姐妹的配偶属于血亲的配偶)。用“主要社会关系”这样的非法律术语来描述将后两类人,与民间对于“实在亲戚”的普遍认知有违。不仅如此,该条还遗漏了同属姻亲之列的公婆等的“配偶的血亲”,以及妯娌、连襟等“配偶的血亲的配偶”,列举并不周全。

不难想见,如果公司法对独立董事的任职资格等作出明确规定,上述问题就有可能

---

① 曹康泰:《关于〈中华人民共和国公司法(修订草案)〉的说明》(2005 年 8 月 23 日),载《中华人民共和国公司法》(全国人民代表大会常务委员会公报版),中国民主法制出版社 2005 年版,第 55 页。

② 参见杨景宇:《全国人大法律委员会关于公司法(修订草案三次审议稿)、证券法(修订草案三次审议稿)、关于修改个人所得税法的决定(草案)和外国中央银行财产司法强制措施豁免法(草案二次审议稿)修改意见的报告》(2005 年 10 月 25 日),载《中华人民共和国公司法》(全国人民代表大会常务委员会公报版),中国民主法制出版社 2005 年版,第 77 页。

避免。

四、《公司法》上形简实繁的规定

(一)独立董事

《公司法》对独立董事制度采取的“留白”式的简化处理,若与其他规范性文件联立,却会在事实上造成公司制度设计和公司实践形简实繁的局面。

在制度层面,上市公司既有监事会,又有独立董事,二者的部分职能是重叠的。比如,根据《公司法》(2018年)规定,监事会可以检查公司财务(第53条第1项),在发现公司经营情况异常时进行调查,必要时,还可以聘请会计师事务所等协助其工作,费用由公司承担(第54条)。而据中国证监会指导意见,独立董事有权“独立聘请外部审计机构和咨询机构”“聘请中介机构的费用及其他行使职权时所需的费用由上市公司承担”。

除了中国证监会制定了指导意见以外,其他部门也制定过类似的文件。例如,2002年中国人民银行出台的《股份制商业银行独立董事外部监事制度指引》第2条规定:

> 下列人员不得担任商业银行的独立董事、外部监事:
> (一)持有该商业银行1%以上股份的股东或在股东单位任职的人员;
> (二)在该商业银行或其控股或者实际控制的企业任职的人员;
> (三)就任前3年内曾经在该商业银行或其控股或者实际控制的企业任职的人员;
> (四)在该商业银行借款逾期未归还的企业的任职人员;
> (五)在与该商业银行存在法律、会计、审计、管理咨询等业务联系或利益关系的机构任职的人员;
> (六)该商业银行可控制或通过各种方式可施加重大影响的其他任何人员;
> (七)上述人员的近亲属。本指引所称近亲属是指夫妻、父母、子女、祖父母、外祖父母、兄弟姐妹。

其中,将相关人员的姻亲排除在候选人以外的做法与证监会指导意见存在明显不同。因此,上市的股份制商业银行选任独立董事时,候选人需要满足中国人民银行和证监会的双重标准才行。这样一来,势必又造成在股份制商业银行中存在上市的股份制商业银行(A)和未上市的股份制商业银行(B)的区分,以及在上市公司中存在上市的股份制商业银行(A)和除其以外的其他上市公司(C)的区别。A与B、C在选任独立董事时采用的标准都不尽相同。

(二)公司类型

形简实繁的例子还有公司类型。我国《公司法》只区分了有限责任公司和股份有限公司两大公司类型。同时也规定了其下的一些亚型,如有限公司中的一人有限责任公司(具体又分自然人设立的一人有限公司和法人设立的一人有限公司)和国有独资公司,以及除此之外的其他有限责任公司。股份有限公司则有上市的和非上市的区别。总的来看,形制尚属单纯。

然而,实践中,公司的类别却非常复杂。由于《公司法》并非成立公司的唯一法源,现实中还存在依据《全民所有制工业企业法》成立的以公司为名的全民所有制企业,以及根据《中外合资经营企业法》或《外商独资企业法》成立的中外合资的或外商独资的"公司"。因此,经工商登记呈现在营业执照上的公司类型远多于公司法规定的几种类别。

仅据笔者的观察,各地工商部门颁发的公司营业执照上著录的公司类型就有:(1)有限责任公司;(2)有限责任公司(自然人独资);(3)有限责任公司(自然人投资或控股);(4)有限责任公司(国内合资);(5)一人有限责任公司(自然人独资);(6)其他有限责任公司;(7)有限责任公司(法人独资)(外商投资企业投资);(8)法人商事主体[有限责任公司(自然人投资或控股)];(9)自然人出资有限责任公司;(10)有限责任公司(外国法人独资);(11)股份有限公司(非上市,自然人投资或控股);(12)股份有限公司(非上市)。其中的第5类和第8类应该分别是第2类和第3类的变种。

探究起来,上述《营业执照》中有关公司类型的登记事项与国家统计局发布的《企业登记注册类型对照表》(见表1)大体一致。在我国,目前同时存在分别以所有制为标准和以出资人的人数及承担责任形式(有限或无限)为标准的两套企业分类系统。① 实践中,登记部门(以及统计部门)记载的企业类型即是杂糅了上述两种分类标准的产物。以公司为例,工商登记中采用的公司分类是先以企业所有制或出资者身份(内资、外资、港澳台资)为一级区分标准;其下则以有限公司、股份公司为二级区分标准;之下再以出资者身份(内资、外资、港澳台资;自然人或法人)以及上市与否为三级区分标准,构筑了一套繁复的公司类型体系。由此可知,《公司法》在实际的公司登记环节尤其是公司类型划分问题上缺乏话语权。而由《营业执照》和企业登记系统呈现的繁复的公司类型体系也使《公司法》所强调的有限责任公司和股份有限公司必须在公司名称中呈现相关公司类型字样以保护投资者及债权人利益的制度安排在效用上大打折扣。② 以此为出发点,未来的相关立法要做的,首先是对目前商事登记环节中公司类型的划分进行客观评估:如果现有的繁复做法是恰当的,则应在立法层面有所体现予以肯定,以使登记部门师出有名;如果这种繁复是不必要的,则应在实践环节做减法。

表1　企业登记注册类型对照

企业(机构)类型代码表 (工商总局)		1998年《企业登记注册类型与代码》 (国家统计局、工商总局)	
1000	内资公司		
1100	有限责任公司		

① 参见姜朋:《商事制度考据集》,清华大学出版社2017年版,第124~129页。

② 参见《公司法》(2013年)第8条。

续表

企业(机构)类型代码表 (工商总局)		1998年《企业登记注册类型与代码》 (国家统计局、工商总局)	
1110	有限责任公司(国有独资)	151	国有独资公司
1120	有限责任公司(外商投资企业投资)		
1121	有限责任公司(外商投资企业合资)	330	外资企业
1122	有限责任公司(外商投资企业与内资合资)	310	中外合资经营企业
1123	有限责任公司(外商投资企业法人独资)	330	外资企业
1130	有限责任公司(自然人投资或控股)	173	私营有限责任公司
1140	有限责任公司(国有控股)	159	其他有限责任公司
1150	一人有限责任公司		
1151	有限责任公司(自然人独资)	173	私营有限责任公司
1152	有限责任公司(自然人投资或控股的法人独资)	173	私营有限责任公司
1153	有限责任公司(非自然人投资或控股的法人独资)	151/159	国有独资公司/其他有限责任公司
1190	其他有限责任公司	159	其他有限责任公司
1200	股份有限公司		
1210	股份有限公司(上市)		
1211	股份有限公司(上市、外商投资企业投资)	340	外商投资股份有限公司
1212	股份有限公司(上市、自然人投资或控股)	174	私营股份有限公司
1213	股份有限公司(上市、国有控股)	160	股份有限公司
1219	其他股份有限公司(上市)	160	股份有限公司

续表

企业(机构)类型代码表 (工商总局)		1998年《企业登记注册类型与代码》 (国家统计局、工商总局)	
1220	股份有限公司(非上市)		
1221	股份有限公司(非上市、外商投资企业投资)	340	外商投资股份有限公司
1222	股份有限公司(非上市、自然人投资或控股)	174	私营股份有限公司
1223	股份有限公司(非上市、国有控股)	160	股份有限公司
1229	其他股份有限公司(非上市)	160	股份有限公司
5000	外商投资企业		
5100	有限责任公司		
5110	有限责任公司(中外合资)	310	中外合资经营企业
5120	有限责任公司(中外合作)	320	中外合作经营企业
5130	有限责任公司(外商合资)	330	外资企业
5140	有限责任公司(外国自然人独资)	330	外资企业
5150	有限责任公司(外国法人独资)	330	外资企业
5160	有限责任公司(外国非法人经济组织独资)	330	外资企业
5190	其他	320	中外合作经营企业
5200	股份有限公司		
5210	股份有限公司(中外合资、未上市)	340	外商投资股份有限公司
5220	股份有限公司(中外合资、上市)	340	外商投资股份有限公司
5230	股份有限公司(外商合资、未上市)	340	外商投资股份有限公司
5240	股份有限公司(外商合资、上市)	340	外商投资股份有限公司
5290	其他	340	外商投资股份有限公司
6000	港、澳、台投资企业		
6100	有限责任公司		
6110	有限责任公司(港澳台与境内合资)	210	合资经营企业(港或澳、台资)
6120	有限责任公司(港澳台与境内合作)	220	合作经营企业(港或澳、台资)

续表

企业(机构)类型代码表 (工商总局)		1998年《企业登记注册类型与代码》 (国家统计局、工商总局)	
6130	有限责任公司(港澳台合资)	230	港、澳、台商独资经营企业
6140	有限责任公司(港澳台自然人独资)	230	港、澳、台商独资经营企业
6150	有限责任公司(港澳台法人独资)	230	港、澳、台商独资经营企业
6160	有限责任公司(港澳台非法人经济组织独资)	230	港、澳、台商独资经营企业
6170	有限责任公司(港澳台与外国投资者合资)	230/330	港、澳、台商独资经营企业/外资企业
6190	其他	220	合作经营企业(港或澳、台资)
6200	股份有限公司		
6210	股份有限公司(港澳台与境内合资、未上市)	240	港、澳、台商投资股份有限公司
6220	股份有限公司(港澳台与境内合资、上市)	240	港、澳、台商投资股份有限公司
6230	股份有限公司(港澳台合资、未上市)	240	港、澳、台商投资股份有限公司
6240	股份有限公司(港澳台合资、上市)	240	港、澳、台商投资股份有限公司
6250	股份有限公司(港澳台与外国投资者合资、未上市)	240/340	港、澳、台商投资股份有限公司/外商投资股份有限公司
6260	股份有限公司(港澳台与外国投资者合资、上市)	240/340	港、澳、台商投资股份有限公司/外商投资股份有限公司
6290	其他	240	港、澳、台商投资股份有限公司

资料来源:国家统计局办公室《关于调整企业登记注册类型对照表的通知》(国统办字〔2011〕99号)附录。对其中的非法人组织、分支机构等有删节。

事实上,2019年通过的《外商投资法》已经朝着“做减法”的方向大踏步前进了。其中明确规定:外商投资企业的组织形式、组织机构及其活动准则,适用《公司法》《合伙企业法》等法律的规定(第31条);同时,为之前依照《中外合资经营企业法》《外资企业法》《中外合作经营企业法》设立的外商投资企业设定5年缓冲期,以继续保留原企业组织形式等,并授权国务院就缓冲期后此类企业转换组织形式制定具体实施办法(第42条)。

五、《公司法》上形繁实简的规定

与形简实繁相对的是形繁实简。在公司立法上不难找出这样的例子。

(一)有限公司小股东对外转让股权

在有限公司小股东向第三方转让股权的问题上,《公司法》(2018 年)第 71 条第 2 款如太极推手般行云流水,堪称绝妙。

> 股东向股东以外的人转让股权,应当经其他股东过半数同意。股东应就其股权转让事项书面通知其他股东征求同意,其他股东自接到书面通知之日起满 30 日未答复的,视为同意转让。其他股东半数以上不同意转让的,不同意的股东应当购买该转让的股权;不购买的,视为同意转让。

问题是,若拟购入股权的投资者见到该公司内部股东之间在诸如转让股份事件上即已如此大费周章,其是否还肯就范,义无反顾,凛然入瓮,以救人于水火?如果找不到愿意接盘的第三方,那么再精妙的制度设计恐怕也无法改变沦为摆设的宿命。

(二)职工权益保护

职工无疑是公司的重要的利益相关者。我国公司立法对此一直非常重视。《公司法》(2018 年)第 17 条、第 18 条分别据保护职工合法权益和组建工会、开展职工民主管理问题进行了规定。但如果细究起来,相关内容均可见于其他法律,因而未免繁复(见表 2)。同时,这两条(共 5 款)规定仅仅限于宣示立法者秉持的立场,对于实际操作指导指导不足,对于违反后如何救济、是否追责更是全未涉及,又未免失于过简。

表 2　覆盖《公司法》(2018 年)第 17 条、第 18 条的其他法律规定

《公司法》(2018 年)		《劳动法》(2018 年)	《劳动合同法》(2012 年)	《就业促进法》(2015 年)	《社会保险法》(2018 年)	《安全生产法》(2019 年)	《工会法》(2009 年)
第 17 条	公司必须保护职工的合法权益	第 4 条	第 4 条	第 8 条			
	依法与职工签订劳动合同	第 16 条	第 10 条				
	参加社会保险				第 12 条		
	加强劳动保护,实现安全生产	第 52 条				第 6 条	
	公司应当采用多种形式,加强公司职工的职业教育和岗位培训,提高职工素质	第 68 条					

续表

《公司法》(2018年)		《劳动法》(2018年)	《劳动合同法》(2012年)	《就业促进法》(2015年)	《社会保险法》(2018年)	《安全生产法》(2019年)	《工会法》(2009年)
第18条	公司职工依照《中华人民共和国工会法》组织工会,开展工会活动,维护职工合法权益						第10条
	公司应当为本公司工会提供必要的活动条件						第38条、第42条、第43条、第46条
	公司工会代表职工……依法与公司签订集体合同		第51条至第56条				
	公司……通过职工代表大会或者其他形式,实行民主管理						第35条
	公司研究决定……重大问题、制定重要的规章制度时,应当听取公司工会的意见,并通过职工代表大会或者其他形式听取职工的意见和建议						第38条

注:《工会法》第35条只提及了国有企业。

六、结语

基于前面的梳理,不难看出目前我国公司立法仍然存在繁简不当的问题。繁的方面,有些冗笔是因为单纯的立法技术不精,条文交互引证时缺乏前后呼应,导致内容重复。对此,在法律修订时可以通过文句调整加以解决,并无大碍。有些是因为现实情况发生了变化,法律文本却未能与时俱进,仍然拘泥于既有的语词(如股票)、理念(如重法人机构而轻个人的计划经济遗痕),[①]陈陈相因,导致法律规定与现实脱节,成为冗余。

① 《公司法》上类似的计划经济遗痕还有行政解散公司。参见李建伟:《公司法上的行政解散权存废论:基于立法解释的立场》,载陈洁主编:《商法规范的解释与适用》,社会科学文献出版社2013年版,第197页以下。

现实中，还有些“繁冗”现象并非由单一立法文本造成的，而是多种法律规定与法律实践叠加的结果，如实际企业登记中采取的公司类型。对此，需要结合企业实践加以评估，以判定其繁简是否得当。此外，还有一些“繁”的规定，或是出于法律应当有适当前瞻性的考虑而做出的规定，但因预设落空，或当事人遇事并不会选择适用，而沦为“僵尸条款”。对此类条文不应一概否定，但应当及时根据实践情况对其实效性加以评估。

再来说简的方面。法律是要适用以解决实际问题的。法律人类学家霍贝尔曾指出：“法律有牙齿，必要时会咬人，虽则并不时时使用。就像耶林所强调的：‘没有任何强力的法律徒有虚名。’他还带有诗意地说：‘没有强制的法律规则是不燃烧的火，不发亮的光。’”①强力之于法律如此，细节亦然。立法并非越简单越好。比如，法律中关于立法目的的宣示性条款、关于生效日期等的功能性条款，尽管通常不会在案件讼争中被援引，也不应被认定为是冗文。事实上，有时过于简略的法律规定，虽则“聊胜于无”，但也容易造成规制真空的局面，不得不倚赖下位法律文件来填补。因此，如无必要，法律不应以“简”为荣。

与伯顿提到的交通法规及禁毒法律都不相同，公司立法规范既非完全的构建式的，也非完全的禁止性规定，这决定了公司立法与公司实践的互动关系势必更为复杂。因此，在公司法的条文和制度设计上，一味地趋繁或者求简，都非妥适，②而应当追求一种该繁则繁、当简则简的“中道”。衡量此种“中道”、判断公司立法文本的繁简的妥当性的标准，不在文本自身的文字叙述是否完美，也不在于其是否经得起与异域的近似文本的比对，而在于本国的公司实践，在于公司法文本与其所欲规制的现实商业实践是否匹配。

① ［美］E. 霍贝尔：《原始人的法》，严存生等译，贵州人民出版社 1992 年版，第 23 页。

② 繁或简都可能是不及，也可能是过度。

股东会决议瑕疵制度检讨及改革方向①

王延川* 李倩琳**

摘要:公司结构导致特有的决议瑕疵现实。我国熟人公司不注重股东会决议程序。闭锁公司大股东兼任董事,大股东提案并通过表决的现象普遍。通过决议损害小股东利益的问题比较突出。现实问题给我国理论、立法与司法提出挑战。关于决议瑕疵的确认,我国奉行严格的违法性标准,并按照内容与程序瑕疵来区分瑕疵程度。这种设计较为形式化,不利于纠纷的现实解决。司法实践对此有所突破:损害性标准在个案中被运用;程序瑕疵不再仅仅引发决议撤销,如果被确认为具有重大瑕疵的决议,法院会确认无效。另外,针对微小程序瑕疵,法院不会对原告进行救济。在我国,决议无效的功能在于对股东利益保护,而非对公司适法决策的保障。虽然立法奉行决议无效二分法,但实践中二者的适用却存在交叉,并出现了决议不成立的裁判实例,虽然司法解释确立了决议不成立制度,但是判决理由并不统一,随意性较大。学界支持决议不成立之诉,但对其独立性研究不够深入。通过上述研究,针对我国决议瑕疵现状,本文提出修法建议如下:首先,确立董事会主导决议原则、决议尽量有效原则、决议无效限缩原则、违法性兼损害性原则、立法列举与概括结合原则。其次,在违法性标准以及内容与程序瑕疵区分的基础上,将决议瑕疵分为4个层次:重大瑕疵、一般瑕疵、微小瑕疵、可补救瑕疵。不同的瑕疵表现方式不同,效力也各异。

关键词:股东会决议 决议瑕疵 制度检视 制度改革

我国公司法沿用了传统的股东中心主义,许多重大的公司决策皆由股东会决定,股东会议成为公司利益争夺的主要“战场”。现实中的公司多为熟人公司与闭锁公司,公司结构的“非公开性”容易导致决议纠纷。本文以我国公司结构为出发点,对我国公司股东会决议(以下简称决议)瑕疵纠纷现实问题进行整理,对立法和司法上的不足进行归纳,结合我国既有的科学实践,为未来修法及司法裁判提供建议。

---

① 本文系国家社科基金《股东会决议的瑕疵确认与效力判定》(批准号:16BFX114)的阶段性成果。

* 法学博士,西北工业大学马克思主义学院教授,研究方向为民商法学。

** 西北工业大学人文与经法学院2017级学生。

一、公司结构与决议瑕疵

(一)公司结构

1.熟人公司

我国公司多为熟人之间的合作关系。熟人之间基于情感因素而成立公司,与理性人基于经济逻辑成立公司不同。对于熟人公司而言,股东会议有时仅仅是一个虚名,许多公司长时间不召开股东会会议。股东之间如果相处融洽,彼此通过私下商议决定公司事务。如果股东关系发生变化,股东会就成为损害股东利益的工具,比如,处分未参加会议股东的股权、无故罢免股东董事职务等现象非常普遍。为了达到损害股东利益的目的,在决议程序上通常会虚构股东会议,伪造股东签名。不通知股东、通知不进行充分信息披露、拒绝股东入场表决、拒绝股东质询、剥夺股东发言机会、会议记录补签名等也是实践中较为普遍的现象。由于熟人公司的章程简约,缺乏股东会议事规则,出现纠纷时,往往难以找到有效解决问题的依据。

2.闭锁公司

我国大部分公司属于闭锁公司。闭锁公司的股权比较集中,基本上存在控股股东,而且控股股东多兼任公司董事、法定代表人与经理。在实践中,股东会议案多为控股股东授意董事会所为,或者由股东董事直接提交。这样的议案体现的并非公司的利益,而是控股股东的利益。与此同时,议案中多包括对小股东利益的处分。在一则案例中,董事会提出的议案对于每个股东的增资比例都提前进行划定,剥夺了原告的新股认购权。①这个议案实质上是控股股东的意愿,而非独立的董事会的意愿,该决议基于股东表决权滥用而成为无效决议。虽然许多决议纠纷可以暂时通过司法救济解决,但是,集中股权结构不改变、独立的董事会缺位,决议纠纷问题就很难真正得到解决。

(二)股东会决议瑕疵现状

我国股东会决议瑕疵方面的问题比较多,可以从议案与程序两个方面说明。

1.议案存在的问题

(1)议案缺乏独立性

我国的股东会议案的主要问题是提案和表决都缺乏独立性,这也是股东会决议瑕疵出现的主要原因。关于公司的决策,应然的状态是,股东与董事身份相隔离,董事作为管理专家提出议案,股东作为出资者进行决议,这样可以实现资本与管理的分工与合作。但是在我国的公司决策中,主要是资本持有者发挥作用,管理者的作用难以真正体现。

股东会议案的问题在于:首先,议案通常由大股东事先设计好,然后交由董事会。由于大股东掌握着董事的聘任和解任,董事通常会按照大股东的授意行事。其次,议案表决缺乏独立性。公司大股东兼任董事,作为董事提出议案,作为股东又在股东会上表决,议案表决的公正性难以保障。

---

① 参见(2014)宁商终字第537号民事判决。

针对议案而产生的决议内容瑕疵,多为损害性瑕疵,属于表决权滥用的范畴。这些瑕疵并未违反法律、行政法规和章程,在我国现行法下难以得到有效救济。

(2)议案处分股东私权

我国股东会决议实践中常见两类案例:一是决议处分股东的私权,二是决议中伪造股东签名,二者经常结合在一起,前者为内容瑕疵,后者为程序瑕疵。最常见的处分股权方式是决议转让股权。① 议案的内容本应局限于公司事务,不得涉及股东个人事务,但是实践中许多公司议案内容包括处分股权,有的个案目的在于通过表决,省掉通知其他股东同意这一程序环节。现实中许多处分股东股权的情形是在股东不知情的状态下进行的,因此,一般会伴有不通知该股东参加会议,并且伪造该股东签名等情形。

2. 程序存在的问题

我国公司股东会决议程序存在如下问题。

第一,公司缺乏开会意识。在股东们看来,召开股东会议,一方面浪费人力、物力和时间,另一方面私下沟通比起开会而言更有效率。因此,许多公司根本不开会,如果需要变更工商登记,董事会就会伪造决议记录。

第二,许多公司股东会决议的目的不是解决公司的经营事务和股东之间的利益关系,而是为了应付上级主管和工商管理部门。比如,上市公司运行规范性是上级主管部门的审查对象,其中就包括股东会决议。公司法定代表人、资本、股东的变更登记也需要股东会决议。为了应付上述情况,公司通常会伪造股东会决议。

第三,决议程序规则简单。首先,我国公司法关于股东会议的程序规定比较简单,许多重要的程序,如股东的质询权与董事会的说明义务都没有规定。其次,公司章程多为网上下载的章程范本,纯粹为了工商登记之用,其中不会设计公司的决议规则。最后,大部分公司内部没有股东会议事规则,或者议事规则直接照抄公司法的相关规定。决议的程序规则简单,直接导致具体的决议过程常无章可循。

第四,公司股东会议的流程不规范。

(1)许多公司的会议召集程序存在明显瑕疵,召集权人并非董事会,而是由大股东、董事甚至经理提起。

(2)会议通知不规范。许多公司不进行书面通知,而只是电话或者其他口头通知。许多公司通知内容缺乏详细记载,甚至只通知开会,不告知会议决议内容。

(3)会议文本简略。正常的会议文本有会议通知记录、签署票、表决票、会议决议和会议记录,但是许多公司缺乏上述大部分文本。

(4)股东签署决议不规范。许多公司的表决票上只签署名称、表决意见,而表决时间通常会留白。许多公司并非在会议现场做好决议、签署票、表决票,并由股东当场签署,而是在会议后逐个送达股东、董事事后签署。决议的关键信息,如召集时间、开会时间,

---

① 参见(2009)朝民初字第12508号民事判决。

表决结果等,都是由董事会或者大股东填写。许多股东会决议由全体股东、董事一致同意,这在多数情况下都是代签和伪造签名的结果。

针对这种现状,需要确立以管理逻辑而非资本逻辑为指导的公司治理原则,加强董事会在决议中的主导作用。同时,确立多元与灵活的决议瑕疵确认标准,注重法院审查瑕疵决议的效率,最终实现决议稳定与股东救济的平衡。

二、股东会决议瑕疵确认:规范局限与检视

(一)决议瑕疵确认标准检视

1. 单一决议瑕疵确认标准

(1)严格的违法性标准

在我国,只有违反法律或者章程的决议才存在瑕疵。这种设计要求法律或者章程应该完善,如果不完善就会出现漏洞,即有些损害公司或者利害相关人的决议很难被认定为具有法律意义上的瑕疵,而只能是事实上的瑕疵,不得被法院宣告为无效。

违法性标准比较原则,可操作性较差,法官在适用法条时始终存在解释的问题。比如,股东会议的出席数法律没有规定,人数不足不得成为决议瑕疵的事由。利害相关人参加表决,在我国只有公司担保才有表决权回避的规定,这意味着担保决议中没有表决权回避就会产生决议可撤销问题,在其他决议中出现该情形时不得诉请法院介入审查。[①]开会时间和地点在法律上没有规定,如果章程也没有规定,开会时间和地点问题难以通过决议瑕疵来解决。

我国的章程文化未得彰显,也在一定程度上消解了决议瑕疵制度的作用。比如,我国将公司是否出借资金、担保和转投资交由章程规定,如果章程并未规定上述事由,出现损害公司利益的决议时,股东很难援引决议内容违反章程而要求撤销决议。

(2)不承认损害性标准

我国在股东会决议瑕疵方面采纳违法性标准,所以,针对那些单纯损害公司或股东利益的决议,法院一般不会介入审查。比如,公司之间的合并,如果被合并公司负债累累,合并后给合并公司带来损害,这种情形会被视为公司的经营判断,不能纳入司法审查行列中。如果决议稀释股东的股权,但由于该情形并非决议内容违法,股东不能诉请法院介入审查决议,股东只能请求其他股东损害赔偿。

当出现实质意义上的决议瑕疵时,大陆法系国家多通过表决权滥用来否定决议的效力。我国并未确立这样的概括性条款,实质意义上的决议瑕疵纠纷很难得到解决。

2. 决议瑕疵确认标准立法简约

(1)违法性所指“法律”不清

就现行立法而言,违法性所指的“法律”不够明确,给司法实践造成困扰。在一则案

① 但是,在一则案例中,股东为了解除未出资股东的资格召开股东会议,决议作出后,未参与表决权的股东要求法院宣告决议无效,原因是自己的表决权未得行使,但是法院认为未出资股东应该回避表决。参见(2014)黄浦民二(商)初字第589号民事判决。

例中,[1]法院认为,按照《公司法》第22条第1款确认股东会决议无效时,依据必须是违反了法律或者行政法规。而《上市公司股东大会规范意见》是由证监会制定和发布的,仅属规范性文件,不属于法律或行政法规的范畴,因此不能作为确认股东会决议的依据。但是,这里的法律专指强制性法律还是包括任意性法律,强制性法律里面是否区分管理性与效力性规范也不清楚。

(2)忽视决议过程与程序规则

关于立法上对决议瑕疵事由的规定,目前存在的问题有两点。第一,轻视决议过程。议事瑕疵并非"召集方式瑕疵"所能涵盖,而表决瑕疵也并非"表决方式瑕疵"所能涵盖,而公司法只涵盖决议程序中的召集与表决程序,忽视了决议过程。比如,我国未规定股东质询权与董事会的说明义务,使得股东难以有效行使表决权。第二,对于程序的关注度不够。比如,严重违反法定程序的决议只能诉请撤销,[2]而决议内容轻度违法便可以主张无效。有学者对此进行批评,建议将"决议过程严重违反既定程序"作为决议无效的原因之一。[3]

3. 决议瑕疵区分标准简略

国外一般对决议瑕疵进行区分处理,具体分为重大瑕疵、一般瑕疵与微小瑕疵。比如,德国立法上规定了重大瑕疵,司法上认定为无效,日本、韩国将重大程序瑕疵规定为不成立。英国、日本、韩国等规定了微小瑕疵裁量驳回制度,限定了法院对案件的介入审查。

我国的股东会决议瑕疵的层次过于单一,未进行细致区分。

首先,我国立法中区分内容瑕疵与程序瑕疵,前者比后者的瑕疵严重性更大,所以前者无效,后者可撤销。这种区分的非合理性前文已有讨论,这里不再赘述。

其次,程序瑕疵并未再区分,即不承认程序瑕疵中有重大、一般与微小的差别,一律属于可撤销事由。比如,立法上对决议的召集与通知瑕疵没有区分。召集是启动股东会议的行为,如果出现瑕疵,损害更为严重。通知只涉及股东利益,如果出现瑕疵,损害稍小。所以,无召集权人召集的股东会议所作决议自始不发生效力。[4] 不通知股东所作决议自宣告之日不发生效力。另外,别的国家与地区对于故意不通知股东与遗漏不通知股东也进行区分,前者属决议无效情形,后者属决议可撤销情形。但是,这些区分在我国立法中均未表现。

最后,立法中缺乏程序微小瑕疵裁量驳回制度,使法院还需介入不必救济的微小损害。

---

① 参见(2002)沪一中民三(商)终字第16号民事判决。

② 陈淳教授列举了有决无议、没有回避、计票方法严重违反既定程序等情形。参见陈醇:《意思形成与意思表示的区别:决议的独立性初探》,载《比较研究法》2008年第6期。

③ 参见陈醇:《意思形成与意思表示的区别:决议的独立性初探》,载《比较研究法》2008年第6期。

④ 针对无召集权人召集股东会议形成的决议,德国立法上规定为决议无效,日本法院认为决议不成立。

（二）司法实践对决议瑕疵确认的突破

按照我国现行法律规定，法院在认定决议瑕疵时，审查的内容应该是决议是否违反法律、行政法规或者章程，但是，司法实践却出现了突破，一些判决中开始适用损害性作为认定的依据。

1. 损害性标准的运用

案例 1

在一则案例中，①针对大股东的损害行为，原告主张决议无效。法院认为，公司在经营管理上具有相当的自主性，法律不能进行过多限制。对于大股东的损害行为，原告无法举证。法院判决决议有效。二审维持原审判决。

案例评析

在本案中，法院严格适用决议内容是否违反法律或者章程来认定决议瑕疵，虽然提及决议对股东的损害，但是，法院最后还是以公司经营判断为由维持决议的效力，未以损害为由否定决议的效力。本案中，为了获得胜诉，原告可以考虑采取"两步走"策略：首先，起诉大股东表决权滥用损害公司与自己的利益；其次，再以决议内容违反法律，即违反《公司法》第 20 条第 2 款为由，要求法院宣告决议无效。

案例 2

在一则案例中，②公司股东大会临时会议上通过了多项决议。其中最为主要的决议内容为：公司不再从事现有的反病毒业务，而改为从事投资业务，同时变更公司名称。公司将品牌价值以及营业资产等重大权益转让给赞成决议的股东出资设立的两家公司。一审原告对决议投反对票。决议作出后，一审原告请求撤销该股东会决议。

一审法院确认该决议无效。法院认为，股东以决议并修改公司章程的合法形式，为自己利益，滥用股东权利，损害了公司与其他股东的合法权益，该部分内容有违公平、合法原则，依法应当确认无效。

二审法院认为，决议内容并未违反法律、行政法规定，且该决议符合资本多数决原则，应为有效。③

案例评析

一审法院适用了损害性标准认定决议效力。股东设立新公司与公司进行关联交易，而且通过设立相同商号的公司，将公司的品牌价值和技术等转移到新设公司名下。这些都给公司造成实质损害，并且间接损害了异议股东的利益。法院未按原告撤销决议的诉讼请求，直接确认决议无效。

---

① 参见（2009）一中民终字第 5995 号民事判决。

② 参见（2008）海民初字第 21078 号民事判决、（2009）一中民终字第 7749 号民事判决。

③ 二审法院在判决中指出："公司是社团性利益组织，受到资本多数决的限制，其他人不能恣意去评论公司按照资本多数决做出的决议正确与否、是否对公司是最有利的。"这句相似的话由英国 Foss V. Harbottle 案主审法官讲述过。

二审法院适用了违法性标准来认定决议的效力。法院对决议是否给公司与股东造成损害并没有进行深入分析,而运用资本多数决与商业判断等概念认为决议属于公司自治事项。更为主要的是,决议内容从形式上并未违反法律、行政法规与章程的规定。基于这两点考虑,认定决议有效。

该案是司法实践中的重大突破。一审法院以损害公司与股东利益为依据对决议进行否定评价,是对决议违法性标准的超越。二审法院虽然以决议内容不违反法律为由改判,但是也考虑到决议的损害性,最后认为没有充分的证据证明决议的损害性,未能否定决议的效力。

第一,决议损害了公司与股东的利益。本案需要考察股东会决议是否实质损害了公司与股东的利益,使公司与股东的利益难以从其他渠道得到救济。本案决议的确已经损害到了公司与原告的利益,这是一审法院判决决议无效的主要原因。因为品牌价值在公司的整体价值评估中非常重要,公司通过变更经营范围与公司名称,事实上蒸发了公司的品牌价值,使公司的利益受损,进而使一审原告股东的利益也受到损害。① 同时,通过股东会决议,变相地将原告清理出去,所以这种行为名为公司的经营判断,实质上却是损害股东利益的行为。

第二,决议从表面上看属于公司的经营判断,实质上符合大股东表决权滥用情形。公司的经营范围与名称变更本来属于很正常的公司经营判断,因为随着市场和公司本身的变化,公司的经营业务应该跟着一起调整。但是,本案要考虑两个问题:(1)公司是否已经不能从既有的行业经营中获取利润,或者是否能从变更后的行业中获取更多利润。就本案来看,公司并未举出有力证据来证明这一点。(2)决议中是否单方面提升了大股东的利益,而并没有让公司获益。本案中,决议涉及关联交易,即将公司的优质资产转移到大股东们开设的新公司,却没有支付应有的对价。这属于典型的股东滥用表决权损害公司利益的行为。

第三,虽然大股东滥用表决权损害了公司的利益,但是,由于我国《公司法》在决议瑕疵确认方面奉行的是违法性标准,所以,不得直接适用第22条的规定诉请法院确认决议无效。如果原告先依《公司法》第20条和第21条,起诉大股东滥用股东权利并进行关联交易,可以要求其进行损害赔偿。能否在此基础上请求法院确认决议无效,涉及对《公司法》第20条和第21条是否属于违法性标准中所谓的法律进行判断。

案例3

在一则案例中,②持股80%的大股东,先后通过增资和减资等三次决议,从公司退出。这意味着此大股东之妻(原告)与其离婚时将不能从公司股权中分得任何利益。一审法院和二审法院都认定三次决议的目的在于剥离丈夫的股权,从而损害了其妻的合法

① 需要注意的是,在二审时,原告提出了一审原告从事竞业经营以及诋毁原公司的证据,这些证据可能促使二审法院改变下级法院的判决。

② 参见(2008)慈民二初字第2949号民事判决、(2009)浙甬商终字第517号民事判决。

权益,决议违反法律规定而无效。

案例评析

第一,法院以损害性标准为认定决议瑕疵的依据,是对违法性标准的突破。在该案中,增资和减资属于公司的经营判断,股东是否认购新股或者出售股权给公司也是股东的权利。决议形式上符合法律规定。法院为了寻求突破,依侵权损害的思路理解决议内容,认为决议实质上侵害原告的利益。尤其是二审法院,根本没有明确适用的法律,只是认为三个股东会决议损害了原告的合法权益,应认定无效。

第二,该案适用法律不恰当。法院以诚信原则为裁判指南,说明法官意识到现行公司法难以对原告实施救济,采取了"迂回"策略。用恶意串通损害第三人利益来认定决议无效,采取这个路径的理由是认定决议为法律行为,适用《民法通则》的"恶意损害"条款。① 但是,适用法律明显不当。

第三,本案不应当认定决议无效。本案决议的程序和内容均未违反法律、行政法规与章程,应该为有效。丈夫借助决议损害了妻子的利益,妻子可以通过婚姻法律关系寻求损害赔偿,不应寻求公司法上的救济,要求认定决议无效。妻子的救济请求人应是丈夫,而非丈夫所在的公司。另外,妻子本身不属于公司股东,难以原告身份进行起诉。

小结

关于决议瑕疵的确认,目前法院的态度比较保守,主要是囿于立法的明确规定。我国司法审判坚持"依法审判",这里的法主要指立法和司法解释,这让决议损害难以成为法院审查的对象。国外及地区司法实践中创设了表决权滥用作为损害性标准适用的依据,扩大了决议瑕疵适用范围。我国《公司法》第 20 条第 2 款是否可以成为相同的依据?在上述丈夫通过决议损害妻子利益案件中,法院审查决议的依据为决议对股权的损害,而并非表决权的滥用。所以,表决权滥用目前在我国司法实践中基本上没有被认可。

2."违法"却未损害公司及利害相关人利益的决议效力

我国立法采违法性作为决议瑕疵确认的标准,但是,当出现违反法律规定却没有给公司或者其他利害相关人造成损害的决议时,司法实践中依然会将该决议认定为无效。

案例 1

在一则案例中,②公司通过全体股东一致同意的决议,将公司的 3 套居住房分配给了 3 个股东,同时要求 3 个股东负担与房屋价格相同的公司债务。其中一名股东诉请法院判令决议无效。法院以未经提取公积金之前分配红利属于违反公司法规定而判决决议无效。

案例评析

第一,本案不属于公司分配红利行为,自然不应适用公司提取公积金的规定,所以本

---

① 参见《民法通则》第 4 条、第 58 条第 1 款第 4 项。

② 参见(2014)金民初字第 146 号民事判决。

案适用法律错误。本案属于公司抽回出资的行为,为了实现这个目的,公司应该履行减资程序,通知债权人参与减资过程。但是,严格履行减资程序让债权人介入,在一定程度上会阻碍减资的进行,因此,私分公司资产并未通知债权人,属于程序上违反法律的行为。

第二,本案是公司为了规避债务或者未来债务作出的变通行为。关于分配公司财产的决议,如果损害债权人的利益,即使全体股东一致同意而作出决议,也存在法院介入审查的问题。如果不损害债权人的利益,即使分配公司财产与相关法律相违背,但是由于全体股东一致同意,应属有效决议。

第三,如果全体股东一致同意而作出决议,按照禁反言规则,不可能有股东起诉,所以,难以产生股东会决议无效或者可撤销的情形。

本案中,公司股东全体一致对于公司的财产进行分割,一方面,虽然未经公司减资或者解散程序而违反法律的规定,但是不存在决议内容违反法律的问题;另一方面,不存在由于决议而受到损害的利害相关人。

全体股东一致同意属于合同机制,而非公司法机制。全体股东一致同意甚至可以解散公司,何况对公司财产的分配。所以,全体一致对财产分配并不存在违法问题。但是,决议不能成为损害债权人利益的工具,如果公司存在债权人,尤其是公司资产不足以清偿债务时,全体一致决议属于无效。债权人可以诉请法院确认决议无效。当然,股东也可以主张决议无效。

本案表明,即使公司的决议违法,但是如果没有损害股东和债权人利益,并没有必要宣告决议无效。本案正确的处理方法是裁定驳回起诉。

案例2

在一个案例中,①公司召开股东会议,作两项决议:第一,以给员工发福利为名,给每个股东发放补偿款40万元,总额超过了注册资本额;第二,解散公司。持异议的两位股东甲(14.54%)、乙(13.38%)诉至法院,请求确认决议无效。庭审中,公司认为发放的40万元补偿款属于福利,而非分红。法院另查明,公司每年均按出资比例进行分红。

一审法院认为补偿款为员工性福利,决议有效。二审法院认为决议内容违法而无效。② 首先,该款项并非福利性质,因为发放的对象为股东而非职工,而且数额巨大。其次,按照《公司法》第167条的规定,公司应该提取法定公积金,并且弥补亏损后再分配红利,关于这些,公司并没有证据证明。

案例评析

第一,本案核心的问题是补偿款发放的性质。二审法院将补偿款发放视为分红,因为《公司法》第167条针对的是分红,二审法院认为公司未有证据证明事先已经提取公积金却进行分红。事实上该决议不属于分红行为,每个股东分配40万元很难被认定为分

① 参见(2013)包民二初字第01184号民事判决、(2014)合民二终字第00036号民事判决。

② 法院运用的法条是《公司法》第20条、第22条、第35条和第167条。

红。因为分红是从公司盈余中所产生，从案情来看，这笔款项如此之大，不可能是从公司本年度盈余中产生的分红。如果不属于分红行为，也就不存在提取公积金的问题了。

同时，补偿款也不属于抽逃出资，因为抽逃出资是指非经公司决议的抽资行为，而且主要是指可能损害到其他股东和债权人利益的行为。但是在该案中，分配公司资产是公司的意志，而并非股东的单个行为。另外，发放补偿款也不属于剩余财产的分配，因为发放补偿款后才进行公司解散。

第二，既然补偿款发放属于公司资产的分配，接着要看其是否违反法律或者损害利害相关人的利益。

首先，补偿款发放属于公司资产的分配，公司将多余的资产在股东之间进行分配并未受到法律禁止，因此，决议内容并不违反法律。

其次，补偿款的发放是否损害到利害相关人的利益。(1)不得损害债权人的利益。本案中公司是否负债，或者剩余资产是否不足清偿公司债务，这一切并没有说明。如果公司资产充足，足以保证债权人利益的保护，是否分配公司资产属于公司的经营判断。(2)不得损害股东的利益。公司的资产去掉其他优先需要支付的数额之外，其他的都属于全体股东所有，而这些资产的分配除非全体一致同意，一般应该按照每个股东的股权比例进行分配。在本案中，两名原告所占的股权比例比其他许多股东要大，而均分补偿款等于将本应分给原告的资产分给其他股东，损害了原告的利益。虽然《公司法》规定了分红和剩余财产分配应该按照出资比例分配，但并未规定公司分配财产应该按照什么比例进行，所以，决议内容很难说违反了法律规定，但是却损害到了股东利益，股东要求决议无效应该得到支持。

据此，本案决议虽然可以判定为无效，但是并非违法分红，而是决议损害了原告股东的利益。

3. 重大程序瑕疵(剥夺表决权)导致决议无效

司法实践中，法院认可重大程序瑕疵概念，并将具有该种瑕疵的决议判定为无效。

在一则案例中，①法院以保护公民合法财产权为由否定了公司剥夺原告股东权的股东会决议效力，而不是仅仅看该决议是否依法作出。

在一则案例中，②法院认为董事会不通知股东参会，实际上是为了剥夺股东的表决权和选择管理者的权利，虽然适用决议撤销之诉，但实际上却认定决议无效。

在一则案例中，③法院认为公司召开股东会时，如果没有履行通知义务而导致股东权利行使受到影响，决议无效。

在一则案例中，④公司趁公司股东与法定代表人林某某被刑事羁押期间，召开股东会

① 参见(2007)横民初字第468号民事判决。

② 参见(2005)穗中法民二终字第1626号民事判决。

③ 参见(2009)卢民二(商)初字第370号民事判决。

④ 参见(2005)穗中法民二终字第1626号民事判决。

议并作出决议,免去原告公司董事长(法人代表)职务。同日,公司作出与该股东会决议内容一致的董事会决议。后公司向工商机关申请变更登记并获核准。原告以其股东权益被侵害为由诉至法院,请求撤销股东会决议和董事会决议。法院依照公司法判决撤销股东会与董事会决议。但是本案中,有的法官却认为,公司的行为属于滥用资本多数决的行为,其目的是剥夺原告对公司的经营管理权限,取得公司的控制权。股东会与董事会决议因违反禁止权利滥用和诚实信用原则,属于违反强行法规定的行为,应认定决议无效。①

上述案件中的决议瑕疵均不属于决议内容瑕疵,因此按照公司法现行规定,不能适用决议无效规定。剥夺表决权属于对股东固有权的侵害,从比较法角度来看属于重大程序瑕疵,法院将其判定为无效,符合国际惯常做法,值得肯定。

(三)立法修正方向

由于我国决议瑕疵的适用范围狭窄,难以解决现实中的许多问题,司法实践对立法体例已经有所超越,而是采用了更加灵活的处理态度。但是,这些处理态度也存在值得商榷之处:有些案件的判定过于保守,有些则过于灵活,保守和灵活的处理都让当事人对于案件的处理结果难以产生明确的预期。所以,在立法上对决议瑕疵确认进行更新势在必行。

1.确立违法性兼损害性标准

违法性注重决议过程与结果的正当性,其已经得到立法的认可。但是,决议结果的正确性一直被忽略。正确性注重决议是否给公司和相关人带来损害。有损害不一定违法,而违法一般会产生损害,可见决议违法的外延比决议损害的外延小。这等于限定了决议瑕疵的范围。我国章程文化未得彰显,因此,违反章程而撤销决议的案件也非常之少。所以,需要在未来立法中增加损害性标准,以补充违法性标准的不足,以扩大决议瑕疵的适用范围。

决议结果出现某种利益失衡状况,即对部分股东过分有利而对部分股东过分不利,同时该失衡状况并非为了公司利益提升,而只是让部分股东的利益提升时,法院就应该对决议的正确性进行审查。由于这些决议内容并未违反法律,这就需要借助于表决权滥用制度来让法院的介入具有正当性。股东滥用表决权,损害公司或股东利益,造成不公正结果的,决议可撤销;情节严重的,决议无效。②

但是,通过损害性条款解决决议瑕疵范围扩张问题,是否会导致司法的权力扩张,并且加重法官的审查成本呢?实践中许多法官已经超越了简单的违法性标准,以损害性对决议瑕疵进行确认。这种做法的后果是:一方面,司法机关基于决议造成损害扩大了对

---

① 参见罗越明、卫东亮:《股东滥用资本多数决所作股东会决议无效》,载中国民商法律网:http://www.civillaw.com.cn/article/default.asp?id=31607,最后访问日期:2020年6月19日。

② 我国《公司法》第20条可以作为表决权滥用的依据,与损害结果结合而成为法院审查股东会决议的标准。

公司事务的介入程度；另一方面，也放弃了对纯粹违法决议的司法审查，这是回归决议瑕疵确认本源的做法。即使在一定意义上扩大司法权力，这种扩张依然具有正当性。至于是否会加大法院的审查成本，不能一概而论。首先，比起不能充分解决现实问题而言，司法成本的加大是可以被容忍的；其次，在审查决议是否违反法律方面，同样需要付出相当的司法审查成本。

2. 确立重大程序瑕疵决议无效制度

我国实践中大多数决议瑕疵表现为公司故意侵害小股东利益，同时决议中存在程序和内容上的重大瑕疵。比如，通过决议处分股东的股权或剥夺股东优先认购权等。决议多在不召集股东会议、不通知股东的情况下进行，然后决议通常在伪造股东签名中形成。这些决议瑕疵并非内容瑕疵，按照现行立法难以妥善解决。目前，实践中法院为了解决问题，也在“规避”现行立法，从一个侧面说明重大决议瑕疵导致决议无效具有可行性。未来在立法中应该确立重大程序瑕疵决议无效制度。

3. 细化微小瑕疵决议裁量驳回制度

我国借鉴东亚地区的微小瑕疵制度，并规定于最高人民法院《关于适用〈中华人民共和国公司法〉若干问题的规定（四）》（以下简称《公司法司法解释四》）中。[①] 微小瑕疵属于决议程序违反法律的情形，但由于损害程度太小，司法机关不会介入这些瑕疵决议，而是会驳回原告的诉讼请求。法院裁量是否介入的标准如下：

第一，要限定微小瑕疵适用的情形。日本将微小瑕疵限定于只能针对程序瑕疵中的召集程序和表决方式违反法律与章程的情形，不适用于内容瑕疵与明显不公正瑕疵。如果决议瑕疵严重性不再拘泥于程序与内容的区分，那么，微小瑕疵也适用于内容瑕疵之中。

第二，要结合股东所持股权比例和公司损害股东的主观情况进行判断，即股东所持股权比例较小；公司并非故意损害小股东利益。比如，原告股东未被通知参加会议，如果股东所持股权比例微小，参加会议并投反对票也不会影响决议通过，法官可以驳回其起诉。同时还要审查，股东受到损害是否因为公司故意为之，比如，股东未收到会议通知。如果公司故意不通知该股东，致使股东难以行使其表决权，应不属于微小瑕疵，法院不得驳回股东的诉请。

三、瑕疵决议的无效：问题与纠错

（一）瑕疵决议无效的功能

关于我国瑕疵决议无效的功能，存在股东私益救济与公司公益救济的争议。有学者认为决议无效的功能在于对股东私益救济。[②] 我国立法对决议判决的对世效力未明确规定，同时将瑕疵决议无效的原告限定为股东，这说明我国立法上并未确立公司公益救济

---

① 有学者反对借鉴微小瑕疵裁量驳回制度，理由之一是对瑕疵的程度是否轻微及能否容忍，有时标准和限度难以把握，不同人会有不同的见解。参见彭春莲：《股东权利救济机制研究——以司法救济为视角》，法律出版社 2010 年版，第 148 页。

② 参见丁勇：《股东大会决议撤销之诉功能反思》，载《法学》2013 年第 7 期。

的理念。

在司法实践中,法院认为决议无效诉讼的原告以股东为限,且原告起诉资格以其决议时具备股东资格为准。在一则案例中,①原告申请股东会决议无效,法院认为,原告在公司成立后有出资,但并非公司股东,故其不具备原告资格,无权要求确认股东会决议无效。因此裁定驳回原告起诉。该案中原告与决议之间具有诉讼利益,却不能作为原告。在另一则案例中,②原告要求法院宣告公司无偿转让著作权的决议无效,虽然原告在决议时不具有股东资格,但是在诉讼时具备股东资格,法院以原告决议时不具备股东资格,不具有原告起诉资格为由,驳回了原告的起诉。该案的问题在于:首先,决议无效诉讼没有对原告资格进行限制,原告作为隐名股东,属于一般所理解的利害相关人,具有诉讼利益,应当具有原告资格。其次,法院比照决议撤销的法律规定,只有股东才可以要求撤销决议,法律也并没有限制起诉人必须在决议时具备股东资格。

但是,原告资格限定也有例外。在一则案例中,③股东通过三次决议从公司彻底退出,妻子要求宣告决议无效。法院认为,我国法律对撤销决议原告限定为股东,而对请求宣告股东会决议无效的原告资格未作限制,因此,任何善意股东及其有利害关系的人都充当原告。原告虽然不是公司的股东,但是,其与公司股东会决议结果有法律上的利害关系,故有权要求法院介入审查。

司法实践中对原告与被告的资格均有严格认定。首先,原告的资格限定太严,一般只能是股东,即使在决议无效中也同样要求。而且要求原告应该在决议时具备股东资格。没有将原告资格扩张于公司其他股东、董事和监事。其次,被告除了公司之外,一般都包括股东,④这里面的逻辑是,虽然形式上损害股东利益的是公司,但实质上对原告股东造成损害的是其他股东。由此看出,我国决议可撤销与无效诉讼主要的目的还是在于救济受到损害的股东或者第三人,而且基础是侵权理论,并没有贯彻决议适法与公益救济的理念。

(二)瑕疵决议无效的体例

1. 立法体例

按照我国公司法规定,股东会决议瑕疵效力采二分法体例,即决议无效与可撤销,其中前者主要解决内容瑕疵问题,而后者主要解决程序瑕疵问题。在此基础上,我国瑕疵决议效力体例为:(1)决议内容违反法律、行政法规者,决议无效;(2)决议内容违反章程,决议可撤销;(3)召集程序与表决方式违反法律、行政法规,决议可撤销;(4)召集程序与表决方式违反章程,决议可撤销。

---

① 参见(2009)昆民五终字第42号民事裁定。

② 参见(2008)一中民终字第14864号民事裁定。

③ 参见(2008)慈民二初字第2949号民事判决、(2009)浙甬商终字第517号民事判决。

④ 股东在案件中被列为被告,参见(2002)玄经初字第239号民事判决。股东与公司被列为共同被告,参见(2008)一中民终字第13022号民事判决。

2. 司法突破

虽然公司法对决议瑕疵的产生方式有规定,但由于这些规定过于抽象,具体的情形比较难以认定。由于导致决议撤销与无效之间的情形并非那么清晰,法院多会按照实际情况灵活处理,对于同一性质的事由属于无效或者可撤销存在裁判不一致的结果。

(1)内容违反法律或章程决议无效

在一则案例中,①公司章程规定,公司作合并、分立、变更形式、解散和清算决议时须得到全体股东一致同意,原告股东并未同意决议内容。该案本应以决议内容违反章程为由而撤销决议,但是,法院却以决议损害股东合法权利为由,判决该决议无效。

(2)重大程序瑕疵决议无效

在我国,立法以程序与内容瑕疵来区分决议可撤销与无效,但是,在司法实践中,出现了大量程序上瑕疵的决议被判定为无效的情形。

在一则案例中,②法院认为,公司有以非章程规定的形式召开股东会的习惯,如果没有证据证明其履行了通知程序,股东会决议无效。

在一则案例中,③法院认为,公司召开股东会议却未通知股东,致使其权利行使受到影响,该股东会决议无效。

关于重大程序瑕疵决议无效的例子,最为典型的莫过于法院对伪造股东签名的决议一般判决无效。这种例子前文已有列举,这里不再赘述。

虽然瑕疵决议效力有立法上的明确规定,但是司法实践中却并未严格按照这种划分标准,这说明该种划分标准并不科学,有未来修正的必要。修正的方向是从司法实践中存在的问题入手,提炼出科学的适用标准。

3. 瑕疵决议效力的司法扩张:决议不成立

(1)司法实践

虽然我国立法中并未确立决议不成立之诉,但很早就在司法实践中出现了决议不成立的适用情形。我国《公司法司法解释四》规定了决议不成立制度,目前决议不成立主要表现为虚开股东会以及伪造股东会决议,也存在无召集权人召集股东会议而形成的决议。但是,适用情形并不统一,比如,针对未召开股东会议而虚构股东会决议的情形,有的法院判决为决议无效,有的法院判决为决议不成立。针对无召集权人召集股东会议而形成的决议,有的法院判决为决议不成立,有的法院判决为决议撤销。

第一,虚构的股东会决议不成立。

在一则案例中,④虚构的股东会决议被判定为不成立。⑤ 法院认为,公司股东实际参

① 参见(2011)普民二(商)初字第308号民事判决。

② 参见(2006)沪二中民五(商)初字第81号民事判决。

③ 参见(2009)卢民二(商)初字第370号民事判决。

④ 参见《中华人民共和国最高人民法院公报》2007年第9期。

⑤ 在对案情进行分析过程中,法院一直认为该决议为无效,但在判决时却定为决议不成立。

与股东会议并作出真实意思表示,是股东会议及其决议有效的必要条件。本案中,虽然被告股东享有公司绝对多数的表决权,但并不意味着该股东利用控制公司便利作出的个人决策过程就等同于召开了股东会议,也不意味着股东个人的意志即可代替股东会决议的效力。根据本案事实,不能认定公司召开了股东会议,更不能认定就该次会议形成了真实有效的股东会决议。法院最后判决被告公司股东会决议不成立。①

在一则案例中,②一审与二审法院对于虚开股东会会议的决议均认定为不成立。股东虚构股东会决议的原因,是因为股东会对于股东之间的股权转让本不应该进行决议,但是为了实现股权变更登记,需要虚开股东会会议并伪造股东会决议。

第二,虚开股东会议形成的决议无效。

在一则案例中,③公司股东会作出决议:股东甲将出资转让给股东乙。但是,后来证实股东甲与原告股东并未出席股东会会议,也就意味着公司并未召开股东会议,只是股东乙假冒了一份股东会决议而已。原告诉至法院,要求确认此次股东会决议无效。股东乙答辩称:其一,决议中存在伪造原告签名的问题,原告应该提起决议撤销之诉;其二,股东之间转让股权已经被法院判决所确认,意味着决议事项不存在违法行为。

一审法院认为股东会决议有效。原因是对于股东签名的伪造属于表决方式方面的瑕疵,因此,原告可以要求撤销决议,但由于除斥期间经过,丧失了起诉权。

二审法院撤销了一审法院的判决,并判决股东会决议无效。法院认为,股东会并未召开,故决议非属三方股东签字或盖章而作出的意思表示,该股东会决议应属无效。另外,认为原告签名不真实属于会议召集程序和表决方式上的瑕疵有误,应予纠正。

这个案例的思路又回到了《民法通则》第55条上,将决议的核心仍然集中在意思表示上,既然意思表示不真实,那么决议自然无效。但是,如果股东没有参加股东会会议,应不存在意思表示不真实的问题。

在一则案例中,④公司通知股东召开股东会议,由于其他原因会议没有召开,公司就临时口头通知将股东大会延期,依然沿用之前的通知。公司没有通知原告参加会议。公司向原告送达股东会决议,决议内容为:①免去原告董事职务;②将原告持有的激励股份归公司所有;③解除原告与公司劳动合同关系。

原告诉请法院宣告股东会决议无效。法院认为,公司无法证明存在股东会决议,因此确认公司决议无效。

---

① 法院判决的依据是《民法通则》第57条,修订前《公司法》第35条第2款、第37条、第39条、第40条、第41条、第43条、第44条,最高人民法院《关于适用〈公司法〉若干问题的规定(一)》第1条之规定。

② 参见(2009)龙民初字第660号民事判决、(2010)安民三终字第469号民事判决。

③ 参见(2011)朝民初字第06917号民事判决、(2011)二中民终字第12114号民事判决。

④ 参见(2009)朝民初字第12508号民事判决。

第三，召集程序有瑕疵的决议不成立。

在一则案例中，①公司通过修改关于经营地址和营业期限的章程规定。后来查明决议记录中股东签名处原告股东(持股10%)的签名系另一名股东(持股80%)伪造。一审法院认为，虽然存在股东会决议，但是由于会议的召集程序不合法，决议并未成立，当然不发生法律效力。二审法院认为，公司未有召集和真实召开股东会的事实，并未形成公司法意义上的股东会决议。

第四，召集程序有瑕疵的决议可撤销。

在一则案例中，②非董事会召集的临时股东会构成程序瑕疵。按照域外法经验，该决议本应属于不成立情形，却被判决为决议可撤销。

第五，不存在股东会决议可以被默认为有效决议。

在一则案例中，③公司并未召开股东会议，而是由法定代表人伪造股东会决议。原告诉请法院，要求宣告股东会决议无效。法院认为，公司股东伪造公司决议并经登记的，其他股东明知伪造决议的事实，却长期不提异议，应视为默示追认，不能请求确认决议无效。法院还认为，增资属于公司内部事务，该案虽然因股东未参加决议而认购增加注册资本份额，但并不涉及违法问题，所以，不得宣告股东会决议无效。由于除斥期间经过，也不得诉请决议撤销。法院驳回了股东要求宣告股东会决议无效的诉请。

法院认定决议不成立，只是该决议被默示追认后有效。但问题在于不存在的决议怎么能够默认成为有效的呢？如果事后明确追认可以视为有效，默示是否也可以被视为有效？如果默示后又以自己没有明确表示反对而主张决议不成立，就会破坏股东会决议的稳定性与第三人的利益。

第六，伪造股东会决议不属于决议，法院驳回诉请。

在一则案例中，④股东召开股东会会议，并未形成股东会决议。后来原告股东收到另一名股东寄来的股东会决议一份，决议罢免原告股东的董事和法定代表人资格，有其他股东签名，却没有原告股东及其委托代理人的签名。原告股东诉请法院宣告该决议无效。

一审法院认为，股东会决议侵犯了原告股东的合法权益，也违反了公司法关于股东表决权的强制性规定，故该决议无效。二审法院认为，股东自行作出的决议不具有股东会决议的构成要件，不是股东会决议，故判决撤销原判，驳回原告诉讼请求。

一审法院还是从公司法既有的决议无效与撤销的思路来认定决议的效力，但是该决议内容并无违法之处，因此，只能笼统地认为决议违反法律的强制性规定而无效，认定证据不足，适用法律错误。二审法院的理解非常准确，即伪造的决议不属于决议，不属于无

① 参见(2013)沪一中民四(商)终字第1210号民事判决。

② 参见(2012)沪一中民四(商)终字第633号民事判决。

③ 参见(2008)淮民二初字第0361号民事判决、(2009)淮中民二终字第0083号民事判决。

④ 参见(2014)黔东民商终字第2号民事判决。

效情形,既然公司法上没有确立决议不成立之诉,所以,原告的诉讼请求得不到支持。

(2)学者的观点

关于瑕疵决议效力的类型,我国学者基本上认同三分法,即在决议可撤销与决议无效之外,承认决议不成立这种类型。①

有学者认为,承认决议不成立是法律行为说的必然结果。② 三分法通过导入法律行为原理,将股东会决议的成立与有效分为两个不同的问题,理性地克服了二分法的局限,同时摆脱了二分法形式主义的泥潭。③ 这种观点认为,决议不成立发生于两种情形:④第一,股东会不具备决议能力或者资格;第二,股东会决议欠缺成立要件。前者是指股东会召集程序出现瑕疵,主要包括无召集权人召集的股东会、完全无开会事实的股东会、对全部股东没有发出召集通知等。后者是指股东会决议的表决权数未达到法律规定的要求。

(3)司法部门的意见

司法部门专家的意见是继续维持瑕疵决议效力的二分法,不主张确立决议不成立之诉。由最高人民法院领导牵头撰写的著作中,关于决议不成立与无效之间的区分并非明确:"司法实践中,对于决议不成立的情况,可以准用决议无效的规定,以此解决具体纠纷,平衡当事人利益。"⑤但是,"公司决议存在的瑕疵明显重大,就连决议的存在本身也无法认可时,可以提起公司决议不成立的确认之诉"。⑥ 最高人民法院颁布的《公司法司法解释四》(专家建议稿)中将决议不成立归入决议无效之中。

(4)笔者的观点

笔者不赞同决议效力的三分法,原因如下:

第一,决议不属于法律行为,因此,按照法律行为成立与有效而将决议分为不成立、可撤销、无效并不符合逻辑的要求,也不存在理论基础。

第二,决议不成立与可撤销的事由具有相似之处,都是对于程序性问题的违反,不同之处在于决议不成立针对没有召开股东会议并作出决议的情形。所以,决议不成立的重点不在于程序上的重大瑕疵,而是伪造决议记录,使得部分股东的意志直接代替公司意志。决议不成立与决议无效的效果相同,没有必要区分。对于那些已经召开会议,只是召开会议的程序存在重大瑕疵的情况,可以纳入决议无效的行列,并无必要创设决议不成立这一决议效力类型。如果对决议不成立与无效硬性进行区分,会给法官带来判断上的难题。

对决议重大程序瑕疵与决议不存在进行区分:前者指存在决议,只是决议的程序存

---

① 参见李建伟:《论公司决议可撤销的适用事由——基于司法适用立场的立法解释》,载《浙江社会科学》2009年第8期;钱玉林:《股东大会决议瑕疵研究》,法律出版社2005年版,第277页。

② 参见钱玉林:《股东大会决议瑕疵研究》,法律出版社2005年版,第276页。

③ 同上书,第277页。

④ 同上书,第280~281页。

⑤ 参见金剑锋等:《公司诉讼的理论与实务问题研究》,人民法院出版社2008年版,第289页。

⑥ 同上书,第289页。

在严重瑕疵,而后者指根本未召集股东会议,决议属于伪造而成。如果对决议无效进行扩张运用,就可以解决重大的程序瑕疵问题,而不需要创设决议不成立制度。比如,无召集权人召集的股东会议依然被认定为存在决议,只是该决议存在严重瑕疵而无效。

四、修法建议

(一)修法原则

1. 改革意见:区分闭锁公司与公开公司

关于股东会决议瑕疵规则的设计,应该注意闭锁公司与公开公司在表现上的不同,有必要的话,应区分闭锁公司与公开公司的决议瑕疵确认方式以及瑕疵决议效力判定。闭锁公司涉及的利害相关人较少,而且对于债权人的保护可以通过“揭开公司面纱”等制度来保障,所以,在决议方面应该奉行协商机制。在规范的设计中,应降低决议中的程序要求,注重公司章程的规定或者股东协商的意志,加大决议瑕疵补正的力度,尽量维持股东会决议的效力,实现公司经营决策的稳定性。即使有决议方面的瑕疵,为了降低管制成本,应该倡导司法救济,而不是行政和立法上的事先管制。

由于公开公司涉及的利害相关人众多,甚至对社会利益有一定的影响,所以,在决议方面应该奉行更为严格的表决机制。在规范的设计中,严格要求决议的程序要求,将决议中的程序要求理解为强制性规定,不得随意被章程和股东的协商所更改。公开公司股权分散,小股东的利益应该得到更多保障,因此,当出现决议瑕疵时,法院要在小股东的利益救济与股东会决议效力的维持方面进行平衡。同时,当公开公司决议损害债权人或者社会利益时,法院要积极介入决议效力的审查,将决议宣告为无效。所以,针对公开性公司,在决议瑕疵的规制方面,一方面需要加强事先的行政规制,另一方面也需要加强司法的介入审查力度。

2. 董事(会)主导决议程序原则

董事(会)在公司经营决议中的重要性逐渐增强。第一,董事作为职业的经营决策者,对于市场的发展和公司的具体情况比较了解。第二,董事的劳动力镶嵌在公司,这种沉淀资本需要较长时期才能够收回,这也让董事有动力提升公司利益。第三,董事对公司负有信义义务,不会让公司的情形变得更坏。就这个角度而言,董事会在决议流程中应该占据主导地位。但是,我国决议问题的主要特点则是,股东在决议中的作用和权力太大,导致在实践中,决议往往难以成为发现公司意志的机制,反而成为股东之间相互倾轧的平台。因此,需要确立以管理逻辑而非资本逻辑为指导的公司治理原则,限制股东在决议中的主导作用,加强董事会在决议中的指引作用。

首先,加强董事在决议中的注意义务要求。这种义务既可以贯彻到董事会对于议案的制作、表决、提交以及实施中,也可以贯彻到决议程序的执行活动中。

其次,改善股东会决议程序规则,如增加股东质询权利和董事说明义务规则、股东辩论保障规则等,董事会作为这些规则的具体实施者应该善尽注意义务。

3. 决议效力尽量维持原则

股东会决议涉及公司法律关系的稳定性,因此,其效力应该尽量得到维持,其原因如下:其一,股东会决议涉及众多利害相关人利益,因此,维持决议效力可以实现利害相关人利益的最大化;其二,维持决议的效力,也可以避免公司人力与物力的浪费;其三,股东会决议又是公司从事法律行为的前提,因此,决议还和相对人的利益保护相关。

决议效力尽量维持的表现在于:第一,决议违法性标准中所谓的"法律"必须是强制性规范,而不能是任意性规范;第二,损害公司与债权人利益应该同时符合违法性与损害性,损害股东利益必须符合公司利益原则;第三,确立微小瑕疵与补救瑕疵制度,使即使出现决议瑕疵,只要瑕疵并非严重,决议效力不得被否认。

4. 决议无效范围限缩原则

由于决议无效对于利害相关人的影响较大,影响公司经营决策的稳定性。因此,只有那些潜在地损害国家、社会利益的决议,或者严重损害公司或者利害相关人利益,且该利益一旦被损害就难以恢复的决议,才会被法院宣告为无效。所以,关于决议无效,一方面,在立法上对于引发决议无效的情形应该进行限缩,改变以概括性为瑕疵决议无效情形的做法,对瑕疵决议的无效情形进行立法列举;另一方面,司法实践中谨慎认定决议无效,针对决议无效的诉请,只要该决议瑕疵超出立法列举范围,法院不得认定决议无效。

5. 违法性兼损害性原则

以违法性兼损害性作为确认决议瑕疵的标准,其意义在于:一方面,可以将违反法律、章程并损害利害相关人利益的决议纳入瑕疵决议的行列;另一方面,可以将并未违反法律与章程却损害相关人利益的决议纳入瑕疵决议的行列。事实上,许多违反法律与章程的决议并不会损害利害相关人的利益,也不会引发诉讼。相反,有些没有违反法律与章程的决议却会损害利害相关人的利益。所以,确立违法性兼损害性标准可以真正实现适法决议,保护公司及利害相关人的利益。

6. 立法列举与概括结合原则

在立法上设计列举与概括相结合的瑕疵确认标准。首先,决议瑕疵的立法设计更为多元化,基本上可以分为4个层次:重大瑕疵、一般瑕疵、微小瑕疵、可补救瑕疵。这4种瑕疵类型分别代表决议造成的不同损害程度,法律上的效果也不尽相同。其次,为了限缩决议无效的情形,立法上列举重大决议瑕疵,超出该列举范围的决议不得被宣告为无效。除此之外的一般瑕疵、微小瑕疵与瑕疵补救都表现为概括性规范,需要法官进行具体的司法裁量。

(二)修法内容

首先,不再按照违法性标准确认决议瑕疵,而是采违法性兼损害性标准,科学界定决议瑕疵的范围。其次,改变以决议内容与程序为决议瑕疵区分标准的做法,采取严重性与否的区分标准,将决议瑕疵区分为重大瑕疵、一般瑕疵、微小瑕疵、可补救瑕疵。我国许多裁判规则已经超越了立法的规定,如表决权滥用决议无效、微小程序瑕疵法院驳回诉讼、重大程序瑕疵导致决议无效、重大程序瑕疵决议不成立等,这些实务上的创新为未来立法修订提供了方向。

1. 主要瑕疵

我国立法中关于决议无效的规定的问题在于：其一，瑕疵主要是指决议内容瑕疵；其二，瑕疵属于概括性规范，司法实践中难以判定；其三，过于简约，缺乏重大程序瑕疵无效的规定。

法条设计：

股东会决议中，具有以下重大决议瑕疵，股东、董事、监事、债权人可以诉请法院宣告决议无效：

（一）超越营业目的、经营非法、违反公序良俗的业务。

（说明：决议明显违反法律，一般会损害公司及利害相关人的利益，该种决议当然无效。）

（二）动机或目的违法。

（说明：因违法动机、目的作出决议，该决议虽然形式上并未违反法律和章程，但决议动机、目的违反公序良俗，可以解释为该决议内容违反法律而无效。）

（三）将专属于股东会决议事项委托董事会。

（说明：比如，董事与监事报酬的决定权属于股东会权限，如果股东会决议将此权限委托董事会，该决议无效。）

（四）变更董事或监察人职权。

（说明：董事与监事均有其法定职权事项，如果股东会决议剥夺董事与监事法定职权，该决议无效。）

（五）减轻或者免除董事与监事责任。

（说明：董事与监事对公司的忠实义务与注意义务属于强制性规范，除法律有明文规定外，不得以章程、股东会决议方式，减轻或免除违反义务的责任。否则该决议无效。）

（六）违反股份平等原则。

（说明：比如，在表决权、分红权、优先认购权、剩余财产分配请求权方面区别对待大小股东，决议变更章程，规定持有一定股份股东始能担任董监事等属于违反股东平等原则。）

（七）限制股份转让自由。

（说明：股份公司为公开公司，其股份转让应奉行自由转让原则，如果股东会决议违反此规定，则应认定为无效。）

（八）未经股东同意处分其股权，增发新股不给股东配股等剥夺股东私权行为。

（说明：如果以股东会决议方式剥夺股东股权，该决议不具有正当性而为无效。）

（九）侵害股东固有权。

（说明：所谓股东固有权，系指不得以章程或是股东会决议剥夺或限制的股东权利，比如，股东会不依法律规定决议限制股东的表决权、少数股东权等，该决议为无效。）

(十)违反股东有限责任原则。

(说明:有限责任原则是公司的基本要求,决议违反该规定的无效。)

(十一)违反资本维持原则。

(说明:股票的发行价格不得少于票面金额,公司不得收回、收买自己之股份或将其收为质物,公司分派盈余时,应先提出10%作为盈余公积,公司非弥补亏损与依法提出法定盈余公积后,不得分派股息及红利都属于该情形。)

(十二)无召集权人召集的股东会议。

(说明:无召集权人召集的股东会议属于重大程序瑕疵,在此基础上作出的决议无效。)

(十三)故意不通知股东作出决议。

(说明:故意不通知股东参加会议属于剥夺股东表决权的行为,决议因此而不具有正当性。)

(十四)通知方式具有重大瑕疵。

(说明:比如,股东难以从通知中获取开会信息,或者通知开会的地点和时间使得股东明显难以参加会议。)

(十五)通知内容具有重大瑕疵。

(说明:通知中没有列明议案或者议案过于简略,股东难以从中决定自己是否应该参加会议。)

(十六)未达到特别表决权数。

(说明:股东会特别表决一般涉及公司人格与财产的重大变化,对于利害相关人的利益影响较大,因此,决议表决权数达不到法律要求时,决议为无效。)

(十七)伪造股东签名的决议。

(说明:伪造股东签名形成决议,属于比故意剥夺股东表决权更为严重的决议瑕疵,而且多伴随决议内容损害股东个人利益,因此,该情形直接导致决议无效。)

(十八)其他滥用表决权的决议。

(说明:该条为兜底条款,解决上述列举的无效情形之外的情形,比如,给予管理阶层明显不相当的巨额报酬,或作出明显不公平的合并决议或是让与营业决议等都属于该情形。)

2. 一般瑕疵

决议瑕疵的第二个层次是一般决议瑕疵,比如,以不规范方式召集的股东会议决议所涉及的事项对于公司有重大意义,拟通过或已通过的决议影响到被排斥参会股东的利益,被排斥参加会议的股东的基本权利由于排斥行为而受到侵害,股东会决议涉及利益冲突,大股东投票通过的决议中存在对小股东利益的损害。这些损害多为违反法律或者章程的情形,比重大瑕疵给公司或者相关人造成的损害小。

法条设计：

除上述重大决议瑕疵之外，决议内容与程序违反法律或章程，给公司或者相关人造成损害的，股东、董事、监事、债权人可以请求撤销该决议。

3. 微小瑕疵

确立微小瑕疵法院驳回制度，否则法院受理后就存在实践中的难题：如果不撤销，违反了公司法的规定；如果撤销，公司可能还会维持原先的决议，让法院的判决形同虚设。

微小瑕疵属于决议瑕疵，原告本可以诉请法院撤销决议，但法院会以该瑕疵对决议的影响非属严重而驳回其起诉请求。所以，微小瑕疵是一个司法裁量规则，是法院能否介入公司决议的标准。

实践中的决议瑕疵比较复杂，表现形式多样化，需要法官按照严重程度进行区分。同样是议案通知瑕疵，要综合考虑议案内容是否明确、是否容易理解以及原告是否具有专业理解能力等各种因素来进行评判。

法条设计：

决议瑕疵微小，不足以影响决议的达成，法院可以裁量驳回原告起诉。但是，该瑕疵属公司故意为之时，法院不得驳回原告起诉。

4. 瑕疵补救

公司决议付出成本，而且涉及利害相关人的利益，因此，其效力应该尽量得到维持，基于这样的考虑，未来立法应该采纳决议瑕疵补救制度。按照东亚公司法实践，弥补决议瑕疵有两种形式：一是全体一致同意可以治愈决议的瑕疵；二是通过决议追认有瑕疵的决议。我国立法中已经有一致同意制度，未来在立法中应该承认决议追认制度。但是，瑕疵补救制度的适用受到限制：首先，只能适用于闭锁公司；其次，针对损害债权人利益的决议瑕疵，不得补救。

法条设计：

股东会决议存在瑕疵，但是经全体股东一致同意，或经过股东会追认，决议为有效。瑕疵补救不适用损害债权人利益的决议。

科创板的注册制试点与制度创新[①]

张异冉*

摘要:注册制改革是股票发行体制市场化的象征。注册制改革不仅针对审核体制本身,还关乎与之配套的制度体系,从而促使市场生态向好转变。应当看到,注册制改革是一个渐进的过程。科创板注册制实行交易所主导的发行上市一体审核,发行条件紧抓信息披露,上市条件体现市场选择,并为发行人提供门槛客观的多元选项。在审核体制之外,强调中介机构归位尽责、构建责令购回制度、引入投资者适当性管理等配套举措保障了投资者的利益。

关键词:科创板　注册制　发行审核　上市审核

2005年《证券法》修订后,我国实行股票发行核准制,试图以监管机构的实质审核来排除质量不佳的股票发行流通,[②]从而引导资金流向,促进优质企业的发展并保护投资者的利益。但实践表明,核准制的实施非但未能达到预期效果,还呈现种种弊端。在股票发行之时行政权力的"越位"是核准制的症结所在。注册制蕴藏市场决定作用的核心价值,被普遍视作核准制的"对立面"与股票发行体制改革的理想坐标。2013年《中共中央关于全面深化改革若干重大问题的决定》提出"推进股票发行注册制改革"。2018年中央决定在上海证券交易所设立科创板并试点注册制。自2019年6月开板以来,科创板整体运行平稳,注册制试点的诸项举措得到实践的初步检验。注册制在科创板的试点是一次增量改革,其通过开辟新的市场板块并在新的市场板块实行新制度的方式,避免了颠覆性制度变迁可能造成的市场波动,为股票发行体制的全面改革打造了范本、积累了经验、创造了条件。在2019年12月修订的《证券法》全面推行注册制的背景下,本文将注册制在科创板的试点作为分析样本,总结制度创新的经验,以期为注册制改革的全面铺开和不断深化提供一定参考。

---

① 本文系中国社会科学院国情调研重大项目"互联网金融风险的法律规制(GQZD2020007)"阶段性成果。

* 中国社会科学院法学研究所博士后研究人员,助理研究员。

② 参见周友苏主编:《新证券法论》,法律出版社2007年版,第149页。

一、从核准制到注册制：体制转换的三重维度

（一）注册制是一种象征

注册制概念源自我国学者对美国证券公开发行体制的形象概括。① 在很大程度上，我国各界围绕注册制的讨论始于核准制带来的弊端。实施核准制的，监管机构对证券发行进行实质审核——基于事前防范的立场，试图筛选出资质优良的股票，同时防止质量不佳的股票发行后流入市场。欲达实质审核预设目标有一重要前提，即监管机构能够掌握更加充分的信息。为了掌握信息，监管机构必须付出较大的成本，在成本转嫁给市场后，必然导致更高的合规成本和更低的融资效率，也无助于促进良好市场秩序的形成。学者对此有充分的揭示：核准制严格的实质条件引起发行人虚假包装，导致市场造假丑闻频发；②复杂冗长的审核程序损害了融资效率；③发行的机会稀缺、严厉的价格管制等助推“三高”超募，使财富偏向发行人，投资者利益难以得到保障；④市场的“严进严出”赋予上市公司极高的“壳价值”，有重组预期的劣质股反而备受追捧，扭曲了市场机制；监管机构的实质性审查成为隐形背书，盈亏自负的投资理念始终无法确立；⑤行政力量过度干预，极易诱发权力寻租；⑥催生中介机构与发行人的利益合谋，削弱了市场自律功能等。⑦

究其根本，行政干预越位的“手”是规范、有序的市场难以形成的一大阻碍。注册制概念一经引入就被作为核准制的对立面，成为证券发行制度改革的理想坐标。究其原因，引发人们向往的是注册制所蕴藏的限制政府权力、市场决定作用等核心价值及其带来的积极影响。

美国证券发行注册制度是注册制的代表。从立法史入手可以更好理解美国《1933年证券法》的注册制度。美国联邦证券法典的立法准备工作始于20世纪20年代。统一国家法律全国委员会于1921年开始制定以蓝天法为主基调的统一证券法典。⑧ 统一国

---

① 美国《1933年证券法》是实行证券发行注册制的典型立法例。美国法上没有所谓注册制的概念，我国学者将美国公开发行证券向SEC注册的制度形象地概括为注册制。

② 参见吕红兵、孙艳：《注册制主要问题的思考框架》，载《证券法苑》2014年第3期。

③ 同上。

④ 参见俞红梅、刘烨、李心丹：《询价制度改革与中国股市IPO“三高”问题——基于网下机构投资者报价视角的研究》，载《金融研究》2013年第10期。

⑤ 参见全国人大财经委员会证券法修改小组：《坚定不移稳妥推进股票发行注册制改革》，载《中国人大》2015年第10期。

⑥ 参见李曙光：《新股发行注册制改革的若干重大问题探讨》，载《政法论坛》2015年第3期。

⑦ 参见蒋大兴、沈晖：《从私人选择走向公共选择——摧毁“保荐合谋”的利益墙》，载《证券法苑》2011年第2期。

⑧ 蓝天法是美国各州证券法的主流模式，可分为以下三类：大多数的蓝天法对证券质量提出要求；少部分的蓝天法通过对中介机构颁发执照进行监管；个别的蓝天法被设计为反欺诈法典，司法部部长（Attorney－General）或其他官员有权调查并约束欺诈发行行为。美国国会最初审议的法典草案在某些方面的严格程度远超州蓝天法。See Washburn, “Control of Security Selling: Anti－Fraud Legislation”, 31 *Mich. L. Rev* (1933), p. 768.

家法律会议于1930年8月正式向联邦推荐采纳该委员会提交的法典最终版本。1929年的股市崩溃大幅提升了统一证券法典立法的紧迫性。1929年大萧条发生后,美国社会对私营企业制度产生了极大的怀疑,公众普遍呼吁加强政府管控,要求赋予政府控制企业利用资本市场的权力。① 在带有浓厚"蓝天法"色彩的证券法草案形成并开始国会听证后,罗斯福总统拒绝支持公众的吁求,他于1933年3月29日向国会表示:联邦政府不能也不应采取任何举措保证新发行证券的价值将得到维持或者证券代表的财产将获利,但是,政府有义务坚持在跨州贸易中销售的每一批新发行证券都必须附上完整的披露信息,并且不得向购买证券的公众隐瞒投资决策所需的必要信息。美国国会最终通过的证券法典忠于罗斯福总统此前向国会传达的立场,大量借鉴英国公司法关于公开招股说明书的规定。②

秉持披露为本理念的注册制度是对市场的敬畏和对规律的尊重。企业赖以生存的经济环境并非一成不变,竞争和技术的进步不可避免地淘汰许多企业,经济周期的存在让企业的盈利充满不确定性,管理不善也可能导致企业经营失败,最终,投资无论如何都可能遭受相当大比例的损失。③ 因此,《1933年证券法》选择的基本理念是"公开"(publicity),要求发行证券的主体披露关于自身的所有真实情况并为信息的不准确负责。④ 证券法要做的只是在发行之时要求发行人呈现"证券的真相"(truth about securities),并对没能满足要求的行为进行惩罚,一旦发行人披露了证券的真相,投资价值的判断工作就交由投资者来完成。⑤ 美国的监管实践充分反映了《1933年证券法》的规范意旨。根据规定,发行人以提交"注册声明"(registration statement)的方式向美国联邦证券交易委员会(Securities Exchange Commission,SEC)注册。在审查注册声明的过程中,SEC检视发行人履行信息披露义务的情况并督促发行人优化信息披露,但不对证券投资价值进行判断。⑥

在一定程度上,股票发行体制冠以何种名义并非问题的关键,更值得重视的是,具体的制度设计是否朝向市场化的方向发展。奉行完全披露主义的美国注册制以高度的市场化为人所称道,实行核准制的立法例同样能够实现"市场的归市场"。我国香港特别行政区"高度市场化的核准制度"因其良好的实践效果受到推崇,常被引作内地证券发行制度改革的借鉴分析样本,甚至一度有学者误以为香港特别行政区实行注册制。从香港特

---

① See James M. "Landis, Legislative History of the Securities Act of 1933", 28 *Geo. Wash. L. Rev.* 29 (1959), p. 30.

② H. R. Rep. No. 85, 73d Cong., 1st Sess. 2(1933).

③ See William O. Douglas, George E. Bates, "The Federal Securities Act of 1933", 43 *Yale L. J.* 171 (1933), p. 172.

④ See John Hanna, Edgar Tulington, "The Securities Act of 1933", 7 *S. Cal. L. Rev* (1933). 18, p. 28.

⑤ William O. Douglas, George E. Bates, "The Federal Securities Act of 1933", 43 *Yale L. J.* 171 (1933), p. 171.

⑥ 参见汤欣、魏俊:《股票公开发行注册审核模式:比较与借鉴》,载《证券市场导报》2016年第1期。

别行政区的经验来看,尽管法律对证券发行设置了若干实质性的条件,但由本身就是市场主体的联交所根据授权进行实质审核、判断股票投资价值,最终的核准主体证监会主要只对信息披露进行形式审核,在很大程度上实现了股票发行的市场化。

科创板注册制与我国香港特别行政区高度市场化的核准制类似——发行与上市合二为一;以信息披露为中心,但股票发行上市须满足若干实质条件;交易所与证监会进行审核分工,前者主要负责实质审核、后者主要负责形式审核。市场的缺失是我们在现阶段面临的主要问题,这决定了政府既要不直接干预市场又要有效监管市场。鼓励市场自律的方案契合了"市场决定作用"的要旨。政府过多替代市场与政府的"市场成熟度"不高有关,"主要表现为政府对自身能力和市场机制了解的不透彻"。① 很多时候政府并不比市场主体更了解市场,市场主体的自主选择具有更高的效率和灵活性。应改变单纯地将市场主体视为监管对象的被动性预设,而将市场主体视为与监管机构共同推动市场发展的力量。科创板上市条件包含实质性的因素,但由本身就是市场主体的交易所根据授权进行前端发行上市审核,其后才由证监会进行形式审核,充分体现回归市场、市场优先的价值取向。

科创板注册制试点规则所体现的市场主导、有限权力的基本原则表明我国的证券发行制度向市场化的方向迈出了一大步。注册制在科创板的试点成为证券发行制度改革的突破口,所释放的积极信号具有极大的象征意义,必将对我国证券市场改革发展产生深远影响。

(二)注册制是一种生态

注册制不仅指代披露为本的发行审核体制,更指代一个制衡机制有效、纠错机制完善的市场生态。有力的市场约束和充分的配套制度是营造理想市场生态的前提和基础,它们不是发行审核体制本身,却是市场化发行审核体制之所必需。严格信息披露要求、弱化行政权力介入是重要的前提和基础。灯泡是最好的警察,阳光是最好的防腐剂。在注册制下,发行人必须将依法应当公开的、与所发行股票有关的一切信息制成法律文件、公之于众并向监管机构提交,披露的信息不得含有欺诈或误导的内容,不得存在重大遗漏。监管机构有权审查与合理怀疑发行人的注册文件,有权检视发行人履行信息披露义务的状况。监管机构应只督促发行人披露实质性信息(merit information)而不进行实质性监管(merit regulation),要求发行人向投资者透露"证券的真实"和惩罚未做到的发行人。监管机构仅督促发行人履行信息披露义务,有关于股票发行价格、发行数量等应由市场进行博弈。

监管机构以督促发行人履行信息披露义务而非筛选优质股为目标,让企业拥有平等的发行机会、让市场供需关系处于相对平衡的状态,同时也缩减了监管者权力寻租的风险。取消政府的实质判断并实行严格的信息披露要求,能够让市场回归自主判断股票投

① 陈甦:《商法机制中政府与市场的功能定位》,载《中国法学》2014 年第 5 期。

资价值、自己承担投资失败风险的氛围,也有助于培养理性有度的投资者群体。虽然要求每一个投资者全面阅读披露信息并不现实,但总有证券公司、研究人员、投资顾问等市场主体会审视发行人公开披露的信息,由他们观点所影响的交易建立起一个信息充分流通的高效市场,使证券价格在大多数时候处于一个适当水平。要实现市场的有效运转,"看门人"的归位尽责十分关键,就此而言,约束中介机构行为、落实中介机构责任是一个重要的前提和基础。此外,从二级市场交易的方面来看,有效的做空机制既可为市场主体确立一条新的投资路径,又可遏制单边炒作、刺破过大泡沫,并为一级市场定价提供理性参照。从事后救济的方面来看,只有司法保障制度的有效构建,以及发行人和中介机构责任的全面落实,才能在最终意义上维护投资者权益、确保投资者对市场的信心。

总而言之,理想中的注册制不仅代表一种发行监管体制,还代表一种良性市场生态。大量制度的建立健全不局限于发行审核本身,需要从宏观的视角调整和重塑市场制度体系,积极推动我国证券市场整体生态的向好转变。

(三)注册制是一种进程

科创板注册制是证券市场改革的标志性事件。科创板是在现有主板之外新设支持科技创新企业单独板块,在科创板实行注册制具有推动证券法治理念转型、优化证券市场体系、完善市场基础制度、调整市场监管制度、促进市场生态转变的积极意义。应当指出,证券发行是证券市场的起点和前端,证券发行体制在改革发展中发挥着基础性、引导性作用,承载着市场主体之间的基本关系,影响着证券市场体系的方方面面。① 注册制的完全确立涉及证券市场多个维度和层面的根本性变动,毕其功于一役的颠覆式改革面临大量现实障碍,稍有不慎将会造成证券市场的巨大震动甚至引发系统性风险。转轨国家的教训为我们敲响了警钟。某些东欧国家曾经盲目模仿特定国家采取激进的市场化改革措施,但市场秩序的剧烈动荡造成证券市场几近崩溃。相较而言,采用循序渐进、逐步过渡的方式将会起到更为理想的效果。有关地区证券市场由单一核准制、核准制与注册制并行,到2006年正式实行注册制,在几十年的较长时间跨度内,改革措施稳步推行,注册制最终水到渠成。可资参考的是,只有各方面条件趋于成熟,特别是市场承受度较高,注册制才能行稳致远。

我国正积极推行深化国内改革、扩大对外开放的举措,经济结构调整和产业转型升级、资本的走出去和引进来、资本市场和证券行业国际竞争力的提质增效均对证券市场改革提出了较高要求。应当看到,我国证券市场投资者结构不合理、基础制度不成熟、市场约束力量不强大、司法救济措施不健全,短期内无法具备美国市场那样化解混乱并迅速修复的能力。② 正因如此,对于美国注册制这个市场化发行审核体制的"标杆",我们应当辩证看待,不能简单地直接移植注册制的美国模式。

---

① 参见全国人大财经委员会证券法修改小组:《坚定不移稳妥推进股票发行注册制改革》,载《中国人大》2015年第10期。

② 参见王啸:《我们需要什么样的注册制》,载《上海证券报》2013年11月20日,第A05版。

注册制没有放之四海而皆准的模式，合理的制度内核才是引领证券发行制度改革走向成功的关键。科创板注册制秉持先行先试的理念，设立全新市场板块开展增量改革，有效避免了“一步到位”式强制性制度变迁的负面影响，为证券发行制度以及其他基础性制度的整体改革积累了经验、创造了条件。在减少试错成本的同时，通过具体改革举措的“小步快跑”试验，增加各项改革举措经受实践检验的机会，高效筛选符合我国国情和市场具体情况的规则和制度。局部试点取得成功的，可以将有关经验和制度推广和复制到更大的市场领域。值得一提的是，有必要建立有效的制度评估机制及时分析审视各项制度实际效能，根据评估结果总结制度试行的成功经验、调整实际运行效果不佳的制度。

二、发行审核制度框架：科创板与有关立法例

（一）科创板发审制度框架

在我国境内首次公开发行并在上海证券交易所（以下简称上交所）科创板上市的发行人应当向上海证券交易所提出申请，经上交所发行上市审核，后报经中国证监会履行发行注册程序。具体而言，发行人的发行申请由保荐人保荐并向上交所申报，上交所在收到材料后的5个工作日内决定是否受理。申请材料受理后不得改动，除非经证监会或上交所同意。① 上交所自受理注册申请材料起3个月内形成同意或不同意申请人公开发行并上市的审核意见。② 上交所同意的，将审核意见、发行申请材料和有关审核材料一并报送证监会；上交所不同意的，决定终止发行上市审核。证监会收到上交所报送的有关材料后开始发行注册程序，③在20个交易日内决定同意注册或不予注册。④ 证监会同意注册的决定自作出后的1年内有效，发行人可在有效期内任意选择发行时点。

就监管侧重而言，上交所负责发行上市审核，证监会负责股票发行注册。一方面，上交所受理公开发行股票并上市的申请后，围绕科创板的定位，审查企业是否符合发行条件、上市条件和信息披露要求。上交所的审核旨在督促发行人完善信息披露内容，主要通过向发行人提问、发行人答问的方式开展。另一方面，证监会的发行注册审查上交所发行上市审核内容有无遗漏，程序是否合规，发行条件和履行信息披露义务的重大方面是否合规。如果证监会认为有必要进一步说明或者落实事项，可要求上交所作进一步问询。如果证监会认为上交所未关注影响发行条件的重大事项或者上交所审核意见依据明显不充分，可退回上交所补充审核。补充审核后，如果上交所同意股票公开发行并上市，须重新向证监会报送审核意见及相关资料，证监会的注册期限重新计算。

证监会对整个注册程序进行全过程监管。在发行上市审核、注册和新股发行的过程

---

① 如遇重大状况，发行人或中介机构应及时向上交所报告，并按照要求更新有关材料。

② 发行人根据上交所的要求补充、修改申请材料，上交所实施现场检查或要求中介机构进行核查的时间不计算在内。

③ 注册按照证监会规定的程序进行，不适用发行审核委员会审核程序。

④ 发行人根据证监会的要求补充、修改申请材料，要求上交所进一步问询或要求中介机构进行核查的时间不计算在内。

中,发现发行人存在重大违法违规嫌疑的,证监会可以要求上交所处理,也可以决定发行注册暂缓生效、暂停新股发行或者撤销发行注册。证监会对上交所的审核工作进行监管。证监会督促上交所建立内部防火墙,为防范利益冲突,实施发行上市审核部门与其他部门的隔离运行模式。证监会持续追踪信息披露材料、上交所审核意见,定期或不定期对上交所的审核工作进行抽查和检查,对上交所审核工作进行监督问责。

(二)美国发审制度框架

根据美国《1933 年证券法》规定,发行人在发行证券之时应当向 SEC 注册证券,除非证券发行依法豁免注册。尽管《1933 年证券法》的条文表述为注册证券,但发行人的行为主要是在公开发行之时根据证券法的规定通过提交"注册声明"(registration statement)①的方式进行注册。在注册声明提交并生效之前,发行人不得要约销售证券。②

综合《1933 年证券法》第 8 节的规定来看,发行人向 SEC 注册证券的程序包含两个重要的时间节点和以上述两个时间节点区分的 3 个具有延续性的期间。其中,两个重要时间节点为:向 SEC 申报和注册声明生效——申报是程序的起点,注册声明生效是程序的终点、代表成功通过注册程序。以上述两个时间节点可将注册程序分为 3 个阶段,即申报前、等待期与生效后。首先,申报前阶段。在申报前的阶段,发行人有权筹备证券发行事宜,但不得进行任何形式和种类的要约。在此阶段,SEC 亦不知晓发行人筹备的发行活动。其次,等待期阶段。申报后即进入等待期,其间,SEC 对注册声明进行审核,基于提高信息披露水平和质量的原则,就审核发现的问题与发行人进行沟通,通常情况下会要求发行人修正/补正注册声明。③ 最后,生效后阶段。若 SEC 没有异议,自修正/补正后的注册声明提交之日起经过 20 日证券注册自动生效,除非 SEC 同意提交后立即生效。自注册声明生效后,发行人可以着手要约销售证券。

值得一提的是,尽管实践中常见的操作模式是证券公开发行并上市交易,但根据法律规定,发行与上市相对独立,发行人准备上市的,需要单独向证券交易所申请。并且在美国证券法律制度框架下,存在公开发行证券但不向证券交易所申请上市的选项。

---

① 有人也把"registration statement"译为注册文件。无论选择何种译法,都可以将"registration statement"与"prospectuses(招股说明书)"互换。

② 详见美国《1933 年证券法》第 5 条(Section 5)的规定。

③ 在等待期内,SEC 偏好于使用非正式的方式(less informal practice)督促发行人全面履行信息披露义务,常见的做法是向发行人发出评论函(comment letter),发行人申请人就 SEC 指出的问题、缺陷或提出的建议进行回应、辩解或修正/补正。SEC 与发行申请人的非正式往来常常有许多轮,每一次提交修正/补正文件(amendment to a registration statement)都会使 20 日的法定期间重新计算,因此,等待期超过 20 日是一种常态。但是,若修正/补正文件提交后 SEC 同意立即生效,则不必再延展 20 日的等待期。一旦提交注册文件,除 SEC 同意以外,不得撤回注册文件,而 SEC 同意的理由是"与公共利益和投资者保护相一致"。若认为发行申请人违反或可能违反法律法规的规定,SEC 可能会选择拒绝撤回并继续《1933 年证券法》第 8 节规定的调查和惩戒程序。发行申请人拒绝配合 SEC 修正/补正注册文件,SEC 可能中止(cease)或终止(desist)注册程序,拒绝进行修正/补正还可能违反证券法的反欺诈规定。

（三）我国香港特别行政区发审制度框架

香港特别行政区实行介于核准制与注册制之间的高度市场化的证券发行“核准”制度。香港特别行政区的证券发行制度具有较高的包容度和较大的弹性，在保有实质审核因素的情况下很大程度地尊重市场机制的作用。香港特别行政区证券发行实行的高度市场化的核准制度又称双重存档（dual filing）制度。双重存档制主要适用于首次公开发行的场合，上市公司再次发行股票（再融资）鲜有适用双重存档制的情况。[①] 根据香港特别行政区《证券及期货条例》及有关配套规则的规定，双重存档制是指证券发行上市的申请人应在向证券交易所提交申请书后的一个营业日内，将申请书副本提交到香港特别行政区证监会存档。证券交易所是直面发行人和中介机构的监管主体，是所谓的“前线监管者”。但是，香港证监会才是法定核准发行的权力主体。根据香港证监会与香港联合交易所（以下简称联交所）2003 年签订的《上市事宜谅解备忘录》，联交所通过香港证监会的授权取得监管权力。香港证监会没有批准发行上市的权力，但有否决的权力；联交所有权批准或否决上市。

从核准的整个程序来看，双重审核制是由香港证监会和联交所两个监管机构同步对发行申请书进行审核。发行人向联交所提交申请书，同时通过联交所向香港证监会转交申请书。在审核方式上，香港证监会主要采取形式审核，依据《证券期货条例》审查发行人信息披露质量，是否存在欺诈等非法交易行为，证券发行是否符合公共利益；联交所主要采取实质审核，依据《公司条例》和《上市规则》的规定，在保护投资者权益、确保投资者对资本市场的信心的原则指引下，重点审查上市是否符合有关条件并满足上市适当性的要求。香港证监会有任何反馈的，通过证券交易所向发行人传达意见或要求发行人补正申请书。联交所内部建立隔离墙机制，由上市科与上市委员会分工进行审核，上市科下设的 IPO 部门负责预审，考察发行人是否满足相对客观的条件；上市委员会行使决定权，考察发行人是否符合相对主观的上市适当性要求。[②] 审查完成后，若联交所批准且香港证监会出具“无异议函”（no comment letter），[③]则代表发行上市申请获得核准。

（四）新加坡发审制度框架

新加坡从 1998 年开始实施以信息披露为本的兼具注册制与核准制色彩的证券发行制度。[④] 从发行监管主体来看，新加坡采用与我国香港特别行政区类似的双重审查模式。根据新加坡《证券及期货法》的规定，证券发行必须向新加坡金管局注册招股说明书，金管局有权拒绝注册和发出终止令。金管局负责审查并注册招股说明书，监管新加坡证券交易所（以下简称新交所）的履职行为。新交所作为市场监管“第一道防线”，监管市场主体及其行为，审查上市申请是否符合有关条件。2010 年以前，新加坡实行从证券交易

① 参见中国证监会编著：《股票发行注册制漫谈》，中国证监会内部资料 2014 年版，第 5 页。

② 创业板上市由上市科直接决定。

③ 我国香港特别行政区证监会只有否决发行的权力。出具无异议函表明证监会不行使否决权。

④ 参见中国证监会编著：《股票发行注册制漫谈》，中国证监会内部资料 2014 年版，第 27 页。

所到金管局的逐级审查制度,发行人向新交所提交上市申请,获得新交所批准后再向金管局申请备案招股说明书。逐级审查制度耗费时间较长,为提高效率、增强新加坡证券市场吸引力,2010年3月以后新加坡开始实行同步审查制度。

在具体程序上,发行人向新交所提交上市申请的同时将招股说明书提交到金管局。金管局与新交所开展合作,新交所初步评估信息披露质量和检查是否存在"大问题",新交所通常在6~8周的时间内决定是否授予发行人初步上市资格,此后进入开放期,①金管局在其网站公布招股说明书征求公众意见并进行合规审查。金管局通常在7~21日的开放期内完成注册程序,也可能决定延长至不超过28日,除非发行人申请延期或拒绝注册。金管局在审核过程中,有权因招股说明书披露信息不合规、不充分、不一致或不明确等问题通过顾问向发行人反馈意见,发行人顾问必须以书面形式答复金管局。金管局有权因为不遵守披露规定、虚假陈述、重大遗漏、不符合公众利益等原因拒绝注册,或因上述原因在招股书注册后发出终止令。就审核的侧重点而言,金管局注重发行人信息披露是否合法和信息披露是否充分,新交所注重发行人的业务模式、稳定性、资金流动性等的实质判断,高风险产品、公司存在特殊治理架构(双重股权结构)等问题由新交所与金管局沟通决定。审查过程中,金管局与新交所相互抄送发行人回复以避免发行人重复工作。此外,新加坡还实行平静期制度,在招股说明书注册前的14日以前必须公布交易前研究报告并送达机构投资者,以防投资者依据研报而不依据招股说明书做出投资决策。

三、科创板注册制的制度创新

注册制改革既是审核体制的重构,也是市场生态系统的重塑。为防范制度转换可能带来的法律风险,在确立市场化审核体制的基础上,制度设计者有针对性地提供多项配套保障机制,调动更多积极因素,促进科创板注册制试点的顺利开展。

(一)交易所的监管赋能

科创板注册制实行交易所初审发行上市、证监会负责发行注册的证券发行监管机制,改变了证监会核准发行、交易所负责安排上市的传统模式,凸显了交易所作为"一线监管者"的职能定位。

我国《证券法》采取公开发行与上市交易的两分法,公开发行股票由证监会监管,获准发行后的股票上市由交易所监管。股票获准公开发行后上市与否、上市时间的选择以及上市地点的选择均相对独立,公开发行后并不必然与上市交易发生关联。依据《证券法》确立的"审核上市"模式,股票上市交易须经交易所审核同意。交易所有权依据上市规则进行筛选,没有义务接受每一个上市申请。但在既往的实践中,我国采用发行与上市的"联动机制",上市审核更像是对发行审核的依附,证券交易所所能起到的作用有限。

① 在开放期内,可以着手实施路演和投标定价。

一方面,没有规范性文件明确做出公开发行后不上市的制度安排,①相反,证监会曾发出通知要求缩短股票发行与上市的时间间隔,②监管机构的表态说明发行后上市存在制度惯性。交易所和申请上市的公司签订上市协议是一种义务,他们不能拒绝签署上市协议,也无法决定上市协议的内容和格式。③ 另一方面,实践表明,股票首次公开发行与上市一体"捆绑",形成股票上市的"直通车"模式。除证监会主动叫停的情形之外,市场上未曾出现过交易所否决上市的案例,证监会的核准意味着通向上市之路的保险。④ 凡此种种,让股票公开发行后必然上市成为共识,形成了所谓的"直通车"上市模式。⑤

科创板的注册制试点实行证监会与交易所分工的二元审核体制。根据审核权限分配,交易所位于审核前端,企业申请发行注册并在科创板上市交易的,应当首先向交易所提出申请。交易所将发行与上市的审核合二为一,基于科创板定位,通过问答的方式审查发行人是否符合发行上市条件。交易所自受理申请材料起3个月内形成同意或不同意公开发行并上市的审核意见。⑥ 交易所同意上市的,将审核意见与发行人申请文件报送至位于后端的证监会。证监会收到交易所报送的材料后,依据保有的发行注册权对股票进行审核。证监会的审核不是行政审批的再现,而是督促发行人进一步完善信息披露质量、充分揭示"股票的真相",审查交易所审核有无遗漏、程序是否合规与发行人在有关条件的重大方面是否合规,防范交易所承担的公共事务管理职能与其本身市场角色的利益冲突。证监会在20个交易日内决定同意注册或不予注册,⑦同意注册的决定自作出后的1年内有效,发行人可在有效期内任意选择发行时点。

股票的发行与上市存在高度关联性。核准制下,监管机构的发行审核吸收了交易所的上市审核,股票通过监管机构的实质审核可以推定为具有投资价值,交易所无须重复进行审核。因此,原有的"直通车"上市模式能够无缝衔接发行与上市两个环节,满足股票发行后的交易流通需求。但是,证监会核准后交易所安排上市的模式饱受诟病,发行审核对上市审核的吸收使上市审核丧失了独立性,使市场失去了上市审核的调节作用。根据科创板注册制的试点安排,交易所"一线监管者"的地位得到极大彰显。第一,交易

---

① 虽然《首次公开发行股票并上市管理办法》(2006年)第69条规定,"首次公开发行股票且不上市的管理办法,由中国证监会另行规定",但中国证监会迄今没有作出另行规定。

② 参见《关于缩短新股发行结束到上市所需时间有关事宜的通知》(证监发〔2001〕144号)

③ 参见彭冰、曹里加:《证券交易所监管功能研究——从企业组织的视角》,载《中国法学》2005年第1期。

④ 参见郑彧:《论证券发行监管的改革路径——兼论"注册制"的争论、困境及制度设计》,载《证券法苑》2011年第2期。

⑤ 或许可以认为,通过实质审核的股票应推定具备高质量且符合上市规则的要求,交易所无须重复进行审核,但这不免意味着他律监管的越俎代庖以及上市审核独立性的丧失。

⑥ 发行人根据上交所的要求补充、修改申请材料,上交所实施现场检查或要求中介机构进行核查的时间不计算在内。

⑦ 发行人根据证监会的要求补充、修改申请材料,要求上交所进一步问询或要求中介机构进行核查的时间不计算在内。

所享有独立审核发行上市申请的权利,发行人计划公开发行并在科创板上市交易的,应当向交易所提出申请、报送有关材料并接受交易所的审核;第二,交易所同意是开启证监会注册程序的前提,交易所审核是发行上市审核程序的起点和前端,经过交易所审核并获得同意是启动证监会发行注册程序的前置要件;第三,交易所审核是发行上市全流程中仅有的实质审核,在发行上市审核的所有环节中,交易所审核的依据包含预设实质门槛的上市条件,而证监会的审核依据只包含具有形式意义的发行条件。

赋予交易所更大的审核权能,既是满足高效审核需求的必然结果,也是保持发行上市监管尺度一致性的必然要求,[①]更是审核体制市场化改革的重大宣示。市场的缺失是我国现阶段面临的主要问题,政府过多替代市场与政府的"市场成熟度"不高有关,主要表现为政府对自身能力和市场机制了解得不透彻。[②] 很多时候政府并不比市场主体更了解市场,市场主体的自主选择具有更高的效率和灵活性。在避免行政权力干预微观经济活动的共识之下,赋予交易所更大的监管权能理应成为制度设计的优先选择。尽管交易所的前端审核带有实质意味,但由作为市场主体的交易所审查证券质量是民事权利的行使,具有当然的合理性。可见,科创板注册制的审核主体选择表达了市场优先的价值取向,体现出市场主导、有限权力的改革方向。

(二)发行上市条件的精准设置

在核准制下,股票发行既要依法披露有关信息,又要满足发行条件中包括盈利能力等的实质性指标。由于较高的发行门槛,获准发行的企业当然满足交易所的上市指标,事实上的发行后"直通车"上市模式使上市条件处于被架空的状态。核准制对股票价值判断的过度追求是上市条件虚置的主要成因,而发行条件与上市条件在某种意义上的竞合更是不得不察。在科创板注册制下,发行条件与上市条件分野,二者各有侧重、分工明确。

一方面,发行条件以披露为本。判断证券质量有赖于发行人对自身治理结构、经营状况等信息的披露,发行人先天的信息优势地位使证券市场与生俱来存在信息不对称问题。信息不对称会导致市场失灵,但政府并不比市场主体掌握更多的信息,政府取代市场进行判断也会因信息不对称导致"政府失灵",这在金融市场显得尤为突出。[③] 不妨把监管机构与市场主体看作相互补充的关系,要求市场主体强化信息披露,并对披露行为加强监管,才有可能得到更有效率的结果。[④] 科创板注册制的发行条件紧抓信息披露这个"牛鼻子",借鉴境外先进经验,保留最基本的发行条件,取消准入门槛式的条件设置,将原本发行的实质条件全部作为实质信息(merit information)并转为信息披露事项。如此,既避免了政府机构对微观市场活动的干预,也能够让投资者根据对于投资决策而言

---

① 参见陈洁:《科创板注册制的实施机制与风险防范》,载《法学》2019年第1期。

② 参见陈甦:《商法机制中政府与市场的功能定位》,载《中国法学》2014年第5期。

③ 参见刘鹤主编:《两次全球大危机的比较研究》,中国经济出版社2013年版,第221页。

④ 同上。

重要的实质信息作出投资判断。

另一方面,上市条件突出市场导向。科创板服务符合国家战略、突破关键核心技术、市场认可度高,属于高新技术产业和战略性新兴产业的科创企业。科创板的上市条件紧扣服务科创企业的主旨,虑及科创企业与传统企业在行业归属、经营模式、市场风险、盈利特征等方面的差异,设置以实际需求为导向的上市条件。第一,结合商业实践的通行做法并借鉴域外经验,针对不同行业属性、不同商业模式、不同发展阶段企业的实际情况,设置五大类组合式上市条件。① 第二,不以单一的盈利能力指标衡量公司优劣。科创型企业具有前期大量耗费资金、成熟后赚取高额回报的特点,与传统企业的成长路径大相径庭,无法沿用以过去盈利水平预测未来盈利能力的逻辑。第三,引入全新的预计市值标准。预计市值综合反映企业经营状况和投资者对企业发展的预期,在与其他指标结合的基础上,能够更好地帮助市场发现企业价值以及合理进行定价。

不仅如此,科创板多元的上市条件扩大了企业的选择范围,可以为企业提供更为充足的上市机会。取消以单一盈利能力标准衡量企业好坏的做法,有助于支持科创企业突破发展前期资金"瓶颈",防止代表产业发展方向、成长性好但暂未盈利的企业流失海外。全面引入预计市值标准代表对商业实践中通行做法的认可,是审核标准与商业实践的接轨。除此之外,制度设计者只在科创板上市条件中设置客观指标,此举不仅有效提升了透明度、明确了市场预期,还能限制交易所恣意行使审核权、规避利益冲突。

概言之,在科创板注册制下,发行条件与上市条件分工侧重、精准设置,厘清了审核部门的履职依据,夯实了发行上市审核二元体制的基础。科创板注册制是以上市条件为中心、以发行条件为辅助的,从严格程度来看,包含实质判断的上市条件高过披露为本的发行条件。② 发行条件秉持披露为本原则是坚持市场导向、强化市场约束的重要前提,上市条件保留实质判断因素是在我国市场环境不够理性、法治保障不够有力的现况下做出的稳妥选择。发行条件与上市条件分别取向信息披露与商业实践需求,形成各有侧重、互相兼顾、张弛有度的条件组合。在发行上市条件精准设置的基础上,由证监会和交易所分别依据预设规则进行审核,既防止了行政权的越位干预和交易所的恣意履职,又有利于尊重和发挥市场机制主导作用,从而增加市场的效率和吸引力。

(三)投资者保护的强化

1.提高信息披露质量

股票是一种特殊商品,股票的好坏无法通过观察、检验、对比等直观方式获得评判,要衡量股票价值,必须对股票所代表的公司的治理情况、盈利模式、经营能力等进行综合评估判断。股票市场本质上是一个信息市场,信息引导资本流动,信息质量决定资源配置的效率和效果。科创板注册制实行以信息披露为中心的发行上市制度,力求高质量进

---

① 包括市值/净利润或市值/营业收入、预计市值/营业收入/研发投入合计占比、预计市值/营业收入/经营活动产生的现金流净额、预计市值/营业收入、预计市值/其他指标五大类条件。

② 参见陈洁:《科创板注册制的实施机制与风险防范》,载《法学》2019 年第 1 期。

行信息披露,为投资者呈现充分、可靠的供决策使用的重要信息。虽然要求每个投资者全面阅读公开信息并不现实,但总有专业的市场主体审视公开的信息,他们参与和影响的交易提高了市场机制的有效性,使股票价格在大多数时候处于适当水平。

科创板注册制试点的信息披露制度以落实主体责任为抓手,要求发行人作为第一责任人保证信息齐备性、一致性、可理解性。科创板注册制试点规则要求发行人根据法律、法规、规则披露信息;发行人及其全体董监高应当保证招股说明书等披露文件载明的信息符合规定,不存在虚假记载、误导性陈述或重大遗漏,并为信息披露承担个别和连带的责任。① 中介机构作为市场"看门人",应当协助发行人提高信息披露质量。审核部门作为监管者,通过多轮问询的方式让发行人和中介机构提高披露质量、说透股票风险。根据试点规则,核准制下发行条件包含的实质性内容全部转化为应当披露的信息。关于上述对于投资决策而言十分重要的信息,审核部门以更加严格、全面和深入的标准强制发行人和中介机构进行披露。此外,审核部门要督促发行人和中介机构确保所披露信息简洁易懂,避免采用晦涩艰深的表述方式,尽力满足投资者阅读和理解的需求,方便投资者做出价值判断与投资决策。

2. 强调中介机构归位尽责

(1)保荐人

保荐人是在发行上市过程中以辅导、推荐、担保和督导发行人的方式为发行人提供保荐服务的市场中介机构。作为发行人披露信息和有关资质的首要把关者,保荐人履职情况与投资者利益息息相关。保荐人要充分掌握发行人的经营状况和经营风险,判断发行人是否符合发行上市条件,全面核查发行人披露的招股说明书和其他有关材料,并审阅其他中介机构出具的专业评估意见。在科创板注册制下,持续督导期相较延长,保荐人在期内督促上市公司建立健全信息披露制度、规范运作制度,督促上市公司披露重大风险并发表督导意见。发行人上市当年即亏损的,保荐人自证监会确认之日起暂停资格3个月,撤销有关保荐代表人资格,除非发行人属于尚未盈利企业或在募集文件中已充分揭示风险。投资者因披露信息存在虚假记载、误导性陈述或重大遗漏而遭受损失的,保荐人应承担连带赔偿责任,除非保荐人能够证明自己没有过错。

科创板试行强制保荐人相关子公司跟投制度。发行人的保荐人设立的相关子公司或者实际控制该保荐人的证券公司依法设立的其他相关子公司,应当参与相应发行的战略配售,强制跟投的主体应当接受股票转让限制。② 参与跟投(配售)的保荐人相关子公司应承诺以发行价认购2% ~5%的首发股票,未实施跟投的应当中止发行。③ 中止发行

① 参见黄明、郑晓毅、梁牧笛:《科创板投资者保护问题介绍》,载郭文英主编:《投资者》(第6辑),法律出版社2019年版,第25页。

② 参见《上海证券交易所科创板股票发行与承销实施办法》第18条。

③ 参见《上海证券交易所科创板股票发行与承销业务指引》第18条。

后,符合有关规定方可重启发行。① 强制跟投制度有两个方面的作用:一是让保荐人成为转让股票受到限制的战略投资者,迫使保荐人为自己利益着想,不仅排查风险点,并且发现好公司;二是由于保荐人在实践中通常也具备承销商身份,强制保荐人相关子公司参与配售,可在很大程度上确保定价的合理性。此外,为避免利益输送和监管套利,跟投主体不得直接参与定价,认购股票必须使用自有资金,认购股票所占比例必须处于规定区间,转让因跟投而持有的股票还要受到限制。

(2)承销商

承销商是指根据承销协议依法协助发行人销售股票的市场中介机构。承销商按照既定程序向特定投资者征询价格意向并据此形成最终的证券发行价格。在核准制下,发行数量受到管制,经核准的股票呈现供不应求的局面,但发行价格同时也受到行政管制,承销商按照市场逻辑定价的意愿不足。在科创板注册制下,发行数量、发行价格均由市场决定。承销商需要发挥专业作用,运用对企业性质、市场需求等方面的专业知识和经验,协助发行人制定发行方案,为发行人股票确定合理的、容易被投资者接受的价格。另外,承销商有义务核查发行募集文件。承销商通常参与发行募集文件的制定并从承销活动中获取利益,故承销商应当就发行人是否切实履行信息披露义务进行把关。承销商应对披露信息进行核查;发现存在虚假记载、误导性陈述或者重大遗漏的,不得开展销售活动;已经销售的,必须立即停止销售并采取措施纠正。投资者因披露信息存在虚假记载、误导性陈述或重大遗漏而遭受损失的,发行人、上市公司应当承担赔偿责任,除非能够证明自己没有过错,承销商应当对投资者损失承担连带赔偿责任。

3.构建责令购回制度

根据《关于在上海证券交易所设立科创板并试点注册制的实施意见》第19条的规定,责令购回制度是针对欺诈发行行为专门设立的一种可以为投资者提供直接经济赔偿的新型机制。由于责令购回制度是通过监管机构作出决定的方式实施的,在性质上应当属于行政监管措施。发行人通过欺诈手段通过审核发行上市的,证监会有权责令欺诈发行上市的发行人及其控股股东、实际控制人购回已发行在外的股票。② 责令购回制度是投资者在诉讼之外权利获得救济的途径,不仅能减轻投资者举证负担,节省因诉讼产生的各项支出,还可以大幅缩短投资者获得经济赔偿的时间。

4.引入投资者适当性管理

科创板实行投资者适当性管理制度,申请开通科创板股票交易权限的个人,应在申请前20个交易日账户内资产日均不低于50万元,并且参与证券交易24个月以上。③ 科创板的投资者适当性管理制度从金融资产与投资经历两个维度为投资者设定准入门槛,拥有一定金融资产说明投资者有能力承受投资风险,拥有投资经历说明投资者掌

---

① 参见《上海证券交易所科创板股票发行与承销实施办法》第11条。

② 参见《上海证券交易所科创板股票发行与承销业务指引》第67条、第68条。

③ 参见《关于科创板投资者教育与适当性管理相关事项的通知》(上证发〔2019〕33号)。

握了一定投资经验、有能力识别投资风险。金融资产与投资经历两种指标的结合提升了对投资者考察的全面性,使有资格开通科创板交易权限的投资者兼具风险识别与承受能力。

"适当性"(suitability)原本是一种中介机构的义务,指的是中介机构提供的产品或服务与客户的财务状况、投资目标、风险承受能力、财务需求、知识和经验的符合程度;对中介机构的"适当性要求"(suitability requirements)是指机构向零售客户推荐购买特定的金融工具时要判断投资者是否适当的任何要求。① 我国实行投资者适当性管理制度,拓展了适当性的传统含义,赋予自律监管者管理投资者交易权限的职能。在交易所层面,投资者满足有关资质要求的,交易所方可开通对应的交易权限。一级市场与二级市场具有延续性,一级市场认购股票的投资者未开通有关交易权限的,其持有的股票无法在交易市场流通,也就是说,只有符合适当性管理有关规定的投资者才能认购计划上市交易的新发行股票。具体到科创板,投资者要认购新发行的股票,必须符合投资者适当性管理制度的有关资质要求并申请开通交易权限。

科创板是在主板、中小板和创业板以外新设的一个市场板块。科创板开展注册制试点,实行交易所与证监会分工审核的新型监管体制。基于披露为本的原则,科创板的发行条件只要求发行人披露"股票的真相",证监会在发行注册程序中不再判断股票投资价值。预设实质性指标的上市条件包容性强,上市交易的公司行业归属、商业模式、盈利特征、发展前景等均不同于传统上市公司。不仅如此,科创板在允许特殊股权结构的发行人上市交易、严格实施退市制度等多项基础制度方面与之前的市场板块存在较大差异。投资者因而在新旧转换的过程中面临风险,主要表现为投资者对新投资环境的不熟悉、不适应。实行投资者适当性管理制度是对投资者的一种保护,开通科创板交易权限的投资者具备的风险识别和承受能力足以让他们应对面临的风险。此外,科创板不拒绝不符合适当性管理制度有关规定的投资者分享改革发展红利,尽管无法直接参与科创板市场交易,但上述投资者可以通过公募基金等方式间接参与科创板交易。

四、结语

科创板注册制试点贯彻"使市场在资源配置中起决定性作用"的原则,紧紧抓住审核体制改革的关键点,以审核权限的合理分配为基础,厘清监管机构审核目标、强化交易所审核职能,促使审核体制朝市场化的方向大幅迈进。市场在资源配置中起决定性作用,但并不是全部作用;应当更好发挥政府作用,维护市场秩序、弥补市场失灵。② 针对新型审核体制中比较突出的交易所利益冲突问题,监管机构要对审核规则进行把关,监督交易所的审核工作,并对重大违法违规行为实施全过程监管。注册制改革既要创新审核体

---

① See Basel Committee on Banking Supervision, "Customer Suitability in the Retail Sale of Financial Products and Services", 2008, available at: https://www.bis.org/publ/joint20.pdf.

② 参见《关于〈中共中央关于全面深化改革若干重大问题的决定〉的说明》,载人民网:http://cpc.people.com.cn/xuexi/n/2015/0720/c397563-27331312.html,最后访问日期:2020年6月19日。

制,也要推动市场生态的向好转变,还要重塑有关制度体系、营造市场机制有效发挥作用的制度环境。落实发行人主体责任、中介机构的归位尽责、投资者的有序参与及救济渠道的畅通都是营造良好制度环境的必需。时至今日,创业板注册制落地,新三板注册制改革预期不久后推出,科创板注册制试点的改革模式相继推开。我国已有 3 个全国性证券交易场所,如何既维护法制统一又实现各交易所有关板块的差异发展,如何在确保各板块差异性的同时避免"朝底竞争",这些都是证券交易所主导发行上市审核体制带来的新课题。尽管在改革的进程中会遇到这样或那样的问题,但只要选择正确的方向、保持改革的定力,中国式的股票发行注册制改革定当未来可期。

股东表决权征集规则的功能定位与制度构建

——以上市公司中小股东保护为中心

张　彬*

摘要:股东可以通过征集表决权在没有公司控制权的情况下表达自身利益诉求,因此,表决权征集活动发挥着保护中小股东利益的功能。但表决权征集活动的各方参与人之间存在信息不对称、权力不对等、沟通渠道匮乏等不利因素,故需要构建相应的征集规则对各方行为模式与相应权利义务进行调整。我国表决权征集规则的欠缺已经导致了中小股东诉求表达的困难,因此亟须通过扩大征集权主体,细化信息披露,强化行政监管,约束提案排除权,设立中小股东交互平台等方式构建我国的表决权征集规则,以充分保护中小股东利益。

关键词:表决权征集　股东保护　提案　交互平台

近年来,我国证券市场上出现了多起表决权征集行为,并引发了公司控制人与外部股东之间的冲突。但我国目前针对表决权征集行为并无具体化的规则,而学者的研究也往往聚焦于表决权征集行为的国外法比较,并简单提出自己的立法意见;甚至也有研究者认为,随着公司投票的网络化,表决权征集规则似已显得没有必要。域外表决权征集规则的发展已将近一个世纪。但如何将域外庞杂的立法与表决权征集的中国特色与信息科技这一时代特色相结合以构建我国当前的表决权征集规则,目前依然没有被我国学者深入探讨。本文便将从表决权征集的功能诠释出发,发掘表决权征集活动在今天的规制意义,同时对表决权征集规则中最能够体现制度目的的规则加以提炼,为构建我国表决权征集规则提出解决方案。

一、表决权征集的功能嬗变:从行为代理到中小股东保护

根据公司法经典理论,公司股东享有公司剩余财产分配权,因此,公司制度将重大事项表决权赋予公司股东而非债权人,能够对公司组织生产的效率提升产生激励效果。这一理论进路其实早在20世纪20年代,随着美国公众股东的出现而遇到了挑战。在伯利

* 郑州大学法学院讲师。

与米恩斯的经典著作中,由于持股分散导致公司大量股东消极参与公司治理,怠于行使表决权。[①] 随着上市公司股权分散度的提高,公司社会化程度加深,股东亲自参加股东大会进行表决的已经越来越少。[②] 这种现象导致了股东与管理者之间的代理成本升高。公司治理在很大程度上便围绕降低代理成本进行着制度演进,而表决权征集作为一种便利股东参与公司治理的措施被投资者们广泛采用。

表决权征集,又称为表决权委托书征集,属于股东表决权委托的一种。从形式上来看,表决权征集属于委托合同的一种,公司股东委托其他人(股东或者管理者),按照自己的意愿行使表决权。最初,委托他人行使表决权,仅具有民事法律关系上的意义,属于股东的个别的,偶尔性的行为。但随着表决权征集行动逐渐成为规模性、经常性的行为后,它开始具备了重要的公司治理价值。

这一现象背后具有深刻的经济理性。于股东而言,行使表决权是有成本的。一个人如果希望能够理性地以"个人利益最大化"行使表决权,就需要对公司事务能够进行深入分析与了解。与此同时,该股东如果持有的股权有限,将很难通过自己的表决行为影响公司政策的选择。大部分公众公司股东在面对公司治理效率低下,更倾向于采取卖出股票,而非行使自己的表决权,即"用脚投票"。[③] 表决权征集行为有效解决了这两方面的问题。首先,表决权征集行为往往是由某个具有公司控制权意图的机构发起,因此,它必然对行使某种表决权造成的结果有着清晰的判断并将该信息传递给公众股东。这种判断,能够有效降低中小投资者的知识成本。我国有学者通过对深圳交易所的研究发现,即使有便利的网络投票平台,中小股东依然怠于行使自己的表决权,但却乐意通过其他股东的表决"搭便车"。[④] 其次,通过表决权征集,原本分散的社会股本以"表决权征集人"为中心形成"再聚集",具备影响公司政策的效果。原本分散的股东博弈,在明确的表决权征集过程中,成为整合性的力量,降低股东博弈的不确定因素。表决权征集行为的出现,激活了沉睡的大众股份,焕发了它们在公司治理中的价值。

首先发现这些沉睡股份价值的是公司潜在的收购者。他们如果想要获得公司控制权,需要通过各种方式购买公司股票,但这种方式成本高昂,证券市场会对收购行为迅速做出反应,股价抬升,并且现有市场中未必有足够获取控制权的股票流通。但收购者可以通过获取公众股东的支持,以"集腋成裘"的方式获取足够的控制权股票数。[⑤] 公司管理者也同样会带有私利性的目的采用表决权征集。根据公司法基本理论,股东通过形式

① 参见[美]阿道夫·A. 伯利、[美]加德纳·C. 米恩斯:《现代公司与私有财产》,甘华鸣、罗锐韧、蔡如海译,商务印书馆 2005 年版,第 6 页。

② See Richard W. Duesenberg, "The Proxy Rules and the Proxy Fight", 5 *Buff. L. Rev.* 286 (1956), p. 287.

③ 徐明、杨柏国:《经济危机下的公司治理问题及应对》,载《法学》2010 年第 6 期。

④ 参见孔东民等:《冷漠是理性的你吗? 中小股东参与、公司治理与投资者保护》,载《经济学》(季刊)2012 年第 1 期。

⑤ 参见徐孟洲、葛敏:《委托书收购的立法思考》,载《法学杂志》2001 年第 1 期。

表决权对公司管理者进行选任,能够有效降低代理成本。但表决权征集同样会被公司管理者所用,成为抵御自己被投资者替换的有力工具。公司管理者会利用自己对公司事务的熟稔,向"无知"的公众股东征集特定事项表决权,以获取公众股东对管理层意思的支持,提高"股东—管理"之间的代理成本。① 机构投资者的出现也为表决权征集行为引入了新的动力。这些机构投资者持股量巨大,二级市场的卖出行为会导致严重的经济损失,他们更倾向于通过直接干预公司治理,提升自己的持股收益。② 他们将充分利用自己持股表决权与可征集到的表决权以确保自己的意志在公司治理过程中得到表达。

表决权征集的出现为公司治理带来了全新的图景。在传统的"伯利与米恩斯"场景中,公众股东是消极的,公司实际上的控制权掌握在公司管理层手中。但表决权征集,为公众股东参与公司治理提供了渠道,将公司股东"直接行使"表决权的行动,转化为了"间接行使"表决权。彼得·霍尔的理论认为,公司表决权的汇聚能够实现对公司管理层的矫正性约束(corrective discipline),通过公司内部竞争,对不合格的管理层形成压力,发挥对投资者保护的功能。③ 征集行为的引入,为公司治理过程中的"内部竞争"提供了平台。不同治理方案的提出者,可以通过征集行为获取足够多的支持者。他们在这个过程中,必然还需要对行使自己的表决权正当性、价值性进行说明和论证。这种内部竞争,具有提升公司治理效率的价值。

因此,表决权征集行为,已经彻底摆脱了早期仅仅作为合同法调整对象的委托行为特征,而是发挥着中小股东利益保护的制度功能。

二、表决权征集行为的规制必要性

表决权征集具有中小股东保护的制度功能。但若要充分发挥该功能,不能仅期望表决权征集人的良善行为行为。市场研究采用"经济人"假设,认为任何主体均可以自己利益最大化的方式行事,若无法律规制,则当个人利益与他人利益相冲突的时候,必然无视他人利益。表决权征集人、被征集人、公司控制权人之间的力量格局,权力关系,诉求目的都存在差异与冲突,这就为法律介入表决权征集活动,监管制定规则提供了前提基础。正如美国著名学者路易斯·罗斯教授所言,随着公司股东会上表决权与控制权的分离,股东大会的意义取决于表决权征集制度。如果不对该制度进行规制,表决权征集将助长公司管理层的不负责任行为;规制到位,则可能成为挽救现代公司制度的重要武器。④ 具体而言,由于以下几个原因,表决权征集行为必须受到规制。

(一)表决权征集主体间的信息不对称

表决权被征集人之所以同意将自己的表决权委托给其他人,主要有3种原因:第一

① 参见董新义:《论上市公司股东代理权征集滥用的规制》,载《财经法学》2020年第3期。

② 参见梁上上:《股东表决权:公司所有与公司控制的连接点》,载《中国法学》2005年第3期。

③ See Holl Peter, "Control Type and the Market for Corporate Control in Large U. S. Corporations", *Journal of Industrial Economics*, 1977, Vol. 25, pp. 259 - 273.

④ See Louis Loss, *Fundamentals of Securities Regulation*, Little Brown & Co., 1988, p. 450.

种原因最为直接,即解决股东不便到场的问题。被征集人由于无法亲自参加股东会,因此将表决权交给征集人代为行使。这一原因随着投票网络化已经基本消失。第二种原因则是被征集人的表决意愿不明晰,因此消极对待表决权。而征集人的征集行为,通过对表决事项的说明与论证,导致被征集人产生了表决意思,从而愿意将表决权委托给征集人。第三种原因则是股东有自己的表决意思,但由于持股数量较少,难以实现自己的表决目标,而表决权征集人则通过提出具有代表性意见的表决书征求意见,将散落在市场中的表决权人意见集合在一起,形成合力。

随着互联网技术的应用,无法亲自参会导致的表决权征集书已经逐渐丧失了意义。表决权征集更多地发挥了一种集合中小股东意见,形成表决权合力的功能。在这个过程中,表决权征集人之所以能够帮助被征集人产生明确的意思表示,关键在于征集人与被征集人之间存在着显著的信息不对称,并且征集人通过信息的提供、解释、说明、论证等方式,将信息传递给被征集人。

这种信息上的不对称,在股东具有善意时,可以提高公司治理水平的工具,但如果征集人本身存在恶意,如牺牲中小股东利益满足自己的私利,则这种信息不对称将成为伤害中小股东的利器。[①] 比如,公司董事会可以以提高公司管理层激励为由征集发放高管期权的表决权征集书,但实际上,董事会是为了获得足够的表决权向内部管理人发放远超绩效水平的福利,从而摊薄公司股东每股收益。

公司表决权征集虽然具有保护中小股东的制度可能,但由于征集人本身也是信息优势方,在没有法律责任的约束下,不仅不会帮助小股东对抗公司控制权人的压迫,甚至可能成为新的压迫者。因此,监管者需要提供规则以规范表决权征集人的行为。

(二)表决权征集行为的经济性

表决权征集行为发生在公司、股东、管理层多方主体之间,涉及大量成本。比如,表决权在征集过程中的信息收集、发布、委托书的制定、统计,均需要专门机构、律师提供相关服务。这些行为的费用如何承担,看似是一个经济问题,却实质上影响表决权征集行为所能够发挥的实效。如果表决权征集行为过于随意,将可能导致公司资材的无故耗费,同时也会影响公司股东大会正常召开的秩序。而如果表决权征集行为规则过于严苛,则可能会导致公司管理层利用相关规则,排斥影响自身利益的征集行为。

因此,法律规则应当对表决权征集活动设置一定的门槛,同时还必须对管理层在对表决权征集进行过程中的权力进行规范,避免以经济问题为借口对股东的表决权征集行为进行不正当的干预。

(三)表决权征集行为的外部性

在经济学上,外部性是指对合同缔约方之外的第三人所产生的效应。表决权征集行为,虽然是委托书征集,但从委托产生的原因来看,与一般民事委托不同。一般民事委

---

① See W. McNeil Kennedy, "Proxy Regulation", 20 *Bus. Law*. 273(1964), p.275.

托,委托人是寻找被委托人并交代事务,该委托行为仅仅对委托人与被委托人产生法律上的效力。而表决权征集行为,则是被委托人主动积极地寻找委托人,并允诺按照某种方式进行表决。因此,表决权征集人的意思,便会成为未来公司股东大会召开时一项可能的股东提案,并从根本上影响到公司治理,从而影响到与该公司所有存在利益相关关系的主体,产生巨大的外部性。

同时,表决权征集行为也不同于一般的表决权委托。在"一对一"的表决权委托关系中,表决权委托人与被委托人之间依然是私人之间的关系。二者仅仅需要通过彼此之间的意思表示,通过协商与交易,由被委托人行使表决权。只要二者之间不产生公司收购、控制权转移等实质法律后果,依靠合同法便可以进行调整。但表决权征集行为,涉及"一对多"的关系,众多小股东将围绕表决权征集人形成足够产生公司治理影响的表决权聚集,将对参与表决权委托的各方产生一定的经济外部性,影响上市公司的公司治理与证券市场表现,因此应当超出合同法的范畴,统一规制。

需要说明的是,表决权征集规则调整的是表决权征集过程中的征集人与被征集人行为,旨在保护征集人的征集权与被征集人的知情权。但表决权征集中的股东委托依然属于股东行使表决权的方式之一,属于股东的意思表示。表决权征集行为可能会导致公司收购、控制权转移、股权激励等各种实质性后果,并因此落入上市公司重组与收购、上市公司控制权变更、一般信息披露等规则的调整范围。表决权征集规则无意解决上述已经有具体规则调整的对象,而仅仅调整在表决权征集过程中的各种行为,因此,本文对于表决权委托、信托、征集等各种意思表示行为所引发,具有证券法调整意义的市场行为不做讨论。

三、表决权征集规则的基本内容——以美国为例

以拥有较为发达的表决权征集制度的国家——美国为例,表决权征集制度虽然已经形成了很复杂的一套体系,但制度构建的基本原理在于充分保障被征集人的知情权以消除公司征集人与被征集人之间的信息不对称,同时便利征集人发起征集行为以实现中小股东的自我保护。

(一)表决权征集的信息披露规则

表决权征集的主要规制是信息披露实现。美国监管者通过制定详细规则,将表决权征集过程中需要详细披露的信息进行规定。

1. SEC规则层面的信息披露内容

美国14(a)规则对表决权征集行为进行规范。美国证监会(U. S. Securities Exchange Commission, SEC)规定,表决权征集人必须提交给SEC一份征集陈述书,并且陈述书必须符合如下要求:(1)对信息的呈现形式进行要求。比如,在陈述中的所有内容都必须清楚的表达,文件的标题应当选择最贴近文件具体内容的名字。表述数量的表述必须以数字的形式出现。(2)披露的内容必须严格按照SEC统一制定的文件进行提交。①

① C. F. R. §240. 14a-5.

(3)对披露文件的内容进行细致规定。SEC 将表决权征集过程中所需要披露的信息制作成了附表 Schedule A,其中规定了多达 20 多项内容。其中比较重要的有:(1)委托书本身的法律效力。对委托书是否可以撤回,以及撤回相关程序进行披露。该条披露有助于表决权被征集人可以明确自己委托行为的法律效果。(2)表决权征集人信息。表决权征集是征集人实现自己公司治理目的的重要方式,征集人信息的披露可以让被征集人了解征集人的身份背景,从而对征集行为可能发生的后果进行推断。(3)股东会待决事项与特定人关系。通过这项披露,被征集人可以自行判断待表决事项对相关人产生的影响。(4)股东权利分布,这项披露包括表决权持有者的情况,公司股票期权、优先购买权等权利的分布。(5)对待决事项的解释。[①] 表决权征集活动本身便是将信息从优势方向劣势方传递的过程。对于大部分股东而言,可能无法理解公司披露的相关财务信息,治理结构,因此无法真正形成自己的意思。而解释环节,则帮助公司股东对待表决事项获得一次充分理解的机会,从而帮助自己形成有效的意思。

在美国实践中,上市公司严格遵守 14(a)规则所要求的信息披露义务,在进行表决权征集过程中,对待决内容及相关利益人的情况进行详细表述,同时对表决权行使的方式进行建议与解释,对保障公司股东的表决权行使发挥了积极的作用。以沃尔玛公司在 2013 年的一份征集陈述中为例:该公司在 2013 年 7 月份的股东大会上一共需要通过 8 项决议,其中包括董事选举、公司管理层薪酬、管理层股权激励计划。仅仅 8 项决议内容,文件的总篇幅便达到了 80 页左右,总字数超出 5 万个单词。[②] 通过查阅美国 SEC 网站的信息披露系统"Edgar"可以看到,大量公司的征集陈述书文件的篇幅普遍超过 50 页。沃尔玛公司的征集陈述书并非极端案例。虽然篇幅长短并不能够直接表明文件中信息披露的详尽程度,但至少也可以从侧面反映出,美国披露文件中所包含的信息量是巨大的。

以该文件第 5 项提案为例,有一些股东提交股东会审议的一项提案是,沃尔玛公司应当修改章程,以允许股东召开特别股东会对公司的重大事项进行投票。沃尔玛公司在转述股东提案后,立刻公司管理层的薪酬情况予以汇报。随后,沃尔玛董事会建议股东在表决权征集文件上持否决意见。为了阐明这一意见,沃尔玛公司告诉股东,如果允许股东随时召开特别会议,那么股东将可能为了临时的、短期的利益而对公司的经营战略造成重大影响,从而损害公司的利益。同时,股东担心的公司治理问题,在公司现有的治理结构内能够得到顺利解决,其中包括公司管理层的信义义务,以及对公司现有可以反映股东对公司意见的渠道。另外,沃尔玛公司还对公司适用的法律进行了解释,并告诉股东在公司重大事项发生时,已经拥有了足够的权力对公司行为进行认可或者否决。因此,公司董事会建议,股东应当在表决权征集书上反对这项提案。

---

① C. F. R. §240. 14a－101.

② See Walmart, "Proxy Statement Pursuant to Section 14(a) of the Securities", https://www. sec. gov/Archives/edgar/data/104169/000130817913000238/lwalmart_def14a. htm#_N15F40, visited at 9th. Sep., 2018.

2. 法院对表决权征集规则的司法补充

美国法院除SEC制定的规则之外,美国司法系统针对表决权征集问题,也做出了一些重要判断。这些判决填补了SEC规则中,对表决权征集信息披露内容不足的漏洞。无论监管者制定的信息披露表格的内容多么完整,也不可能穷尽在市场上对表决权被征集人决策有重要影响的信息类型。因此,在行政立法之外,美国依然由法院系统,在具体个案上,对表决权征集活动中的信息披露标准进行认定。而其中最为重要的便是根据"重大性标准"对信息披露行为进行规制。

美国第二巡回法院在Maldonado v. Flynn案中认为,SEC制定的表决权征集规则仅仅是强制标准,但一项征集活动不能由于符合该标准,便有权免除司法程序对其行为合法性的审查。法院有权以"重大性"为标准,要求征集人将其他未能明确规定披露,但确对被征集人决策有重大影响意义的信息进行披露。① 在TSC Indus v. Northway Inc.案中,法院认为,所谓重大性是指"一个理性的股东进行表决时可能会考虑的重要信息"。在此处,重大性标准的认定采用了拟制的理性人标准。

法院不仅仅要求在表决权征集过程中不得出现明显虚假的信息,还不允许表决权征集书中出现具有误导性的信息。例如,在Berkman. v Rust Craft Greeting Cards, Inc.一案中,Rust Craft就选举董事征集表决权时,公司董事会未能披露被选举董事与公司存在利益冲突的这一事项,因此被法院认为征集书本身存在误导性,②从而认为征集表决权的董事会违反了禁止虚假陈述的义务。除此之外,法院还就表决权征集的信息披露提出了公开表决权征集意图、公司诉讼、公司政策等一系列要求。这些要求共同构建起了表决权征集的信息披露体系,为保证表决权出让人的知情权发挥着重要作用。

任何规则缺乏责任的制约,都将退化为一种倡议性行为规范,而失去对市场主体的威慑力。美国针对表决权征集过程中提供虚假或者误导性信息的行为制定了严格的行政、民事与刑事责任。

其中,关于表决权征集规则的14a-9规则,就类似于证券交易规则的10b-5规则,属于反欺诈条款,对违反相关规则的主体进行民事责任追究。③ 根据该条款,"以任何形式的投票委托书、授权表格、会议通知或者其他书面或口头的通信方式征集他人投票委托时,不得对任何重要事实进行在当时情况下具有虚假或者误导性质的陈述;不得遗漏任何足以使该陈述失去真实和准确性的重要事实;不得遗漏未纠正此前就此问题做出的在当时真实、准确但现已具有虚假或误导性质的陈述而必须披露的重要事实"。④ 该条款创设了由于被虚假或误导性信息导致行使表决权失误的股东民事诉权。联邦最高法院在Mills v. Electric Auto-lite Co.一案中认定,原告方只要证明委托书征集行为本身与

---

① Maldonado v. Flynn, 597F. 2d 789, 796, n9 (2d. Cir. 1979).

② Berkman. v Rust Craft Greeting Cards, Inc., 454. F. Supp. 787 (S. D. N. Y. 1978).

③ Richard W. Duesenberg, "The Proxy Rules and the Proxy Fight", 5 *Buff. L. Rev.* 286 (1956), p. 295.

④ C. F. R. § 240. 14a-9.

公司完成相关交易之间存在实质性关系，便可以证明虚假或误导性的表决权征集行为对股东损害存在因果关系，从而被告将需要对原告作出民事赔偿。① 同时，法院对违反表决权征集程序的行为，还有权发出禁令，防止违反征集规则的行为发生，对违法一方进行行为上的规制，甚至推翻已经决议的股东会表决事项。②

（二）费用承担规则

公司股东会是由公司董事会召开的。可以想见，董事会会期望股东会能够按照自己的意愿推进公司的各项议程，会希望公司股东能够批准自己准备的提案。同时，对动摇自己董事会成员地位的提案具有强烈的排斥。而且董事会也不期望公司小股东动辄发起表决权征集，将不期望的提案提交到公司股东大会上进行表决。而股东之所以需要采用表决权征集的方式，也往往意味着公司股东所持有的股份不够，无法在股东大会上占据优势地位。因此，在表决权征集规则中，有必要对股东提出表决权征集提供一定的激励措施。

制约股东发起表决权征集最重要的原因在于征集表决权的成本。在表决权征集过程中，股东需要面对公众发布表决权征集公告，并雇用专业人士对表决权征集内容进行起草与审核。而表决权征集活动如果失败，则无法达到表决权征集的目的。较高的征集费用与较低的成功可能，导致表决权征集活动极易受到挫折。③ 而如果将此项费用纳入公司费用之中，则可以大大降低公司股东进行表决权征集活动所存在的顾虑。

要求费用由公司承担，同样是一柄“双刃剑”。费用由公司负担，固然会对股东发动表决权征集活动有所激励，但同样也可能鼓励恶意表决权征集人通过征集行为为公司股东大会制造干扰，甚至不当干涉公司治理，实现自己的私利。

为了能够尽可能地将表决权征集规则控制在对公司及股东有利的范围内，美国监管者规定只有当股东持股市值达2000美元或者大于1%表决权时，才可以使用公司经费提出议案。④ 在这样的费用分担机制下，表决权征集行为，将有效地对具有股东意愿基础的表决权征集行为纳入公司股东大会。而那些为了股东个人私利的表决权征集，便需要由自己承担成本，自然遏制了一部分非必要的表决权征集活动。⑤

（三）提案规则

表决权征集规则中必须包含提案规则。直观来看，表决权征集规则与提案规则似乎属于不同的公司治理规则。但其实，在表决权征集规则中必然包含提案规则。

股东提案，是指股东在股东大会召开时，将某项与公司有关的意见提交到公司股东

---

① Mills v. Electric Auto-lite Co., 90 S. Ct. 616 (1970).

② 参见罗培新：《股东会委托书征求制度之比较研究》，载《法律科学》1999年第3期。

③ See Jayne W. Barnard, “Shareholder Access to the Proxy Revisited”, 40 *Cath. U. L. Rev.* 37 (1990), p. 39.

④ C. F. R 14a－8(b).

⑤ 参见刘胜军：《论我国上市公司股东提案权——以美国法为借鉴》，载《河北法学》2016年第9期。

大会上,供股东进行表决。股东必须通过提案的方式才能将自己的意见呈现于公司治理的视野之内,从而得到股东大会表决通过,并最终得以实现。因此,股东提案的最终目的是获得公司多数表决权。

但股东提案能否得到充分的表决权,有两大障碍。一项障碍是股东提出议案后,能否被董事会列入。对于董事会而言,股东提案可能与自身利益相符,也可能相悖。对于相悖的提案,董事会作为股东大会召集人,很可能采用拒绝列入股东大会议程的方式予以排除,从而使该项股东提案从根本上失去了被表决通过的可能。另一项障碍是,对于小股东而言,即使有项提案得到董事会认可,被成功提交到股东大会上,也可能由于参与股东大会的小股东人数过少,同时也得不到大股东的支持而导致失败。因此,当小股东或者缺乏充分表决权的相对多数股东而言,均需要对其他股东发出表决权征集才可能通过自己的提案。

股东提案的最终目的是获得足够的表决权,而表决权征集恰恰是实现股东提案,尤其是小股东提案的最重要方式。而大股东或者董事会若要排除一项有威胁的被征集提案,也往往是通过股东提案排除的方式避免该项提案在股东大会得到表决。

因此,表决权征集规则中必须包含提案规则,以明确哪些提案可以被合法地排除,并且提案规则中必然需要表决权征集规则的支持,以便于提出提案的中小股东能够便利地向其他股东进行表决权征集以实现提案通过的目的。有学者将股东提案规则生动地表述为"嵌于"表决权征集规则之中。① 在表决权规则最为发达的美国,提案规则的确是作为表决权征集规则的一部分,通过14a－8规则进行规定的。

美国14a－8规则,于1942年由美国SEC颁布,并在随后的几十年不断修订,反映出社会对公司治理观念的变化。比如,在1954年的版本中,股东若提出关于经济、政治、种族、宗教等方面内容的提案,董事会可以合法地予以排除,以避免与公司业务并无直接相关关系的内容占用公司资源。而随着公司的社会责任观念兴起,股东开始有权提出与社会责任有关的议案。② 议案排除规则,反映了一国公司治理与市场监管的理念变迁。

虽然具体的排除内容可以随着时代与国别的差异有所不同,无须严格效仿,但必须明确的是,董事会排除提案的权利必须受到法律制约,否则股东提案根本无须走到表决权征集环节,便会失去得到表达的机会。

因此,在提案规则中更有意义的是对董事非法排除提案的法律救济。美国SEC是通过"无异议函"的方式来监管议案排除行为。具体而言,是指当公司董事会认为某提案符合排除范围,则应当向SEC报告排除提案的内容。如果SEC认可董事会的决定,则会签发无异议函。董事会便可以合法的排除议案。③ 否则,SEC将对董事会提出诉讼。这种

---

① 参见刘胜军:《论我国上市公司股东提案权——以美国法为借鉴》,载《河北法学》2016年第9期。

② 同上。

③ Keith F. Higgins, "Rule 14a－8: Conflicting Proposals, Conflicting Views", https://www.sec.gov/news/speech/rule－14a－8－conflicting-proposals-conflicting-views.html, visited at 6th Sep., 2018.

监管方式能够有力监督董事会排除提案的行为，而且相较于股东提案权受到侵害后由股东提出诉讼，更具有经济与时间上的成本优势。

只有股东能够合法且有保障地提出提案，该名股东才能够继续对该提案进行表决权征集，并有可能实现中小股东在公司治理中的利益诉求

（四）小结

美国也是通过70余年的不断完善，才将表决权征集规则发展至今天的水平。规则虽然看似复杂，但其内在逻辑无外乎充分保障表决权征集人合法表达股东诉求的权利与表决权被征集人知情权。围绕这一逻辑构建出的表决权征集规则能够真正发掘中小股东表达诉求的潜力，实现公司治理中不同利益主体之间的互动与博弈，并不断通过竞争性的意见表达，不断提高公司治理的水平。

四、我国的表决权征集规则缺失及其弊端

我国表决权征集规则目前只有原则性规范。例如，《上市公司章程指南》第78条规定："公司董事会、独立董事和符合相关规定条件的股东可以公开征集股东投票权。征集股东投票权应当向被征集人充分披露具体投票意向等信息。禁止以有偿或者变相有偿的方式征集股东投票权。公司不得对征集投票权提出最低持股比例限制。"但至于如何征集，如何披露信息，什么是符合条件的股东，均没有相应的法律法规对其进行解释。在《股票发行与交易管理暂行条例》第65条也仅仅简单规定，"股票持有人可以授权他人代理行使其同意权或者投票权。但是，任何人在征集二十五人以上的同意权或者投票权时，应当遵守证监会有关信息披露和作出报告的规定"。

一方面是监管规则的不完善，而另一方面却是我国表决权征集行为已经随着我国表决权不断分散的现实而逐渐变得活跃。例如，2018年8月25日上海神开石油化工装备股份有限公司独立董事便向股东征集意见，就罢免公司董事的议案进行表决权征集。ST新梅改选公司董事会方案也同样是由中小股东将表决权委托给公司的几位积极股东实现公司治理。更有名的案例是在2005年7月，某律师以科龙股东的身份发起表决权征集。

目前，在我国表决权征集的实践活动中，较为突出的问题是如下几点，而本文提到的这些要点，均体现出了当前表决权征集规则对中小股东保护的不足。

（一）表决权征集过程中股东诉求难以得到表达

我国表决权征集主体不明确是我国目前表决权征集制度中最显著的问题之一。在ST新梅表决权征集一案中，ST新梅公司认为，根据《公司法》第102条第2款的规定，单独或者合计持有公司3%以上股份的股东，可以在股东大会召开10日前提出临时提案并书面提交董事会；董事会应当在收到提案后2日内通知其他股东，并将该临时提案提交股东大会审议。临时提案的内容应当属于股东大会职权范围，并有明确议题和具体决议事项。结合上述规定，单独或者合计持有公司3%以上股份的股东有权提出临时提案，且该提案应提交董事会，并由董事会通知其他股东、提交股东大会审议。综上所述，鉴于相关法律法规未就向股东公开征集股东大会提案权的行为作出明确规定，因此，新梅公司

的律师认为,征集人向上海新梅全体股东征集股东大会提案权的行为不存在法律依据。[①]可以说,主体上的不明确对实施表决权征集已经造成了相当大的障碍。

前文已经论述,股东提案权与表决权征集在中小股东提出诉求的场合下,为不可分离的相关规则。公司法虽然提供了简单的股东提案规则,但并没有将股东表决权征集规则纳入。表决权征集并不等于股东提案。即使股东提案存在门槛上的限制,表决权征集人依然可以为了实现提案所要求的最低持股标准向不特定的股东发出表决权征集,从而达到提案规则所要求的最低表决权数量。正是由于我国没有完整的表决权征集规则,才导致在表决权征集实务中出现争议,并进一步导致由大股东选举的董事会对中小股东提案的忽视。

当法律没有规则予以指导,公司股东提案与表决权征集行为便会落入公司章程的自治规制范围。我国上市公司章程中或者由大股东控制下的股东会其他文件中,恰恰对股东行使表决权征集权设置了重重障碍,如持股比例、持股时间、董事会审查等。

(二)表决权征集行为失范导致中小股东诉求渠道的淤塞

表决权征集行为不仅仅是为了实现表决权委托行为,更重要的制度意义在于为中小股东提供意见表达的平台。通过这样的平台,由于持股数量较少而被忽略的中小股东诉求,才可能通过表决权征集程序汇聚成足以产生与大股东抗衡的股东意见。

但中国资本市场发展不成熟,尤其是对中小股东的保护一直处于较为滞后的状态,因此,一般股东缺少通过表决权征集来表达诉求的意识与渠道。

虽然从数量上来看,我国表决权征集行为并不多,但数量上的稀少不一定是股东需求不足导致。根据"幸存者效应",如果表决权征集行为本身面临诸多障碍,那么进入公众视野的征集行为本身的稀少本身不是说明市场需求少,而是说明行为面临的障碍多。事实上,从互联网股东发声的各类平台,如贴吧、论坛等媒介中可以看到,我国中小股东的不满诉求非常多,但这些不满未能汇聚成足以产生提案的表决权数量,也许就意味着我国表决权征集行为的确面临着诸多障碍与指导。

(三)信息披露规则的缺失导致中小股东知情权受损

我国缺乏表决权征集过程中的信息披露规则,当前我国表决权征集人所发布的表决权征集公告书,往往充斥大量的表决权行使程序信息,以方便征集人合法、有效地获取被征集人的表决权。而我国上市公司大股东与小股东之间的对立情绪,又使表决权征集人很容易获得被征集人情绪上的支持,从而成功争取到表决代理权。根据现有大部分的表决权征集公告书,中小股东无法了解相应的表决方式,对自身利益、公司利益、征集人利益的短期与长期影响,因此容易被简单的"敌人的敌人便是朋友"这种观念影响,以不利于自己或者公司长远发展的方式行使表决权的委托。

---

① 参见《ST 新梅:关于姜鸣等征集人公开征集股东大会提案权事宜的法律意见》,载上海证监交易所网:http://www.sse.com.cn/disclosure/listedinfo/announcement/c/2016-05-10/600732_20160510_3.pdf,最后访问日期:2020年6月20日。

因此,我国亟须对表决权征集规则进行完善,使其脱离一般原则性规定,成为对中小股东具有实践指导意义的细则。

五、我国表决权征集规则的构建

笔者在上文中已经强调,表决权征集规则在互联网时代的主要意义,已经不再是帮助未能到场的股东实现表决权,而是通过对表决权征集制度的规范化,指引中小股东形成多数表决意见,并在这个过程中防止由于信息不对称导致的股东权利侵害。因此,我国在构建表决权征集规则时,必须以便利于中小股东形成、了解、表决公司待决议事项为中心。为实现这一目的,我国在立法上需要针对以下几个方面进行表决权规则的构建。

(一)扩大表决权征集主体

我国现有的表决权征集主体为公司董事会,独立董事以及符合相关规定的股东。我国主流观点认为,表决权征集的对象不能包含非股东。① 理由是:其一,只有股东在才拥有公司利益,将征集代理权投票的征集主体限定于股东,才能与公司治理的基本原则具有理念上的兼容性和逻辑上的一致性,若其他非股东人士利用征集代理权投票做出违背股东利益的选择,无疑与维护股东利益的公司治理原则相违背;其二,非股东因与公司并无直接利益联系,公司状况好坏与之并不相关,没有正当且充分的理由去参与与之无关的事务管理,而且即使将征集代理权投票的权利配置给他们,或者由于利益的无关性,他们很难尽到善良管理人的注意义务,或者由于经济人的假设,他们是为了自己的利益而非股东的利益进行征集,这又与公司治理的原则相悖。②

首先,这样的判断忽视了股东表决权征集过程中的股东能动性。从本质上来看,股东表决权征集,虽然是将表决权向积极股东处汇集,但毕竟是否响应征集人号召是由股东独立判断的。将表决权交给他人行使,本身也是股东行使表决权的一种方式。在不受欺诈的情况下,征集人可以成为股东表决权行使的服务者,帮助股东将个人诉求与个人利益与公司决议过程结合在一起,实现中小股东利益。因此,表决权征集过程中,股东个人本身已经就自己的利益进行了处分。既然将表决权征集程序定位为中小股东的意见表达机制,那么该意见的形成,究竟是由谁发起并不重要,通过信息披露程序获得中小股东的认可,才是最重要的。

其次,有观点认为,征集人实际上是行使股东权,因此不能将表决权交给股东之外的人行使。但征集人所行使的表决权其实也已经是超出了自己在公司中所占有的经济利益比例。在这种论证思路下,表决权征集本身便是股东表决权与收益权分离的一种现象。占有公司3%的表决权的股东征集到公司20%的表决权,与一个完全不拥有公司表决权的公司外人征集到公司20%的表决权相比,有何本质区别?

最后,认为股东是公司利益的代表人,是假定股东本身是公司表决权与收益权的拥有者,却没有考虑到金融市场的变化已经为股东的表决权与收益权分离提供了多种途

---

① 参见苏虎超:《我国上市公司委托书征集立法研究》,载《政法论坛》2001年第6期。

② 参见蒋雪华:《征集代理投票权的相关问题分析》,载《天津法学》2015年第4期。

径。比如,公司股东可以在持有公司一定比例股权的情况下,对公司股票进行卖空,或者从第三人处购买公司股票期权,从而获得与公司股票利益相违背的立场。另外,公司在发行类别股的时候,股东之间的利益不仅仅受到持股比例的影响,还会受到持股种类,现金流水平等各因素的影响。仅仅根据持股多少判断持股人的利益所在,或者简单认为,小股东之间必然存在利益的趋同性,均是忽略了当前证券市场的复杂性所引起的利益分化。

其实,表决权征集行为是否会对公司股东造成损害,关键在于控制表决权征集人利用信息优势,通过让中小股东承担代价的方式获得自己利益最大化。如果能够对征集人进行有效制约,那么即使将表决权征集人的范围扩大到非股东身上,同样不会损害到公司股东利益。但如果不能进行有效制约,即使对征集人进行身份限制,依然可能在征集人与被征集人之间造成高昂的代理成本。而非股东身份的人,如果能够实施表决权征集,那么便可能对市场上形成专门的表决权建议商业机构带来有利的推动作用。比如,在上文提到的ST新梅案件中,持股量为零的北京正谋管理咨询有限责任公司一直作为积极的表决权征集人为中小股东出谋划策。①

如果不允许公司股东外的第三人成为表决权征集人,那么就意味着公司股东必须自行承担起表决权征集的任务,其中所耗费的时间与精力与该股东的经济收益不符,将明显降低表决权征集的适用可能。而公司外的第三人,如果可以为公司股东服务并获得一定报酬,那么便可能形成专业的表决权服务机构,从而成为中小股东中的意见领袖,形成对公司治理具有正面意义的合力。而且对于表决权征集人而言,如果接受了表决权人的委托,那么就应当在信义义务的范围内,为表决权人提供服务,而不得为了自己的私人目的进行表决权征集,否则便属于非法的表决权征集,可以对其追究行政责任或者民事责任。

在考虑表决权征集人的范围时,还需要结合我国当前上市公司股东表决权行使的现状进行具体分析。虽然近些年来,我国上市公司持股分散度在持续提升,但我国证券市场依然是一个以中小股东,即大量散户为投资主体。在这样的持股结构中,中小股东表达自己诉求的难度更大。法律从平衡大股东与小股东提出诉求能力的角度出发,也应当放宽表决权征集人的范围,便于社会各主体不受限制的提出有利于获得中小股东的意见的提案。

通过将表决权征集人的范围扩大,便可以直接由能够提供表决权服务的主体启动表决权征集活动,通过专业的表决服务,为广大的中小股东提供有利于自身利益的制度选择。同时,表决权征集人活动并非一定意味着不符合股东利益。即使允许公司股东外的表决权人进行表决权征集,但如果缺少足够多的股东支持,将无法形成公司提案,从而使得表决权征集行为趋于无效。

---

① 参见《上海新梅董事会遭"内外夹击"称北京正谋征集授权委托书无法律依据(图)》,载网易新闻网:http://news.163.com/14/0221/10/A2U90ABE00014AEF.html,最后访问日期:2020年6月20日。

（二）约束股东大会召集人对股东提案的排除权

即使有足够的表决权汇聚，但公司董事会如果拥有排除公司股东提案的能力——无论是法定权利还是事实权力，那么已经具有股东民主基础的提案依然有可能无法被列入公司表决程序，从而使表决权征集程序变得毫无意义。

在ST新梅案例中，公司董事会认为表决权征集程序没有法律依据，因此排除了公司股东进行该项提案的权利。① 同时，公司也可能会对公司表决程序进行各种限制。在法律没有强制性规定的情况下，是公司章程为公司股东的权利划定边界。但是目前我国公司法中，对上市公司的主要强制性规范主要体现在表决权分配与公司机构的设置上，对如何行使表决权没有明文规定。上市公司便合法地对表决权征集设置各种障碍，对公司表决权征集人的持股时间、代理人数、代理股份数量等提出额外限制。② 这些限制将对表决权征集提供诸多不便。

由于表决权征集是与公司管理层进行斗争，寄希望于公司大股东或者董事会保护中小股东提出自己议案的权利，是不现实的。因此，我国在设计表决权征集程序时，必须严格约束公司董事会或者股东大会召集人对股东提案的排除权。

当然，从我国现有规则来看，我国董事会从来没有获得过股东大会提案的排除权。但由于缺乏制约措施，董事会在排除股东提案的时候没有任何法律责任需要承担，所以构成了事实上的提案排除权。如果表决权征集活动趋向频繁，董事会在承受外部中小股东压力的情况下，将更倾向于使用非制度性的排除权，避免征集到足够表决权的提案被提交到公司股东大会上，从而对那些具有对抗性的提案进行釜底抽薪式的打击。

因此，我国需要制定具体的股东提案排除规则，将那些不具有股东民意基础的提案，或与公司经营无关的提案排除出股东大会的决议程序。但除非是可以被排除的股东提案，股东大会召集人有义务将股东提案归入公司股东大会进行表决。

从法律救济，我国可将董事会欲排除的股东提案进行审查，从而将“小股东—大股东”之间的利益冲突提前纳入监管范围内，避免小股东利益在大股东控制的情况下被侵害。

（三）细化表决权征集的信息披露规则

由于缺乏表决权征集规则，我国目前征集表决权活动属于放任自流的状态。很多表决权征集报告书中，往往对表决权委托的程序进行说明指导，但是对表决权征集对公司

---

① 参见《ST新梅：关于姜鸣等征集人公开征集股东大会提案权事宜的法律意见》，载上海证监交易所网：http://www.sse.com.cn/disclosure/listedinfo/announcement/c/2016-05-10/600732_20160510_3.pdf，最后访问日期：2020年6月21日。

② 通过互联网搜索“征集投票权实施细则”，可以找到多份上市公司通过章程或者公司决议的形式对征集表决权的行为进行限制。比如要求“股东必须有最低持股量”，或者“独立董事必须协商一致才可以征集表决权”等自治规则。

治理,中小股东的影响却难有只言片语。[①] 我国可以考虑借鉴表决权征集信息披露制度,以表格的形式,对表决权征集的内容进行详细规定,结束当前表决权征集书内容空洞化的现状。

(四)提供表决权征集的公共平台

笔者认为,表决权征集应当定位为中小股东保护制度的组成部分,并且是中小股东通过自力救济的方式保护权利,与通过监管者、司法者的他力救济相比,具有及时、贴近股东真实需求的特征。我国互联网发展具有后进优势,而且中国散户投资者已经习惯在互联网上交流投资信息,从事投资活动。在互联网条件下,股东之间进行意见交流与说明的成本比传统方式更为低廉。因此,可以充分考虑通过互联网为我国的中小股东提供表决权征集的平台。

目前,我国存在大量非官方、非正式的论坛,小股东经常在其中发表意见,表达不满。但由于这样的非官方平台缺乏正式的制度价值,散布其上的小股东诉求难以汇聚成为股东大会上的表达。

因此,可以考虑为中国中小投资者设立专门的表决权征集网站,为表决权征集人与被征集人之间建立起直接的沟通桥梁,并便于小股东之间充分交流与交换意见。在该网站上,对公司治理持有某种意见的人可以就某项提案进行表决权征集,如果能够汇聚起足够表决权,则可以进一步向公司董事会提交提案,由其归入股东大会进行表决。同时,在该网站上,征集人可以在股东大会召开前持续征集表决权。

(五)强化表决权征集的市场监管

目前表决权征集还未充分纳入我国行政监管范围内,无论表决权征集程序是否有瑕疵,表决权征集意见是否被排除,都没有权威机关对这些行为进行评价。当然,产生这一结果的原因部分在于我国表决权征集活动并不活跃,且没有形成以表决权争夺为代表的激烈利益冲突,导致表决权征集监管的迫切性不强。这种近乎休眠的监管,引起的后果便是我国中小股东难以通过表决权征集程序发声。在我国完善表决权征集程序之后,可以想见表决权征集,甚至表决权争夺现象会有显著增加。此时,证券监管将拥有远较于司法裁判的优势。

我国应当在进行表决权征集立法之时,便明确表决权征集信息欺诈,不当排除股东提案等违法行为,为中小股东的利益表达提供法律保障。

---

① 通过查询同花顺财经网,可以看到目前"公开征集委托投票权报告书"主要是由程序性说明介绍为主,很少有对表决权被征集人的利弊分析,对被征集人了解公司待表决事项没有实质意义。

法定资本制存废之效率、路径依赖、寻租等诸因素考察

陈　克*

摘要：公司法修改讨论中，不少观点以法定资本制中资本与公司信用错配、强监管弱化股东有限责任等为由，建议采纳授权资本制。本文不赞成单纯以价值判断决定制度存废，而应顺应经济发展大势，厘清何谓公司整体效率内涵基础上，立足于资本制更替为实现加总效率提升之目标，正视公司集合财产说主导的，从股东利益导向到股东会中心主义，有限责任到法定资本制等规则进路，所构成现阶段我国公司制度主线。在此背景下，法定资本制对公司制度深度嵌入、司法续造对法定资本制的缺陷填补又加深了融合度。后发的资本制改革必然受制于该路径依赖，支配群体因控制利益形成阻却激励，更增添了该路径依赖的深度等，而股东协议对资本制的规则输入有限，不足以摆脱原有发展进路。并据此得出，除非资本制改革能够产生足够大的效率优势，采用授权资本制才有现实可能。

关键词：法定资本制　制度更替　效率优势　路径依赖　权力寻租　股东协议

一、引言

即便经历了2013年年底的资本登记制度改革，我国现时公司法还是坚持了法定资本制。虽然废止了一般性公司的最低资本标准和实缴要求，也明确股东可以按照章程约定认缴后多次、长期限实缴出资，但仅意味缓和法定资本制，①毕竟章程确定的公司注册资本必须一次性认购完毕，出资的确定、认购、实缴与董事会无涉，不同于授权资本范围内，赋予董事会股份发行的决定权之授权资本制。②

法定资本制源于托管资金理论，1824年斯多利（Story）法官在Wood v. Dummer案判决中，提出资本股票应当视为对债权人保障的信托资金，法律应当为此目的设定标准……③该标准就是公司的法定资本，可简单理解为注册资本，背后是将公司视为财产的

---

* 上海市高级人民法院主审法官。

① 参见甘培忠：《企业与公司法学》，北京大学出版社2018年版，第220页。

② 参见黄辉：《现代公司法比较研究》，清华大学出版社2020年版，第72页。

③ 20 F. Cas. 435，No. 17944，C. C. D. Me.

集合,视为信托财产等,希望通过类似“担保”的注册资本实现债权安全。不过公司的偿债能力是个即时的状态,设立时注册资本若干年后还说明什么?债权人与公司交易时会相信现时的公司资产,还是彼时的公司资本?答案毋庸置疑。而且为了维持并无意义的资本数额牺牲资金的流通,为了注册资本的确实、维持、不变添加更多的规则,在交易成本、制度成本上也是得不偿失的。

法定资本制的负面清单还可以继续下拉,循此思路下去,推倒法定资本制好像是水到渠成,那么法定资本制的相应配套制度也要推倒吗?下一步是实行授权资本制还是其他资本制?授权资本制等与国内的经济生态适配吗?如果择定了,而后再创设一套与其匹配的制度体系吗?

该问题反过来看,法定资本制改革还是在保护债权人上打转,资本制不是简单地保护一类利益群体,首先是服务于现代化的发展历程,任何制度在该历程中都可以被修改、被调整,只要能满足我国经济和社会发展以及国家治理的需要,这也决定包括法定资本制的改革必然是功能主义的。

那么,公司法修改就不是保护谁,或保护得好不好,这是价值取向的问题;也不应该像会计准则那样,过分精细化研究标准化表达,这是技术取向问题。而对现行公司制度是不是要调整应有整体把握,抓大放小,有明确的方向感。所以能否推动经济发展,才是评判资本制最重要的标准,之后才是具体保护哪一类主体的问题。这两者分别是“做大蛋糕”与“切蛋糕”,既然推动经济发展是“做大蛋糕”,也就没有什么可犹豫的,应采取卡尔多—希克斯的加总的效率标准。① 如果全部收益大于全部损失,就可认为是有效率的,而不是强调每个群体都获益的帕累托最优。

随后本文以公司整体加总的社会效率标准来衡量法定资本制,授权资本制是参照物。而效用相较于效率意思表述上更为精准,且有部分差异,考虑接受程度统一采效率表述。

二、制度更替的逻辑与反向的路径依赖

已如前述,法定资本制,源于早期的公司本质理论,是从托管资金脱胎而来。20世纪后期因无面值股票的发行挑战了法定资本,美国法上逐渐转向了授权资本制,给予董事会授权资本范围内发行股份的自由。因授权资本对公司外部人的误导性,市场要求公司实事求是地“声明”实缴发行股份情况,章程不再规定不真实的授权资本,将发行权全部赋予董事会,并安排利害关系人对不实声明的相关责任。对于该发展型的授权资本制,也有学者称为声明资本制。②

(一)法定资本制被替代的推定

授权资本制核心是公司融资、资本征收,分别由股东承诺和董事会决策来控制,特别

① 参见[美]弗里德曼:《经济学语境下的法律规则》,杨欣欣译,法律出版社2004年版,第15页。

② 《澳大利亚公司法》第120条明确规定,公司登记时,公司股份推定向股东发行,设立后,公司自由决定股份发行条件,董事行使此权利时遵循相关信义义务。

是扩大、减少资本,董事会根据公司经营状况确定。相较于法定资本制将公司资本视为集合财产的静态观念,进而造成变更资产、资本闲置、转投资限制等不便。在融资多元化背景下,债与股界限日趋模糊,一个持续经营公司的资产是变动不居的,法定资本只是一种形式主义,技术上有内在不足,不考虑以前、当前、未来某些事件的差别,逾期10年、逾期10天债务不加区别,现金和需要长时间才能变现的资产不加区别,这种情形下让董事会等管理层来维持法定资本保障债权人利益,无疑是通过授权“狐狸来保护小鸡”。[①] 而授权资本制直接让管理层对公司资本动态控制,并就违反资本制度承担责任,无疑是恰当的。另外,LLSV四位教授组成的哈佛大学法律金融研究团体发现,股权分散与经济发展呈正相关,股权分散带来的是资本控制的宽松化。

那么一定意义上,从法定资本制到授权资本制,再到声明资本制,不是多样性的表现,而是资本制度历史进化过程。如果将此理解为社会生活中的制度进化,再将资本制视为类似于生产技术的公司技术,甚至是一项制度技术,那么国家之间资本制度会趋向高度统一,并向标准模式进行融合。[②] 进言之,资本制无非是解决公司制度中某些利益冲突的解决方案,若是法定资本制作为既有的解决方案,不如授权资本制更有效率。那么,采取更有效率资本制公司的成功,就会引致其他公司模仿和学习,从而鼓励该资本制的扩散。另外,通过市场竞争,采用了更有效率资本制的公司,也会很容易地清除采用低效率资本制的公司。[③]

(二)制度更替与路径依赖

按此推演下去所有的制度和安排都会被提升到最可能有效率的那个位置,推论的基础还是自然选择理论,即假定环境将生存奖励给那些选择了接近最优策略的个体,把灭绝给予了那些选择了劣后策略的个体。在此环境中,制度将趋向最优,因为远离最优的会趋于灭亡。[④]

实然情况却不是这样。虽然英美法系国家,从授权资本制到声明资本制已是大势所趋,[⑤]我国香港特别行政区还是施行授权资本制;[⑥]韩国引入授权资本制时有所保留,对公司设立时发行股份要求全额缴纳,可理解为折中主义的吸收;[⑦]欧盟国家还实施法定资本制,公开发行公司要具备2.5万欧元的法定资本,且成员国还可制定更高门槛。[⑧]

---

① 债权人很高兴看到公司资本的高金额数值,但它只是一个过去式,与现在关联不大。

② 这正是汉斯曼教授等在公司法终极一文中观点。

③ 参见[荷]弗罗门:《经济演化:探究新制度经济学的理论基础》,李振明等译,经济科学出版社2003年版,第71~73页。

④ 同上书,第65页。

⑤ 澳大利亚的1998年公司法、英国2006年公司法都废除了授权资本制。

⑥ 参见朱大明:《香港公司法研究》,法律出版社2015年版,第39页、第54页。

⑦ 参见[韩]崔埈璿:《韩国公司法》(上),王延川等译,中国政法大学出版社2020年版,第84页。

⑧ 参见[美]克拉克曼等:《解构公司法:比较与功能取径》,时建中译,新学林出版股份有限公司2019年版,第177页。

其他国家为什么没有采取更高效的资本制度呢?进言之,股票及作为其载体的公司,就是资本市场中产品,看上去与市场中的其他产品电脑汽车没有本质差异,为什么不采用公司新制度技术提高公司的市场价值呢?更何况资本制此种公司技术的传播运用并不困难。

推演结果与实然的相悖触及了一个核心问题,即竞争市场如何能做到有效率的选择?一般而言,如果新制度预期的净收益超过预期成本,旧制度安排就会被替代,就像生产在大公司完成比小公司更为经济,小公司就会增资扩容,或通过合并重组扩大规模。而公司制度中,为什么没有都采取看似更有效率的授权资本制呢?粗略的答案是因为制度更替都是有成本,假设新制度能增加利益,旧制度却没有被替代,意味着整体增益没有能够覆盖替换成本。

若再细化为三个具体问题可表述得更加清晰:第一,被选择的制度为什么是有效率的,有效率是如何判断的,是不是事先选择了有效率的制度来供挑选;第二,原有的制度对制度环境的长期适应,如果是相生相随的,现行制度环境与拟替代制度的适应性调整是否增加了替代成本;第三,竞争市场也被认为是自然选择,选择过程中新对旧的替代过程如何运行,有哪些反向因素。

具言之,上述三个问题对应了先前制度限制了后续制度替代的三个方面:第一,制度更替都为了更有效率,但此问题不是抽象的,而是针对某一目标更有效率,那么择定制度更替目标就是前提性的,且与正当性有关。第二,效率提升是指新制度更替对公司制度体系影响重大,现行某些制度是建立在既存旧制度之上的第二层次,后续的另一些制度又是设立在第二层次制度之上第三层次的安排,绵延不绝。这里又有法律规则与组织结构两个方向,现存法律规则影响了公司组织结构设立运行,公司组织机构又推定了法律规则的固化,交叉影响制度固化增加着制度更替的难度,特别是涉及公司基础性的法律规则与组织结构。新制度是否有效率,与原制度体系的适配性有关。第三,制度更替会产生权力分配,支配者的变化导致权力寻租利益的丧失,①而不愿意承受制度变化失去该利益,他也会利用现有地位来阻止制度更替。

姑且套用"路径依赖"来表述制度更替中的反向因素,②结合上面分析本文关注路径依赖中目标选择、效率提升、寻租阻却(包括反向股东协议消解)三个重点因素,路径依赖正是替换成本的构成。上述选择、效率、寻租三个要素共同发力,公司制度初创时某项基础性制度安排对于其后的该制度演变有直接影响。该项制度安排设立运行后,影响规范公司行为的法律规则的制定,法律规则确定后又固化该制度安排,后续的演进更可能在该规则基础上,以修补、发展形式进行,增强了保持该项制度的可能性,此路径依赖又蕴含了制度驱动的属性。

---

① 这里寻租是指公司组织中的支配者,居于高位获取高额私有的控制利益。

② 路径依赖分析因素,经济学通说上包括内在的制度规模、控制者风险厌恶程度、市场失败或政治压力等因素。参见[美]科斯等:《财产权利与制度变迁》,刘守英等译,格致出版社社等2014年版,第225页。

三、资本制改革的目标是什么

目标的正当性是进行资本制改革的前提,需要先行明确。而我国现行法定资本制,以及与拟替代的授权资本制的比较,是确定目标正当性的两个方面。

(一)现行的资本制状况

1993年制定《公司法》的主要目的是服务于国有企业公司化改革的,①其落实的所有权与经营权的分离,不是公司法理论上经典的所有权与控制权分离。②《公司法》第4条第3款规定公司中国有资产属于国家,立法者要放松经营权管控来搞活企业,不是放弃保护国有投资者对公司集合财产的所有权。法人观念欠缺是与生俱来的,与之适配的股东"责权利"一体化强调,自然把债权人保护重点放到了资产额度上,强化"资本真实"就是顺理成章的,法定资本制也就成了不二之选。《公司法》2005年的修订,将实缴变为认缴,原外资企业分期缴付模式引入内资公司;2013年12月的修正,非但取消了最低资本限额、验资环节,还将缴纳期限交由章程约定;2018年10月对第142条的调整,丰富了上市公司回购事由,延长了回购股份再转让或注销期间,并允许股东会授权董事会决定。

针对资本规制的逐步放松,有观点提出,我们现在实行的是折中法定资本制。③ 这是建立在法定与授权资本制等是多元化的理解之上,法定资本制放松一点就靠授权资本制近一点。这是错误的,长期缴纳替代短期实缴,还是以章程约定替代法定,无非是资本收付实现责任向延时支付的权责转换,不是实质性修改。现行资本制背后还是集合财产理论,还是围绕股份发行价格展开的,还是法定资本。其出于对债权人保护,强迫公司维持一个资本数额不变,为了防止股东出资撤回,要求股东可"置信的承诺";且保证把出资转移给公司没变。④ 在如此纯粹的法定资本制下,分期章定等外挂,只是增加制度的复杂性,在实践中只会徒增问题。

基于上述认识,借《公司法》修订之际,许多学者把法定资本制提上修法计划,并提出以授权资本制替代法定资本制,也在情理之中。如果放在制度改革背景下,就要对资本制改革的定位有所了解。

(二)资本制更替的目标确定——效率

制度改革目标是使受益者所得能够补偿受损者的所失,即卡尔多—希克斯的加总的效率标准,该效率是广义的社会效率或者说是福利最大化,涉及效率、公平、民主,⑤包括

---

① 参见邓峰:《物权式的股东间纠纷解决方案》,载《法律科学》2015年第1期。

② 经营权只是控制权的外延之一,参见周游:《公司法上的两权分离之反思》,载《中国法学》2017年第4期。

③ 参见金晓文:《中国公司法原理与适用》,中国法制出版社2017年版,第41~42页。

④ 19~20世纪的大部分时间,产业的大规模生产较高资本,需要促进资本制对债权人保护的强度。

⑤ 参见[美]鲍尔斯等:《理解资本主义:竞争、统制与变革》,孟捷译,中国人民大学出版社2019年版,第69~77页。

提高生产效率、重新分配收入、重新配置经济机会、重新分配经济优势四类制度更替目标,[①]比照法定资本制与授权资本制,分析如下。

首先,授权资本制替代法定资本制能实现效率最优吗?整体更有效率资本制对低效率资本制的替代,即改革是为了多赢的,公司各利害群体都会过得更好,或者有些更好其他也不至降低过多,也就前面说的“做大蛋糕”。

答案是不能实现。之所以称为授权资本制,是因为在公司章程载明一定数额资本,无须设立时全数发行,公司设立后视实际需求分次发行,发行事项通常授权董事会行使,所以称为授权资本制。[②] 当然,授权资本制有使公司易于成立、便于筹措资金的优点,但同时登记资本可能还没着落,不能为债权人提供有意义的保护;对董事会的赋权也增大了其滥权的可能。[③] 英美法上其替代法定资本制,是源于社会发展各个阶段公司制度需解决主要矛盾的变迁,不是说只要采用授权资本制,就带来了公司制度整体效率的提高,所以资本制更替不能带来公司效率整体提升,董事会为代表的管理层权利扩张,带来股东权利限缩,股权融资的弹性也带来债权人保障减低。卡尔多—希克斯的加总的效率标准能否实现,没有实证上的依据。

其次,授权资本制替代法定资本制能实现特定群体的福利配置吗?例如,提高富人的边际税率,并对未达到一定收入数额的穷人免税的税制改革,是为了实现富人与穷人之间收入的重新分配。而股东是投资人且是公司剩余价值请求权人,这是公司制度咬定不放松的,该原则不改变,资本制改革实现公司利益群体间收入重新分配,可能性较小。

该替代是否重新配置了经济优势?好像也不是。经济优势的重新配置,都基于社会福利考虑的变化,授权资本制下董事会更具主动权,法定资本制下股东势力较强,授权资本制替代法定资本制,要消除股东主导地位。但是现阶段下无论立法偏好也好,管理层与股东之间权力权重的变化也好,国有公司做大做强的要求也好,都没有触发经济优势再行配置的理由。

国资主导地位没有动摇,股东于公司制度中权力配置的高权重就不可能变化。授权资本制替代法定资本制,融资弹性促使股权融资从股东事前认购,到管理层适时发行,即便承认授权资本制可以满足董事会融资权限的灵活性,相较于法定资本制能规范公司事务,附随而生催缴出资义务,也不能说董事获得了经济优势。至于债权人保护重心从事前公司确定的责任,到事后的催缴出资义务,对股东出资的规制也是随之后延,也不能得出对股权融资重视就使股东获得了相对于债权人的经济优势,更何况通行公司融资理论学说中,股权融资与债权融资并没优劣之分。据此要说实行授权资本制,是在公司利害关系群体之间重新分配了利益,也是牵强的。

---

① 参见[美]布罗姆利:《经济利益与经济制度——公共政策的理论基础》,陈郁等译,格致出版社2012年版,第151页。

② 参见王文宇:《公司法论》,台北,元照出版公司2018年版,第327页。

③ 参见[美]汉密尔顿:《美国公司法》,齐东祥等译,法律出版社2008年版,第67~68页。

最后,授权资本制替代法定资本制是为实现重新配置经济机会吗?是。一个制度的效率边界是基于该制度中可用制度资源和技术的分配状况,如果制度更替提供了资源或技术的增量,就跃升了该制度整体效率。比如,将妇女视为制度资源,妇女不参加经济活动的穆斯林社会,与参加经济活动的其他社会生产效率边界就不一样,①作为制度技术的资本制也会产生相同作用。

去除"双 M"理论限制性假定,②公司最优化资本结构取决于一系列变量,有稳定现金流的公司,可以有更高的杠杆率;有形资产少但有可观未来增长预期的高科技公司,杠杆率就要较低;当公司开展大型项目投资时,会暂时高度依赖债权融资。这些都说明管理层要应市场、应公司状况调整资本结构。在该多维度复杂情况下,需要董事会为代表的管理层因时度势,制度技术层面上调整解放了资本操作层面上的管理层行动,带来融资选择项的扩张。因此,授权资本制增加的经济机会,对公司融资和经营就能发挥更大作用,就能超越法定资本制下公司生产可能性边界。

基于上述粗放式的分析,得出授权资本制更替属于经济机会重置,可能提高公司整体效率的结论。然而,该分析仅是针对"收益的升"而言的,还需考虑另一方制度的"替代成本"。假设授权资本制替代实现之后,一方面,与法定资本制适配的公司制度环境之间,需要调整;另一方面,权利配置在管理层与股东之间的调整,也会带来公司制度内部寻租问题,它附生于资本制更替,现时支配者可能失去控制利益,阻止制度改革的是他的选择项。下文将就该两方面予以讨论。

(三)以公司整体利益为效率导向的标准

以加总效率为资本制更替标准的原因在于,看似其所需的价值判断似乎非常少,除此之外其效率具有整体性。

1. 不是相对效率而是整体效率

所谓有效率即便有其客观性,实际也是在说对谁有效率,或者说只存在每一种可能的既定制度条件下,某种有效率的选择。的确,公司每类利益群体都有自己的价值判断,对资本制的满意程度也有差异,可能对该利益群体有增益,对另一群体就是有损害,所以效率是相对,甚至是冲突的。但恰恰是在公司制度该条件下进行效率选择,公司各类利益群体都被组织到一个公司制度结构内的时候,资本制改革的有效率就是对公司来说的,是公司整体效率的最大化。

理由在于:资本制是为公司服务的,公司又是作为一个实体而存在,是独立于公司各

---

① 参见[美]布罗姆利:《经济利益与经济制度——公共政策的理论基础》,陈郁等译,格致出版社 2012 年版,第 156 页。

② 参见[意]莫迪里阿尼等:《资产成本、公司财务和投资理论》,载卢俊编译:《资本结构理论研究论文集》,上海人民出版社 2003 年版,第 1 ~ 51 页。

类利益群体而存在。[①] 同时,不同要素提供者对彼此关系,通过公司作为一个载体继续性协调,便于共同为市场提供产品和服务,公司作为协调机制,其本身的整体利益最大化也就实现了各利益群体利益最大化。在此认识基础上,那么对公司而言的资本制更替之有效率,而对公司的各利益群体是价值中立的,也没有立法者对制度安排的偏好。这时就引入了更深层次的问题,公司是什么?

2. 公司是财产还是实体

公司是股东财产还是独立实体,此为公司理论的争议源头。如果公司是股东的投融资载体,它就是股东手臂的延伸,就产生了股东利益导向型法律规制。董事等管理层自然要忠实勤勉地为股东利益服务,那股东必然有公司事务的最后决定权,也当然是股东会中心主义的。如果公司是有独立人格的实体,它要最大化的公司本身的长期利益,是所有公司利益相关群体的整体利益,而不是实现单个股东群体利益,董事等管理层顺理成章的是公司雇佣者,为公司而不是为股东服务,既然代表公司整体利益,就要是实行董事会中心主义。

两条路线的斗争辐射到公司的各项具体制度中,资本制的选择也是。若是公司是股东投融资载体,就被作为了集合财产,就要强化出资确定和资本维持,采取法定资本制也是自然而然的。现行学界占上风的公司契约理论,把公司视为合同联结体,对合同中形成的公司财产,股东享有财产权(产权)。大陆法又用更狭窄的物权理论来解释产权,集合财产理论也是它的内核。另一种可能,公司被视为实体,其具有独立意志,董事会作为代表该实体利益的层级组织,要按公司经营发展情况,来确定资本的动态状况的当与不当,并据此调整,就形成了授权资本制。由此,法定资本制与公司集合财产论的是适配的,授权资本制与公司实体论是适配的。

(四)小结

阶段性结论是,仅就授权资本制与法定资本制比对来看,授权资本制提供的经济机会重置,可能提高公司效率,但还应考虑其与既有公司制度环境的适配性、权力寻租关系,及为关系调配而产生的替代成本。一加一减才能最后确定对公司整体利益提升与否。

四、作为路径依赖的资本制规则

从法律进化路线来看,即便我们承认授权资本制相较于法定资本制,效率占优,如果法定资本制已与公司制度环境“锁定”,该整体性结构就会成为资本制改革的限制条件。比如,早期打字机因解决联动杆的碰撞,为延缓打字速度,键盘顶行设计为 QWERTY 延续至今,即使电子打字已经不存在联动杆问题,其他的键盘排列更为便利。[②] 那么,为配合法定资本制采取的配套措施,就像顶行的 QWERTY 的设计,是不是会对资本制更替也

① 即使公司仅有一个股东,当公司财产受到损害或变化时,只要不经过最后清算,该股东不当然的享有任何独立的权利。

② 1932 年获得专利的德沃夏克简化键盘的打字速度大大快于标准键盘。

起到类似作用呢。

(一)制度发展与路径依赖

当初某个时点无论是有意为之还是偶然与临时形成的各项制度,都被嵌入整个制度环境中,①与该制度环境中各项制度相生相伴,并产生一系列的规则群,该规则群又影响后续资本制的进化路径。表面上是该项制度的单独存废,巨大转轨成本隐藏其后,因此只有替代制度潜在的效率收益远大于现有制度替换成本,改革才能发生。

问题就转换为收益与成本的衡量,前为次后为主。对收益问题前已论及,再增加三点简要判断:第一,授权资本制替代法定资本制需要事后的实证分析,故制度改革收益是预判,不具可证实性,除非有特殊目的,人类风险厌恶偏好会尽量避免不确定性的选择。②第二,既有其他公司都采取法定资本制情况下,选择熟悉的资本制类型更有利,一方面是集体行动问题的影响,另一方面某个公司采取另一类资本制,单打独斗就要自身承担制度成本,既无前人经验,亦要单独承担制度风险。第三,效率上有优势的资本制类型要能解决公司主要矛盾。在我国现阶段公司制度中控股股东独大情况下,管理层面听命于控股债权人,债权人与股东才是主要矛盾,管理层与股东矛盾,侧重解决该矛盾的法定资本制可能更符合阶段现状。

替代或转轨成本问题。在原制度普遍采用情况下,制度自发生长导致制度规则的持续性,一个与现行制度环境相适应的规则群成长起来了。这已经不再是书本上的制度,它是在实践中发展出来的行动中的制度,包含了法律的程序实施和执行诸要素,也衔接着其他周边制度规范。对此,就不是单个制度的更替成本,而是与该制度伴生的整个规则群,以及周边制度(统合为制度环境)的替换成本。这里先谈原理上认识,具体的结合资本制在后一节展开。

还要再次强调,两个制度效率孰高孰低是个相对论述,更要考虑,具体制度与其所在的制度环境是个整体。在判断上,是要考察前面的特定制度在已经发展起来与之相适配的制度环境中有效率,还是后续制度在现行制度环境中有效率。

(二)法定资本制整体效率优势形成之分析

延续上面的问题,法定资本制与公司制度环境的融合程度,是资本制改革的考察重点。先谈法定资本制作为一种思考范式的存在,后论司法实践对法定资本制的规则填补和扩张,双重影响下稳定的该资本结构,足以抵消与其他规则并不适应的授权资本制之单个效率优势。

1. 作为思考范式的法定资本制

范式应理解一个领域研究者共同接受的一组理论、准则和方法的总和,不得不说法定资本制就是我国现阶段公司资本制的思考范式,上接公司集合财产论,并体现于民法典总则编,下启公司融资与公司治理制度,表现为内部体系之核心与外部结构之线索。

① 参见[美]威廉姆森:《治理机制》,石烁译,机械工业出版社2016年版,第243页。

② 参见张五常:《经济解释》,中信出版社2014年版,第88~90页。

内部体系内核之法定资本制。已谈及1993年公司立法是围绕国有企业改革来设计、确定资本制的,加上受计划经济和传统文化影响,诞生之际就有浓厚的政府管制色彩,采取严格的法定资本制系水到渠成的。① 现实中对资产信用与资本信用区分,资金稀缺强化了对资本效率的要求,导致了2005年《公司法》在最低资本制、资本形成等方面规制的放松。之后,行政导向下的2013年资本登记制度改革,借鉴了外资公司分期缴纳制度,到此还是法定资本制背景下,对公司财产形成端的降低行政许可标准。而后,2018年调整《公司法》第142条,确认了实质上一直实行的上市股票回购制度,是公司财产释放端的放松监管。由此,投资便利的释放到了极限,但作为债务人的公司设立时,被认缴固定的财产数额"资本确定";公司运营时,维持满足债权清偿的资产数额"资本维持";两项规则没变,隐身其后的公司为集合财产的认识也没变。

思考再深入下去,法定资本之内嵌于公司集合财产论。公司如果是财产就不是实体,哪怕《民法典》第57条规定法人独立享有民事权利。占优势地位的公司契约理论,无论是把公司理解成合同连结体,还是再反转到合同,从不完全合同中信息不穷尽,赋予某一方所有权来确定最后决定权归属的产权理论,法学家又把产权解读为更狭窄的物权,至此完成作为集合财产之理论构建,之后公司是股东财产的延伸,公司控制权就是核心,公司法的功能就是授权性,都是理所当然的。公司不是独立的社会成员,是股东实行利益最大化的载体,董事高管是股东的工具,强调股东利益导向也就变的必需了。

可见,从法定资本制出发,到公司集合财产说,再到公司的股东利益最大化导向,向上构筑了契约属性的股东所有的公司定位。民商合一之下公司财产说内涵向物权的进一步靠拢,更增加了其体系的内在说服力。之后,其在公司立法中被贯彻、被具体化,渗透到公司法规制群及其意思脉络,形成了公司法内部体系的核心是可预期的,②而法定资本制恰是其核心组成部分。

不能忽视,公司财产说包括其涵盖的法定资本制,于我国法典化过程中,被提炼成《民法典》总则编的法人制度主要内容,有些规定对集合财产说的显现更为明确。比如,《民法典》第76条指出营利法人成立目的是取得利润分给股东,此升为上位法后,成为公司法的规范化指导性标准,制约公司法特别是资本制改革是必然的。

外部结构线索之法定资本制。作为公司内部体系内核之法定资本制,又外化为公司法之外部结构,呈现于资本规制与公司治理两个方面,两个方面之间又会产生交叉。

有限责任提升公司融资能力,也容易形成风险决策将成本外部化,债权人要求人合性高的封闭公司控股股东等提供个人责任,是减低监督和收取成本的私人安排。③ 公司法将其上升为强制性法律,确定股东出资,并监管公司在经营中运用财产数额,形成对抗公司违约风险的"保护垫——责任资本",规制公司与债权人间交易,由此形成以下三套

① 参见赵旭东主编:《新公司法制度设计》,法律出版社2005年版,第248页。

② 参见[德]拉伦茨:《法学方法论》,黄家镇译,商务印书馆2020年版,第593~596页。

③ 参见[美]班布里奇:《有限责任:法律与经济分析》,李诗鸿译,上海人民出版社2019年版,第20页。

主要结构规则。

第一套,要求公司具备初始可处置财产,并且限制公司财产向股东转入的规则群。《公司法》第26条明确公司实际筹集到资本价值是界定公司责任财产的基准,第27条、第28条、第35条都属于出资对价控制条款,把公司资本充分义务分配给股东,以对应股东的有限责任优惠。

2013年资本登记制度改革后,资本章定认缴弱化资本确定原则,不得不做强资本维持,但仍然没有放弃以认缴资本来确定偿债能力,在经营中复制了破产规制,红利、回购、减资,乃至于对赌协议履行都以此为据。[①] 从出资充分的强调,到资本弱化的强防范,其中都隐含了声明认缴"注册资本"该核心概念。股东认缴是公司设立应收账款科目;减资是资产负债表中声明资本科目的减少;股东分配是公司盈余在声明注册资本之外,再排除资本盈余、减资盈余、增值盈余,是基于公司净收入对债权的强保护等。[②]

更需指出的是,为实行股东加速到期,有观点从股东认缴出资表象上是股东财产,本质上属公司责任财产来立论证成,[③]核心还是以结合财产说来解读公司,[④]没有于公共维度下理解组织之公司。多变的公司财务政策受不变的法定资本监管,也源于此。

需要反思的是,保护债权人固然重要,保护投资安全不是更高层次上的制度安全吗?解决了投资安全才能更好地保护债权人。要求股东承担资本充足义务,仅以股东是最后剩余价值索取权人的理由,是缺乏充分性,但也不难窥见"谁投资,谁所有,谁收益"才是引而不发的真正理由,这恰恰是公司集合财产说的延伸。

第二套,限制内部人通过增加公司责任实施投机行为的规则群。相对于股东转移公司资产的积极行为,内部人(采实然控制说,不做展开论述)通过投机行为让公司承担额外责任,属于损害公司资产的消极行为,也属于内部人与外部人债权人、非控制股东之间利益冲突的公司治理,已部分进入了公司治理的领域。公司内部人决定继续经营但公司随后破产,没有进行法律规制的理由。如果对董事已有的激励依赖于公司营业,或者董事同时是公司控股股东,激励或有限责任都意味着可能向债权人转嫁继续经营的风险,此情况下有过失作出继续经营的董事控股股东应承担潜在的民事责任。英美法上称为加深破产责任,就是指公司已经陷入困境时拖延进入破产,管理层应当对债权人承担勤

---

① 2019年《全国法院民商事审判工作会议纪要》第5条规定,对赌协议争议中,投资方请求目标公司回购股权的,或者承担金钱补偿义务的,人民法院应当根据《公司法》第35条、第142条、第166条等强制性规定进行审查。

② 不过第142条对上市公司回购的简化安排,通过回购形成的库藏股再被转换或注销,可能脱离收入盈余标准进行分配,在债权人保护墙上留了个"窟窿"。

③ 参见钱玉林:《股东出资加速到期的理论证成》,载《法学研究》2020年第6期。

④ 资产分割弱于资产独立,问题导向上,以分割认诺产生债权归入公司财产来理解,事后可能徒增公司财产请求权与股东债权人请求权孰先孰后争议,可考察资产屏蔽学说中的弱、强、完全三种程度。

勉义务,[①]许多立法例上还类推至控股股东等实质管理者。[②] 我国现行法上的依据是《企业破产法》第125条与《公司法》第147条、第149条,前者笼统规定了民事责任,后者明确的是赔偿责任。

该套限制规则重点,还是规制内部人投机行为的成本外部化。既然内部人决策增加了外部债权人风险,内部人公司经营决策的权利,特定情况下要对应债权人的成本,内部人如果是基于自己利益进行了决策,外部成本与内部人利益产生冲突,法律作为公共政策要予以纠正平衡,[③]不能让他只有收益没有成本。该规制的临界点还是那个声明认缴的"注册资本",方法只能是规制不是标准。因为立法者不能精准确定什么时刻公司应停止营业,所以采取监管策略中的事后标准,要求司法机关事后深入决策的评估和形成过程,[④]衡量内部人决策时的公司状况,该事后诸葛亮式的界定,通常借助于以注册资本为起点的"资本维持"形式标准,"设定内部人注意义务,可能要求采取每一个意在使债权人损失降至最小的措施"。

上述操作已陷入了道德性的注意义务,源头还是所有权与控制权分立带来的价值判断,作为股东代理人的内部人注意义务与代表公司整体利益的内部人(控制者),背后分别是作为合同连接体的公司与作为实体的公司。前者强调围绕立足于注册资本的静态的"资本维持",为股东加总授权的注意义务;后者落实包括债权人股东等在内公司利害关系人利益加总的,贯彻动态"偿债能力"标准的业务判断规则。[⑤] 前者导致内部人责任加重,后者扩大管理层的自由裁量权。[⑥]

第三套,减少公司控制人利用关联关系实施投机行为的规则群。关联交易产生的利益输送,不仅涉及债权人利益,更关涉公司利益保护,已更深层次地整体进入了公司治理领域。

在对关联交易进行强监管达成共识后,法定资本制变成了公权力介入公司治理的强度控制阀。关联交易中内部人有的是侵害公司资本,有的是侵害公司资本之外的公司资产。[⑦] 前者定性为抽逃出资,是强介入,既有公司法上的出资瑕疵责任、协助抽逃人连带责任,还有强制执行法上的追加被执行人可能;后者属于损害公司财产权,属中等程度介

---

① 参见许德风:《破产法论》,北京大学出版社2015年版,第119~120页。

② 参见[日]山本和彦:《日本倒产处理法入门》,金春译,法律出版社2016年版,第148页。

③ 参见[美]斯密德:《财产、权力和公共选择》,黄祖辉等译,三联书店1999年版,第13~14页。

④ 参见[美]克拉克曼等:《公司法剖析:比较与功能的视角》,罗培新译,法律出版社2012年版,第41页。

⑤ 该标准着眼于评估资产真实经济价值是否具备一定时期的公司债务清偿能力,依托的是公司金融实务最常用的三种估值方法——现金流贴现法、可比公司法以及可比交易法。

⑥ 参见邓峰:《代议制的公司:中国公司治理中的权力和责任》,北京大学出版社2015年版,第196页。

⑦ 公司资本仅是公司资产中的股东认缴出资,即注册资本,公司资产是上位范畴,大致包括注册资本、公司对外负债、公司的资产收益和经营收益。(2018)最高法民申4680号案指出:不能将股东从公司不当获得财产的所有行为都笼统认定为抽逃出资。认定股东从公司获得财产的行为是否构成抽逃出资,则应重点审查其行为是否对公司资本构成了侵蚀这一因素。

入,公司意志自行启动为前置程序,不具备后才由公司内部人启动介入。

有疑问的是,一旦从单个公司跃入公司集团领域,资本作为治理要素就丧失作用。将高风险的营业项目指定给公司集团内特定公司,实质将债权限制于该特定公司的资产,也使集团其他公司免受债权人追偿。公司集团作为统一整体经营,却可以运用资产分割,以独立人格来人为限定责任财产,与否定公司人格的实质经营标准相悖,也与一直突出的公司资本与责任对应性有违,因为都强调法定注册资本是便利了有限责任,如果责任客体可以选择,法定资本就无地安置了。《德国股份法》第 311 条出发的对第 302 条的类推适用,再到第 303 条,控制公司对从属公司亏损承担弥补义务,如果从属公司没有资产,债权人对控制公司有直接请求权。还有其第 317 条第 3 款明确,促使控制公司采取该项措施的董事会成员,也作为债务人承担责任。① 值得借鉴之处在于,至少法定资本制作为主线,一体化地规制了所有公司,包括公司集团,而不是用零碎的关联交易规制来治理。

再深入思考的话,公司间的平等要贯彻始终,你是公司集团,我是小公司,你就是集团内的资源调配,我就是人格混同。司法实践中强调的明股实债、以股抵债等,以穿透式审理来否定股的安排,认定债的实施。而公司集团中有了一个财务公司,就是公司间的调配。法学理论和司法实践中确定这些所谓的规制意义在那里,即尊敬的卢埃林说过,在研究法律问题时候,仅有技术没有道德,这个法律制度出来就是有害的。

那么,姑且不议法定资本制效率,如果视平等对待是一种道德,将其作为一种债权保护、公司治理的思考范式贯彻始终,至少保障了最有限的公司相关利益群体中的平等。我国公司制度在大部分领域也是如此实践的,若把这个深深嵌入公司躯体中的骨架再行打碎重塑,是需要伤筋动骨的。

2. 作为制度延展的法定资本制

最高法院于司法实践中就法定资本制,既在公司法规范文义边界线内,做了较多狭义上法律解释工作;并在立法计划内,制定法自身目的范围内,也做了逾越文义边界的制定法内之大量法续造工作。② 后果是法定资本制具体化、明确化的同时,其作为基础性制度也进一步固化,作为公司法秩序的主要组成部分,更变得不可动摇了。

在公司债权不能清偿情况下,诸多司法解释让债权人直接追究出资股东而不是控制公司股东、管理层,一源于公司的有限责任不利于债权人,有保护债权人的冲动;二潜台词还是公司是股东集合财产,是披着法人外衣的合伙,要求责权利同一。从最高人民法院《关于适用〈中华人民共和国公司法〉若干问题的规定(二)》(以下简称公司法解释二)开始,著名的第 18 条把有限责任公司股东定位为清算义务人,怠于清算造成不能清算的还要承担连带清偿责任。虽然 2019 年《全国法院民商事审判工作会议纪要》(以下

---

① 参见[德]莱塞尔等:《德国资合公司法》(下册),高旭军等译,上海人民出版社 2019 年版,第 899 页、第 905 页。

② 参见[德]拉伦茨:《法学方法论》,黄家镇译,商务印书馆 2020 年版,第 461 页。

简称《九民会纪要》)第14条将不是管理层的非控股股东排除出该清算义务人担保范围，但还是可能要承担相应赔偿责任。至于该纪要第118条明确区分了不配合清算有关人员责任，也只是请求权基础上的明确。到了最高人民法院《关于适用〈中华人民共和国公司法〉若干问题的规定(三)》(以下简称公司法解释三)，先是第12条对股东虚构债务关联交易等形式抽逃出资的定性，再是第14条抽逃出资股东对公司债权人进行补充赔偿的定责，然后是第16条抽逃出资股东财产权限制、第17条剥夺股东身份权的定罚。而后瑕疵、抽逃出资股东补充赔偿责任，各类司法解释又出现了不同层次的递延规制。公司法解释三第18条出现了，向有过错受让人等的责任主体延伸；《九民会纪要》第6条加速到期，可向未到出资期限股东主张的时间延伸；变更追加规定第18条执行阶段追加抽逃出资股东为被执行人的程序上延伸。

上述种种列举，体现了在公司经营阶段，最高人民法院基于股东资本充足义务，赋予债权人向抽逃出资股东出资补充责任请求权。若重视公司的法人人格，只有欺诈产权转让、人格否认、完全控制规制等及其例外情况下，[①]股东才会与债权人产生直接关系。否则，考虑到公司的资本弹性，出资认缴形成的不过是公司设立时声明注册资本，与公司实际经营时财产差异很大，法律要解决时间段的责任切割。[②] 出资是公司与股东的发行关系，是合同关系就要强调相对性，公司初次股东会后，应强调设立公司的独立人格，发起股东责任结束，责任转由管理层担责。该责任是其没有正当理由导致出资缺陷不能纠正，是勤勉义务的承担。这不仅是法定资本制的机械理解，还是把公司作为物权客体来理解，把公司视为股东集合财产为债权所作担保，才有向作为担保人"股东"追偿的逻辑。

可能带来的后续问题是，第一，多次修法后法定资本制于公司制度的监管安排上，已经从规则到标准，立法层面已经放松了法定资本制，面对控股股东或其他公司内部人掏空公司资产，损害债权人利益，司法没有从公司治理上对症下药，还是坚持熟悉的资本三原则，本身就是路径依赖。第二，债随物走的思维，在早先的1994年《关于企业开办的其他企业被撤销或者歇业后民事责任承担问题的批复》、到2003年《关于审理与企业改制相关民事纠纷案件若干问题的规定》，再到后续的公司法解释二、公司法解释三，甚至《九民会纪要》中都没有完全放弃把公司作为客体，将其视为股东的物、股东财产的延伸，而不是独立的主体。物权式公司模式没有改变，股东中心主义也好，法定资本制也好，都是该思考模式的组成部分，没有精细的股东与公司之间、管理层与股东之间的关系界定也是理所当然。第三，债权人保护带来的个别清偿，一方面，对有限责任进行突破，债权人频频救济对公司经营秩序的"干预"，该外部人实质以特定形式介入公司治理；另一方面，在公司资不抵债下，与破产平等受偿原则背离，再加上执行中追加，执行分配制度的泛

---

① 原理在于公司组织管理的控股股东有责任为由于不充分的资本化作为债权人的债务人，源于公平控制规制，是衡平原则的体现。

② 参见邓峰：《资本约束制度的进化和机制设计——以中美公司法的比较为核心》，载《中国法学》2009年第1期。

化,破产受到前述实质破产下个别受偿的冲击、吞噬。第四,法定资本制对应的静态公司资产维持理念,前端资本固定,后端救济频发,以固化资产价值来保护债权。高成本的资产维持原则是刻舟求剑,不能适配公司经营中财产变动实然情况,债权需要动态保护。《九民会纪要》承认与公司对赌协议的效力,已经隐含了保护债权人与投资安全同样重要的理念,①却又以减资来控制协议履行,这里为什么不采用偿债能力标准(衡平偿付不能测试),②以动态标准来落实债权的动态保护,更好地实行履行可能之利益平衡,理由在于后者走的是"公司实体论→管理层主导下公司治理→偿债能力标准",不是最高人民法院在法定资本制下必然之选。

(三)小结

由此可见,授权资本制与法定资本制之争联结的是整个公司制度,牵一发动全身,更重要的是具体制度与整个制度环境的适配,只是就某个具体制度单独比对,得出的结论可能并不完整。

从前文分析来看,单个制度效率授权资本制相对于法定资本制占优,但公司集合财产说贯穿了我国公司制度结构,法定资本制又是该说的基础制度,不可避免地渗透到公司制度运行各个环节。法定资本制与现行制度环境的高度融合,抵消了授权资本制的优势,也许在现阶段是法定资本制的整体效率占优。

五、导致路径依赖其他可能原因

本部分中提及的不是形成法定资本制的路径依赖中的决定性因素,而是固化路径依赖的增强性要素,也是基于分析的完整性考虑。

(一)权力寻租产生的路径依赖

资本制度替代的正当性应源于卡尔多—希克斯的加总的效率标准,然而立法过程中,决断可能是基于有利于公共利益的价值判断,所谓公共利益又可能受利益博弈的影响,由此寻租就成为因袭原有制度的原因。理由很简单,即便某项选择整体是有效率的,如果原制度支配者不能获得利益,而是损失了私有控制利益,就会遭到后者的阻挠。每个利益群体都有防止自己失去利益的激励,而且该利益群体拥有资源和权力越多,激励越强,原制度被沿袭下去的可能性就越大。

1. 权力寻租的核心是既得利益效应

即便资本制改革是有效率的,更替带来的效率收益没有全部流向法定资本制原支配者,如果产生效率收益不能大于其原支配地位带来的控制收益,他就会反对该制度更替。因为控制利益源于支配地位,又称为权力寻租的收益。

进言之,资本制的选择像其他治理结构选择一样,有不同制度之间总效率谁多谁少

---

① 参见最高人民法院民事审判第二庭编著:《全国法院民商事审判工作会议纪要理解与适用》,人民法院出版社 2019 年版,第 119 页。

② 债权到期类是否缺乏现金和其他流动用于偿债财产,并辅之以管理层偿债声明,不同于更注重资产负债表的批次测试或净值测试。

的衡量,还有某些权力在制度中分配给不同利益群体的影响,[①]因资本制更替将导致公司控制权减少的那个利益群体,它更倾向于保留原来的法定资本制。授权资本制替代法定资本制,董事为代表的管理层权力增加股东权力减少,对股东而言,法定资本制对自己更为有利,股东群体就不会轻易同意制度更替。有了阻止更替的动力,现行公司制度股东中心主义,也保障其有权力反对改革,甚至利用现有公司中控制权,转换成立法活动中话语权,从而影响公司资本制度的选择,民法典制定过程中金融机构强力推行的动产担保制度功能化改革就是适例,此情况下现行的资本制度就会持续下去。

2. 科斯世界中结论为什么没有发生

本文不否认所有潜在的有效率的制度改革在完美的科斯世界中会发生,科斯世界里制度改革发生机制是,由受益者付给受损者一定金额来获得进行改革的同意。[②] 比如,资本制更替通过契约来实施,管理层给付股东一定对价来填补其控制利益损失,只要该对价小于制度更替产生的总收益,对公司而言,资本制改革总体上还是有效率的。

不过在现实社会中,受损者的集体行动问题可能会阻止这个交易,受损群体中有的成员基于"搭便车"不愿参与谈判,有的成员基于之后可以更高价格成交而不愿参与谈判。[③] 为了促使有效率的制度更替发生,解决集体行为问题是应该是更好的路径,证券法要约收购中收购公司的统一要约,并禁止收购期限内变更收购价格、收购数额即为此类安排。

3. 特定群体效率消长的细账

资本制改革对应于股东群体的效率消长可再算个细账。例如,某公司有10个股份,在法定资本制条件下,公司总价值10万元,控股股东持5个股份,有额外3万元控制利益(声誉、公司开支享有等),该股东共享有8万元利益。实行授权资本制,公司总价值提高至11万元,但是股东没有了控制权,他享有"11×50% =5.5万元"利益,制度更替对公司有10%价值提升,对控股股东是2.5万元的价值耗减,他既有动力又有权力来阻止制度变化,保持其控制利益。

除非控股股东有8/11以上的股份,即8/11×11万元=8万元;或者还是持股50%,制度更替收益增加6万元以上,即50%×(10万元+6万元)=8万元。在以上两种情况下,授权资本制产生的收益足以弥补控股股东失去控制利益的损失,后者才不会阻止资本制改革。

可能结论还是支配者份额足够大,或者资本更替产生收益要足够大,否则既有法定

① 参见[美]弗罗门:《经济演化:探索新制度经济学的理论基础》,李振明等译,经济科学出版社2003年版,第73页。

② 参见[美]科斯:《社会成本问题》,载科斯等:《财产权利与制度变迁》,刘守英等译,格致出版社2014年版。

③ 此问题可参考证券法要约收购规定,《证券法》第66~69条明确了收购要约法定内容,法定期限,法定变更,并要求提出收购条件,适用于被收购公司的所有股东等,原理还在于规范集团行动问题。

资本制可能因内部权力寻租因素被阻止。特别对于后者该结论又有两个反向论断：第一，权力寻租因素不可能绝对地阻止制度改革，授权资本制与法定资本制之间的效率差距越大，支配者获得改革收益大于其控制利益，阻却改革的激励就消失了。第二，私有控制利益是导致阻止有效率改革发生的原因，建立了消除该权力寻租的法律制度，就能促进有效率的改革。

(二)影响路径依赖的股东协议

回溯到我国公司制度的源头，是1979年《中外合资经营企业法》，以及后续的《中外合作经营企业法》《外资企业法》等，1993年公司立法也大量参照了上述三法。所有这些商务部主导的规则体系，合资或者合作合同被作为合同对待，完全不同于以章程为引领的内资公司法，最高人民法院在外商投资企业司法解释中对章程也只字未提，亦是在情理之中。虽然2020年《外商投资法》施行，内外资公司制度统一，公司制度一路走来合同因素从来就没有缺少过。

若是把三法所涉粗略理解为联营公司，那升级至标准公司之后，契约与组织位置就扭转了，契约可理解为是当事人之间提供私人安排的有效工具，就特定事项另行以股东协议来进行安排，是对于公司该层级组织治理结构的有益补充。①

1. 股东协议与公司制度的关系

为什么效率层面上组织(公司)已然替代了市场(合同)大环境下，还要加入股东协议。可以这样说，合同与公司作为市场与层级，是治理结构的两端，而现实生活中更多的是混合治理架构，公司上叠加合同是顺理成章的，②那么公司制度中章程与股东协议的并存也是恰当的。在公司纵向一体化的自我治理“威权”主基调下，引入“平等”股东协议因成本更小，对扰动的适应更及时，是具有补充性的，此意义上股东协议是嵌入公司制度，而不是替代。这本身是种差别匹配，某些事项上交易频率低、不确定因素低、资产专用性程度小，更宜采合同，而非耗减至上而下的治理成本，因此采用公司与合同的混合治理结构具有必要性。

在灵活运用股东协议之下，产生的双层融资结构、股权回购等制度逐渐被法律法规认可，明股实债、刚性兑付等法律却说了“不”，至少商主体以股东协议为载体的先行先试，从工具到制度的企图，至少可成为公司制度改革的源泉，或者说选择项。

2. 股东协议能减轻制度的低效率吗？

承接上面论述，可得出“即便现行法定资本制的效率较低，公司相关利益群体会通过合同选择有效率的安排来避免”的结论吗？我们把法定资本制理解为公司制度环境下中的股权融资方面的制度安排，股东协议是指全体或部分股东在章程之外另行订立的协议。③

---

① 参见[美]威廉姆森：《治理机制》，石烁译，机械工业出版社2016年版，第335页。

② 同上书，第106页。

③ [英]戴维斯等：《现代公司法原理》(上册)，罗培新等译，法律出版社2017年版，第77页。

首先,制度上的强制。资本制是公司制度中基础性安排,多采用强制性规范,资本类股东协议本身系就资本类规范进行调整,若因效力存疑产生纠纷,转由不熟悉商业安排的法官作出判断。现阶段穿透式审判的倡导,突出实质化审理,会导致股东协议具有高度不确定性,更可能增加交易成本。否则,就不会有海富案中对赌协议效力的内外区分处理,再到《九民会纪要》中区分原则对负担和处分行为切割,认识渐进的历程。

其次,逻辑上的悖论。公司法本身就是填补公司相关利益群体间不完全协议的默示规则安排,特定公司的特别需求都通过章程来体现。章程安排之后,相关漏洞由公司法填补,立法者不鼓励利益群体之间、内部再另行事后安排。一者章程资本安排之上再有新股东合意,结构上叠床架屋,意思上若有冲突,就是出尔反尔。且章程重程式,合同讲合意,两者调整范围也不一致。再者于法律之外再建立一个平行的资本制度安排,代价高昂,且可能存续及交易成本高企。

再次,实践中的疑问。股东协议中对资本制度注入私人秩序,其效力源于合同法。对公司而言,若它未参与,股东协议对公司就不具有约束力;若参与或事后追认,以协议来规制公司问题,应以不违背公司法为限,但股东协议相关事项与公司法差异不大,意义又在哪里,若有差异,又回到了“不确定”性导致的交易成本增加。对公司以外的参与人,主要是股东而言,即便违反约定,但涉及公司法有相反规定的,约束力也限于违约赔偿,而不应是继续履行。① 故此点本文更赞同英国法的实践,而不是美国法。② 江西华电公司案中法院认为,按股东协议承诺来拟制投票权行使,③仍有探讨余地。若循此思路,调整范围有限。

最后,价值上的坚持。公司制度的核心是承诺,包括公司与投资者之间的彼此承诺,公司法主要任务之一是对承诺的违反进行最有效控制,④公司制度也是建立在这套信任机制上的持续发展,公司法也通过法秩序之效力对权利进行确认及保护,轻易地突出股东协议,形成对公司规则的侵蚀,导致当事人以协议安排自己利益。试想认可表决权拘束协议效力,且辅之以强制履行,不就是承认以协议创设了类别股,突破了现行法对无表决权股之审慎态度。组织法领域本来以纵向一体化层级管理结构来替代,至少淡化契约因素,是公司有别于市场的本质特征,若让股东协议喧宾夺主,与公司制度本旨相悖。

由此,可能的结论是股东协议对公司制度的规则输入是有限的。不能否认的是,既有稳定的法律规则会阻止创造性裁判,但随着某些公司,尤其是股东协议此类目的性协议的标准化,法律专业群体有目的的界定利益范围,并且被司法判决逐渐的接受并作为

---

① 德国法强调比较实用的方法是在合同中规定违约处罚措施,对于是否可通过临时禁令措施来保证合同的履行,也是非常有争议的。

② 所有权与控制权的分离的背景下,基于对股东行动主义的鼓励,确保股东协议的效力且强制履行成为股东参与公司治理的重要策略。

③ 参见〔2017〕赣民申367号,〔2016〕赣05民终12号,〔2015〕渝民初低02693号。

④ 参见[美]梅西:《信守承诺是公司治理的基石》,戴欣等译,法律出版社2017年版,第3~4页。

判例,那么被社会广泛接受的授权资本制,就会以超越制定法的法官续造,来形成裁判先例,循序推进的实现。① 该变化有两个前提,法律漏洞的存在,且法院对其拟采规则对社会经济政策及其他领域影响的清晰预见。② 可能更多的还是依托公司法规则的概括性,于司法实践中有利于公司利益的章程、合同,司法审慎介入顺势而为。

六、余论

财产还是实体,是公司理论的两条进路,各项公司具体制度都是各自路线上的各个端点。公司集合财产论到股东利益导向,再到股东中心主义,对应于法定资本制,都贯穿在"谁投资,谁受益,谁负责"之下;公司实体论到利益相关者导向,再到董事会中心主义,对应于授权资本制,贯穿的是组织所有权和控制权分离。不可能把公司集合财产论线索下法定资本制,放到公司实在论之下,彼此之间的不适配。也就是说,法定资本制存废是公司制度的定位问题。至于股东出资对价的控制、资本弱化的规制、资本维持的强制等,无非是前端放开、后端收紧,是法定资本制实施程度的轻与重,而不是存与废。

公司制度环境下两类资本制的效率比对、权力寻租等各因素考虑,得出路径依赖的结论。此时此地的判断可能要转换一下思路,计一时还是计千秋,即便理论的积累还不充分,现阶段考虑的不只是具体制度的改革,而在于体系的创新。限缩于小范围的学者修法,求诸野,缺乏讨论争鸣,必然依旧是失却于方向感的小修小补。

公司法作为服务于社会的基础性规则,其修法要服务于经济发展的大势,要定位于社会的合作机制,而不单纯限于保护这类还是那类主体。所以对修法的探讨不能太琐碎、太技术化,要有前瞻性,应意识到未来经济需要更好的法律工具才能审核改革,要通过法律规则改变制度环境,推动社会进步,提供出符合我们现代化道路的公司制度解决方案。

---

① [德]韦伯:《论经济与社会中的法律》,张乃根译,中国大百科全书出版社 1998 年版,第 71 ~ 76 页。

② 参见[德]拉伦茨:《法学方法论》,黄家镇译,商务印书馆 2020 年版,第 546 ~ 548 页。

共益公司的立法构造及其启示

皮正德*

摘要:美国的企业社会责任运动经历过3次转折,1929年经济大萧条使社会责任进入公众视野,1970年芝加哥学派使股东利益最大化压倒了利益相关者理论,2000年后的公司丑闻与金融危机孵化了社会企业。作为第一代社会企业立法中最成功的共益公司立法,突破了传统公司法立法理念中的逐利性、受信义务指向的固定性与社会责任信息披露的自决性。但实践也证明其存在相当的局限性,在共益目的与公司治理框架之间、品牌效应与市场监管之间、价值引导与实际社会效果之间都存在冲突。同时,美国司法对共益公司立法的回应也并不乐观。以史为鉴,在我国公司变革中应当考虑沉入适应成本,妥善处理网群效应;董事考虑利益相关者利益义务应当适配受益人的责任追究机制,避免制度错位;社会责任信息披露应当以社会组织标准为引导,避免效率折损。我国有效的社会责任承担变革仍处于公司法以外的其他部门法中,如果在公司法内进行变革,社会观念与公司治理机制需要双管齐下。

关键词:共益公司　社会企业　公益目的　受信义务　社会责任信息披露

一、公益公司的诞生:美国企业社会责任运动的三个转折

20世纪初,美国社会开始关注公司行为的社会影响,因为随着社会资本的聚集,众多只持有大型公司少量股份的公众股东催生了这种关切。① 随后,公司如何承担社会责任的讨论持续了近一个世纪。近10年来,"社会责任运动"敦促立法机构修改公司法,提供了一种明确为公共利益负责的公司模型。② 回顾美国公司社会责任运动历史,会发现公司社会责任一直围绕着公司法外的其他部门法展开,而社会公司则突破性地进入了公司法,其社会责任运动史与最受立法欢迎的共益公司(benefit corporation)具有一定的借鉴

* 清华大学法学院博士研究生。

① See Wells, C. A. Harwell,"Cycles of Corporate Social Responsibility: An Historical Retrospective for the Twenty-first Century", *University of Kansas Law Review*, Vol.51, No.1 (2002), pp.77–140.

② See Johnson, Lyman, "Law and the History of Corporate Responsibilities: Corporate Governance", *University of St. Thomas Law Journal*, Vol.10, No.4 (2013), pp.974–990.

意义。[①]

(一)第一个转折点:1929 年大萧条

在现代公司诞生的前后,其目的与现在的公司大相径庭,早期的公司与各种慈善机构混为一体,并无严格区分。美国起初实行严格的公司设立特许制度,立法者有权决定哪些机构可以成立及其可以从事的行为范围,通常只会给服务于社会公共目的的机构颁发特许。在立法机构和政府的管控之下,这时期的大部分公司主要从事于公共工程建设及公共金融服务,如铁路公司、自来水厂、保险公司、银行等。[②] 只有一小部分机构被允许从事商业目的,而且这些机构还都面临着可能被撤销特许的危险。[③] 在当时的社会背景下,投资者并不会期望太高的投资回报,因为在这样立法体系下的社会观念中,公司本就需要服务于公共利益。但是这种情况面临着声势越发浩大的"反特许"冲击,经历了近半个世纪的努力,商人们终于把公共目的驱逐出了公司章程,并且改变了公司设立的特许制度。自此,公司章程中的公司目的就可以包括"任何合法的经营活动",[④]商人们也可以自由地设立公司,这在有限责任的配合下铸就了美国经济发展坚实的制度基础。

这种自由化一直持续到 1929 年,经济大萧条让人们反思公司与社会之间的关系,如果没有法律强制性规定的要求,公司完全可以通过解雇员工、降低薪水、降低产能来保持盈利状态。[⑤] 申言之,公司如果不承担任何社会责任,可能会导致灾难的结果。随后伯利(Berle)和多德(Dodd)在《哈佛法律评论》上开启了关于公司究竟向谁负责的论战,[⑥]这场论战持续至今,仍然没有真正解决这一问题。[⑦] 但是法律与政治的实践却并未因此止步不前,罗斯福新政中包含了一系列公司必须考虑的"最低限度的社会责任",反垄断法、劳工法、社会保障法等法案等陆续通过,限制了公司的权限,使公司开始承担相应社会责任,政府通过这些"利益相关者"法案敦促公司与政府一道解决社会问题。随后,美国经济开始复苏,现代公司的黄金时代就此来临。在那个时候,公司的管理层更多把他们自

---

① 该类公司在美国各州均被称为"benefit corporation",但特拉华州称为"public benefit corporation",本文以"共益公司"指称该类既保持营利性,又由法律明确其对公共利益负责的公司。国内学者对此有不同翻译,有学者译为"公益公司",有学者译为"福利公司"。"公益公司"与"福利公司"均过于突出其对利益相关者承担责任的特征,而"共益公司"则突出了股东与利益相关者均受益的特征。

② 参见[美]约翰·戈登:《伟大的博弈》(第 3 版),祁斌译,中信出版社 2019 年版,第 94 ~96 页。

③ See Chaffee, Eric C., "Collaboration Theory: A Theory of the Charitable Tax-Exempt Nonprofit Corporation", *U. C. Davis Law Review*, Vol. 49, No. 5 (2016), pp. 1719 – 1782.

④ 沈四宝编译:《最新美国标准公司法》,法律出版社 2006 年版,第 30 页。

⑤ See O'Kelley, Charles R. T., "The Evolution of the Modern Corporation: Corporate Governance Reform in Context", *University of Illinois Law Review*, Vol. 2013, No. 3 (2013), pp. 1001 – 1050.

⑥ See Esposito, Robert T., "The Social Enterprise Revolution in Corporate law: A Primer on Emerging Corporate Entities in Europe and the United States and the Case for the Benefit Corporation", *William and Mary Business Law Review*, Vol. 4, No. 2 (2013), pp. 639 – 716.

⑦ See Wells, C. A. Harwell, "Cycles of Corporate Social Responsibility: An Historical Retrospective for the Twenty-first Century", *University of Kansas Law Review*, Vol. 51, No. 1 (2002), pp. 77 – 140.

己看作管家或者受托人,为了众多的利益相关者而掌管着社会经济的一个小机构。[①] 强有力的工会也使劳动者的薪资、工作条件、工作环境等有所保障。其中的典型代表就是当时崛起的通用汽车,该公司主席在1953年有一段著名的言论:"这么多年我一直认为,通用汽车的命运与国家命运紧紧联系,我们公司的利益与国家利益、社会利益是相一致的,我们公司的贡献就是对国家和社会的贡献,这一点大家有目共睹。"[②]

(二)第二个转折点:1970年芝加哥学派的诞生

在1970年,随着芝加哥经济学派的诞生,基于公司产权而建立起来的分析框架使股东优先主义占据了上风。[③] 诺贝尔经济学奖获得者米尔顿·弗里德曼(Milton Friedman)在纽约时报上发表文章指出:"企业唯一的社会责任就是利用企业所能够利用的资源增加企业的利润,只要企业在法律的界限内公平竞争就无可厚非。减少企业所造成的污染、雇佣失业人员等行为其实都是用其他人的钱来促进社会整体利益。"[④]这种股东利益至上的声音逐渐成为主流,股东在公司决策的各项考虑因素中占据着至高无上的地位。[⑤] 同时,其基于产权的分析范式也获得了前所未有的欢迎,对公司法律制度以及社会公众的公司观念产生了巨大的影响。但即便如此,那些支持利益相关者保护的学者仍然在寻找新的方式来敦促公司履行社会责任。[⑥]

1980年收购高潮占据了报纸的头版头条,这些兼并、收购、杠杆收购和其他杠杆重组构成了对根深蒂固的旧公司体系的一次沉重打击。[⑦] 与此同时,也将公司社会责任运动又推向一个高潮。没有人会否认公司并购属于企业的一种盈利方式,但是这种并购带来的结果却是目标公司的分拆出售,由此带来了大规模的失业,造成了恶劣的社会影响。[⑧] 这

---

① See Stout, Lynn A., "On the Rise of Shareholder Primacy, Signs of its Fall, and the Return of Managerialism (in the Closet)", *Seattle University Law Review*, Vol. 36, No. 2 (2013), pp. 1169 – 1186.

② Geoffrey Norman, What's Good for General Motors?, *AM. SPECTATOR* (Nov. 28, 2018). https://spectator.org/whats-good-for-general-motors/.

③ See Wells, C. A. Harwell, "Cycles of Corporate Social Responsibility: An Historical Retrospective for the Twenty-first Century", *University of Kansas Law Review*, Vol. 51, No. 1 (2002), pp. 77 – 140.

④ Milton Friedman, The Social Responsibility of Business is to Increase Its Profits, *New York Times*, Sep. 13, 1970.

⑤ See Hansmann, Henry, and Reinier Kraakman, "The End of History for Corporate Law", *Georgetown Law Journal*, Vol. 89, No. 2 (2001), pp. 439 – 468.

⑥ See Winston, Emily, "Benefit Corporations and the Separation of Benefit and Control", *Cardozo Law Review*, Vol. 39, No. 5 (2018), pp. 1783 – 1844.

⑦ 参见[美]迈克尔·詹森:《企业理论:治理、剩余索取权和组织形式》,童英译,上海财经大学出版社2008年版,第3页。

⑧ See Esposito, Robert T., "The Social Enterprise Revolution in Corporate Law: A Primer on Emerging Corporate Entities in Europe and the United States and the Case for the Benefit Corporation", *William and Mary Business Law Review*, Vol. 4, No. 2 (2013), pp. 639 – 716.

又将股东利益是否应当是公司决议时的优先考虑这一问题推到了风口浪尖。[①] 利益相关者理论又烧成燎原,在这一阶段催生了许多“选区法案”(constituency statute),法案中会明确董事可以在进行决议时考虑一系列利益相关者的利益。现在已经有30多个州通过了这种法案,尽管这个法案是否能够保护董事在决策中考虑利益相关者仍然是个未知数。[②]

到1990年,经济全球化的进程带来了无数家富可敌国的大型跨国公司,这些公司完全有能力把美国所要求的环境保护、劳工保护、人权保护等问题通过将产业转移到其他国家的方式规避掉。这时候公众开始意识到这些大型跨国公司可能产生的巨大的负外部性。比如,Nike公司以及Gap公司都是当时在其他国家设立血汗工厂的反面典型。大型公司为了回应这种难以监管的跨国问题以及社会公众所施加的压力,从20世纪90年代开始,许多大型公司开始发布自己的社会责任报告。[③] 现如今,大型公众公司都会定期的发布自己的社会责任报告,以公示的方式回应社会压力,自觉接受社会监督。

(三)第三个转折点:2000年后的危机与共益公司的诞生

进入2000年后出现了社会企业运动,这一运动可以看作企业社会责任运动的最新方向,要求公司对其所造成的负面影响负责,其中的典型推动者就是共益公司之父——B Lab。[④] 这也与安然事件等公司丑闻和金融危机息息相关,这些事件让公众更加关心直接公司制度。[⑤] 在此之前,美国商业市场上弥漫着一种恐慌情绪,认为既追求利润又服务于社会公共利益的公司是很脆弱的,尤其是对大型公司来说。[⑥] 这可能有3个原因:其一,立法机构的态度。立法机构认为公司法律体系运行得很好,不让公司产生太大负外部性的方式是利用法律进行直接规制,如环境保护法、劳动保护法等,而不是修补公司法。[⑦] 其二,学界的理念。股东至上主义要求公司管理人在追求股东财富最大化时不能同时追

---

① See Allen, William T., “Our Schizophrenic Conception of the Business Corporation”, *Cardozo Law Review*, Vol.14, No.2 (1992), pp.261 -282.

② See Plerhoples, Alicia E., “Can an Old Dog Learn New Tricks-Applying Traditional Corporate Law Principles to New Social Enterprise Legislation”, *The Tennessee Journal of Business Law*, Vol.13, No.2 (2012), pp.221 -266.

③ See Samuel O. Idowu, *Encyclopedia of Corporate Social Responsibility*, Springer-Verlag Berlin Heidelberg, 2013, pp.1248 -1250.

④ B Lab是一家非营利性机构,致力于支持企业家和投资者,希望能够帮助他们通过商业运作的形式解决社会所出现的问题,共益公司的成功出现与B Lab的努力不可分割,载B Lab官网:https://bcorporation.net/about-b-corps。

⑤ See Murray, J. Haskell, “Adopting Stakeholder Advisory Boards”, *American Business Law Journal*, Vol.54, No.1 (2017), pp.61 -106.

⑥ See Page, Antony, and Robert A. Katz, “Freezing out Ben & Jerry: Corporate Law and the Sale of a Social Enterprise Icon”, *Vermont Law Review*, Vol.35, No.1 (2010), pp.211 -250.

⑦ See Frederick H. Alexander, *The Public Benefit Corporation Guidebook: Understanding and Optimizing Delaware's Benefit Corporation Governance Model*, Frederick H. Alexander and Morris, Nichols, Arsht & Tunnell LLP, 2016, pp.45 -46.

求其他目的。其三,社会公众的情绪。这种具有双重属性的企业类似于社会主义国家在历史上的企业,存在价值观念上的相斥。所以,以往的运动都聚焦于公司法之外的反垄断法、劳工保护法、证券法等,寄希望于通过限制公司外部行为来保障社会利益,这些运动当然也取得了相应的成就,但是并没有从根本上改变公司体系所存在的问题。

随着社会公众对大型公司普遍不信任情绪的蔓延,许多企业家和投资者也开始怀疑股东至上主义。① 社会公众与投资者给予了立法机构足够的压力,使这次改革摒弃了传统改革路径,直指全新的公司类型。自2008年开始,美国公司法开启了创造社会企业的尝试,第一代社会企业包括"low-profit limited liability company""flexible purpose corporation""social purpose corporation""benefit corporation"。② 其中最成功的类型当属共益公司,自从2010年马里兰州开启了共益公司的立法后,迄今为止已经有36个州使共益公司入法,还有5个州的立法提案正在考虑中。③ 即使是公司法领域中的领头羊特拉华州,也在2013年采纳了共益公司的法案,创造了该州独特的"public benefit corporation"模式。④

营利性机构与非营利性机构在传统观念中一直是直截了当的二分,⑤但是共益公司的出现恰恰融合了营利性与公益性,填平了逐利的企业与承担社会功能的非营机构之间的沟壑,处于两者的交界,这种全新的公司形式既追求投资者所希望的利润,又谋求积极进步的社会及环境利益。⑥ 回顾美国公司法历史,似乎又重新回到了公司服务于社会利益的原点,纵向观察确实是画了一个圆,但是横向观察,可以看到公司理念的螺旋式上升。

二、共益公司立法的理念突破

(一)共益公司立法与现状

共益公司的立法目的非常清晰,即改变公司目的,使公司不仅服务于股东,还服务于公司所意欲实现的公益目的。自2010年起由马里兰州率先通过,随后在9年时间内就

---

① See Mickels, Alissa, "Beyond Corporate Social Responsibility: Reconciling the Ideals of a for-Benefit Corporation with Director Fiduciary Duties in the U.S. and Europe", *Hastings International and Comparative Law Review*, Vol.32, No.1 (2009), pp.271 – 304.

② See Esposito, Robert T., "The Social Enterprise Revolution in Corporate law: A Primer onEmerging Corporate Entities in Europe and the United States and the Case for theBenefit Corporation", *William and Mary Business Law Review*, Vol.4, No.2 (2013), pp.639 – 716.

③ 来自美国Social Enterprise Law Tracker所公布的数据,该网站会公布共益公司及其他社会型企业在美国各州的立法动态,https://socentlawtracker.org/#/bcorps。

④ See Reiser, Dana Brakman, and Steven A. Dean, "Financing the Benefit Corporation", *Seattle University Law Review*, Vol.40, No.2 (2017), pp.793 – 820.

⑤ See Munch, Steven, "Improving the Benefit Corporation: How Traditional Governance Mechanisms Can Enhance the Innovative New Business Form", *Northwestern Journal of Law and Social Policy*, Vol.7, No.1 (2012), pp.170 – 195.

⑥ See Hacker, Michael A., "Profit, People, Planet Perverted: Holding Benefit Corporations Accountable to Intended Beneficiaries", *Boston College Law Review*, Vol.57, No.5 (2016), pp.1747 – 1780.

被36个州所采纳,这一数字仍有上升趋势。大部分州的法案是以"Model Benefit Corporation Legislation"(以下简称MBCL)为模板稍加修改而成的,该模板由B Lab所起草。① 经过梳理,共益公司的立法模式主要有两种类型,一种是仿照模版的MBCL模式,另外一种是独特的特拉华州模式。

MBCL的起草过程也争议不断,许多社会企业家都坚信法律和股东都不期望他们在最大化利润之外追求其他社会目的,正如多年前的Dodge v. Ford案所示,追求其他目的的董事会面临着赔偿的压力。② 但是另外一方面的呼声不断高涨,呼吁社会企业、公司社会责任以及社会性质的投资,MBCL就迎合了这些社会呼声。③

MBCL主要由三大部分构成:公司目的、管理人员职责要求以及公司透明要求。④ 第一,法案明确了究竟何为共益公司。共益公司是指除公司原本营利性目的之外,能够促进普遍公共利益,并且在章程中明确追求一种以上特定公共利益的公司。⑤ 第二,法案明确了共益公司管理人员的行事标准与追责程序。公司的管理人员应当为了公司的最佳利益管理公司,在进行决策时,应当综合考虑股东、雇员、供应商、顾客、所在社区、环境的短期和长期利益,以及公司认为合适的其他利益。同时,管理人员在进行决策时无须把任何一项利益置于优先地位,除非公司章程中有所规定。⑥ 该法案还创设了共益公司专属的追责程序,排除了派生诉讼的适用,只有持股2%以上的股东、董事以及公司章程中规定的特定主体可以对公司,董事或高管起诉。⑦ 第三,法案创设了对共益公司的信息披

---

① See Frederick H. Alexander, *The Public Benefit Corporation Guidebook: Understanding and Optimizing Delaware's Benefit Corporation Governance Model*, Frederick H. Alexander and Morris, Nichols, Arsht & Tunnell LLP, 2016, p.20.

② See Dodge v. Ford Motor Co., 170 N. W. 668 (Mich. 1919).

③ Blount, Justin, and Kwabena Offei-Danso, "The Benefit Corporation: A Questionable Solution to a Non-Existent Problem", *St. Mary's Law Journal*, Vol.44, No.3 (2013), pp.617-670.

④ See Model Benefit Corporation Legislation, Version of January 13, 2016. p.1.

⑤ See Model Benefit Corporation Legislation. § 201. Corporate purposes. 根据该法定义,普遍的公共利益,是指能够通过第三方标准评估的对社会及环境产生的实质性积极影响。特定的公共利益包括:(1)为低收入或者资源贫乏地区的个人或社区提供有益的产品与服务;(2)为个人或社区创造除正常商业活动所提供的就业岗位以外的经济机会;(3)保护环境;(4)促进公共健康;(5)促进艺术、科学以及知识的进步;(6)增加具有社会目的实体的资本收入;(7)其他特定的对社会及环境有益的影响。

⑥ See Model Benefit Corporation Legislation. § 301. Standard of conduct for directors. 根据该条规定,管理人员在为了共益公司最佳的利益管理公司时,应当考虑到公司行为可能对以下方面产生的影响:(1)公司股东;(2)公司的雇员、分支机构以及供应商;(3)公司顾客;(4)公司及其分支机构及其供应商所在的社区及社会部门;(5)当地及全球环境;(6)公司的短期利益以及长期利益;(7)公司完成其普遍公共利益及特定公共利益的能力;(8)以及公司认为合适的其他利益。公司在考虑上述利益时,不需要把任何一项的利益置于优先的地位,除非公司章程这样规定。

⑦ See Model Benefit Corporation Legislation. § 305. Right of action. 根据该条规定,(1)只有在特殊诉讼程序下,才能对公司、公司董事或高管起诉;(2)在特殊诉讼程序下,公司不会因为没有实现普遍或特定公共利益而承担赔偿责任;(3)这种程序只有公司、持股2%股东、董事、章程中规定的特定主体才能提起。

露要求。共益公司应当制备年度报告,在报告中必须采取第三方的标准,评估公司对社会公共利益所作出的努力及公共利益的实现程度等,同时将报告提供给股东、州务卿,并在网络上公示。①

在特拉华州的共益公司立法过程中,就有声音指出让这种过于理想化的公司模型进入立法是完全站不住脚的,因为这会使董事更容易证成自己行为的正当性,让董事可以为所欲为。即使具有如此强烈的反对声音,特拉华州最终还是通过了共益公司立法,可能主要是考虑到该州在美国公司法领域的灯塔地位,以及声势浩大的共益公司运动。②正如特拉华州州长杰克·马克(Jack Markell)在签署该法案时所言:"我们总是听说公司想在公司发展壮大的同时也能为社会做贡献,随着这个法案的签署,特拉华州的公司现在完全可以把这两个目标合二为一,放在他们的公司章程中。我们在公众场合反复听到共益公司可以满足市场的需求,但是比这更重要的是共益公司能够填补社会的需求。"③

特拉华州将共益公司置于该州普通公司法的第15章,用8条创设了共益公司这一公司类型。④ 与MBCL对应,特拉华州共益公司法也主要包括三大部分:第一,共益公司的定义。共益公司是具有营利性和公益性的公司,共益公司应当在运作的过程中平衡股东的金钱利益、受公司行为影响的客体的最大利益以及公司章程中所明确的一项以上的公共利益。⑤ 与模范公司法不同,特拉华州共益公司同时追求令人惊讶的3种利益。⑥第二,管理人的权责与追责程序。该法要求管理人员在公司运作过程中应当平衡好股东的金钱利益、受公司行为严重影响的客体的最大利益、公司证书中所明确的公共利益。⑦

① See Model Benefit Corporation Legislation. § 401. Preparation of Annual Benefit Report; § 402. Availability of Annual Benefit Report. 根据规定,公益公司应当提供年度报告,报告包括:(1)对公司追求普遍社会公共利益、章程所规定的特定社会公共利益行为的描述,以及该利益的实现程度;阻碍公司实现公共利益的情形;选择第三方评估标准的程序以及理由;(2)利用第三方标准对公司所实现的公共利益所进行的整体评估。年度报告无须审计。年度报告应当提供给股东,应当提供给州务卿,并且在网络上公开。

② See Frederick H. Alexander, *The Public Benefit Corporation Guidebook: Understanding and Optimizing Delaware's Benefit Corporation Governance Model*. Frederick H. Alexander and Morris, Nichols, Arsht & Tunnell LLP, 2016, p.9.

③ See Governor Markell Signs Public Benefit Corporation Legislation, Delaware. Gov., https://news.delaware.gov/2013/07/17/governor-markell-signs-public-benefit-corporation-legislation/.

④ 可能由于该公司仍保留着营利性的特征,故将该公司置于普通公司法第15节,用第361~368条共8条创设了共益公司,从法律适用,公司定义,投票、提案,董事义务,信息披露,诉讼程序等8个方面进行了规定。参见特拉华州政府信息网:https://delcode.delaware.gov/title8/c001/sc15/index.shtml。

⑤ See Delaware General Corporation Law. § 362 Public benefit corporation defined. 根据特州公司法规定,"公共利益"意味着产生积极的影响或者削弱消极的影响,在以下范畴一个或多个方面:个人、实体、社区或者包括但不限于艺术、慈善、文化、经济、教育、环境、文学、医学、宗教、科学或者技术。"公共利益条款"意味着公司证书中必须包含的由本节所要求的这些内容。

⑥ See Reiser, Dana Brakman, and Steven A. Dean, "Financing the Benefit Corporation", *Seattle University Law Review*, Vol.40, No.2 (2017), pp.793-820.

⑦ See Delaware General Corporation Law. § 365 Duties of directors.

该"客体"包括人、事物、思想等。① 第三,公司的信息披露要求。公司应当每两年向股东提供报告,报告内容包括公司追求特定公共利益的行为及该行为所产生的实质性后果,并将该报告向社会公开。但是并没有强制性要求需要采取独立的第三方标准。②

除了共益公司立法所规定的内容,共益公司在其他方面均适用普通公司法的规定,各州共益公司的法律规制也都主要集中在这3个方面。虽然每个州都会在立法时对MBCL进行相应的修改,但是其核心理念都是相同的,即通过立法与公司章程使公司目的包括创造社会公共利益,为保障这一目的实现相应调整公司的治理结构,使公司管理者在进行决策时也要考虑公益目的。

(二)立法理念突破

共益公司的立法在3个方面突破了传统商事公司法的桎梏,或许这些先导性的理念在诸如"利益相关者理论""团体生产理论""公司社区理论"等理论中曾经出现过,但是共益公司将这些理念付诸实践,实现了立法的突破。

第一,共益公司立法突破了传统公司理念中以股东价值最大化为导向的逐利性。在现代社会,无论是公司、商学院、股东、公司法专家还是法官,都认为公司管理人员的责任是最大化股东价值,公司的管理人员也这么认为。③ 而关心社区、保护所在地区环境、保护动物等问题都不是董事在进行决策时需要考虑的因素,尽管公司也确实能够从事社会福利活动,但是公司所从事的社会福利活动都必须经得住公司营利目的和公司长期利益的审查。举例说明,在餐馆中使用天然有机的肉会比使用含有激素的肉更加昂贵,但是如果这种策略能够为餐厅开拓市场,餐厅股东的利润仍然能够得到保障,那股东就不能抱怨这一举措增加了餐厅的成本,这是一种制造产品差异化的市场营销手段。④ 虽然这种举措也同时使家畜的生长更天然,但其最终目的仍然是公司营利以增进股东利益,这一举措不过是达致这一目的的手段,传统观念中以Revlon案为代表的司法判例将这一观念推演至极致。⑤ 共益公司的出现打破了股东价值最大化这一枷锁,大胆地将营利性的公司与非营利性的慈善机构糅合,创造了追求双重目的的公司。这一变革其实也并不唐突,因为就在最近20年,营利性与非营利性之间的界限也逐渐开始模糊。许多营利性的公司开始拥抱社会责任、为增进社会福祉而努力,类似的现象也出现在非营利性机构中,许多传统的非营利性机构开始用营利性公司的商业行为支持自己的慈善目的,如参

---

① See Callison, J. William, "Benefit Corporations, Innovation, and Statutory Design", *Regent University Law Review*, Vol. 26, No. 1 (2013), pp. 143 - 166.

② See Delaware General Corporation Law. § 366 Periodic statements and third-party certification.

③ See Rock, Edward B., "Adapting to the New Shareholder-Centric Reality", *University of Pennsylvania Law Review*, Vol. 161, No. 7 (2013), pp. 1907 - 1988.

④ See Callison, J. William, "Benefit Corporations, Innovation, and Statutory Design", *Regent University Law Review*, Vol. 26, No. 1 (2013), pp. 143 - 166.

⑤ See Revlon, Inc. v. MacAndrews & Forbes Holdings, Inc. 506 A. 2d 173, 185 (Del. 1986).

与和营利性公司共同的商业项目等。[①] 在这种情况下,有些组织的性质已经难以给出非黑即白的评价,不容易判定是营利性公司还是非营利性机构,共益公司的出现就恰好弥合了社会运动所产生的裂隙,在法律与章程中明确规定公益公司的目的就是双重的,除了营利性目的,还必须同时对公司所意欲追求的公共利益负责。

第二,共益公司立法突破了传统公司治理中董事受信义务指向的固定性。在传统公司法框架下,股东是公司的"所有者",而董事是股东雇佣的管理人,是股东在公司中的"代理人"。建立在企业产权结构下的董事受信义务的指向是固定的,董事只需要对公司的所有者股东负责。共益公司的出现突破了这一传统理念。这其实是建立在公司双重目的之下的必然逻辑结果,倘若公司管理者仍然只需要对公司股东负责,很难想象董事能够突破 Ford 案的束缚。其一,共益公司的立法均要求董事在进行决策时,除了考虑公司与股东的利益,还必须考虑公司章程中所确立的利益相关者的利益。表面上看起来似乎这种规定给了董事更多的理由牺牲公司利益追求其他利益,似乎董事更容易证明自己行为的正当性。但是实际上,共益公司的法案反而扩张了董事的受信义务,在传统公司的基础上增加了考虑其他利益的强制性义务。传统的商业判断规则只要求董事是善意地避免作出浪费公司资产和不理智的决议,而共益公司的立法规定则意味着董事的决议如果是缺乏根据的,也要承担责任。[②] 其二,共益公司的立法增设了共益公司专属的追责程序。该追责程序的启动主体除了传统的派生诉讼所包含的主体之外,还包括共益公司章程中所特定的主体,以及共益公司所服务的数量特定群体的5%。[③] 共益公司的立法不仅扩大了董事受信义务的指向,同时还扩大了董事追责程序的渠道。

第三,共益公司立法突破了传统信息披露中公司的自决性。从20世纪90年代开始,迫于消费者和投资者所产生的社会压力,越来越多的公司开始发布自己的社会责任报告,向社会公示公司在追求公共利益上的努力。[④] 但是传统的社会责任报告存在以下几点严重的问题:其一,社会责任报告发布与否、发布内容完全取决于公司自愿,因为这种自愿属性,公司会进行选择性的披露;其二,社会责任报告也没有形成统一的标准,不同公司发布的社会责任之间无法进行比对和有意义的评估;其三,缺乏可追责性,大公司都会以一种避免风险的方式发布社会责任报告,使该报告与公司年度报告、财务报告等

① See Robson, Regina, "A New Look at Benefit Corporations: Game Theory and Game Changer", *American Business Law Journal*, Vol. 52, No. 3 (2015), pp. 501 – 556.

② See Dorff, Michael B., "Why Public Benefit Corporations", *Delaware Journal of Corporate Law*, Vol. 42, No. 1 (2017), pp. 77 – 114.

③ 在专属的追责程序上,各州均规定董事、持股特定比例以上的股东以及章程中所特定的主体。本处"共益公司所服务的数量特定群体的5%"出现在 MBCL 中。

④ See Steve Lydenberg & Graham Sinclair, "Mainstream or Daydream? The Future for Responsible Investing", *The Journal of Corporate Citizenship*, Vol. 33 (2009). pp. 47 – 67.

分离，避免社会责任报告内容受到行政机关依据证券交易规则等的严格审查。[①] 虽然发布社会责任报告的企业在数量上不断增加，但是其实际意义存疑。社会责任报告更多被视为一种调节公司与社会关系的工具，用一种看似服从公共利益的方式增加公司的透明度，增强社会公众对公司的好感，树立企业商誉，但是其实并没有对公司决策有任何实质意义的影响。[②] 共益公司的信息披露弥补了这些缺点：首先，共益公司的报告是强制性的，必须在特定期间内向公司股东、社会以及州务卿提供公司报告；其次，该报告是独立且具有一定标准性的，绝大多数州都会要求引入第三方标准进行独立评估。[③] 未经审查的、不具有强制力的、公司自愿发布的社会责任报告对于公司社会责任来说，几乎是一种毫无效率的敦促方式。[④] 立法通过强制性、独立性、标准化克服了传统社会责任报告存在的问题。

三、共益公司实践中的局限性

虽然经历了近 10 年的发展，共益公司的数量与 L3C（low-profit limited liability company）数量之和也没有超过 7000 家，这一数字与美国 3000 万家注册运营的企业相比不过是沧海一粟。有学者认为，如果以企业形式的广泛适用来衡量立法的成败，那共益公司立法可能还远不能说成功。[⑤] 但笔者认为，这一数量能够在一定程度上说明共益公司的繁荣，因为每 3 万家企业中，就有 7 家公司把自己的努力放在公共利益上。但根据美国国家慈善数据中心统计，在 2013 年美国慈善组织的数量就已经超过了 100 万家。[⑥] 至 2019 年，这一数字更是突破了 150 万家。[⑦] 与慈善组织对比，共益公司的发展无论在数量上还是比例上都不容乐观，故我们应当清楚地认识到共益公司所存在的局限性。

（一）共益目的与公司治理框架的冲突

虽然通过立法及公司章程使共益公司承载了综合股东利润追求和社会公益追求的双重目的，并且要求董事在进行决策时考虑公司所追求的公益性目的，同时辅之以专属

---

① See Esposito, Robert T., "The Social Enterprise Revolution in Corporate Law: A Primer onEmerging Corporate Entities in Europe and the United States and the Case for theBenefit Corporation", *William and Mary Business Law Review*, Vol. 4, No. 2 (2013), pp. 639 – 716.

② See Snyder, Allison M., "Holding Multinational Corporations Accountable: Is Non-Financial Disclosure the Answer", *Columbia Business Law Review*, Vol. 2007, No. 2 (2007), pp. 565 – 613.

③ 比如，纽约州的独立性标准，这种衡量公共利益的标准必须：(1)是由与共益公司无关的独立的主体创设的；(2)透明的，因为该标准的以下内容必须公开：(A)衡量公司行为时必须考虑的因素；(B)这些因素的比重；(C)创造这一标准的主体，有权力修改这一标准的主体，修改的程序。

④ See Janine S. Hiller, "The Benefit Corporation and Corporate Social Responsibility", *Journal of Business Ethics*, Vol. 118 (2013), pp. 287 – 301.

⑤ See Schmidt, Elizabeth, "New Legal Structures for Social Enterprises: Designed for OneRole but Playing Another", *Vermont Law Review*, Vol. 43, No. 4 (2019), pp. 675 – 732.

⑥ 参见戴长征：《比较视野下中美慈善组织治理研究》，载《中国行政管理》2015 年第 2 期。

⑦ 参见布里斯・麦基弗（Brice McKeever）于 2019 年 1 月在美国国家慈善数据中心所公布的信息，载 URBAN 网：https://nccs.urban.org/project/nonprofit-sector-brief。

的追责程序确保董事尽职尽责。这一"目的—手段—救济"的安排似乎在理念中形成了合理的闭环,但在实践中却不容乐观。因为共益公司仍然依托于普通公司法的框架,凡共益公司立法未进行特殊说明的,均适用普通公司法的条款。① 普通公司法除了要求董事在决策时考虑股东利益,辅之以派生诉讼这一救济手段之外,最重要的是股东对董事选任的投票权,以股东的人事权制衡董事的决策权。

首先,共益公司的内部治理安排与双重目的存在偏差。虽然要求董事决策时需要考虑一系列社会公共利益,但董事的选任权仍在股东手中,基于理性经济人的假设,董事很有可能为了保住自己的职务把股东的利益放在公共利益之前,这就使共益公司与传统公司并没有太大区别,追求公共利益会成为一个虚妄的目标。② 其次,用传统的代理成本理论分析共益公司的公司治理,也能证明"旧瓶装新酒"的传统体系会成为共益公司目的实现的障碍,因为共益公司所意欲实现的社会目的的受益人几乎没有任何权利能够影响公司的决策——公司的受益与控制是完全割裂的。③ 即使是在目标中明确了其双重目的、董事的双重受信义务,但公司仍然会受到传统企业中股东利益最大化观念的支配。④ 再次,共益公司的立法扩大了董事机会主义行为的可能。观察共益公司中处于核心地位的"受托人"——董事,其决策除可能受到股东影响而偏向股东之外,不受拘束的权力行使可能成为滋生董事恣意的温床。ALI 的治理规则要求,董事应当是善意、合理地相信是为了公司最大利益,并且以一个谨慎的人在相同情况下的注意而行事。⑤ 但是共益公司扩大了 BJR 所保护的范围,共益公司的董事决议如果损害了股东短期利益,董事不但能够以公司长期利益作为辩护理由,还能够通过利益相关者利益和社会公共利益为自己辩护。⑥ 在这种情况下,股东只能以浪费资产为由而起诉董事,但是资产浪费的证明标准更高,成功概率也更低。所以在共益公司中存在这样的担忧:如果无法证明董事违背了忠诚义务,那么几乎不可能证明董事违反了受信义务。⑦ 最后,共益公司受益人的救济手段有限。没有人否认共益公司是在利益相关者理论体系下构建的,但是立法却没有直接给

① See Model Benefit Corporation Legislation. § 101. Application and effect of [chapter]. Delaware General Corporation Law. § 361 Law applicable to public benefit corporations; how formed.

② See Callison, J. William, "Benefit Corporations, Innovation, and Statutory Design", *Regent University Law Review*, Vol. 26, No. 1 (2013), pp. 143 – 166.

③ See Winston, Emily, "Benefit Corporations and the Separation of Benefit and Control", *Cardozo Law Review*, Vol. 39, No. 5 (2018), pp. 1783 – 1844.

④ See Clark, William H. Jr., and Elizabeth K. Babson, "How Benefit Corporations are Redefining the Purpose of Business Corporations", *William Mitchell Law Review*, Vol. 38, No. 2 (2012), pp. 817 – 851.

⑤ See Allen, William T. & Kraakman, Reinier H., *Commentaries and cases on the law of business organization*, Fifth edition, New York: Wolters Kluwer, 2016, p. 265.

⑥ See Mcdonnell, Brett H., "Committing to Doing Good and Doing Well: Fiduciary Duty inBenefit Corporations", *Fordham Journal of Corporate and Financial Law*, Vol. 20, No. 1 (2014), pp. 19 – 72.

⑦ See Hacker, Michael A., "Profit, People, Planet Perverted: Holding Benefit Corporations Accountableto Intended Beneficiaries", *Boston College Law Review*, Vol. 57, No. 5 (2016), pp. 1747 – 1780.

股东之外的其他受益人提供救济手段,共益公司立法允许公司董事、持股2%以上的股东、公司细则中所明确的主体提起特别程序。① 但实际情况是,几乎没有共益公司会在章程与细则中明确哪些主体能够对公司董事提起诉讼,实践证明,其他利益相关者在共益公司之中难以拥有任何权利,这确实避免了公司频繁应对诉讼的麻烦。② 但是这并不是真正的利益相关者中心主义,因为共益公司实际上并不需要对他们负责,立法理想与公司实践的落差导致董事在实际上仍然只对股东负有受信义务。

如果想通过公司制度安排来切实使公司为其公益目的负责,常规情况下有两种方式:其一,如果该实体是营利性公司,董事会受到股东派生诉讼的追责;其二,如果该实体是一个非营利性组织,那么该公司的负责人会被国家检察机构追责。③ 共益公司则处于这两者的交界,按照弗里曼(Freeman)的利益相关者理论,这种公司应当为利益相关者提供相应的决策权,或者至少提供可诉的受信义务,④共益公司立法则没有能够做到任何一点。这就意味着共益公司的目的实现需要完全依靠董事与股东的自觉,股东需要主动接受并认可董事会的某些决策会服务于公共目的而削减自己的利益,解放一直服从于股东至上主义的董事,董事则需要自觉考虑公司共益目的,不受保住职位等自利思想的影响。

(二)品牌效应与缺乏市场监管的冲突

共益公司的名称具有重要的品牌效应,这样的公司名称会激起人们基于亲社会性本能的认同。共益公司的名称就是一种广告,"benefit corporation"的称呼会使人们觉得这家公司的运作不仅仅是为了赚取利润分配给股东,即使是不熟悉共益公司的人,这个名称也至少是一个信号,指明了这家公司可能含有公益目的,而且特拉华州所采取的"public benefit corporation"的用法在某些州其实就是指非营利性机构。⑤

共益公司的品牌效应可以作用于多方面的市场参与者。首先,品牌效应直接作用于消费者。一项跨国研究研究显示,全球参与网络购物的人当中,超过一半的人会因为该产品或服务的提供公司追求积极的社会或者环境目的而愿意多支付价款。⑥ 在相同情况下,共益公司的产品会更受欢迎,即使共益公司提升产品价格,也依然在市场中具有竞争

---

① See Blount, Justin, and Kwabena Offei-Danso, "The Benefit Corporation: A Questionable Solution to a Non-Existent Problem", *St. Mary's Law Journal*, Vol. 44, No. 3 (2013), pp. 617 - 670.

② See Joseph Heath, "Business Ethics Without Stakeholders", *Business Ethics Quarterly*, Vol. 16, No. 4 (2006), pp. 533 - 557.

③ See Hacker, Michael A., "Profit, People, Planet Perverted: Holding Benefit Corporations Accountable to Intended Beneficiaries", *Boston College Law Review*, Vol. 57, No. 5 (2016), pp. 1747 - 1780.

④ See James A. Stieb, "Assessing Freeman's Stakeholder Theory", *Journal of Business Ethics*, Vol. 87 (2009), pp. 401 - 414.

⑤ See Dorff, Michael B., "Why Public Benefit Corporations", *Delaware Journal of Corporate Law*, Vol. 42, No. 1 (2017), pp. 77 - 114.

⑥ See Global Consumers are Willing to Put Their Money Where Their Heart is When it Comes to Goods and Services From Companies Committed to Social Responsibility, https://www.nielsen.com/us/en/press-releases/2014/global-consumers-are-willing-to-put-their-money-where-their-heart-is/.

力。其次,品牌效应作用于公司的雇员。根据调查,超过50%的共益公司更容易吸引和留住雇员,即使公司支付的薪水稍低于正常水平,因为雇员会被共益公司所承载的社会任务所吸引。① 其实在20世纪90年代,公司就发现雇佣到好雇员的最有效率的方式就是通过标榜自己与普通公司的不同,②而共益公司不失为一种区别化的方式。在人力成本处于较高水平的美国,共益公司能够从一定程度上缓解公司招聘的问题。再次,品牌效应作用于企业家。正如MBCL起草者所述,公益企业立法其中一个重要的原因就是给那些具有强烈社会意识的企业家提供一个可以使用的公司形式,这类公司可以满足他们的社会责任感,而这种追求是掌管一家传统公司难以做到的。③ 一项对29个国家近7700个年轻人的调研发现,大多数人认为商业的成功不能仅仅用金钱收益来衡量,公司对社会以及环境做出的贡献同样应当考虑在内。④ 这些年青一代已经步入社会,无论是进入公司还是自行创业,都可能会成为具有社会责任感的企业家,他们不会满足于传统的单维度的公司实体,因为这种单维度的公司实体只以公司利益为唯一目标。⑤ 共益公司这一选项恰好满足了这些社会企业家的需求。最后,品牌效应作用于投资者。数据显示市场已经开始考虑企业社会责任的问题,实际上,自从大萧条之后,那些在经营中会考虑社会和环境问题的公司就接受着前所未有的财务资助。⑥ 同样,品牌效应也能够使共益公司在证券市场上获得证券投资者的青睐。正如新闻评论所述:这种新的公司形式可以帮助克服公司普遍的短视行为,吸引优质的雇员和顾客,同时能够加速投资机会的增长,满足那些既希望挣钱又希望能够改造世界的投资者的需求。⑦

但是因为缺乏市场监管,公益企业本身所能够拥有的品牌效应可能会大打折扣。共益公司立法并没有创设与普通公司不同的监管机制,普通公司长期以来松弛的监管惯性自然也延续到了共益公司的监管上。这就产生了严重的问题,普通公司基本只有股东的

---

① See Dorff, Michael B., "Why Public Benefit Corporations", *Delaware Journal of Corporate Law*, Vol. 42, No. 1 (2017), pp. 77 – 114.

② See Kerr, Janet E., "Sustainability Meets Profitability: The Convenient Truth of How the Business Judgment Rule Protects a Board's Decision to Engage in Social Entrepreneurship", *Cardozo Law Review*, Vol. 29, No. 2 (2007), pp. 623 – 668.

③ Blount, Justin, and Kwabena Offei-Danso, "The Benefit Corporation: A Questionable Solution to a Non-Existent Problem", *St. Mary's Law Journal*, Vol. 44, No. 3 (2013), pp. 617 – 670.

④ See Deloitte: The 2016 Deloitte Millennial Survey Winning over the Next Generation of Leaders. https://www2.deloitte.com/content/dam/Deloitte/global/Documents/About-Deloitte/gx-millenial-survey – 2016 – exec-summary.pdf.

⑤ See Alexander Schieffer & Ronnie Lessem, "Beyond Social and Private Enterprise: Towards the Integrated Enterprise", *Transition Studies Review*, Vol. 15, No. 4 (2009), pp. 713 – 725.

⑥ See Jackson, Katharine V., "Towards a Stakeholder-Shareholder Theory of Corporate Governance: A Comparative Analysis", *Hastings Business Law Journal*, Vol. 7, No. 2 (2011), pp. 309 – 392.

⑦ See Governor Markell Signs Public Benefit Corporation Legislation, Delaware. Gov., https://news.delaware.gov/2013/07/17/governor-markell-signs-public-benefit-corporation-legislation/.

监督,共益公司同样缺乏非股东的监督途径,出现了"洗绿问题"。法律无法防止纯粹为了营利的公司采用共益公司的名称,因为这只需要在章程中增加一条实际上无人监督的条款,不追求公共利益的公司也能够享受这种品牌收益,并且几乎不需要任何支出。① 由于绝大多数共益公司都是封闭公司,法律中为数不多的实质性要求也可能被规避。比如,公司向股东的报告,封闭公司的股东掌控着整个公司,董事与股东高度重合,所以这些报告中出现什么内容都不会令人感到惊奇,如果缺乏应对这种"洗绿问题"的措施,则共益公司的品牌效应自然也会大打折扣。② 除此之外,普通公司的宣传策略也会冲淡共益公司所具有的品牌效应,由于消费者对环境友好、社会友好的产品和服务的喜好,公司纷纷转向广告与宣传策略,使用"绿色""可循环""有机""社会责任"等词语吸引消费者。③ 如果这种销售策略没有一个检查和验证的机制,那么商业宣传中充斥谎言和谣言也就不足为奇。④ 在美国现有法律体系下,也不可能由社会公众来监督共益公司是否正在努力地服务于公共目的。⑤

(三)价值引导与实际社会效果的冲突

立法动态、司法态度、股东地位等因素的综合作用促使美国社会中的公司把目光聚焦在最大化股票价格上,在公众公司机构投资者占多数的结构性作用下,最终掩盖了自然人股东可能存在的亲社会想法。⑥ 社会责任运动在进行了反垄断法、劳工保护法、环境保护法、证券交易法等一系列外部规则对公司进行约束的尝试后,只能接受这些规则对公司目的影响的局限性。共益公司就是一次掉转枪头的尝试,从根本上改变公司的本质和目的。⑦

共益公司的立法试图引导两个方面的价值观念:其一,创造一种介于营利与非营利之间的公司,提倡以一种持续的方式促进公益;其二,以共益公司及其行为作为标杆,矫正传统公司过于重视股东利益、股票价格的问题。有学者认为,大规模股份公司的事业

① See Callison, J. William, "Benefit Corporations, Innovation, and Statutory Design", *Regent University Law Review*, Vol. 26, No. 1 (2013), pp. 143 – 166.

② See Dorff, Michael B., "Why Public Benefit Corporations", *Delaware Journal of Corporate Law*, Vol. 42, No. 1 (2017), pp. 77 – 114.

③ See Blount, Justin, and Kwabena Offei-Danso, "The Benefit Corporation: A Questionable Solution to a Non-Existent Problem", *St. Mary's Law Journal*, Vol. 44, No. 3 (2013), pp. 617 – 670.

④ See Kerr, Janet E, "The Creative Capitalism Spectrum: Evaluating Corporate Social Responsibility through a Legal Lens", *Temple Law Review*, Vol. 81, No. 3 (2008), pp. 831 – 870.

⑤ See El Khatib, Kennan, "The Harms of Benefit Corporation", *American University Law Review*, Vol. 65, No. 1 (2015), pp. 151 – 190.

⑥ See Winston, Emily, "Benefit Corporations and the Separation of Benefit and Control", *Cardozo Law Review*, Vol. 39, No. 5 (2018), pp. 1783 – 1844.

⑦ See Esposito, Robert T., "The Social Enterprise Revolution in Corporate Law: A Primer on Emerging Corporate Entities in Europe and the United States and the Case for the Benefit Corporation", *William and Mary Business Law Review*, Vol. 4, No. 2 (2013), pp. 639 – 716.

本身就具有公益性,因为大规模的股份有限公司,不仅要向股东分配利润,同时还负有向不特定的多数人(如一般消费者等)提供服务、商品,向劳动者提供劳动场所,向国家缴纳税金等任务。[①] 这种观点有失偏颇,笔者认为,共益公司所引导的是超出法律要求底线的行为,提倡的是公司还要承载道义上的"善行"。

价值引导的出发点是好的,但是实际的社会效果却不尽如人意,因为这种立法存在着使新近才发展起来的公司社会责任倒退的风险。首先,共益公司的立法凭空创造了共益公司与普通公司在观念上的区隔。企业家或许会在潜意识里认为他们最好少开展一些社会责任活动,因为他们正在运作的是并不同于共益公司的普通公司,顾客、投资者以及其他社会成员也可能会在潜意识里认为他们不应该对普通公司践行社会责任抱有太多期待,因为这些公司并不像共益公司一样被法律要求承载社会责任。[②] 从这个角度来说,提供一个共益公司这样的选项,并不是一个对股东至上主义的有力回应,甚至可能会让情况变得更糟糕,因为它似乎给了那些不是共益公司的普通公司更充分的理由去最大化股东的利益。[③] 其次,这种立法不愠不火的实际效果会阻碍立法机构在企业社会责任上的后续努力。立法者很可能会接受这样的理由:因为共益公司立法的存在,我们已经对社会责任做出了前所未有的回应。[④] 再次,这种立法也可能会折损效率。在投资者眼里,共益公司既不是普通公司,也不是慈善机构,似乎投资者选择一个以营利为目的的传统公司,通过公司获得的利润再从事自己想从事的公益目的似乎更有效率。[⑤] 最后,共益公司仍然秉承着股东至上的理念。尽管共益公司法律的起草看起来像是抛弃了股东至上的理念,[⑥]但是共益公司中公司管理人的选任,公司形态的转换,剩余财产的分配都与普通公司别无二致,综合来看,共益公司只是脱离了最大化股东财富的理念,但是仍然保留了股东至上的理念。

四、特拉华州司法的回应——eBay v. Newmark

社会企业运动的立法如火如荼,其所倡导的价值观念不仅仅作用于市场实践,同时会对法院产生影响,在美国的共益公司等社会企业立法发展之际,在特拉华州就出现了一个关于"类社会企业"公司目的进行判断的案例,引发了广泛的讨论。

---

① 参见薛夷风:《社会企业对我国传统公司观念的挑战——再论公司的营利性》,载《当代法学》2011年第3期。

② See Blount, Justin, and Kwabena Offei-Danso, "The Benefit Corporation: A Questionable Solution to a Non-Existent Problem", *St. Mary's Law Journal*, Vol. 44, No. 3 (2013), pp. 617 – 670.

③ See Johnson, Lyman, "Pluralism in Corporate Form: Corporate Law and Benefit Corps", *Regent University Law Review*, Vol. 25, No. 2 (2012), pp. 269 – 298.

④ See David G. Yosifon, "Opting out of Shareholder Primacy: Is the Public Benefit Corporation Trivial" (2015), Available at: http://digitalcommons. law. scu. edu/facpubs/917.

⑤ See Blount, Justin, and Kwabena Offei-Danso, "The Benefit Corporation: A Questionable Solution to a Non-Existent Problem", *St. Mary's Law Journal*, Vol. 44, No. 3 (2013), pp. 617 – 670.

⑥ See Clark, William H. Jr., and Elizabeth K. Babson, "How Benefit Corporations are Redefining the Purpose of Business Corporations", *William Mitchell Law Review*, Vol. 38, No. 2 (2012), pp. 817 – 851.

克雷格(Craig)在1995年创建了Newmark公司,该公司旗下经营着一个网站craigslist,该网站几乎掌控着美国网络分类的市场,但该网站所提供的服务绝大多数都是免费的。该公司创始人、大股东、董事克雷格并不想追求商业上的成功,他把自己工作的时间都花费在完善网站的客户服务上。尽管该网站是由一家注册在特拉华州的普通公司运营,但是实际上这个网站把自己定性为"相对无商业性质,提供公共服务,没有公司属性"。① 在2004年,Newmark公司的股东诺尔顿(Knowlton)将其所持有的28.4%的股份通过网络拍卖的方式出售给了eBay,Knowlton、eBay、创始人克雷格以及公司CEO吉姆·巴克马斯特(Jim Buckmaster)就此达成了一桩3200万美元的交易,eBay获得公司28.4%的股份,因此保证自己能在公司董事会中有一个席位,诺尔顿获得1600万美元、克雷格以及吉姆各获得800万美元。后来eBay认为公司并没有采取合适的财务政策,丧失了太多营利机会,公司不能以这样的慈善目的继续运作了。但是克雷格以及吉姆仍然坚持以之前的方式运作网站和公司,仅仅使公司的广告收入保持在刚好能够支撑全公司34个员工的工资的水平。在2004年到2008年,eBay想通过在该公司所享有的董事席位获取该网站数据,然后再造一个该网站的直接竞争者。于是克雷格以及吉姆利用自己在董事会的多数席位,采取了三种防范措施,其中包括一个"毒丸计划",该"毒丸计划"会使eBay无法并购该公司,同时也只能把股票出售给克雷格或吉姆,于是eBay起诉要求撤销"毒丸计划",最终特拉华州法院判令"毒丸计划"无效。②

虽然法院能够通过Unocal案所确立的双层测试规则认定该毒丸计划不合法,③但是法院却采用了另外一种裁判思路,这也是这一案件引发争议的原因。法院认为:"Newmark所选择的公司形式,并不适合运营慈善目的,至少还有其他的股东希望从公司实现投资盈利。一旦公司选择了营利性公司的模式,那么公司的董事就应当被受信义务所规制,被公司形式的标准所制约。这些标准包括为了股东利益而追求公司价值的最大化,至少'公司'这个在公司名称的后缀说明了这一点。因此,法院不能接受适用毒丸计划是为了保持该公司所陈述的运营政策,该公司作为一个特拉华州的营利性公司,如此明确的不追求经济价值的最大化是不合法的。"④有解读认为,该案意味着特拉华州的法院坚持股东财富最大化的观念,并将其视为公司的唯一目的;⑤还有学者解读认为,特拉

① See Wishnick, David A., "Corporate Purposes in a Free Enterprise System: A Comment on eBayv. Newmark", *Yale Law Journal*, Vol. 121, No. 8 (2012), pp. 2405 - 2419.

② See eBay Domestic Holdings, Inc. v. Newmark, 16 A. 3d 1 (Del. Ch. 2010).

③ See Unocal Corp. v. Mesa Petroleum Co., 493 A. 2d 946 (Del. 1985).

④ See eBay Domestic Holdings, Inc. v. Newmark, 16 A. 3d 1, 34 (Del. Ch. 2010).

⑤ See Mitchell, Dalia T., "From Dodge to Ebay: The Elusive Corporate Purpose", *Virginia Law and Business Review*, Vol. 13, No. 2 (2019), pp. 155 - 212.

华州董事必须坚守其“最大化利润”的受信义务,①正如福布斯新闻所评价的:“eBay 案意味着股东财富最大化成为公司中唯一的游戏规则。”②

基于该案例进行分析的文章有很多,但是已有的路径却都忽视了一点,那就是前文中所述的共益公司的立法。eBay 案从某种程度上来看,可以看作特拉华州法院对美国立法系统的一个有力回应,法院按照公司的分类严格理解公司所具有的默示目的,认为普通公司的目的就是营利性,共益公司等社会企业立法所释放的信号是公司只有具有其他目的才可以偏离营利性。法院通过这种形式上的审查,回避了对董事决策的直接审查,甚至可以省去适用 BJR 规则在反收购状态下的衍生规则进行判断。如果从这个角度理解,那么共益公司立法所产生的实际效果就严重偏离了其立法目的。

从市场交易效率的角度出发,或许确实应当默认普通公司具有“最大化股东价值”的属性,但是如果对所有普通公司都不分青红皂白地一视同仁,则会造成普通公司董事不敢再从事公益性行为、破坏企业社会责任观念等恶果。最起码,应当尊重公司所具有的章程以及公司股东之间所存在的协议。其实在该案中,法院所使用的语言意味着即使 craigslist 将公司所具有的目的写入公司章程也对该案没有影响。但是,如果 craigslist 将该文化写入公司章程,并且清楚的令 eBay 意识到这一点,那也许就是另外一种情况了,公司就有可能继续保持其公益属性。公司的参与方应该有权力来解决公司目的这个复杂并且充满争议的问题,在公司目的这个问题上,也应该回到公司法最古老的原则“法官并不是商业专家”。③ 正如后来的美国最高法院 Hobby Lobby 案所示,即使是封闭的普通公司,只要在其章程中明确了其所意欲追求的利润最大化之外的其他目的,就应当尊重公司的这种选择。④

五、我国立法可借鉴之处

(一)共益公司立法经验

从总体上来看,在对公司立法进行变革时应当考虑到原有体系的沉入适应成本。原始的公司制度一旦建立,公司就会在发展中建立许多能够降低其交易成本以获得竞争优势的秩序,这些秩序经历漫长的社会实践不断进化,会使公司能够很好地适应其所处的

---

① See Johnson, Lyman, “Beyond the Inevitable and Inadequate Regulation of Bankers: A Comment on Painter”, *University of St. Thomas Law Journal*, Vol. 8, No. 1 (2010), pp. 29 – 39; Dorff, Michael B., “Why Public Benefit Corporations”, *Delaware Journal of Corporate Law*, Vol. 42, No. 1 (2017), pp. 77 – 114.

② See Jay Coen Gilbert, “What eBay's Court Fight with Craigslist Reveals”, https://www.forbes.com/sites/csr/2010/09/21/what-ebays-court-fight-with-craigslist-reveals/.

③ See Wishnick, David A., “Corporate Purposes in a Free Enterprise System: A Comment on eBayv. Newmark”, *Yale Law Journal*, Vol. 121, No. 8 (2012), pp. 2405 – 2419.

④ See Burwell v. Hobby Lobby Stores, Inc., 134 S. Ct. 2751 (2014). 在该案中,阿利托(Alito)法官认为:“现代公司法并不要求逐利的公司以牺牲一切的代价追求公司利润,许多公司也没有这么干。”金斯伯格(Ginsberg)法官认为公司是一种“拟制的存在”,区别于任何个体,并不是受令于股东的财产,更进一步指出不仅仅是股东,公司的员工也支撑着公司的运作。

环境。如果环境变化的太大,公司实践并不会立即忘记这些根深蒂固的秩序,公司的适应过程就会很慢。① 普通公司法经历了半个世纪的发展后,在学术界、司法界、公司以及市场中,股东价值最大化这一认知及其所形成的理论、判例、治理机制以及社会补偿等都是难以撼动的。这些内容共同构成了已经沉入公司体系中的成本,与普通公司的运作相得益彰:理论譬如产权理论、公司契约论,判例诸如 Ford 案、eBay 案,治理机制有受信义务以及派生诉讼,社会补偿诸如 PRIs 等带来的税收减免及社会责任报告等要求。诸如此类的互补性因素与普通公司的发展相得益彰,形成了强大的网群效应。② 共益公司的立法寄居在普通公司法的法典中,就会严重受到沉入成本与网群效应的影响。从已有的实践来看,共益公司仍然延续了普通公司所具有的历史惯性,董事仍处于股东价值最大化的阴影下运作公司。我们不能否认共益公司的发展已经在逐渐突破这种网群效应,但是公司历史惯性的影响仍然是难以磨灭的。反观我国,公司其实并未完全形成股东价值最大化的路径依赖,造成这种结果的原因是多方面的,证券市场的低效率、社会责任早早入法的倡导、中产市民阶级尚未形成、社会价值观念的引导等众多因素共同促成了这一结果。从这个角度出发,社会企业在我国未来的立法设计中采取公司的形式不会像美国的公益企业一样面临巨大的结构性阻力。

从细节上来看,明晰的标准化要求、义务与责任对象的统一对社会企业的立法与作用至关重要。

虽然立法给公益企业增加了强制性的报告义务,并且要求由独立的第三方进行评估,但是由于缺乏明晰的标准化要求,暴露了 3 个突出的问题。第一,这种报告缺乏标准化的范式。金融行业经历了几十年的发展,才有了若干相对成熟的标准来衡量一个公司的各项财务指标,尽管如此,在应用不同指标时,结果仍然存在很大差异。相较之下,全世界才刚刚开始衡量公司行为对社会和环境所可能产生的影响。③ 现在并没有一个公认的标准范式能够衡量一个公司社会责任的履行情况,但是不能否认许多国家及国际组织已经在这个方向上努力,④还有一些社会组织也有丰硕的成果,如 B Lab 所进行的 B Corp 的认证就具有相当的影响力。可以预见,如果公司将相关的信息公之于众,被要求按照

---

① See Cristiano Antonelli, "The Economics of Path Dependence in Industrial Organization", *International Journal of Industrial Organization*, Vol. 15, No. 6 (1997), pp. 643 – 675.

② See Lemley, Mark A., and David McGowan, "Legal Implications of Network Economic Effects", *California Law Review*, Vol. 86, No. 3 (1998), pp. 479 – 612.

③ See Doeringer, Matthew F., "Fostering Social Enterprise: A Historical and International Analysis", *Duke Journal of Comparative & International Law*, Vol. 20, No. 2 (2010), pp. 291 – 330.

④ See Esposito, Robert T., "The Social Enterprise Revolution in Corporate Law: A Primer on Emerging Corporate Entities in Europe and the United States and the Case for the Benefit Corporation", *William and Mary Business Law Review*, Vol. 4, No. 2 (2013), pp. 639 – 716.

第三方标准公开,市场会自觉发展出第三方评估标准。① 第二,"特定公共利益"这一目标失之过宽。虽然共益公司立法要求除促进整体公共利益外,还需要公司在公司章程中明确其所追求的特定公共利益,如上文所述,该界定仍不清晰,不仅会招致董事的自肥行为,②更重要的是影响共益公司的目标实现。一个组织能否达成该组织的目标,很大程度上取决于该目标的清晰程度。③ 共益公司目标的模糊性导致了客观评估框架的难产,无法使公司管理者按图索骥地实现各个利益相关者的需求,严重折损了公司的效率。④ 第三,成本与收益的问题。许多企业主动公开社会责任报告是因为这样做会给公司创造更大的价值,但是对于共益公司来说,这一行为的成本很有可能超过能够产生的价值。根据调研,大部分的社会企业都是小微企业。⑤ 让这些小微企业承担统一的报告义务,可能导致另外一种效率折损。报告问题的启示不仅仅在于社会企业的信息披露,还可以拓展至普通公司的社会责任报告。我国企业也开始逐步公布社会责任报告,同样面临着缺乏标准的效率损失问题,这一问题的应对策略有两种:其一,由社会中介机构、社会组织自发的形成报告标准,如证券交易所、中证中小投资者服务中心就可以发布相关的引导或者指南;其二,由政府机构进行引导并进行要求。从效果上来看,美国社会组织 B Lab 进行的认证具有相当的影响力,故采用社会中介、社会组织所自发生成的报告标准适用性似乎会更强。

共益公司所负担的义务与其可能承担的责任追究机制之间存在巨大的错位,这种义务与责任的不对应导致共益公司无法对利益相关者切实负责。第一,董事责任问题。如上文所述,除了股东之外的其他群体其实难以通过有效的法律途径追究董事责任,董事所负担的考虑其他群体利益的义务缺乏可归责性的监督。第二,报告责任问题。即使公司能够通过将社会责任报告与其他报告分离这一手段避免行政审查,调查显示报告义务在共益公司中得到遵守的比例也不超过10%,⑥这一比例触目惊心,几乎架空了法定报告义务。没有责任的义务不过是一种口号和宣言,我国社会责任报告完全出于公司自觉,一般上市公司更愿意专门发布公司的社会责任报告,但是该报告也存在相同的问题——缺乏监督。我国公司社会责任报告也刚刚起步,可以从公众性更强的上市公司开

---

① See Clark, William H. Jr., and Elizabeth K. Babson, "How Benefit Corporations are Redefining the Purpose of Business Corporations", *William Mitchell Law Review*, Vol. 38, No. 2 (2012), pp. 817-851.

② See Murray, J. Haskell, "Choose Your Own Master: Social Enterprise, Certifications, and Benefit Corporation Statutes", *American University Business Law Review*, Vol. 2, No. 1 (2012), pp. 1-54.

③ See Eric W. Orts & Alan Strudler, "Putting a Stake in Stakeholder Theory", *Journal of Business Ethics*, Vol. 88 (2009), pp. 605-615.

④ See Michael C. Jensen, "Value Maximization, Stakeholder Theory, and the Corporate Objective Function", *Business Ethics Quarterly*, Vol. 12, No. 2 (2002), pp. 235-256.

⑤ See Reiser, Dana Brakman, "For-Profit Philanthropy", *Fordham Law Review*, Vol. 77, No. 5 (2009), pp. 2437-2474.

⑥ See Murray, J. Haskell, "Understanding and Improving Benefit Corporation Reporting", *Business Law Today*, Vol. 2016, No. 7 (2016), pp. 1-3.

始尝试,要求将社会责任报告纳入公司年报中,或者要求公司对社会责任报告的真实性承担责任,以此提升社会责任报告的可追责性,促进社会监督。

共益公司立法的不完美之处可以给我们带来经验教训,共益公司立法的积极意义也不能被忽视。

这类社会企业的出现在社会中扮演着一个重要的角色,他们告诉人们一个商业企业应该如何与社会和谐相处。即使共益公司的立法实际效果没有做到,也起码释放了一个积极的信号:新的商业价值与标杆性的商业模式应当被鼓励。① 根据公司系统理论进行分析,②公司可以被视为一个系统,公司同样是该社会商业系统中的一个子系统,子系统的运作不能完全脱离母系统。公司如果只寻求利益最大化,那后果就可能是倾倒入河流的废弃物、大批失业下岗的员工、高企的物价水平……可以通过其他系统来制衡公司系统所产生的这些影响,但是我们也有另外一种可能的选择,即更进一步要求公司这一系统的改革,这种积极的价值引导是道德层面高标准的要求,而不是将道德层面中达成的最低共识演化为法律。我国《公司法》第5条明确要求企业承担社会责任,但是这种价值引导也可以更进一步。发展我国的社会企业其实为时过早,但是可以将其外化为企业社会行为行业标准、企业守则等,不应当让社会责任只停留在一句空洞的宣言上。这种积极的价值引导可能不仅仅作用在企业的行为上,同时还会对消费者的消费观念、企业家的创业观念、投资者的投资观念都产生不可估量的影响。正如对社会企业家的采访感悟所表现的一样:"在我对这些企业家的采访中,我感受到了他们的真诚和热忱,他们坚信这种利用资本修补社会问题的努力是终将看到成效的,或者起码能够减轻公司的逐利性对雇员、社区、环境所产生的巨大压力。这种新型的公司一定要继续运作,即使只能达成立法期望的一点点。"③

(二)社会责任运动的历史

公司社会责任运动在2010年催生了包含有"社会企业"因素的混合型制度,可惜这种制度只是温室里的花朵,在各州的立法动态中欣欣向荣,具有公司法最高贵血统的特拉华州也引入了共益公司制度,但是迄今为止,这些企业都没有能在市场中繁荣。④ 共益公司制度更像是对21世纪以来接连不断的公司丑闻和金融危机的立法回应,因为在此之前已有的法律实体和法律原则都无法满足社会的需求,社会呼吁一个既能够产生利润

---

① See Schmidt, Elizabeth, "New Legal Structures for Social Enterprises: Designed for OneRole but Playing Another", *Vermont Law Review*, Vol. 43, No. 4 (2019), pp. 675 – 732.

② See Belinfanti, Tamara, and Lynn Stout, "Contested Visions: The Value of Systems Theory for Corporate Law", *University of Pennsylvania Law Review*, Vol. 166, No. 3 (2018), pp. 579 – 632.

③ See Dorff, Michael B., "Why Public Benefit Corporations", *Delaware Journal of Corporate Law*, Vol. 42, No. 1 (2017), pp. 77 – 114.

④ See Reiser, Dana Brakman, and Steven A. Dean, "Financing the Benefit Corporation", *Seattle University Law Review*, Vol. 40, No. 2 (2017), pp. 793 – 820.

又能够有社会功能的实体。① 但是立法模糊性的规定把如何平衡好公司各方参与者之间利益的难题抛给了法院,期待像受信义务一样在判例法中生长出一套规则,可惜迄今也没有在判例中得到回应,只能留待时间检验。

历史的经验告诉我们:其一,企业社会责任运动的发展有起有落,但从未间断。许多理念都经历了从激进到共识的发展历程,成为基础的道德标准,并最终转化为企业社会责任的法律底线。所以公司观念的转变至关重要,若干次成功的社会责任变革都是在社会中取得了基础共识的结果。其二,建立在以产权为基础上的分析框架仍然具有其合理地位。公司法作为基础的商事组织法,已经形成了股东利益最大化的历史惯性,在公司法中引入其他价值观念可能会产生概念认知上的混乱和效率损失。从已有的经验来看,使公司有效率地承担社会责任的制度变革都没有发生在公司法之内,而是在公司法之外的其他法律部门。当然,笔者也并非否认通过公司法实现社会目的,在公司历史上其实也不乏这样的阶段,在当下,占据主导地位的经济学对公司模型的分析仍认为其应当服务于股东利益最大化这一观念,公司的管理人员都会让自己以股东的方式思考和行事。② 近半个世纪的历史告诉我们,能够让公司有效承担社会责任的方式并不在公司法中,除非对公司治理结构进行基础的变革。

① See Lacovara, Christopher, "Strange Creatures: A Hybrid Approach to Fiduciary Duty in Benefit Corporations", *Columbia Business Law Review*, Vol. 2011, No. 3 (2011), pp. 815 – 880.

② See Rock, Edward B., "Adapting to the New Shareholder-Centric Reality", *University of Pennsylvania Law Review*, Vol. 161, No. 7 (2013), pp. 1907 – 1988.

相互保险组织会员自治模式的中国创新

——以众惠“共治模式”为例

郑舒倩*

摘要：相互保险组织的相互性一般体现为允许投保人通过会员代表大会参与组织决策，但投保人不参与具体项目的管理。但我国众惠相互保险社通过会员公约在各专项保险计划的运营管理中增设了会员大会—管理委员会这一共治机制，深化了会员自治的方式。这是中国相互保险组织在实践中加强会员自治的一种创新模式。该做法适合经营财产险或因其他原因存在投保人利益不一致情况的相互保险组织采用。但对于经营产品单一，投保人利益一致的相互保险组织，采用传统模式更为适宜。在现有法律框架下，可将共治机制下设于董事会，以衔接两层治理机制，并依照《合同法》解决会员公约的效力问题。

关键词：相互保险组织　会员自治　会员公约　章程

相互保险组织与股份制保险公司的本质区别在于，前者由投保人（或称“会员”）所有，后者由出资人所有。两种不同的所有权结构决定了相互保险组织不像股份制公司那样遵循“资本决定权力”的逻辑，也不会基于资本多数决原则来进行企业治理，而是强调“会员自治”，以化解所有者、投保人的冲突。①

关于如何体现“会员自治”，传统的做法是让投保人通过会员大会或会员代表大会参与到相互保险组织的重大决策之中，②并通过分红委员会或投保人恳谈会等渠道反映投保人诉求、保障投保人权益。

我国首批获批的3家相互保险社在组织层面也都设置了会员代表大会。特别的是，众惠财产相互保险社（以下简称众惠）还就具体专项计划设置了会员大会—管理委员会共治机制，参加特定专项计划的会员，可以参与该计划的运营。

---

* 北京大学2019级博士研究生。

① 参见刘燕：《相互保险与股份保险比较》，载《中国金融》2016年第24期。

② 此外，投保人还享有盈余分配权和剩余索取权等权利。具体可参见方国春：《美国相互制保险公司治理的法律规制与启示——基于公司成员权利配置视角》，载《保险理论与实践》2016年第2期。

理论上,对于强调会员自治的相互保险组织而言,为会员提供深度参与的途径似乎并无不可。但有意思的是,传统的相互保险组织通常将自治权限停留在选取会员代表层面,并未向会员提供如此大的自治权限,其中缘由值得探究。此外,我国法律上也未明确相互保险组织是否能够,以及如何构建这种内部治理机制,《保险资金运用管理办法》等亦未对与相互保险组织会员可否以及如何参与保险资金运用有关决策作出指引。因此,本文将就该做法的合理性及相关法律问题进行分析。

一、传统模式与"共治模式"

准确地说,众惠的新尝试并没有颠覆传统模式,而只是在其基础上进行深化,但为讨论方便,笔者将其视为一种新的模式,并称之为"共治模式"。

(一)传统模式

从域外实践来看,无论在英美法系国家还是大陆法系国家,相互保险组织在其主要治理机构的设置上和股份制公司差异不大,[①]多采取会员(代表)大会—董事会—监事会的治理模式。组织的最高权力机构为会员大会或会员代表大会,组织的日常运转由董事会负责。"会员自治"主要表现为投保人可以参与到相互保险组织的重大决策之中,且会员通过选举会员代表(或在组织层面的会员大会中行使投票权)来行使其作为组织所有者权利时,不采取资本多数决议事,而是以"一人一票"为原则分配表决权。[②] 此外,域外一些相互保险组织为保障会员权益,还设置了投保人恳谈会、评议委员会和分红委员会等机构。[③] 不过,会员通常没有直接参与到同各个保险计划资金运营直接相关的决策中,而是由专业化经营团队运营管理资金。[④]

在技术层面,传统模式主要体现于章程中,即章程约定设立会员大会或会员代表大会、董事会、监事会等组织机构,并约定会员可直接或通过选举会员代表来参与公司治理。关于会员大会或会员代表大会的议事规则等具体事项,或直接约定于章程,或在章程细则(bylaws)中予以约定。而有关具体保险产品或保险计划的决策主体和方式,通常

---

① 参见缪若冰:《相互保险公司的理念与特色》,载《中国保险》2016年第3期。

② 并非严格的"一人一票",比如,美国马萨诸塞州规定,财产险相互制公司和控股保险公司的相互制公司的成员有一个表决权,人寿险、生存险会员至少有一个投票权,如果保费超过规定的基数5000美元,则每增加5000美元,就多享有一个投票权,但是投票权上限为20票;年金保险成员的基数为150美元。但团体投保人只有一个投票权,除了以上三种保险外,其余保险每人均仅享有一个投票权。相关规定参见 https://malegislature.gov/Laws/GeneralLaws/PartI/TitleXXII/Chapter175,最后访问日期:2020年6月21日。

③ 参见梁涛主编:《相互保险组织运作及风险管理研究》,中国金融出版社2017年版,第29~33页。

④ 以美国的Mass Mutual为例,其相互性主要体现在两方面:其一,投保人有权选举董事会;其二,投保人有权参与公司的分红。该组织的董事会包括审计委员会、人事委员会、执行委员会、投资委员会、技术及治理委员会。其保险基金由咨询公司负责运营,Mass Mutual定期向投保人披露基金的运营情况。参见 https://massmutual. prospectus-express. com/summary. asp? clientid = mmlpell&fundid = 00900X108。有关 Mass Mutual 的治理结构及具体规则,参见 https://www. massmutual. com/ ~ /media/files/corporate%20governance%20guidelines. pdf,以及 https://www. massmutual. com/ ~ /media/files/By-laws. pdf。

不会在章程或章程细则中明确，相关公开披露信息也只涉及资金的运营情况。[①]

简言之，传统模式有以下两个特点：(1)会员依据章程、通过会员代表大会或会员大会参与组织决策，且以“一人一票”为原则分配表决权；(2)会员不直接参与同各个保险计划资金运营直接相关的决策。

(二)“共治模式”

“共治模式”在组织层面的治理框架与传统模式相同。组织的最高权力机构为会员大会或会员代表大会，组织的日常运转由董事会负责。投保人也可以参与到相互保险组织的重大决策之中，在议事规则方面，以“一人一票”为原则。

与其他相互保险组织的章程不同的是，众惠《章程》第34条第3项约定，会员可参与民主管理。基于此，众惠在与投保人签约时，除保险合同外，还额外签署会员公约。会员公约明确投保人可以参与与具体保险计划相关的决策，设置了包括会员大会、管理委员会、仲裁团、区域会员共治机构在内的会员共治机制，并规定了会员参与共治的权限、议事规则和互助保险基金的管理和使用规则。

以众惠推出的“华西妇儿联盟家庭医生互助计划”(以下简称“家医计划”)为例。该保险计划系一款结合分级诊疗和医疗保险的儿童健康管理服务产品，被保险人为0～17周岁孩童。该保险计划的具体运作涉及成都妈妈团健康管理有限公司(以下简称妈妈团)、华西二院和众惠三方主体。其中，妈妈团负责管理会员、维护客户关系，组织家庭医生和储备医生组成咨询团为投保人提供咨询服务，与社区医院和华西二院进行联络，并垫付门诊直赔资金；华西二院负责提供医疗支持；众惠则负责管理资金和保险理赔。[②]

简言之，该保险计划构建了一个会员沟通生态，会员通过妈妈团与其他会员交流，与社区门诊、华西二院和家庭医生沟通，与众惠对接进行核保赔付。而会员公约则为会员提供了参与建设生态的依据和规则。该保险计划的会员公约第5条约定，会员享有对健康管理服务及医疗服务人员进行评价和考核的权利，有权参与众惠发起的针对会员理赔申请所展开的调查取证，也有权了解所参与计划的案件理赔情况。公约第16条约定，本计划管理委员会工作报告、互助保险基金结余使用比例及使用方案、会员权益反哺方案、本计划的终止及清算方案均由该计划会员组成的会员大会审批。

可以看到，相较于传统模式，“共治模式”的特点体现在会员可参与有关该保险计划的决策，即在传统模式下增设了“会员共治机制”。在“共治模式”下，众惠类似于集团母公司，各保险计划类似子公司，各“子公司”有着各自的决策机制和运营机制，各保险计划

---

① 如美国的Mass Mutual，其产品手册将公开各资金池的运营情况以及对应咨询公司。

② 具体而言，投保人通过妈妈团运营的微信公众号“超级妈力”与众惠签约后，可在保险期间无限次享受由妈妈团组织的家庭医生和储备医生提供的7×24小时咨询服务。此外，被保险人到社区门诊就诊的，妈妈团在2000元限额直接进行赔付，众惠定期审核相应单据后，从互助保险基金中拨付返还予妈妈团。门诊诊疗费超过2000元的部分，以及转华西二院住院治疗产生的诊疗费，被保险人可享受一般医疗保险赔付。一般医疗保险赔付最高限额为100万元。相关赔付申请以被保险人名义向众惠作出，由众惠进行核赔，该等保险金列入互助保险基金开支。资料来源：微信公众号“超级妈力”。

的投保人在“母公司”的主持下管理相应的“子公司”。

二、“共治模式”的优势及不足

(一)传统模式的不足

根据企业组织理论,相互制的天然优势在于缓解投保人与保险公司(尤其是所有人)之间的利益冲突,避免股东过度将保费用于股利分配而损害投保人利益,股份制公司则能更好地控制股东与管理者之间的冲突,[①]相互保险组织与投保人之间的道德风险和逆向选择程度较低。20世纪初,在股份制保险公司市场负面评价严重的背景下,美国掀起了一股相互化浪潮。然而,随着金融市场的蓬勃发展,相互制力有不逮,20世纪末以来全球范围开始了非相互化浪潮,传统治理模式在应对市场竞争时的劣势也逐渐暴露。

主流观点认为,非相互化的根本原因在于相互保险组织在资金筹集和经营管理上存在先天缺陷。[②] 在资金筹集方面,相互保险组织不能发行股票,资本补充渠道有限,偿付能力偏弱。相应地,诸如兼并的威胁、内部激励机制等市场控制机制都将受到限制。[③] 经营管理方面,随着组织规模的扩大,会出现投保人分散影响自治效率的问题。众多投保人难以参与到组织决策中,[④]投保人的权利被分散下沉,管理层的权力反而较股份制公司要大,甚至处于自我任命、永久存续的状态,[⑤]会员(代表)大会所能发挥的作用有限。组织无法顾及投保人的偏好,管理层权力大,又缺乏内部激励与外部监督,容易滋生内部人控制问题,进而违背相互制的初衷。

内部人控制问题的理论根源是委托代理问题。在投保人众多的情况下,受托人与委托人利益异质化加重。在委托代理双方信息不对称的情况选,掌握经营管理主动权的一方可能利用信息优势和资源优势为自身谋利。而由于相互保险组织所有权较为分散,投保人倾向于“搭便车”,[⑥]此时,若缺乏有效的监督机制,内部人控制问题将加剧。

从组织的发展角度,不可能为避免内部人控制问题而限制组织规模,因而需要寻求其他控制机制来进行平衡。有实证研究显示,相互保险组织替换管理层的成本较高,因

---

① 参见刘燕:《国外相互保险公司的发展路径及影响》,载《保险研究》2006年第10期。

② 参见葛向孜:《相互保险公司转制的美国经验》,载《保险职业学院学报》2017年第1期。

③ 参见经济合作与发展组织(Organization for Economic Co-operation and Development,OECD)《保险公司治理指引》(2011年)。

④ 1980年一项针对美国大型人寿保险公司的问卷调查显示,股份制保险公司中股东在年度大会上的出席率在0.7% ~44.9%,而相互保险组织成员的出席率均在2%以下,最低的甚至达到0.001%。See Viswanathan K. S., Cummins J. D.,“Ownership Structure Changes in the Insurance Industry: An Anaylysis of Demutualization”, *Journal of Risk & Insurance*, 2003, 70(3), pp.401-437. 转引自葛向孜:《相互保险公司转制的美国经验》,载《保险职业学院学报》2017年第1期。

⑤ 参见刘燕:《国外相互保险公司的发展路径及影响》,载《保险研究》2006年第10期。

⑥ Mayers D., Smith Jr C. W.,“Contractual Provisions, Organizational Structure, and Conflict Control in Insurance Markets”, *Journal of Business*, 1981,54(3). MacMinn R., Ren Y.,“Mutual Versus Stock Insurers: A Synthesis of the Theoretical and Empirical Research”, *Journal of Insurance Issues*, 2011,34(2). 转引自沈健、杜鹃:《相互保险组织与股份保险公司效率比较:国外文献综述》,载《南方金融》2017年总486期。

而相较于股份保险公司,相互保险组织难以有效建立针对管理者的监督机制。传统的做法是依靠更高比例的外部独立董事来缓解对管理者约束弱的问题。①

(二)共治模式的优势

同样以“家医计划”为例。该保险计划的会员主要由儿童家长组成,对于家长而言,相较于一般医疗保险,该保险计划的亮点在于“保险之外”:被保险人可享受门诊绿色通道、门诊2000元直赔、转诊华西二院绿色通道、7×24小时健康咨询服务,该等服务正击当下看诊难、诊疗环境差的痛点。

不过,市面上并非没有其他附带转诊服务或健康咨询服务的保险产品。此类产品以提供便捷、高质量的诊疗服务和健康咨询服务为卖点。但对于投保人而言,在缺乏“抓手”的情况下,“便捷、高质量”只是一句口号。有调查显示,公众对医生的信任度在下降。② 在医疗资源供难应求的情况下,即便心生不满,患者还是只能被动接受。同样地,在决定自己是否能获得保险金的保险公司面前,投保人同样是被动、弱势的一方。所以,“家医计划”的差异化竞争优势在于为投保人提供了“抓手”,投保人可以通过会员共治机制主动控制服务质量的途径。

从相互保险的发展史来看,相互化的一个重要原因是通过会员自治来改变公众因股份制保险公司损害投保人利益而对保险公司所持有的负面看法。类似地,从效果上来看,“共治模式”的优势在于通过深化会员自治来应对投保人的不信任问题。其可以作为对组织内部管理不信任的解决方案,也可以作为对保险产品所涉及服务提供者不信任的解决方案。

此外,参与该保险计划的家长利益高度一致,有强的意愿来构建高质量的健康管理服务生态,也有很强的动机来监督医疗服务的质量,解决了传统模式无法反馈投保人偏好以及缺乏监督的问题。

总的来说,“共治模式”在专项保险计划层面设立共治机制,实际上是人为限制了参与具体决策的投保人的规模,从而保证投保人利益具有高度一致性,减少内部人控制的道德风险和逆向选择风险。并且由于所涉决策与投保人关系更为密切,理论上可以增强投保人参与治理的动机,减少“搭便车”的现象,是在组织内部解决投保人分散和内部人控制问题的尝试。

(三)“共治模式”在中国兴起的缘由

有意思的是,在相互保险发展较早的国家,传统模式是相互保险组织会员自治模式

---

① See Chen L. R., Lai G. C., Wang J. L., “Conversion and Efficiency Performance Changes: Evidence from the US Property-Liability Insurance Industry”, *The Geneva Risk and Insurance Review* (2011), pp. 1 – 35; Cummins J. D., Weiss M. A., Xie X., “Economies of Scope in Financial Services: A DEA Efficiency Analysis of the US Insurance Industry”, *Journal of Banking & Finance*, 2010, p. 47. “Organizational Structure and Performance: Evidence from the Nonlife Insurance Industry in Japan”, *Journal of Risk and Insurance*, 2003, p. 74. 转引自沈健、杜鹏:《相互保险组织与股份保险公司效率比较:国外文献综述》,载《南方金融》2017年总486期。

② 参见邹宇春:《当前中国社会信任度调查》,载《北京日报》2016年6月13日。

的主流,“共治模式”反而在相互保险发展较晚的中国得到应用,个中缘由或许与险种有关以及市场环境有关。

一般认为,相互保险组织更适合于道德风险较高的业务,尤其是保险期限或索赔期限较长的业务,如长期健康保险、终身寿险、养老保险、分红保险、职业责任保险险种等。实践中亦是如此。以“mutual insurance”检索维基百科,并进一步检索所得词条中提及的相互保险组织所经营的险种。可以发现,日本几家知名相互保险组织均专注于人寿保险,美国和英国也有相当一部分相互保险组织专注于人寿保险,大多数相互保险组织的主要业务包括了人寿保险、长期健康险、养老保险。

传统的人身险,尤其是寿险投保人利益相对单一,赔付标准相对客观明确,不容易滋生内部人控制问题。在投保人众多的情况下,从成本和效率方面考虑,通过选取代表来进行会员自治并公开披露与产品相关的信息比较适宜。不过,随着所经营人身保险种类的增加和投保人的增多,投保人的利益不可避免地也会异质化。

对于经营财产险的组织而言,财产险的投保人的利益异质化严重,产生内部人控制问题的可能性更大。对于同时经营人身险和财产险的组织而言更是如此。或许正是因为众惠所经营的系财产险产品,而各产品保险利益差异较大,为便于管理,其才进行了深化会员自治模式的尝试。

此外,中国的相互保险发展较晚,股份制保险公司已抢占了很大的市场份额并提供多元化的服务。如前所述,仅就医疗险而言,中国人寿、泰康人寿等也提供含有绿色通道等服务的产品。在这种情况下,作为后来者的相互保险组织要提高品牌信誉和竞争力,必须充分挖掘相互制的特点、发挥相互制的优势。

在操作层面,会员通过会员代表大会行使权利是为降低成本、提高效率,在专项保险计划层面再构建一个决策机制,对相互保险组织维护客户关系提出了更高要求,同时,还会产生额外的管理成本。不过,随着信息技术的发展,相互保险组织可以通过邮件、微信等线上渠道将分散在不同地域的会员联系起来,并可以利用线上投票、线上会议系统来降低决策成本和管理会员的成本。换言之,这一模式并不受制于投保人数量及所在地域。

综上,对于或因产品性质,或因产品种类而存在投保人的利益不一致的相互保险组织,通过“共治模式”缓解内部人控制问题具有可行性。但对于投保人利益一致的相互保险组织,产生内部人控制问题的可能性较小,使用该模式会带来不必要的成本,沿用传统模式即可。

三、“会员共治机制”的定位

众惠的“共治模式”设置了两个最高权力机构和执行机构,且会员自治机制的设置和相关机构的议事规则均记载于具体专项保险计划的会员公约,在众惠的《章程》中并无体现。如此,可能产生的疑问是,会员共治机制中的各机构独立于组织层面的会员代表大会、董事会等组织机构,还是下属于某一组织机构?

从效果上来看,会员共治机制独立于还是下辖于会员代表大会或董事会均无不可。

从职权配置角度来看,若其是独立于会员代表大会和董事会且与之平级的机构,则组织存在两个最高权力机构和执行机构,二者一个针对具体保险计划,一个针对整个组织,所涉事项系包含关系,两个最高权力机构之间不可避免地会有冲突。此外,由于组织层面的权力机构没有高于具体保险计划层面的权力机构的权限,具体保险计划层面的权力机构可能架空组织层面的权力机构。因此,会员共治机制应下设于会员代表大会或董事会,并依据会员代表大会或董事会授权行事,众惠会员公约中的"会员大会"不同于《相互保险组织监管试行办法》(以下简称《监管办法》)中与"会员代表大会"并列的"会员大会",而是"专项计划会员大会"。考虑到会员共治事项系与经营具体保险计划相关,且授权通常宜一事一授,将其下设于董事会更为合适。

四、"共治模式"下会员公约与章程的关系

在合规方面,众惠的实践中,对会员和组织影响重大的会员共治机制相关机构设置和议事规则均规定于会员公约。在我国已获批的几家相互保险组织中,仅有众惠向投保人额外提供了这一文件,立法、司法及行政监管方面也未曾就该文件的效力进行表态。可能存在的疑问是,组织章程是否需要对会员共治机制有所体现?会员公约与章程的关系如何?若会员公约记载了应由章程记载的事项或其记载与章程不一致,有何法律后果?

(一)相互保险组织章程的性质

要厘清会员公约与章程的关系,首先需要确定章程与会员公约的性质。

根据《监管办法》第2条第2款,《民法典》第87条、第90条及第91条规定,相互保险组织属于非营利法人范畴内的社会团体法人,应当制定法人章程。即与保险公司一样,章程是设立相互保险组织必不可少的法律文件。

谈到章程,我们通常默认所讨论的对象是公司章程,所涉及的法律是《公司法》,我国学界对此有很多讨论。然而,《公司法》的规制对象是有限责任公司和股份有限公司,对于相互保险组织章程与公司章程有何区别,是否可以套用对保险公司章程的规制逻辑对相互保险组织的章程进行规制,学界讨论得较少。

关于公司章程的性质,英美法系公司法学理上多采纳股东契约说,强调公司股东自治。相应地,公司章程由公司组织章程和公司章程细则构成,以区分外部行政监督与公司内部治理。[①] 其中,组织章程系外部章程,必须在公司注册登记机关登记备案并供公众查阅;章程细则属于内部章程,用于调整公司内部事务,非公司注册文件,大多无须提交注册登记机关备案,也不必向公众登记。[②] 而大陆法系公司法学理上多采纳公司自治规范说,强调公司法人自治。相应地,公司章程由一份单一的法律文件构成。

《监管办法》第5条规定,相互保险组织的设立登记机关为工商行政管理部门。该办

① 该术语为美国法采用,英国、新加坡等英联邦国家称为"公司组织大纲"(memorandum of association)和"公司组织章程"(articles of association)。

② 参见范健、王建文:《公司法》(第3版),法律出版社2008年版,第195~197页。

法第19条规定,除章程另有规定外,会员(代表)大会的权力和组织程序参照《公司法》有关股东大会的规定。可见,相较于对社会团体法人的监管,我国对相互保险组织的监管更倾向于参照对公司的监管逻辑。因此,在法律及行政法规未对相互保险组织章程明确定性的情况下,参照公司章程对其进行解释具有合理性。

我国学界多认为公司章程属于自治规则,但也承认其具有契约属性。① 此外,尽管立法上我国公司章程采取的是单一法律文件的形式,也有学者提出公司章程两分法更为科学。② 主要的原因在于,不同的公司形式产生的代理成本问题不同,解决相应问题需要借助的法律强行性规范的程度也不同,单一的法律文件形式不利于造就个性化公司,不利于鼓励公司根据各个参与者的不同利益目标,进行个性化的公司内部机制设计。③

相较于不同公司对内部治理要求的差别,相互保险组织与股份制保险公司的公司治理目标存在更根本的区别:相互保险组织系为服务成员之目的而设立,而保险公司作为营利法人,系为营利目的而设立。

从公司治理角度,营利法人和非营利法人章程要保护的对象不同。前者的目的在于保护股东不受管理层的侵害、保护中小股东不受大股东侵害;后者的目的在于保护出资人的利益不受控制者的侵害,确保非营利法人最大限度地向出资人提供与其所投入资金对应的服务。④

就非营利法人而言,可以根据服务对象的不同,再细分为公共服务组织与相互组织,二者对法律保护的需求又有所不同:公共服务组织缺乏股东会的约束,所以需要更强的外在约束;而对于相互组织而言,只要会员最终控制组织,可以通过任命和解除权来制约董事会,其对法律保护的需求相对较低。因此,对于相互组织而言,确保会员积极参与公司治理是关键,⑤此亦即相互组织"相互性"的体现。因此,相较于保险公司,对于相互保险组织章程应更强调其契约性以及成员意思自治的作用。

综上,在目前法律框架下,相互保险组织章程在性质上仍属于自治规则,其章程由一份单一的法律文件构成。不过,具体适用法律时,应更强调章程的契约性:允许保险公司股东决定是否在章程中约定的内容,亦应允许相互保险组织成员选择是否在章程中进行

---

① 参见范健、蒋大兴:《公司法论》(上卷),南京大学出版社1997年版,第218页;赵旭东主编:《公司法学》(第4版),高等教育出版社2006年版,第122~127页;董慧凝:《公司章程自由及其法律限制》,法律出版社2007年版,第13~14页。

② 参见范健、王建文:《公司法》(第3版),法律出版社2008年版,第195~197页;朱慈蕴:《公司章程两分法论——公司章程自治与他治理念的融合》,载《当代法学》2006年第5期。

③ 参见朱慈蕴:《公司章程两分法论——公司章程自治与他治理念的融合》,载《当代法学》2006年第5期。

④ See Ali-Aba Model Nonprofit Corpopation Act vii – viii (1964) (noting authors' decision to follow Model Business Corporation Act as closely as possible). 转引自 Henry B. Hansmannt, "The Role of Nonprofit Enterprise", *The Yale Law Journal*, Volume 89, Number 5, p. 845。

⑤ See Thomas H. Boyd, "A Call to Reform the Duties of Directors under State Not-for-Profit Corporation Statutes", 72 *Iowa L. Rev.* 725 (1987), p. 744.

约定;保险公司股东可以在章程外,通过契约形成内部治理机制的事项,亦应视为相互保险组织的内部治理事项。此外,在行政执法方面,应尊重章程自由,除法律限定的事项外,应以形式审查为原则;在司法救济方面,应尊重当事人的自我救济,即仅在穷尽内部救济的情况下,司法才介入。①

(二)相互保险组织章程应记载事项的范围

关于法律对章程的限定,对于保险公司,《保险法》第68条第2项规定,保险公司的章程应符合《公司法》的规定。《公司法》有关章程应记载事项的集中规定为第25条和第81条。其中,《公司法》第25条适用于有限责任公司,第81条适用于股份有限公司。对于相互保险组织,《监管办法》第21条规定了其章程应当包括的内容。各规定的比照参见表1。

表1 章程应记载事项规定对比

《公司法》第25条	《公司法》第81条	《监管办法》第21条
(一)公司名称和住所; (二)公司经营范围; (三)公司注册资本; (四)股东的姓名或者名称; (五)股东的出资方式、出资额和出资时间; (六)公司的机构及其产生办法、职权、议事规则; (七)公司法定代表人; (八)股东会会议认为需要规定的其他事项	(一)公司名称和住所; (二)公司经营范围; (三)公司设立方式; (四)公司股份总数、每股金额和注册资本; (五)发起人的姓名或者名称、认购的股份数、出资方式和出资时间; (六)董事会的组成、职权和议事规则; (七)公司法定代表人; (八)监事会的组成、职权和议事规则; (九)公司利润分配办法; (十)公司的解散事由与清算办法; (十一)公司的通知和公告办法; (十二)股东大会会议认为需要规定的其他事项	(一)名称和住所; (二)宗旨、业务范围和经营地域; (三)发起会员与一般会员资格及其权利、义务; (四)组织机构及其产生办法、职权、任期和议事规则; (五)初始运营资金的筹集方式、使用条件以及偿付办法; (六)财务管理制度和盈余分配办法; (七)发生重大保险事故导致偿付困难时的风险控制机制; (八)章程的修改程序; (九)解散事由和清算办法; (十)应当由章程规定的其他事项

对比《公司法》第25条、第81条以及《监管办法》第21条之规定可以发现,《监管办法》第21条未将以下事项明确列举为章程应记载事项:(1)初始运营资金金额(对应保险公司的"注册资本");(2)会员的姓名或者名称;(3)法定代表人;(4)通知和公告办法。② 可见,

① 有关公司章程登记审查及司法救济问题,参见董慧凝:《公司章程自由及其法律限制》,法律出版社2007年版,第296~320页。

② 由于相互保险组织的初始运营资金要求以货币资金形式实缴,故不涉及出资额、出资方式和出资时间问题。此外,由于"发起设立"与"募集设立"之分仅存在于股份有限公司,因而也不涉及该问题。

《监管办法》第21条不能完全包含《公司法》第25条和第81条所规定之事项,那么便可能产生何为《监管办法》第21条第10项所述“应当由章程规定的其他事项”,以及是否可以或者应当参照适用保险公司相关规定进行解释等问题。

如上所述,允许保险公司股东决定是否在章程中约定的内容,亦应允许相互保险组织会员选择是否在章程中进行约定。因此,应谨慎解释“应当由章程规定的其他事项”。原则上,除法律另有规定,上述4项内容外的其他事项不应解释为“应当由章程规定的其他事项”。谨慎起见,本文采取相互保险组织章程应包含保险公司章程应包含的所有事项的观点,即上文4项内容也是相互保险组织应在章程中规定的事项。①

(三)缺乏应记载事项的法律后果

接下来的问题是,违反上述规定的法律后果如何,即法律规定的应由章程记载的事项缺乏或相应内容违反法律规定,是否会导致章程无效。本文语境下待解决的问题是,相互保险组织是否可以在会员公约中约定应由章程记载的事项。

如上所述,公司章程作为一个统一文件缺乏灵活性。因此,多数大陆法系国家通过将章程内容条款进行区分以解决公司章程的规范问题,即根据章程内容是否由法律明文规定,将其分为必要记载事项和任意记载事项,其中,根据记载事项缺乏或违法对章程效力的不同影响,必要记载事项又分为绝对必要记载事项和相对必要记载事项。

关于《公司法》规定了哪些绝对必要记载事项,相关立法说明未作指引,学界也有不同观点。鉴于本文认为相互保险组织的章程应强调契约性,本文在此前提下采信绝对必要记载事项较少的观点,认为绝对必要记载事项为:(1)公司名称及住所;(2)经营范围;(3)股东姓名或名称;(4)股东出资方式、出资额和出资时间。②

关于缺乏不同记载事项的法律后果,各国立法有两种立法态度:其一,全部绝对必要记载事项的欠缺或违法都会导致章程无效;其二,仅部分绝对必要记载事项的欠缺或违法会导致章程无效。我国通说采信前者。③ 但也有观点指出,绝对必要事项缺乏或违法并不当然导致整个章程无效。为维护交易安全,贯彻企业维持原则,我国应从法律行为不成立和无效的角度判断绝对必要记载事项缺乏或违法的法律后果。④

---

① 事实上,《民法典》第91条规定,社会团体法人的理事长或者会长等负责人按照法人章程的规定担任法定代表人,也就是说,按照《民法典》,法定代表人应为相互保险组织章程的应记载事项。

② 参见宋燕妮、赵旭东主编:《中华人民共和国公司法释义》,法律出版社2019年版,第47~48页。另有观点认为,《公司法》规定的章程应当记载事项中,除《公司法》第25条第8项和第81条第12项[“股东会(股东大会)会议认为需要规定的其他事项”]外,第25条和第81条规定的事项均属于绝对必要记载事项。参见李东方:《公司法》,北京大学出版社2019年版,第30页。

③ 参见李东方:《公司法教程》(第2版),中国政法大学出版社2015年版,第47页。

④ 该观点认为,只有公司名称,股东或发起人的姓名或名称,注册资本、各股东出资额或发起人认购股份数和每股金额,公司董事会(执行董事)、监事会(监事)及法定代表人这四项影响法人人格的基本要素缺乏或违法才会导致章程整体无效,而其他绝对必要记载事项存在瑕疵可予以补正。参见孙英:《论公司章程绝对必要记载事项与公司无效》,载《法学杂志》2010年第3期。

理论上,对于绝对必要记载事项缺乏的法律后果有不同认识,实践中亦未能提供明确指导。分别以“章程”“绝对必要记载事项”或“章程无效”“缺乏”,或者“章程撤销”为关键词检索司法案例,尚未发现因章程缺乏绝对必要记载事项而诉请确认章程整体无效或公司设立行为无效的案例。但有相关判决提及“撤销公司章程必须具有章程制定违反法定程序;章程内容存在违法;股东意思表示瑕疵;章程欠缺必要记载事项等事由”。[①]但相应地,也有判决提及“公司章程中予以明确董事会有权选举与更换董事长,该规定即使存在违反法律法规强行性规定或显失公平的情形,也只能导致公司章程部分条款的无效认定或撤销而非公司章程的整体撤销”;[②]亦有判决提到绝对必要记载事项缺乏的,“未记载内容不产生公司法上的效力”。[③]

经检索北京市市场监督管理局及上海市市场监督管理局网上公告,亦未发现以章程绝对必要记载事项缺乏或违法为由撤销企业工商登记的案例。有行政处罚案例提及,对于经营范围这一绝对必要记载事项,其变更须经过批准但未获取批准擅自从事经营活动且情节严重的,吊销营业执照。但对于除此之外的情况,行政处罚决定书提及的措施仅是对涉案企业进行罚款并责令改正。并且从文义上来看,决定是否吊销营业执照的核心是违法从事经营活动而不是经营范围记载违法。

绝对必要记载事项缺乏或违法是否影响整个章程的效力尚且有争论,那么,举重以明轻,绝对必要记载事项(公司名称及住所、经营范围、股东姓名或名称、股东出资方式、出资额和出资时间)以外的事项之记载与否、记载是否违法,不会影响整个章程的效力,更不会导致公司设立行为无效。

(四)章程与会员公约的关系

从以上分析可见,除非法律另有规定,除《监管办法》第 21 条所列举之事项,以及上述 4 项《监管办法》第 21 条未列举但保险公司章程应具备之事项外,相互保险组织可选择是否在章程中对相关事项进行约定。并且,在章程选择约定相关事项的情况下,章程不因该等约定违反法律强制性规定而整体无效。此外,对于此类事项,相互保险组织可以选择在其他自治规则中进行约定,该等约定不应视为章程,而是仅约束内部成员的契约,无须报注册登记机关备案,亦无法定义务向公众公开,但该等约定仅对组织内部有拘束力,且与章程不一致的,应以章程为准。并且,该等约定的效力应依照《合同法》确定,且其效力不会影响章程效力。

五、结论

“共治模式”深化了相互保险组织的会员自治方式,促进组织成员参与组织管理,相较于传统模式能更好地缓解内部人控制问题。此外,该模式还可作为某些因公众对行业

---

① 参见无锡市中级人民法院(2011)锡商终字第 0463 号民事判决书。

② 杭州市江干区人民法院(2010)杭江商初字第 227 号民事判决书。

③ 参见安徽省高级人民法院(2009)皖民二终字第 0057 号、上海市第二中级人民法院(2003)沪二中民三(商)终字第 69 号民事判决书。

服务满意度或信任度低而难以开展保险业务的情景的解决方案,通过组织成员的参与和反馈改进保险服务质量,并促进良好行业生态的形成,是中国相互保险组织在特殊发展背景下的创新实践。

在治理模式的选择上,"共治模式"适合经营财产险或因其他原因存在投保人利益不一致情况的相互保险组织采用。但考虑到该模式会产生额外成本,对于经营产品单一,投保人利益一致的相互保险组织,采用传统模式更为适宜。

在中国现有法律框架下,"共治模式"的基本框架宜如下:(1)章程设置会员大会或会员代表大会—董事会—监事会,并约定相关议事规则,同时赋予会员参与民主管理的权利;(2)董事会下设专项计划会员大会等会员共治机制,并通过会员公约对具体议事规则等事项进行约定,会员公约应根据具体保险计划的特点制定。相互保险组织无法定义务向公众公开会员公约,会员公约的约定也仅对组织内部有拘束力。会员公约与章程不一致的,以章程为准。并且,该等约定的效力应依照《合同法》确定,但其效力不会影响章程效力。

保险犹豫期的起算点问题研究

梁泽宇*

摘要:虽然我国通过部门规章的形式对保险犹豫期的含义、期限和起算等问题作了规定,但是在司法实践中,仍然存在许多难题,这是由于我国犹豫期制度不够体系化造成的。犹豫期制度良好运行的关键是保险人履行对保险合同中犹豫期条款的说明义务。保险人说明义务的履行,是犹豫期的起算点。反之,犹豫期将一直延续,在此期间内,投保人具有随时无条件解除保险合同并取回所有保险费的权利。但是投保人上述权利的行使必须遵循善意的要求。

关键词:犹豫期 说明义务 善意

一、问题的提出

保险业监督管理部门规定,在保险犹豫期内,投保人有权单方面解除合同,保险公司除扣除不超过10元的成本费以外,应退还全部保费并不得对此收取其他任何费用。在实务中,保险犹豫期起算点的确定,仍然是比较突出的问题。

目前,关于保险犹豫期何时起算,有以下几种看法:

一是以投保人收到保险合同为起算点。这种意见来自中国银行保险监督管理委员会的部门规章,即《商业银行代理保险业务管理办法》和最新《健康保险管理办法》规定,投保人在收到保险合同后10日(银行保险渠道为15日)内,如不同意保险合同内容,可将合同退还保险人并申请撤销。

二是以保险人履行其说明义务为起算点。安徽省马鞍山市中级人民法院指出,对保险合同中免除保险人责任的条款,保险人在订立合同时应当在投保单、保险单或者其他保险凭证上作出足以引起投保人注意的提示,并对该条款的内容以书面或者口头形式向投保人作出明确说明;未作提示或者明确说明的,该条款不产生效力。而保险公司提供的保险合同系格式合同,保险合同中关于犹豫期及解约金额的规定,属于免除保险人责任的条款。因此,如果保险人在投保单、保险单或者其他保险凭证上应当作出足以引起投保人注意的提示,否则上述条款依法不产生效力。换言之,如果保险人没有尽到其说

* 清华大学法学院博士研究生,美国宾夕法尼亚大学法学院联合培养博士研究生。

明义务,则犹豫期无限延续。①

三是以保险人送交保险合同为起算点。在一般情况下,投保人收到保险合同与保险人送交保险合同应当是同时发生的。但是在某些情况下,特别是签收人代投保人签收时,二者并非同时发生。例如,在河北省保定地区(市)中级人民法院的一个案件中,人寿保险的营业员在没有获得投保人授权的情况下,代投保人签收保险合同,并且在2个月后才将合同交给投保人。该院认定,投保人错过了犹豫期,因此,投保人不能行使撤回权,只能就损失部分请求损害赔偿。②

四是以投保人明知为起算点。司法裁判并没有明确地表达这一观点,但是可以从判决书推断出部分法院采用了此种观点。例如,黑龙江省伊春市美溪区人民法院指出,投保人作为一个完全民事行为能力且又有一定文化知识的人,签订的保险合同是合法有效的,且在10日的犹豫期回访中未提出任何异议,因此,投保人和保险人形成了事实上的保险与被保险关系。③ 在江苏省宿迁市中级人民法院审理的一个案件中,法院认定:"根据……电话回访记录,(投保人)在电话回访过程中对保险合同内容包括犹豫期和退保、缴费期限、红利分配的不确定性等相关内容表示看过、基本知道或了解。"因此,法院认定投保人对保险合同的内容是了解的。④

总结以上四种观点,犹豫期的起算点确定方式有两种:一是形式主义的确定方式,即以保险合同或其他相关文件的物理交接为起算标志;二是实体主义的确定方式,即以保险人是否履行说明义务或投保人主观上是否善意为起算点。笔者认可实体主义思路,并主张结合保险人说明义务的履行和投保人善意两方面的要件,作为犹豫期的起算点。为了论证该结论,本文需要说明为何保险人应对保险犹豫期条款负说明义务,还需要说明投保人善意要件为何会影响保险犹豫期的起算。

二、我国的保险犹豫期制度

(一)犹豫期的历史

犹豫期(Cooling-Off Period/Free-Look Period)也称考虑期、冷却期、冷静期,是指消费者在与经营者签订合同之后的一段期间,在此期间内消费者人可以自由地、无条件地取消合同,且不承担任何合同上的责任。

犹豫期最早出现在英国1964年《租赁买卖法》中。该法第4条规定:"如果该租赁买卖合同为总购买价格超过30英镑的信用销售合同(a credit-sale agreement),或者是由第三人代表出卖人所执行的合同,并且租赁人或购买人不是在恰当的交易场所(appropriate trade premises)签订该合同,那么,租赁人或购买人有权自收到正式合同的副本之日起4

---

① 参见(2016)皖05民终378号。

② 参见(2016)冀06民终550号。

③ 参见(2015)美民申字第1号。

④ 参见(2016)苏13民终2214号。

天内解除该合同。”①目前，欧盟、德国、美国、日本等发达国家或地区都通过立法在消费者保护领域确立了犹豫期制度。②

将犹豫期制度适用于保险行业，最早出现在英国《1982 年保险公司法》中，该法就特定保险合同和个人年金合同规定了犹豫期。③ 欧盟对保险犹豫期的立法可以比较完好地体现保险犹豫期制度的演进过程。在 1990 年颁布的“第二代”人寿保险指令——90/619 号指令（Directive 90/619/EEC）中，欧盟首次要求人寿保险合同中应当包含 15 ~ 30 日的犹豫期。在 1992 年的“第三代”指令（Directive 92/96/EEC）中，欧盟对保险人的先合同义务进行了规定。④ 在“第二代”和“第三代”指令的基础上，欧盟于 2002 年发布了 2002/83/EEC 指令。⑤ 该指令是欧盟现行的主要规制人寿保险业务的指令，其第 35 条规定：

1. 每一个成员国都应该规定，关于个人人身保险的合同中应当包含为期 14 ~ 30 日的犹豫期。这段时期从投保人得知合同成立时起算。在这段时期内，投保人可以解除合同。投保人做出解除合同的通知时，就可以不再受到合同的约束……

2. 对于少于 6 个月的保险合同，或当合同成立时，投保人无须此种特殊保护的，成员国无须适用第 1 款之规定。成员国需要在其规定中特别指出不适用第 1 款之情形。

欧盟关于犹豫期及先合同披露义务的规定是最低标准，各成员国都有权制定更加严格的要求。

（二）我国法上的保险犹豫期

目前为止，我国《保险法》还没有对保险犹豫期制度进行明确规定。关于“犹豫期”的规定首次出现于 2000 年保监会发布的《关于规范人身保险经营行为有关问题的通知》（保监发〔2000〕133 号）中。根据该通知，“犹豫期”是指从投保人、被保险人收到保单并书面签收日起 10 日内的一段时期。投保人在犹豫期内可以无条件解除保险合同，但应退还保单。保险公司在扣除不超过 10 元的成本费之外应退还全部保费并不得对此收取任何费用。而对于投资连结类产品，如果在犹豫期内独立账户资产价值减少的部分以及变现资产的费用，不得扣除销售保单所产生的佣金和费用。

2009 年保监会出台了 3 份关于保险犹豫期制度的文件。时间较早的一份是《人身保险投保提示工作要求》（以下简称《要求》）。《要求》规定：“对于保险期间为一年期以上的人身保险产品，应提醒投保人注意产品犹豫期（投保人、被保险人收到保单并书面签收日起 10 日内）的有关约定，同时明确告知投保人除合同另有约定外，犹豫期内投保人可以无条件解除保险合同，但应退还保单，保险公司除扣除不超过 10 元的成本费以外，应

① Section 4(1) & (2), Hire-Purchase Act 1964.

② 如 2002 年欧盟《关于消费者金融服务远程销售及修正理事会第 90/619、EEC 号指令、第 97/7/EC 号指令和第 98/27/EC 号指令的第 2002/65/EC 号指令》、1986 年德国《上门交易法》第 1 条、1968 年美国《诚实借贷法》第 2 章第 5 条、1976 年日本《访问销售法》第 6 条。

③ 参见董安生主编：《新编英国商法》，复旦大学出版社 2009 年版，第 33 页。

④ Article 30 and Annex Ⅱ, Directive 92/96/EEC.

⑤ Article 35, Directive 2002/83/EEC.

退还全部保费并不得对此收取其他任何费用。”

2009年9月25日,保监会在发布的《人民保险新型产品信息披露管理办法》(以下简称《办法》)中规定,保险的产品说明书中必须包括以下内容:“(1)犹豫期的含义、起算时间天数及投保人在犹豫期内享有的权利;(2)犹豫期后退保需扣除的费用以及退保金的计算方法。”

同日,保监会出台了《保险专业代理机构监管规定》(以下简称《规定》),其中第38条明确要求保险专业代理机构“应当向投保人明确提示保险合同中……犹豫期等条款”。

2014年1月16日,出台的中国保监会、中国银监会《关于进一步规范商业银行代理保险业务销售行为的通知》对商业银行代理销售的保险产品中犹豫期的适用范围、期限、起算点、说明提示义务作了详细的规定:“商业银行代理销售的保险产品保险期间超过1年的,应在合同中约定15个自然日的犹豫期,并在合同中载明投保人在犹豫期内的权利。犹豫期自投保人收到保险单并书面签收之日起计算;保险公司应在保险单册封面用不小于3号的字体标明风险提示语及犹豫期提示语;犹豫期提示语:您在收到保险合同后15个自然日内有全额退保(扣除不超过10元的工本费)的权利。超过15个自然日退保有损失。”

2015年《关于修改〈中华人民共和国保险法〉的决定(征求意见稿)》中建议增加一条关于保险犹豫期的规定:“保险期间超过一年的人身保险合同,应当约定犹豫期。投保人在犹豫期内有权解除保险合同,保险人应当及时退还全部保险费。犹豫期自投保人签收保险单之日起算,不得少于二十日。”

2019年中国银行保险监督管理委员会制定《商业银行代理保险业务管理办法》,并修订了《健康保险管理办法》,规定了现行有效的“犹豫期”制度,即投保人在收到保险合同后10日(银行保险渠道为15日)内,如不同意保险合同内容,可将合同退还保险人并申请撤销。

此外,我国2013年修订的《消费者权益保护法》(以下简称《消保法》)第25条规定:“对于经营者采用网络、电视、电话、邮购等方式销售商品,消费者有权自收到商品之日起七日内退货,且无需说明理由。”因此,对于通过远程方式购买到的保险,投保人也享有《消保法》上的无理由退货权。

三、保险人对犹豫期条款的说明义务

(一)《保险法》中保险人说明义务的范围

《保险法》第17条第2款规定:“对保险合同中免除保险人责任的条款,保险人在订立合同时应当在投保单、保险单或者其他保险凭证上作出足以引起投保人注意的提示,并对该条款的内容以书面或者口头形式向投保人作出明确说明;未作提示或者明确说明的,该条款不产生效力。”

如何界定“免除保险人责任的条款”,学界上存在不同的观点。主张对该条款作限缩解释的学者认为,保险人应当提示的对象仅限于“责任免除”“除外责任”等部分或全部免除保险人责任的条款。[①] 主张对投保人进行扩大保护的学者认为,凡是保险合同中涉及保险事故发生时,不承担或者少承担赔偿责任或者给付保险金内容的条款,保险人都应当进行明确说明。[②]

为了明晰该款条文的适用,最高人民法院出台了《关于适用〈中华人民共和国保险法〉若干问题的解释(二)》[以下简称《保险法解释(二)》]。《保险法解释(二)》第9条规定:“保险人提供的格式合同文本中的责任免除条款、免赔额、免赔率、比例赔付或者给付等免除或者减轻保险人责任的条款,可以认定为保险法第十七条第二款规定的免除保险人责任的条款。”第11条第2款规定,“保险人对保险合同中有关免除保险人责任条款的概念、内容及其法律后果以书面或者口头形式向投保人作出常人能够理解的解释说明的,人民法院应当认定保险人履行了保险法第十七条第二款规定的明确说明义务”。投保人在投保单等相关文书上签章确认的内容,应当包括其对免责条款的概念、内容及其法律后果均因保险人的明确说明而已经明了的内容。

受最高人民法院司法解释的影响,杭州市下城区人民法院在案件审理中就明确指出:

“‘犹豫期’、‘合同解除’与‘保险现金价值’的并非免除保险人责任的条款,不属于法定的应当特别提示的内容。犹豫期本身即为保险人赋予投保人在签订合同后一定时间内慎重考虑是否确定购买该理财产品、并可以单方解除合同的权利,那么超出犹豫期则不能任意解除保险合同本身即为合同法定拘束力的体现……所以本案涉及的‘犹豫期’、‘合同解除’、‘保险现金价值’均不属于《中华人民共和国保险合同法》第十七条规定的需要特别提示的内容”。[③]

在“顾某诉新华人寿保险股份有限公司江苏分公司”案中,顾某在新华人寿保险股份有限公司江苏分公司(以下简称新华人寿)的业务员李某处购买人寿保险。保险合同中规定,如果顾某要求在犹豫期内解除合同,应填写合同解除申请书,并提供保险合同、有效身份证件。顾某在签收保险合同后立即打电话给新华人寿,要求解除合同。因种种原因,新华人寿并未于犹豫期内给顾某办理合同解除手续。顾某遂起诉新华人寿,双方的争议焦点在于,保险合同中关于解除权行使的形式要件条款是否有效。

该案一审法院的观点与杭州市下城区人民法院的观点是一致的。法官认为,原告与被告签订的保险合同,系当事人真实意思表示,合法有效,双方均应按约履行各自的义务。双方既然在投保提示书、保险合同中对犹豫期内解除权行使的形式进行了规定,原告在行使解除权时就应按照约定履行退保手续。故原告仅通过电话口头申请,不足以完成退保手续。[④]

---

① 参见曹兴权:《保险缔约信息义务制度研究》,中国检察出版社2004年版,第225~232页。

② 参见于海纯:《保险人缔约信息义务的边界》,载《比较法研究》2011年第2期。

③ 参见(2012)杭下民初字第1844号。

④ 参见(2013)秦商初字第1018号民事判决。

但是,该案的二审法院则认为:在犹豫期内退保是保险合同约定的被保险人享有的权利,此种单方解除权属于形成权,于意思表示到达对方时发生效力。保险合同对投保人在犹豫期内解除权的行使进行了约束,明显加重了投保人的责任,因此,该格式条款对投保人、被保险人不产生法律效力。

因此,二审法院撤销一审判决,判决一审原告顾某的电话口头申请有效,原告与被告签订的保险合同已在犹豫期内解除。① 后原审被告申请再审,江苏省高院经审查后,驳回了再审申请。②

梳理该案的整个审理程序,可以发现一审和二审、再审裁判的实质区别就是对犹豫期条款性质和效力的界定不同。一审法院认为,犹豫期形式要件条款不属于免除保险人责任的条款,因此无须保险人明确说明,合同一经生效就自然对双方具有拘束力。而二审和再审法院则认为,对解除权形式要件的规定明显属于加重投保人义务的条款,非经保险人明确说明的不生效。

因此,关于解除权形式要件的约定是对投保人犹豫期内解除权的限制,是否已经达到免除保险人责任的程度,仅凭《保险法》和司法解释的相关规定似乎无法得出确定答案。

(二)《消保法》上的保险人说明义务

《消保法》第28条对保险、银行和证券经营者的法律义务进行了专门规定,正式从法律层面承认金融经营者和金融消费者的地位。投保人作为典型的金融消费者,应当受到《消保法》的特别保护。同样,保险人也应当受到《消保法》中关于说明义务的规范调整。

《消保法》第26条第1款将经营者提示说明义务的范围界定为:"商品或者服务的数量和质量、价款或者费用、履行期限和方式、安全注意事项和风险警示、售后服务、民事责任等与消费者有重大利害关系的内容"。③《消保法》的条文释义指出:"经营者应当提请消费者注意并按照其要求予以说明的内容,包括但不限于本条所列的十项,实践中可以根据具体的交易类型和合同性质进行判断,只要是与消费者有重大利害关系,对其基本权利可能造成影响的内容,经营者都应以显著方式提醒消费者注意并按照其要求予以说明。"④

除此以外,《消保法》第26条第2款还进一步规定,经营者不得以格式条款作出排除或者限制消费者权利、减轻或者免除经营者责任、加重消费者责任等对消费者不公平、不合理的规定。本款规定比《保险法》第17条第2款对投保人权益的保护更进一步,直接要求保险人不得排除或限制消费者权利。

笔者认为,由于犹豫期结束后,投保人再要求退保会产生巨大损失,因此对犹豫期解

① 参见(2014)宁商终字第420号。

② 参见(2014)苏审三商申字第00405号。

③ 范庆荣:《新〈消保法〉对保险领域的影响》,载《保险研究》2015年第3期。

④ 李适时主编:《中华人民共和国消费者权益保护法释义》,法律出版社2013年版。

除权的限制涉及投保人的重大利害关系，保险人应当就犹豫期的各项约定对投保人明确说明或提示。

（三）小结

自我国《消保法》明确将金融消费者纳入保护范围之后，保险领域中的投保人也可以依据消费者所享有的请求权来维护自身权利。贺小荣等在对最高人民法院《关于适用〈中华人民共和国保险法〉若干问题的解释（四）》［以下简称《保险法司法解释（四）》］进行说明时就明确指出：加强对保险消费者合法权益的保护，既是我国保险立法坚持的价值取向，也是坚持以人民为中心思想的必然要求。《保险法司法解释（四）》制定过程中始终秉持这一精神，正确处理契约自由与契约正义之间的关系，始终将保护投保人、被保险人的合法权益作为贯穿司法解释的一条主线。因而，从保护金融消费者的角度来看，《消保法》是《保险法》的上位法，《保险法》是保护投保人、被保险人的特别法。①

但是，由于《消保法》和《保险法》的立法理念和立法目的还是有一定差别，二者对投保人的保护力度并不相同，相比之下，消费者权益保护法的力度更强。这种区别在保险犹豫期制度的规定上得到明显的体现，《消保法》要求保险人承担更严格的说明义务。

在金融混业的环境下，笔者建议我国尽早出台专门的金融消费者保护法，以更好地维护金融秩序，维护金融领域消费者的权利。

四、保险人犹豫期条款说明义务的履行

（一）保险人犹豫期条款说明义务履行的形式和表现

保险人对犹豫期条款说明义务的履行不仅要满足《保险法》和相关司法解释关于格式条款说明义务的一般规定，同时还应该满足《消保法》的有关规定并体现保险业务的具体特点。

《保险法》第17条规定，保险人对其提供的所有格式条款均负有主动说明义务，对免除保险人责任的条款负有主动明确说明义务。

《消保法》第26条第1款要求保险人“按照消费者要求”履行说明义务，对保险人提供出了更高的要求。这要求保险人不仅应当主动就相关条款进行说明，还应当采取投保人易于接受的方式、能够理解的语言和较为便捷的途径。

根据保监会公布的2015年《保险公司服务评价管理办法（试行）》，要求保险人在回访中应当询问投保人是否完全了解犹豫期的相关规定，并对回访结果做出记录。在保险合同订立阶段和其后的回访阶段，保险人皆负有对犹豫期条款的说明义务。

---

① 我国司法系统的这种认识，在国际上是比较先进的。例如，英国在2015年保险法中明确将被保险人区分为消费者和非消费者，对前者进行加强保护。参见英国2015年《保险法》第15条、第16条。但并非所有的国家都主张向投保人提供倾斜保护，例如，美国2018年通过的《责任保险法重述》受制于判例以及项目性质的约束，没能实现从“规制保险交易之契约法”向“有保护保险消费者功能之消费者保险法”的转变。参见何启豪、金融：《在商法与消费者法之间寻求平衡的保险法——美国〈责任保险法重述〉评述与启示》，载《保险研究》2020年第2期。

笔者认为,犹豫期条款事关投保人的重大利益,因此,保险人应当进行提示与说明。[①]

(二)保险人犹豫期条款说明义务与犹豫期的起算

犹豫期条款属于典型的格式条款,只有在保险人履行明确说明义务之后方才生效,只要保险人未就犹豫期的权利行使、起算、期限、行使要件等各方面向投保人进行明确说明和提示,就不得减少、免除投保人的权利,或增加投保人的义务。进言之,自从合同成立开始,投保人就获得法律授予的无条件解除合同的权利,该权利终止于犹豫期的结束。犹豫期起算点并不是无理由解除权的起始点,其意义实际上仅在于便利确定犹豫期结束点的需要。如果犹豫期起算点没有确定,那么犹豫期的结束点也就无法确定,那么投保人可以拥有无限期的无条件解除权。

在济南市中级人民法院2013年的一个案件中,出现了在正式签收保险合同之前,投保人即要求行使犹豫期解除权的情况。

法院经审理后认为:双方的保险合同约定,投保人在签收合同次日起有10日的犹豫期,原告在尚未正式签收保险合同的情况下,认为本合同与其要求不相符,要求解除民生富贵年年两全保险(分红型)合同,不违反双方的约定……[②]

在陕西省西安市碑林区人民法院审理的一个案件中,由于保险公司迟迟不愿交付保单的情形,法院在审理此类案件时,将举证的责任分配给了保险公司,要求保险公司证明"在原告提出解除合同10天前,已向原告送达了保险单",由于保险不能提供证据,故而法院判定原告可以依据犹豫期解除权解除合同,被告应在扣除保险单工本费之后,退还原告保险费。[③]

上述两个案件中,都没有出现"投保人签收保单"这一节点,而法院都肯定了原告要求行使犹豫期解除权的诉求。可见,我国法院已经在裁判中认识到,投保人是否签收保单仅是一种形式,而实质在于保险人是否履行了关于犹豫期的明确说明义务。

梳理2000年以来原保监会发布的文件,各种保险类型所具有的犹豫期大体都在10~30日,而起算点都规定为投保人签收保单之日。而《德国民法典》第355条规定,经营者至迟在订立合同时以文本方式向消费者告知撤回权的;或者是在异地交易的情形下至迟在合同订立时先进行非书面告知,合同订立后不迟延地以文本方式向消费者告知撤回权的,撤回权的行使期限为14日,从消费者被文本告知撤回权之日起算。

比较德国法和我国规定之区别,可以清晰地看到,德国是以"文本方式向消费者告知"为犹豫期的起算点,而我国是以"投保人签收保单"为起算点。实际上,在保险业务操作过程中,往往只有当投保人签收保单时,才能得知保险合同的确切内容,因此,保单往往就是保险人向消费者告知犹豫期解除权的文本载体。故而,可以说我国规定的内涵

① 参见王春梅:《人身保险合同犹豫期条款分析——以〈保险法修改草案〉为视角的分析》,载《苏州大学学报》(哲学社会科学版)2017年第6期。

② 参见济南市中级人民法院(2013)济中民三终字第59号。

③ 参见西安市碑林区人民法院(2008)碑民一初字第277号民事判决书。

是与德国法相同的。然而,比较而言,德国法上的规定更为严谨。这主要是由于签收保单不一定代表保险人已经尽到了明确说明义务,以签收保单为起算点并不能体现保险合同对保险人明确说明的要求,也不能很好地表现对投保人的全面保护。此外,我国保险会颁布的行政规章只对侵犯消费者犹豫期解除权的保险人课以行政责任,而没有规定相应的民事责任,万一发生侵犯犹豫期解除权的事件,投保人缺乏民事上的救济手段。因此,笔者认为,应当以保险人履行明确说明犹豫期条款义务为起算点,赋予投保人更长的犹豫期,这样更符合保险法和消费者权益保护法的立法精神。

五、保险人说明义务的边界——投保人善意

(一)法国保险法中的投保人善意

法国是欧盟成员国,其保险法应当与欧盟相关指令保持最低限度上的一致。法国于1992年7月16日在其保险法中加入第132-5-1条,规定了人身保险投保人享有30日的犹豫期,规定在此期间内投保人解除合同的,保险人应当返还已缴纳的全部保险费,而无论解除时保单价值的多少。①

2005年12月15日,法国公布第2005-1564号法案(以下简称2005年法案),在保险法中加入第132-5-2条,这是关于保险人先合同义务的规定。该条规定,若保险人未履行先合同义务而可以延长,那么犹豫期起算将依法得到延长,但是自投保人得知合同成立起,犹豫期的延长最长不得超过8年。②

可以看出,2005年法案对于投保人的保护力度相当之大,只要保险人未能就犹豫期制度为充分说明的,无论投保人是否了解犹豫期的相关规定,都可以享受长达至少8年的犹豫期。在此期间内,投保人可以随时全额取回已缴保费。

在2006年法国最高上诉法院的判决中,保险人认为,投保人的行为表明其完全了解犹豫期的存在,而保险人故意利用第132-5-2条之规定,策略性地行使解除权,这种行为不应当得到法律的保护。法院没有采纳保险人的抗辩,判决投保人胜诉,可以获得全部高达69万欧元的保险费。法院在判决中指出:"(解除权)来自保险法 Article L 132-5-1之规定,乃公共秩序……法律出于惩罚保险人不提供所列文件和信息的行为之目的,依法将解除权的期限予以延长,是否使用该权利由被保险人自由决定。本条规定并无善意之要求……"③

准此精神,法国在之后的一系列判例中,形成了一套关于投保人适用犹豫期解除权的规则,并且都是显然有利于投保人利益的。首先,解除权的前提是合同仍然有效。因

---

① Law No. 92-665 of 16 July 1992 "to adapt insurance and credit legislation to the Single European market".

② Law No. 2005-1564 of 15 December 2005 on "various provisions to adapt legislation to Community law in the insurance area".

③ 2nd Civil Chamber, Court of Cassation, No. 05-12.338 of 7 March 2006.

此,如果已经完全放弃,或者保险人已经终止了该合同,则投保人不得行使解除权。① 其次,由于犹豫期之延长乃是"依法"而定,故而不得约定排除适用,投保人也不得放弃该权利。② 最后,在投保部分退保的情形下,只有投保人能够证明该退保行为乃是出于特定需求,则不认为是对解除权的放弃,该解除权仍然有效。③

然而,这种对投保人的过度保护,在2014年年底的修法中得到改变。2014年12月31日,法国公布了第2014-1662号"关于适用欧盟积极和财产法的若干规定"法案(以下简称2014年法案)。2014年法案第5条再一次修改了法国保险法中关于冷静期(cooling-off period)和解除权(cancellation rights)的规定,相比于前几次修订,本次修正有利于保险人。④ 该法第132-5-2条删除了原条文所使用的"依法"(by operation of law/de plein droit)一词,代之以"投保人应当善意地行使权利"(in good faith)。即如果保险人未能完全提供先合同信息的,在投保人善意的情形下,30日的犹豫期将得到延长,直至保险人提供完整的信息之日起方才计算。

对于本次修改,法案的报告人——卡雷什(Christophe Caresche)评论说:"(2014年法案第5条)对保险法的修订,旨在将限制延长犹豫期的权利主体,只有善意的投保人,可以在保险人没有满足先合同披露义务时行使此权利。(本次修改的)目的在于,禁止恶意投保人对解除程序的滥用,这些投保人多是重要、见多识广而合格的投资者,并获得专业律师的协助以避免他们的损失。'善意'概念是我国民法中的古典概念,它将成为法官处理个案的工具。"⑤

当然,也有学者对此持反对意见:"目前为止,保险公司不得不提供符合法律规定的先合同信息,如若不履行该义务,他们将依法受到惩罚,即返还所有已支付的保险金。但是该修正条款规定只有善意的投保人方能适用该法定处罚。这是对投保者权利保护的倒退。"⑥

笔者认为,犹豫期制度所承载的功能是协调意思自治与实质公平的关系。⑦ 因此,滥用权利所获得之利益不值得保护,投保人应当善意地行使自己的权利。

---

① See 2nd Civil Chamber, Court of Cassation, No. 13-20.358 of 12 June 2014.

② See 1st Civil Chamber, Court of Cassation, No. 11-28.183 of 16 January 2013.

③ See 2nd Civil Chamber, Court of Cassation, No. 11-18.207 of 28 June 2012.

④ Law No. 2014-1662 of 30 December 2014 on "various provisions to adapt legislation to economic and financial law of the European Union".

⑤ Philip Woolfson, Guy Soussan, "France Adopts Favourable Amendment of Cooling-off and Cancellation Rights in Life Insurance", available at http://www.steptoe.com/assets/htmldocuments/France%20adopts%20favourab-le%20amendment%20of%20cooling-off%20and%20cancellation%20rights%20in%20life%20insurance.pdf.

⑥ Ibid.

⑦ 参见尹迪:《从约定到法定:人身保险犹豫期制度的构建》,载《法商研究》2020年第3期。

（二）投保人善意的认定

《布莱克法律词典》将“善意”（good faith）解释为一种主观状态，包括：（1）诚实守信；（2）对自己的职责或义务忠实；（3）在商业贸易或交易中遵守公平交易准则；（4）不欺诈或谋求不义之财。《美国统一商法典》将“善意”规定为当事人在其行为或有关交易中事实上的诚实，并规定格式合同的签订和执行均受“善意”原则的调整。《法国民法典》第1134条第3款规定契约应善意履行之。同时，禁止权利滥用的原则也被广为接受。

笔者认为，投保人的善意保险“最大诚意责任”的体现，必须从主客观两方面行为进行认定。投保人善意应具有以下3点构成要件：（1）主体要件是投保人须为个人；（2）主观要件上投保人不知或不应知保险合同中对犹豫期的有关规定；（3）客观上，投保人没有利用犹豫期的延长，损害保险人之利益。

如果投保人在延长的犹豫期内，有意采取更高风险的活动，在受到损失之后要求行使犹豫期解除权的，应当认定该投保人认识到其所承担的风险，那么保险人无须为其失败的投资选择买单。反之，若投保人选择了更低风险的活动，或仅仅是更换了受益人，则难以构成主观上的恶意。

六、结语：保险犹豫期制度体系的构建

我国消保法将金融经营者纳入其规范的范围，因此，在面对金融消费者时，保险人应当承担相比《保险法》更为严格的说明、提示义务。在此种情形下，保险合同中的犹豫期条款作为对投保人具有重大影响的事项，保险人应当负明确说明和提示义务。保险人未尽到此种义务的，犹豫期条款对投保人无效，犹豫期相应得到延长。只有当保险人履行说明义务之后，犹豫期才开始计算结束日期。

然而，投保人延长犹豫期的权利并不是无限的，而应以善意行使之。善意是格式合同可执行之前提，同时也对非起草方有约束作用，使其不得恶意利用他人之错误为自己谋利。[①] 只有如此，才能形成投保人与保险人之间的平衡，而不至于对强势一方削弱过多，导致另一个方向的失衡。

---

① 参见秦伟：《善意：格式条款可执行性之前提——以美国法为视角》，载《比较法研究》2008年第5期。

论公司利益的识别机制(下)

沈 晖*

[上接《商法界论集》(第5卷)第161～186页《论公司利益的识别机制(上)》一文]

四、公司利益的事后识别

公司中存在诸多公司利益识别组织,这些不同的公司利益识别组织对特定行为是否符合公司利益的判断可能并不一致。而且在公司实施特定行为后,不同的利益相关人之间可能就该行为是否符合公司利益发生争议,此时,可能需再次对该行为的合公司利益性进行判断,此即公司利益的事后识别。

公司利益的事后识别,是指未经利益识别而实施特定行为后,或者已经做出公司利益识别后,对特定行为是否符合公司利益所进行的(或再次进行的)识别。

公司利益的事后识别既可能是公司的自我识别,也可能是司法识别。

(一)公司利益的事后自我识别

公司利益的事后自我识别涉及以下几种情形:在未作事前、事中公司利益识别的情形下实施了某种行为,相关公司利益识别组织对该行为是否符合公司利益进行识别,此种情形涉及追认中的公司利益识别;公司特定识别机关已经做出了识别,其他机关对该事项进行的识别,此种情形涉及公司利益的再识别;无论是否经过对公司利益的初次识别,在股东代表诉讼中,由相关公司利益识别机构对提起代表诉讼是否符合公司利益的识别,即股东代表诉讼中的公司利益事后识别,此种识别实质上是对之前的行为或已经做出的利益识别是否符合公司利益的识别。

1.追认中的公司利益识别

公司未经授权或事中识别而直接实施了某种行为,公司可通过追认而赋予其效力,公司在法律或章程规定的权限范围内(追认也可能越权)的追认,即对之前行为经利益识别后而予以承认的过程。

代理人在代理范围内实施行为,由于代理人代理权的授予,已经过公司利益识别,故不属未经识别而实施有关行为。公司代表人或代表董事在其职权范围内实施的行为,因其依法律或章程规定本就享有一定自由裁量权,故可认为此种情形下已经过事中利益识别(依法享有利益识别权)或事前利益识别(依章程而享有就特定事项决策或实施特定

---

* 法学博士,江苏经贸学院工商管理学院教师。

行为的权利)。故本文中所涉追认中的公司利益识别,是指对公司代表人或代理人超越权限实施的行为予以追认过程中所进行的利益识别。

追认中的公司利益识别,视追认的事项不同,可分为无须特定识别机关而由通常经营决策机关进行的识别,以及在利益冲突情形下,法律要求特别识别机关所进行的利益识别,前者为追认中的公司利益一般识别,后者为追认中的公司利益特别识别。

(1)追认中的公司利益一般识别

对于公司代表人或代理人在经营中超越权限实施的并不涉及利益冲突的一般经营行为,例如,超越经营范围但不违反国家限制经营、特许经营以及法律、行政法规禁止经营规定的行为,公司正常经营决策机关/利益识别机关即董事会可对其予以追认。此外,公司章程中可能对董事会与股东会的决策权限进行规定,例如,我国《公司法》第 16 条"按照公司章程的规定由董事会或者股东会、股东大会决议"对公司向其他企业投资或者为他人提供担保进行决议的权限规定,如果公司未经相关识别机关识别而径直实施特定行为,则对追认的行为也应由对应的利益识别机关作出。

(2)利益冲突情形下追认中的公司利益识别

在存在控制股东、董事利益冲突的情形下实施的行为,各国立法均要求在实施该行为前经特定利益识别机关进行事前、事中识别。即便如此,若公司未经识别而径直实施了利益冲突行为,各国仍允许追认此类利益冲突情形下所实施的行为。当然,对利益冲突情形下行为的追认中的利益识别,各国一般也予以特别规制,要求其遵循特别识别程序。

①各国均承认公司利益冲突情形下公司利益的事后识别(追认)

当代各国,即使公司未经识别而径直实施了利益冲突行为,各国仍允许追认此类利益冲突情形下所实施的行为。

在美国,《示范公司法》及大多数州公司法规定公司董事会或股东会均有权对自我交易进行承认或追认。① 多数州不仅准予股东事前批准,也准予股东事后认可,只有为数不多的 4 个州仅规定了股东事前批准,没有规定事后认可。② 无论在董事自我交易发生之后,还是股东发现自我交易并向法院提起诉讼后,股东会批准都使证明责任发生转换。③ 有 30 个州对董事批准或认可未作区分。也就是说,事后认可与事前批准受到同等尊重。④ 1994 年美国法律研究所《公司治理原则:分析与建议》第 5.02(a)(2)(C)条则对董事会对董事自我交易的事前与事后批准给予区别对待。事后批准需要符合以下 4 项条件,才能转移举证责任:(1)代表公司行事的决策者与其无利害关系,且可合理认定该

① 参见《示范公司法》1984,第 8.31 条、《特拉华州普通公司法》第 144 条。

② 参见朱羿锟:《董事问责标准的重构》,北京大学出版社 2011 年版,第 49 页。

③ 参见[瑞士]杰拉德·赫蒂格、[日]神田秀树:《关联交易》,载[美]莱纳·克拉克曼等:《公司法剖析:比较与功能的视角》,刘俊海等译,北京大学出版社 2007 年版,第 133 页。

④ 参见朱羿锟:《董事问责标准的重构》,北京大学出版社 2011 年版,第 48 ~ 49 页。

交易对公司是公平的;(2)有利害关系的董事或高管就其当时知悉的重要事实依据第(a)(1)款向该决策者进行了披露;(3)有利害关系的董事或高管在未获无利害关系董事或上司事前批准方面,未不合理行事;(4)未获得无利害关系董事的事前批准,并未对公司形成重大不利影响。① 对于董事利用公司机会,根据《公司治理原则:分析与建议》第5.05条规定,在董事首先将机会提供给公司,并向公司决策者充分披露该公司机会和利益冲突的所有重要事实的基础上,如在全部重要事实披露后由无利害关系股东批准或追认时,且此种拒绝不构成浪费公司资产时,该董事可以利用该公司机会。② 同样,对于控制股东与公司间的交易,该原则也允许非利害关系董事或股东事后追认该交易。③

英国也允许股东会事后批准,从而保护董事免受各种责任的追究。④ 依《英国公司法》第320条规定,对于某些特定合同,关联董事除了必须向董事会披露利益关系外,还必须向公司股东大会披露:公司与董事间进行的财产转让交易如果超过5万英镑,或占公司财产总额的10%,除非首先由公司股东大会的决议批准,且如果关联董事或与该董事有关联的人是公司控股公司的董事或是与此类董事关联的人,则由控股公司的股东大会决议批准,否则该转让交易被禁止。其第322条规定,违反第320条者,公司可以撤销该交易,除非属于"交易或安排在合理期限内由公司股东大会追认或者由其控股公司的股东大会认可"等3种情形之一。⑤

即使在法国这样重视股东意见的国家,对于那些需要董事会事先授权,但实际上从未提交董事会的利益冲突交易,也允许股东会事后批准这些交易。⑥

②公司利益冲突情形下公司利益的事后识别(追认)应遵循与事中识别相同的识别组织的要求

从各国立法来看,一般并不区分利益冲突情形下相关识别组织进行识别的时间究竟是在行为前还是行为后,例如,就董事利益冲突交易而言,学者指出,"股东会批准的时间在各国都不是重要因素。无论股东会批准发生在冲突交易前后,都有同样的法律效力"。⑦ 事实上,相较利益冲突情形下公司利益事中识别而言,事后识别的情形下,往往识别组织所能获得的信息更为充分,也更有利于作出正确的识别结论,确实无须对公司利益事后识别作出与事中识别不同的识别组织的要求。

---

① 参见朱羿锟:《董事问责标准的重构》,北京大学出版社2011年版,第49页。

② 参见曹顺明:《股份有限公司董事损害赔偿责任研究》,中国法制出版社2005年版,第190页。

③ See The American Law Institute, *Principles of Corporate Governance: Analysis And Recommendations* (1994), p. 325. 转引自习龙生:《控制股东的义务和责任研究》,法律出版社2006年版,第124页。

④ 参见[瑞士]杰拉德·赫蒂格、[日]神田秀树:《关联交易》,载[美]莱纳·克拉克曼等:《公司法剖析:比较与功能的视角》,刘俊海等译,北京大学出版社2007年版,第133~134页。

⑤ 参见李建伟:《关联交易的法律规制》,法律出版社2007年版,第241~242页。

⑥ 参见《法国商法典》第225~242条。

⑦ [瑞士]杰拉德·赫蒂格、[日]神田秀树:《关联交易》,载[美]莱纳·克拉克曼等:《公司法剖析:比较与功能的视角》,刘俊海等译,北京大学出版社2007年版,第133页。

③公司利益冲突情形下公司利益的事后识别(追认)也应遵循识别程序的公开要求与独立要求

同样,在利益冲突交易的事后识别中,也应遵循公开与独立性要求。

一是关于公开性要求。在董事会或股东会对董事自我交易进行承认或批准之前,利害关系董事必须向自我交易批准机关进行利益披露,这是大多数国家公司法关于董事自我交易规制中的重要内容。根据美国法律研究院《公司治理原则:分析与建议》第5.02条第(a)(2)(C)款规定,在董事会的事后批准中,有利害关系的董事或高管需就其当时知悉的重要事实依据第(a)(1)款向决策者进行披露。根据第5.02条第(a)(2)(D)款规定,当交易获得无利害关系股东事后认可时,同样也需做出披露。①

二是就独立性要求而言,各国则略有不同。法国绝对禁止有利害关系的经营者投票批准他们自己的交易,倘若发现其已投票,该结果无效;德国、美国大部分州及英国承认有利害关系股东参与的股东会批准的交易效力或诉讼效力,除非有证据证明利益冲突经营者的投票行为决定了投票结果。② 例如,根据《公司治理原则:分析与建议》第5.02条第(a)款、第(b)款规定,要求就董事利益冲突交易进行表决的为无利害关系股东或董事,不过,即使未满足这一独立性要求,产生的后果只是举证责任不同。即在满足上述独立性要求的情形下,举证责任由对董事和高级主管与公司之间的交易提出争议的一方当事人承担。而在未满足该独立性要求的情形下,则高级主管或董事则需承担证明交易对公司公平的举证责任。③

(3)我国利益冲突情形下公司利益事后识别制度的完善

在我国现行《公司法》中,无论是第16条关于为控制股东提供关联担保"必须经股东会或股东大会决议"的规则,还是第148条第4项、第5项关于不得"未经股东会、股东大会同意"进行董事自我交易、利用公司机会、实施竞业行为的规则,均未明确股东大会"决议"或"同意"是在实施有关行为前还是行为后的"决议"或"同意"。

域外国家一般均认可对应经特别识别而未经事前或事中识别的利益冲突行为在事后追认的过程中予以利益识别,事实上,既然允许通过事中识别允许控制股东或董事实施利益冲突行为,当无理由反对在相关信息更为充分的基础上对这些行为予以事后利益识别并确定是否对之予以追认。况且,从"瑕疵行为补正"的理论出发,当一个有瑕疵的行为实施后瑕疵得以弥补的情形下,一般应认可此行为的效力。据此,应当完善我国控制股东与董事利益冲突情形下的事后利益识别机制。

---

① 参见美国法律研究院通过并颁布:《公司治理原则:分析与建议》(上卷),楼建波等译,法律出版社2006年版,第248页。

② 参见[瑞士]杰拉德·赫蒂格、[日]神田秀树:《关联交易》,载[美]莱纳·克拉克曼等:《公司法剖析:比较与功能的视角》,刘俊海等译,北京大学出版社2007年版,第134页。

③ 参见美国法律研究院通过并颁布:《公司治理原则:分析与建议》(上卷),楼建波等译,法律出版社2006年版,第248~249页。

第一,利益冲突事后识别制度的改革应与事中识别的识别范围、识别机关以及独立性要求保持一致,应实行利益相关股东或董事在股东会会议或董事会会议上的表决权排除。而就信息披露而言,考虑到事后识别时利益相关股东/董事或公司所掌握的信息较之事中识别时要更为充分,且利益相关股东或董事未提请公司进行事前、事中识别也具有过错,可考虑对利益相关股东或董事要求更高的信息披露义务,以免在“生米煮成熟饭”后,“先上车后买票”的现象成为常态。

第二,在完善识别范围、识别机关的基础上,应在相关条文中明确增加使用“追认”的表达方式以明确可通过事后的“决议”或“同意”的方式对已经实施的未经识别的行为予以事后识别。

2. 公司利益的再识别:股东会可以推翻董事会的识别吗?

在公司利益的识别问题上,存在一个无论在理论上还是在立法实践中,均存在较大争议的问题:对于一个识别机关已经作出的识别,是否可由另一个识别机关重新识别并予以推翻之前已经作出的识别?这一点典型地体现在董事会已依法/章程进行识别的情形下,由于一般认为股东会是公司的最高权力机关,是否可以股东会的识别推翻董事会的识别?

对于是否可以股东会的识别推翻董事会的识别,理论上存在两种相反的见解。

(1)肯定说认为,股东会可以推翻董事会的决议。因为股东会是公司的最高决策机构,董事会成员由股东会任免,而且都是对股东会负责并报告工作。例如,在英国,股东拥有普通法规定的在年度股东大会上提交议案的法定权利,①立法允许合格的多数股东推翻董事会在其范围内的任何决策。② 在澳大利亚和英国,股东拥有改变公司章程和任何董事会决议的权利,但须在会议中获得75%的投票支持。而且他们可以做出一些重要决定,如公司终止。③ 新西兰和加拿大也持类似立场。④

(2)否定说认为,股东大会不能随意推翻董事会的决议,理由在于:①董事会的权限与其说是源于股东大会的授予,不如说来自立法者的授予;②股东大会有权任免董事,并不意味着董事会权限由股东大会一一授予;③既然董事会代表公司所作的决策经常涉及第三人的利益,倘若允许股东会随意否决董事会决议,将会损害公司信誉。根据疑人不

---

① 参见经济合作与发展组织:《公司治理:对OECD各国的调查》,张政军、付畅译,中国财政经济出版社2006年版,第66页。

② See Luca Enrique, Henry Hansmann, Reiner Karaakman, *The Basic Governance Structure*: *The Interest of Shareholders an a Class*, in Reiner Karaakman, John Armour, Paul Davies, Luca Enriques, Henry Hansmann, Gerard Hertig, Klaus Hopt, Hidekikanda, Edward Rock, *The Anatomy of Corporate Law*: *A Comparative and Functional Approach*(Second Edition), Oxford University Press, pp. 39 – 40.

③ 参见经济合作与发展组织:《公司治理:对OECD各国的调查》,张政军、付畅译,中国财政经济出版社2006年版,第128页,注释7。

④ 同上书,第66页。

用、用人不疑的传统文化,也应作如是解释。① 在立法上,美国基本采纳此说,在美国,股东推翻董事会决议以及质问董事的权利非常有限。② 股东的权利行使受到董事会较大的限制,例如,在美国(特拉华州法律),即使股东可以投票决定改变公司章程,但是这种表决也只能在董事会提出建议的情况下才能进行,其他一些重要决策也受制于这种条件。③ 在德国,根据《德国股份公司法》第 111 条第 4 款第 2 句规定,公司章程或监事会可以规定,某种业务仅在取得监事会同意后才能进行。④ 对于这些须征得监事会同意的事务来说,当监事会虽然认为董事会的措施是正当合理的,但它却更希望选择另一种解决方案时,它有权拒绝(对有关措施)作出同意。在监事会与董事会对经营管理方案作出不同判断时,监事会负有“干预义务”,此类基础决策要求董事会与监事会意见一致。如果双方未达成一致,那么自行制定经营政策虽然不是监事会的职责,但它却有义务设法使董事会制定一项能够得到其同意的方案。如果董事会拒绝制定此类方案,那么这可能成为解聘董事的重大原因。⑤ 同时,根据《德国股份公司法》第 111 条第 3 句、第 4 句、第 5 句规定,如果监事会拒绝同意进行这类业务,董事会可以要求股东大会作出同意进行这类业务的决议。股东大会作出的同意决议需要得到投票数的至少 3/4 的多数通过。章程既不能规定另外一个多数,也不能提出其他要求。⑥ 可见,即使德国对监事会施以“干预义务”,无论是监事会还是股东会,其也不能直接推翻董事会所作识别,充其量,也只是在就需经监事会同意的事项董事会与监事会发生争执时,由股东会予以最终同意而已。

对此,笔者持否定的见解,认为不能以股东大会的识别推翻董事会的识别,其原因在于:(1)若允许股东大会推翻董事会的决议,意味着股东会可以随意干涉董事会的经营决策,这将极大地破坏公司的经营效率与董事会经营决策稳定性。(2)董事是对公司负有忠实义务和勤勉义务而不是对股东负此义务,董事会是公司的经营决策机关,其在经营中对经营决策进行的识别系以公司利益为出发点,然而,有时股东利益与公司利益并不完全一致,允许股东会推翻董事会决议将会影响董事会功能的发挥。(3)股东会不能经常召开,小股东通过股东会选举董事后,有理由期待由董事组成的董事会在其职权范围内行使职权,若允许以股东会决议进行的识别推翻以董事会决议所进行的识别,小股东可能基于各种原因无法参加为此召开的股东会会议,无法充分表达自己的意志,从而有

---

① 参见刘俊海:《公司法学》,北京大学出版社 2008 年版,第 222 页。

② 参见经济合作与发展组织:《公司治理:对 OECD 各国的调查》,张政军、付畅译,中国财政经济出版社 2006 年版,第 66 页。

③ 同上书,第 128 页,注 7。

④ 参见《德国股份公司法》,贾红梅、郑冲译,法律出版社 1999 年版,第 70 页。

⑤ 参见[德]路德·克里格尔:《监事会的权利和义务》(第 5 版),杨大可译,法律出版社 2011 年版,第 35 页。

⑥ 参见《德国股份公司法》,贾红梅、郑冲译,法律出版社 1999 年版,第 70 页。不过,实践中尚未发生此种以股东大会代替监事会以 3/4 多数作出同意的情况,参见[德]路德·克里格尔:《监事会的权利和义务》(第 5 版),杨大可译,法律出版社 2011 年版,第 43 页。

可能损害小股东利益。(4)组成董事会的董事并非都是由股东选举产生(例如,我国《公司法》第44条第2款规定:"两个以上的国有企业或者两个以上的其他国有投资主体投资设立的有限责任公司,其董事会成员中应当有公司职工代表;其他有限责任公司董事会成员中可以有职工代表。董事会中的职工代表由公司职工代表大会、职工大会或者其他形式选举产生")。有时立法上还要求其必须由非股东担任(如美国公司法上要求的独立非执行董事,我国上市公司中要求的独立董事),选举董事更非一定按照股东会就普通决议进行表决的表决数进行(例如,如公司实行累积投票制,小股东也可能选出董事,以在董事会发出小股东的声音),若允许股东会推翻董事会决议,将会使以上立法或章程中关于职工董事、独立董事、实行累积投票制这些制度的功能与作用无法发挥,有关规定也就沦为空文。(5)根据本文的观点,无论是董事会进行的识别还是股东会进行的识别,最终都应接受事后的司法识别的监督,以确保识别的公正性,如果有适当的确保司法识别公正性的设计,那么就无须出于对董事会识别公正性的担忧而以牺牲公司经营效率作为代价,更何况,股东会所作识别也未必较之董事会识别就更为公正,同时设置股东会对董事会已识别事项进行再识别与司法识别的设计,显然运行成本过高。

3. 股东代表诉讼中的公司利益识别:兼论公司利益识别机关的完善

当代各主要发达国家已普遍建立了股东代表诉讼制度,而且部分国家提起代表诉讼的主体还不仅局限于股东。

在建立股东代表诉讼制度的国家,一般均要求相关股东在提起诉讼前,需竭尽公司内部救济,要求其向公司提出要求其提起诉讼的请求,由公司特定机关决定是否提起诉讼。即使在提起诉讼后,一些国家(如美国)也允许公司的特定机构对公司是否提起代表诉讼提出意见,如果此类独立机构的意见符合法定条件,法院将予以尊重。该特定机关决定是否提起诉讼以及是否请求法院终止诉讼所考量的是该项诉讼"是否有利于公司利益",在美国,根据《示范公司法》第7.44条第(a)款、第(b)款、第(f)款及美国法律研究院的《公司治理原则:分析与建议》,就是否进行派生诉讼进行判断的特别诉讼委员会进行合理调查后善意地认定继续派生诉讼程序不能实现公司最大利益,法院可以按照公司的申请不予受理一项派生诉讼。① 司法意见一般认为,公司的管理是委托给董事会,而不是股东。是否起诉,一般来说属于董事的商业判断。② 在美国联邦高等法院审理的United Copper Sec. Co. v. Amalgamated Copper Co. 案中,布兰迪斯法官指出:"公司应否向法院就损害赔偿问题提起诉讼,如同其他经营决策,是经营者权限范围内的事项。如

① 参见杨勤法:《公司治理的司法介入——以司法介入的限度和程序设计为中心》,北京大学出版社2008年版,第210页。

② 参见[美]罗伯特·C.克拉克:《公司法则》,胡平、林长远、徐庆恒、陈亮译,工商出版社1999年版,第532页。

果股东会未对该事项形成决议,应由经营者自主决定。”[①]这一论断指出了决定公司是否提起诉讼,原则上属于公司经营决策事项,因此,股东代表诉讼过程中进行的利益识别,即由特定独立机构对进行/继续进行诉讼是否有利于公司利益进行的识别。并且无论在提起派生诉讼前后,都可由独立的特别机构对进行诉讼是否符合公司利益进行识别并做出决定:(1)在起诉前,一般要求股东向董事会提出请求,少数几个州要求原告在提起派生诉讼前对股东们提出请求,或者是给出不这样做的“充分理由”。《联邦民事诉讼规则》第23.1条指出,派生诉讼中的控告应当“由原告以特别的努力(如果有),获得董事或相当机构,以及(如果需要)股东或成员的同意,并采取他们所需要的行动,或(得到说明)没有能够作出这些行为或没有做出努力的原因”。所有管辖区事实上的一般规则是,在提起派生诉讼之前,股东首先必须要求公司的董事会采取行动,以便对股东控诉的情形作出补救。如果董事做出积极反应,如起诉涉嫌对公司造成损害的当事人,或者采取了其他纠正措施,这些行动通常会阻止股东提起诉讼。如果董事拒绝采取行动,股东可以继续也可以不继续进行派生诉讼。不过,一般来讲,在以下两种情况下,原告则被豁免向董事会提出请求:第一种情况是,如果原告能够证明董事会的多数都与争议有染或没有去了解该交易;第二种情况则是“不法行为人完全控制公司管理层”。[②] (2)即便在提起股东代表诉讼前,免除了股东向公司董事会提出起诉请求,法院一般也允许公司在股东提起诉讼后,成立一个由无利害关系董事组成的特别诉讼委员会,由其对是否停止诉讼进行识别并作出决定。在特拉华州,对于“要求无益”的案件,即原告股东没有必要在诉讼前先行向董事会提出要求的案件,公司在股东起诉后提名一个诉讼委员会来权衡诉讼的价值。如果诉讼委员会建议法院停止进行派生诉讼,那么法院首先就要确定该委员会的独立性以及其是否无利益冲突。其次,法院要确定该决定是否是该委员会的经营判断。再次,法院会按照自己的“独立经营判断”来决定该委员会的建议是否应该接受。最后一项审查并非强制性的,法院完全可以根据恰当情势免除此项审查。[③] 可见,无论在股东提起派生诉讼前对公司是否提起诉讼进行识别的董事会或其特别诉讼委员会,还是在股东提起派生诉讼后审查是否应当终止诉讼的特别诉讼委员会,其所作决定均受商业判断规则的保护,而对于商业判断,在特拉华州,除非原告能证明经营判断规则的以下要素之一缺失,否则经营判断规则将适用于董事:①董事作出的决策;②决策时掌握了相关信息(即决策程序合理谨慎);③善意的决策;④董事在决策过程中无实质性的利益冲突,[④]董事在决策过程中无实质性的利益冲突与掌握相关信息是对其适用商业判断规则的基

① United Copper Sec. Co. v. Amalgamated Copper Co. ,244. U. S. 261,263-264(1917),转引自朱圆:《美国公司治理机制晚近发展》,北京大学出版社2010年版,第126页。

② 参见[美]罗伯特·W.汉密尔顿:《美国公司法》(第5版),齐东祥组织翻译,法律出版社2008年版,第408~409页、第532页。

③ 同上书,第413页。

④ 参见朱圆:《美国公司治理机制的晚近发展》,北京大学出版社2010年版,第57~58页。

本前提。

在英国,Smith v. Croft 一案认为,当公司的独立机构决定不以公司名义对不当行为提起诉讼时,该不予起诉的决定应当阻却股东代表诉讼。理由是公司独立机构被认为比公司单个股东更适合决定是否为了公司利益提起诉讼。由于英国法并没有明确究竟什么是独立机构,该案中的诺克斯(Knox)法官提出了非常灵活的解决方法。他认为合适的独立机构将随着公司章程和被告身份的不同而有所区别,而在大多数情况下,被告的投票权应当被剥夺。这样,合适的独立机构可能是一群股东、董事或董事的一个委员会。①

在德国,一般来说,决定是否提起公司诉讼的权力在于董事会,而当诉讼是针对董事时,该权力则由监事会行使。另外,当股东大会决议涉及批准某股东行为、免除其责任或决定是否对其提起诉讼时,该股东不能行使表决权。从而,德国法通过制度安排,在决定是否提起公司诉讼这一点上事先避免了利益冲突。②

从各国关于股东代表诉讼中利益识别机关的规则来看,其表现出如下特点:(1)无论由哪一识别机关进行识别,均强调这一机关的独立性,即识别机关成员与争讼事项无利益冲突。(2)一般认为,提起诉讼属于经营事项,故是否应提起诉讼一般情形下理应由公司经营决策机构——董事会进行利益识别。(3)就股东会是否可以作为股东代表诉讼中的利益识别机构存在差异,在德国、英国,股东会均可能作为利益识别机关;而在美国,股东会一般不作为股东代表诉讼的利益识别机关,只有很少的州要求原告在提起诉讼前向股东们提出请求,其理由在于:①当股东人数众多时,向股东们提出要求的花费是高昂的。③ ②在公开持股公司中,对于诉讼的法律依据、诉讼费和胜诉的可能性以及由此而来的起诉是否符合公司的最佳利益作出复杂的判断,股东不是一个适合的机构。③公司的多数股东不应当被允许越过少数人的反对批准欺诈,和不顾少数人的反对投票奉送公司的资产。④

我国《公司法》第151条对股东代表诉讼中的利益识别机构作出了规定,公司内决定是否起诉或继续诉讼的机关本质上是一种公司利益识别机关,我国立法中关于股东代表诉讼中利益识别机关的规定尚有待于进一步完善。

第一,关于非利益冲突情形下股东代表诉讼中的利益识别机关,原则上应以董事会作为利益识别机关,公司亦可通过章程约定股东会作为公司利益识别机关,并约定股东会与董事会之间识别权限的分工。根据《公司法》第151条第3款规定,在他人(董事、高

---

① 参见李小宁:《公司法视角下的股东代表诉讼——对英国、美国、德国和中国的比较研究》,法律出版社2009年版,第73页。

② 同上书,第229页。

③ 参见[美]罗伯特·W.汉密尔顿:《美国公司法》(第5版),齐东祥组织翻译,法律出版社2008年版,第409页。

④ 参见[美]罗伯特·C.克拉克:《公司法则》,胡平、林长远、徐庆恒、陈亮译,工商出版社1999年版,第538页。

级管理人员以外的第三人)损害公司利益的情形下,"……本条第一款规定的股东可以依照前两款的规定向人民法院提起诉讼",上列条款并未规定股东单独对该他人提起诉讼情形的利益识别机关,从条款文义上看,应是既包括向董事会/执行董事征求意见,也包括向监事会/监事征求意见,即其利益识别机关为董事会或监事会。以董事会作为非利益冲突情形下股东代表诉讼利益识别机关为国际立法通例,而以监事会作为非利益冲突情形下股东代表诉讼利益识别机关则无任何国际立法例可资参照,其将产生实务中的诸多问题,并不可取。此外,我国公司法既然允许在公司正常经营中股东会与董事会共同作为利益识别机关,也应允许股东(大)会作为股东代表诉讼的利益识别机关,这也是与域外诸多国家立法例相符的。(1)一般认为,决定是否起诉仍属公司经营事项决策,应由经营决策机关对是否起诉进行利益识别,故各国均由公司经营决策机关——董事会作为非利益冲突情形下股东代表诉讼中的利益识别机关。对此,不仅美国由董事会下的独立的诉讼委员会进行此种利益识别,英国认可的识别机关也包括董事会,即便是在当诉讼是针对董事而存在利益冲突时利益识别权由监事会行使的德国,在一般情形下(非利益冲突情形下),决定是否提起公司诉讼的权力也在董事会,①以董事会作为非利益冲突情形下提起诉讼的利益识别机关与董事会作为经营管理机构的职能相符,符合国际通行做法。(2)股东(大)会也应作为股东代表诉讼中的公司利益识别机关。考量当今各国立法例,即便是涉及控制股东、董事与公司利益冲突的事项,一般也均认可股东(大)会拥有一定的公司利益识别权,更遑论非利益冲突情形下了。英、德等国均认可股东(大)会在股东代表诉讼中的利益识别权。尽管在美国,在经营过程中存在董事利益冲突情形下,一般允许股东会作为利益识别机关,而在股东代表诉讼中一般则不作此要求,从其理由来看,主要是针对公开公司而不是针对封闭公司的,公司利益识别并非局限于公开公司,主要针对公开公司的反对理由不能当然适用于有限公司。通过股东大会决定是否提起诉讼的成本考量理应交给公司自己进行,美国反对股东会作为诉讼的利益识别机关的关于成本问题的理由并不成立。而且,股东代表诉讼中的公司的自我利益识别不应是终局性的,如公司股东会决定不起诉也不必然会存在"欺诈"和"奉送公司资产"行为。美国股东大会不作为股东代表诉讼中利益识别机关的规则仅为特例,并不足取,也与域外其他国家所普遍采纳的规则不符。我国《公司法》第 16 条规定:"公司向其他企业投资或者为他人提供担保,按照公司章程的规定由董事会或者股东会、股东大会决议……"显然,向其他企业投资或者为他人提供担保均属经营事项,我国立法也是肯认公司经营中股东大会的公司利益识别权,以及允许通过章程对股东会、董事会的公司利益识别权进行约定。笔者认为,不仅董事会应作为公司诉讼的利益识别机关,股东(大)会亦可作为公司是否提起诉讼的利益识别机关,不过,在非利益冲突情形下,应以董事会作为公司是否提起诉讼的主要利益识别机关,并且可通过章程对董事会与股东会诉讼利益识别权做出划

① 参见德国《股份公司法》第 136 条第 1 款。

分(如以诉讼请求的标的额为标准进行划分)。(3)现行立法中关于监事会作为非利益冲突情形下利益识别机关的规定与监事会的职能不符,也与国际通行规则相悖,应予取消。首先,如认可监事会与董事会共同作为公司诉讼的利益识别机关,则二者之间权限如何划分?股东在向董事会/执行董事或者监事会/监事征求公司是否起诉的意思时,是否需要遵循一定的程序?立法显得模糊不清。一旦股东欲对第三人提起代表诉讼,则如何征求公司意思势必成为司法操作中的难题。① 其次,公司是否起诉的决策本质上是一种经营决策,很多时候,是否起诉、何时起诉的诉讼战略也是公司经营战略的一部分,监事会作为监督管理机构,其可能缺乏经营方面的识别与判断能力。再次,以监事会作为公司诉讼的利益识别机关,意味着负责公司经营的董事会或高级管理人员在遇到涉及可能需要提起诉讼的事项时,应通知监事会,在履行了监事会的召集与表决程序后,再依据其决策决定提起诉讼或不予诉讼,这显然将极大地影响公司的经营效率与诉讼效率。最后,从域外立法例来看,对非利益冲突情形下公司诉讼的利益识别权,一般均赋予董事会,即便在诉讼针对董事而存在利益冲突时利益识别权由监事会行使的德国,在非利益冲突情形下,决定是否提起公司诉讼的利益识别权也归属于董事会而非监事会,可见,以监事会作为公司非利益冲突情形下的公司诉讼的利益识别机关与国际通常做法相悖。

第二,在决定是否起诉问题上存在利益冲突情形下的利益识别机关。(1)在董事、监事损害公司利益时,均应以无利害关系董事会作为股东代表诉讼中的利益识别机关,股东(大)会亦可作为利益识别机关,并可以公司章程约定董事会与股东会之间的识别权限分工。原因在于:①各国一般认为公司诉讼决策仍属公司经营决策,因此,对其利益识别仍应由经营决策机关——董事会进行,唯在诉讼对象为董事时,为避免利益冲突可能对识别结果产生的不公正影响,各国均通过确保识别机关的独立性以排除利益相关董事表决对识别结果的影响,由无利害关系董事或由独立的诉讼委员会进行识别均为循此思路进行的规制,如此,在以独立的识别组织进行识别确保的公正性与由经营机构识别实现的效率之间确保了适度的平衡。②考量各国股东代表诉讼制度中利益冲突情形下诉讼利益识别组织的规则,其与公司正常经营时利益冲突情形下的公司利益识别机关基本保持一致,美国的独立的董事会/由无利害关系董事组成的特别诉讼委员会、英国的独立股东/董事/董事会的一个委员会模式均是如此。而德国由监事会作为针对董事的诉讼情形下公司利益识别机关也与公司经营中存在董事利益冲突情形下由监事会作为利益识别机关的规定保持一致。只是在美国,其在经营中控制股东或董事与公司间存在利益冲突时的利益识别以股东会和董事会作为利益识别机关,而在代表诉讼中则以无利害关系董事会或独立的诉讼委员会作为利益识别机关或免除向公司提出起诉请求的要求,这一规定仅为一特例,且其也并未为代表诉讼创设新的诉讼利益识别机关。反观我国《公司法》第148条关于公司正常经营中董事/高级管理人员利益冲突的规定,其仅以股东(大)

① 参见蒋大兴:《公司法的观念与解释Ⅲ:裁判逻辑 &规则再造》,法律出版社2009年版,第14~15页。

会为利益识别机关,根据前文对公司正常经营中董事利益冲突情形下利益识别机关的完善建议,应以无利害关系董事会作为主要利益识别机关,股东(大)会亦可作为利益识别机关,并可以公司章程对董事会与股东会在利益冲突情形下董事会与股东会的利益识别权限进行划分。我国现行立法以监事会作为就董事损害公司利益行为决定是否提起诉讼时的利益识别机关的规定,与各国在利益冲突情形下股东代表诉讼中诉讼利益识别机关基本与经营中公司利益识别机关保持一致(甚至窄于公司经营时识别机关的范围,如美国)的通行做法相悖,并不足取;我国股东代表诉讼中的利益识别机关应与经营中董事利益冲突情形下的利益识别机关保持一致。③当以董事会作为识别机关时,应实行排除利益相关董事的独立的董事会作为利益识别机关,当无利害董事人数不足法定(章定)的定足数时,则可由股东(大)会作为识别机关。美国式的独立诉讼委员会并不适于作为公司利益的识别组织。在美国,通常特别诉讼委员会得到董事会的特别授权,享有决定是否提起诉讼的全部权利。[①] 委员会由董事会设立,可以由 2 ~ 3 名在诉讼中没有列为被告的董事组成。有时,如果所有董事都被列为被告,董事会可以任命那些在质疑交易中没有私人利益的外部董事到委员会。[②] 实践证明,诉讼委员会对股东的请求进行审查,表面看来公正性似乎有所增强,但并不能保证独立和公正,因为诉讼委员会的成员都是公司聘请的,在调查、形成结论和作出决定的过程中不可避免地带有某种感情因素,很难不偏不倚地作出决定。美国有学者指出,在所有把问题提交给诉讼委员会决定的案件中,诉讼委员会都作出了不进行诉讼最符合公司利益的决定,这也许不是偶然的。[③] ④尽管德国在决定是否提起针对董事的诉讼时以监事会作为利益识别机关,但是,德国的监事会与我国监事会职能并不相同,其享有任免董事的权限,这样,由监事会享有是否起诉董事的利益识别权与对董事的任免权可以相得益彰,充分的信息有利于权利的行使。一方面,监事会可通过决定是否对董事起诉的利益识别过程中掌握的信息更好地行使对董事的任免权,同样,在任免董事的过程中所掌握的信息也有助于其决定是否对相关董事予以起诉;另一方面,即便监事会决定对相关董事不予起诉,对损害公司利益的董事,其也可通过任免权的行使而对其予以惩戒。反观我国立法,对董事的任免权由股东(大)会行使,由股东(大)会作为董事利益冲突情形下决定是否对董事提起诉讼的利益识别机关将更有助于该任免权的有效行使。而我国监事会的职权相对较弱,在实践中难以有效行使监督权,而且监事会作为公司利益识别机关还存在缺乏判断能力、影响诉讼效率与经营效率等诸多问题,相较于以董事会或股东会作为股东代表诉讼中的诉讼利益识别机关,监事会作为利益识别机关在牺牲了效率(相较于董事会作为利益识别机关)的同时也未能提升公司对董事的监督能力(相较于股东会作为利益识别机关)。因此,虽然在德国,

① 参见朱圆:《美国公司治理机制的晚近发展》,北京大学出版社 2010 年版,第 129 页。

② 参见[美]罗伯特·C. 克拉克:《公司法则》,胡平、林长远、徐庆恒、陈亮译,工商出版社 1999 年版,第 130 页、第 535 页。

③ 参见[美]汉密尔顿:《公司法概要》,李存捧译,中国社会科学出版社 1998 年版,第 262 页。

监事会作为董事利益冲突情形下的决定是否提起诉讼的利益识别机关,但是,我国与德国公司法上的监事会相比,“此监事会非彼监事会”。⑤根据公司章程的自治法规性质,应允许以章程对非专属于董事会或股东会识别权限范围的董事利益冲突情形下的利益识别权限进行划分,例如,以诉讼请求金额作为划分标准,规定两者各自在一定的范围内拥有特定利益冲突事项的利益识别权限。(2)我国现行股东代表诉讼制度所涉利益冲突情形,缺少对控制股东/股东利益冲突情形下诉讼提起利益识别机关的规定,应增加在此种情形下仅以无利害关系股东会作为利益识别主体的相关规定。①从各国关于公司内部相关主体与公司利益冲突的情形来看,一般均包括控制股东与公司利益冲突这一类型。控制股东与公司间存在利益冲突系公司法与公司运营中不争的事实。我国《公司法》第16条中关于公司为股东或实际控制人提供担保由股东会决议并实行关联股东表决权排除的规定,也涉及了控制股东与公司间的利益冲突。而《公司法》第21条“公司的控股股东、实际控制人、董事、监事、高级管理人员不得利用其关联关系损害公司利益。违反前款规定,给公司造成损失的,应当承担赔偿责任”之规定,不仅涉及董事/高级管理人员/监事的赔偿责任,更涉及控股股东/实际控制人对公司的赔偿责任。《公司法》第151条就并无公司经营决策权,对公司无多少控制能力的监事提起诉讼的利益识别尚表达了特别的关注而规定了专门的利益识别机关,而对于对公司具有强大控制力的控股股东/实际控制人损害公司利益时决定是否起诉的利益识别机关却付之阙如,显属立法疏漏。②就公司决定是否起诉控股股东/实际控制人的利益识别而言,本文以为,与关于公司经营中控制股东利益冲突情形下公司利益事中识别机关一致,应由股东(大)会作为利益识别机关并实行利害相关股东的表决权排除制度。③由实行利害相关股东表决权排除的股东会对是否起诉控股股东/股东进行利益识别,有助于提升诉讼效率。显然,进行利益识别的无利害关系股东会可能做出两种识别结果——起诉或不起诉。一是如果股东会决定提起诉讼,则股东不会再行提起诉讼。“尽管股东会的召开需要花费一定资财、损失一定时间……公司自己诉讼可能比一个外部股东代其诉讼,更便利诉讼过程的开展。而且,增加诉讼过程的便利,在某种意义上也就促进了诉讼效率。”①二是如果无利害关系股东会决定不提起诉讼,由于进行利益识别的该股东(大)会已排除了利益相关股东行使表决权,则这些剩余的无利害关系股东所形成的决议通常能代表其意思,如其决定不提起诉讼,一般而言,其并不会对此决议表示不满而愿意遵守,这显然有利于平息讼争,化解股东内部不一致的声音,促进公司经营。

需要指出的是,以股东会作为股东代表诉讼的利益识别机关,可能会产生这样的疑问:由于股东会决议对全体股东均具有约束力,如果对股东提出请求的事项,股东会代表公司作出决议不起诉,则提起请求的股东本身也应受该决议的约束,他如何可能再违背“不得起诉的决议”而提起代表诉讼呢?如此,则代表诉讼也许没有了存在的空间。对

① 蒋大兴:《公司法的观念与解释Ⅲ:裁判逻辑 &规则再造》,法律出版社2009年版,第24页。

此，有学者已作出了精辟的阐释：①将股东会的意思纳入考量，并不会导致“股东代表诉讼丧失生存的制度空间”。因为，股东会的决议对全体股东都有约束力，并不意味着股东不可以通过诉讼的手段挑战乃至否定该决议的效力——股东会决议无效或撤销制度即为明证。既然股东可以通过诉讼的方式否定股东会决议本身的效力而不受其约束，当然应许可股东以提起代表诉讼的方式，事实上否定股东会作出的不起诉的“公司意思”。因此，承认股东会决议对单个股东的整体约束力，并不意味着股东代表诉讼就没有了设定空间。换言之，股东虽然要受股东会决议的约束，但同时，股东通过诉讼挑战股东会决议的行为却不受约束。该所谓“诉讼”，既包括直接否定决议效力的决议无效撤销之诉，也包括间接否定决议效力的股东代表诉讼。

（二）公司利益的司法识别

公司利益的司法识别是由司法机关所进行的，对特定主体所实施的行为是否符合公司利益所进行的识别。

1. 公司利益司法识别的发动主体

通过司法程序，由司法机关对公司利益进行识别，以司法程序的发动为前提。民事诉讼遵循“不告不理”的原则，因此，就公司利益受损而享有起诉权的适格主体是公司利益司法识别的发动主体。

（1）直接诉讼下的公司利益司法识别发动主体

公司利益遭受损失，正常情形下，应由公司提起直接诉讼，以维护自身利益，在此情形下，公司成为公司利益司法识别的发动主体。即便在公司以外的其他适格主体欲以代表诉讼方式就损害公司利益行为提起诉讼，在该主体向公司代表诉讼的利益识别机关提出起诉请求后，在该识别机关决定提起诉讼后，此时诉讼也仍为公司作为司法识别发动主体的直接诉讼。

（2）代表诉讼下的公司利益司法识别发动主体

当公司利益遭受损失，适格主体可提请公司提起诉讼，如果公司不提起诉讼的，则该主体有权代表公司提起诉讼，此即代表诉讼。各国立法中均允许符合法定条件的股东作为发动主体提起代表诉讼，一些国家也允许法院认为适当的其他主体发动代表诉讼，我国也应准允经法院认可的股东以外的其他主体发动代表诉讼，对公司利益进行司法识别。

①股东。在各国，均允许股东作为提起代表诉讼的主体，我国公司法亦然。

②法庭认为适当的其他主体。尽管多数国家仅允许股东作为代表诉讼的主体，但是，也有一些国家，不仅股东，法庭认为适当的其他人也可提起派生诉讼。例如，加拿大1985年《商业公司法》第238(d)条规定，根据法庭的自由裁量认定的任何其他适当的人也可提出提起代表诉讼的申请。新加坡《公司法》第216A(1)(C)条也规定了能够申请

① 参见蒋大兴：《公司法的观念与解释Ⅲ：裁判逻辑 & 规则再造》，法律出版社2009年版，第25~26页。

提起派生诉讼的人的范围包括任何根据法庭的自由裁量权认为是适当的人。[①] 笔者认为,公司利益应当是“利益相关者综合利益”,而且信托模式下的公司利益构成因子(董事决策时允许考量的主体利益的范围)呈现一种开放的结构,非股东的其他利益相关者的利益与股东利益一样,通过信托模式共同融入公司利益,既然允许在公司不提起诉讼的情形下利益融入公司利益的股东得提起派生诉讼,那么对利益同样融入公司利益的其他利益相关者利益,也应享有发动此种代表诉讼以维护公司利益的权利。当然,与股东提起代表诉讼一样,应当对其他主体提起代表诉讼发动权予以适当的限制,以防止滥诉行为的发生干扰公司的正常经营,鉴于其他主体种类繁多,如债权人、雇员、董事等,很难划定一个划一的标准,因此,应将确定其他主体发动代表诉讼以进行公司利益司法识别的权限交给法庭,即应当允许“法庭认为适当的债权人、雇员、董事等其他主体”提起代表诉讼。

2. 公司利益司法识别中的程序识别与实体识别

公司利益自我识别是公司的一种意思形成,此种意思形成在多数情形下以决议的形式形成。有时,也可能由个别代表董事在权限范围内行使自由裁量权进行识别。无论是对存在利益冲突情形下的公司利益的司法识别,还是就是否适用作为非利益冲突情形下公司利益司法识别规则的商业判断规则所进行的司法识别,以及司法对作为公司利益自我识别结果表现的公司决议进行的审查,公司利益司法识别的范围既包括程序识别也包括实体识别。

(1)公司利益司法识别包括程序识别与实体识别

首先,对存在控制股东/董事与公司利益冲突情形下的公司利益的司法识别,如对控制股东/董事与公司实施关联交易情形下公司利益的司法识别,其范围既包括程序识别也包括实体识别。在规定有控制股东/董事自我交易的利益识别机制的立法例中,一般均对特定识别机关的独立性(识别程序的独立要求)与识别信息的披露(识别程序的公开要求)作出了要求,对是否满足上述程序要求所进行的审查显然是一种程序识别。与此同时,即便未遵守相关的程序要求,只要经司法识别该交易对公司而言是公平的,则司法上依然对该交易的效力予以认可。例如,对包括母公司同其部分拥有的子公司之间的交易(控制股东与公司间的关联交易)以及董事自我交易在内的“基本自我交易”,根据《特拉华州普通公司法》第144条以及《示范公司法》第8章第31条以及许多州的成文法规定,只要满足以下三个条件之一,该基本自我交易即不会仅因其为自我交易而无效:①公开加无利益关系董事的批准;②公开加股东的批准;③公平性。[②] 对前两个条件的识别显然是程序识别,而对第三个条件的识别则是实体识别。同样,根据美国法律研究院

---

① See Andrew Keny, *The Corporate Objective* : *Corporations*, *Globalization*, *and The Law*, Edward Elgar Publishing Limited, 2011, pp. 257 – 258.

② 参见[美]罗伯特·C. 克拉克:《公司法则》,胡平、林长远、徐庆恒、陈亮译,工商出版社1999年版,第130页、第136页。

《公司治理原则:分析与建议》第5.02条关于董事和高级主管的公平义务的规定以及第5.10条关于控股股东与公司之间的交易的规定,对于董事或控制股东与公司间的关联交易,即便未遵守相关的识别程序的规定,只要该交易对公司是公平的,则该交易仍有效。对识别程序的司法识别是一种程序识别,而对公平性的识别则是实体识别。

其次,商业判断规则是一种非利益冲突情形下的公司利益司法识别规则,对该规则的适用,既包括程序识别,也包括实体识别。商业判断规则适用于进行决策的董事与决策事项之间无利益冲突的情形,是一项司法判断标准。该规则的适用,使公司董事在了解情况的基础上出于善意的行为被假定为系为了公司的最大利益的正直信念而采取的行动,[①]符合该规则适用条件的行为,即被假定为是符合公司利益的。因此,该规则系一种非利益冲突情形下的公司利益司法识别规则。对是否适用商业判断规则的判断,使法庭审查的关注点从董事是否作出了正确决策转移到了董事在作出决策时是否坚持了充分和适当的程序,[②]尽管如此,法院在审查适用商业判断规则的要件之一的董事"合理地相信其所做出的经营判断作符合公司的利益"时,其审查的"合理相信"部分在一定程度上也可被看作实体审查。[③] 特拉华州最高法院在一些判决中也指出,当商业判断规则被适用时,董事会的决策将获得支持,除非其不能归因于任何合理的商业目标。[④] 对是否属于"合理的商业目标"的审查,显然也是一种实体审查。即使适用商业判断规则,董事的商业判断在特殊的情形下也会被审查。[⑤] 可见,对是否适用商业判断规则的判断,即就董事履行职责行为是否符合商业判断规则所假定的为公司最大利益服务的要求所进行的识别而言,这一公司利益司法识别过程虽然主要以程序识别为主,但也包含实体识别。

最后,作为公司利益自我识别结果表现的股公司决议,也将接受司法审查,司法对该决议的审查过程系对公司利益的司法识别过程。就这一识别过程所需识别的范围而言,依《公司法》第22条规定,"公司股东会或者股东大会、董事会的决议内容违反法律、行政法规的无效""股东会或者股东大会、董事会的会议召集程序、表决方式违反法律、行政法规或者公司章程,或者决议内容违反公司章程的,股东可以自决议作出之日起六十日内,请求人民法院撤销"。前述对会议召集程序、表决方式是否违反法律、行政法规或者公司章程进行的识别即程序识别,而对决议内容是否违反法律、行政法规或公司章程进行的

---

① 参见[美]罗伯特·C. 克拉克:《公司法则》,胡平、林长远、徐庆恒、陈亮译,工商出版社1999年版,第91页。

② See Andrew Keny, *The Corporate Objective: Corporations, Globalization, and The Law*, Edward Elgar Publishing Limited, 2011, p. 152.

③ 参见[美]罗伯特·W. 汉密尔顿:《美国公司法》(第5版),齐东祥组织翻译,法律出版社2008年版,第340页。

④ See Stephen A. Radin, *The Business Judgment Rule—Fiduciary duties of Corporate Directors* (6th), Wolters Kluver, 2009, pp. 42–43.

⑤ See David Rosenberg, "Galactic Stupidity and the Business Judgment Rule (2007)", 32 *Journal of Corporation Law* 301, pp. 301–302.

识别则为实体识别,可见,从对作为公司利益自我识别结果表现的公司决议的司法识别范围来看,公司利益的司法识别也既包括程序识别,也包括实体识别。

(2)公司利益司法识别应包括对自我识别的公正性识别

如前所述,在控制股东/董事与公司实施关联交易情形下,即便未遵守相关的程序要求,只要经司法识别该交易对公司而言是公平的,则司法依然对该交易的效力予以认可,例如,对包括母公司同其部分拥有的子公司之间的交易(控制股东与公司间的关联交易)以及董事自我交易在内的"基本自我交易",无论是根据美国法律研究院1994年《公司治理原则:分析与建议》第5.02条关于董事和高级主管的公平义务的规定以及第5.10条关于控股股东与公司之间的交易的规定,还是根据《特拉华州普通公司法》第144条以及《示范公司法》第8章第31条以及许多州的成文法规定,在公司对自我交易进行利益识别过程中,即便未遵守有关的识别程序的规定,只要该交易对公司是公平的,则该交易仍有效。因此,司法对未遵守相关程序要求的自我交易进行利益识别过程中,必然涉及对其公正性所进行的实体识别。

即使未正式在制度上确立商业判断规则,许多国家也接受了商业判断规则以法院对董事行为的司法审查应以程序识别为主的理念。即便如此,从比较法上考察,在域外,也并非对董事决策完全不作实质性审查,而是允许对董事决策的公正性/合理性进行审查。例如:①在美国,董事的商业判断在特殊的情形下也会被审查。公司法上,授权裁判者在事后对代理人遵守情况进行准确认定的标准,不可避免地要求法庭(或其他裁判者)事后对公司进行评估,甚至有时直接作出公司决策。[①] 在反收购背景下,法庭也常常需要评估,当面对多种选择时,董事会是否履行了勤勉义务,这也不可避免地涉及对公司董事会所作决策的实质性审查。②在英国,尽管并不存在正式的商业判断规则。[②] 不过,一个派生的规则却在适用。英国法庭一贯限制对董事商业判断以司法上的事后眼光对其进行审查。[③] 即使如此,法院也并非绝对地不对董事的判断进行审查。一般地讲,如果正在调查的行为与公司的利益毫不相干,那么,法院将会用它的判断代替董事的商业判断。[④] 在"克里孟斯诉克里孟斯·布洛斯有限公司案"中,福斯特法官即引述威尔伯福斯法官在维斯特伯恩画廊判例中的话语指出,股东无论以何种方式行使表决权,均得符合公平之考

① See John Armour, Henry Hansmann, and Reinier Kraakman, "Agency Problems and Legal Strategies", in Reiner Karaakman, John Armour, Paul Davies, Luca Enriques, Henry Hansmann, Gerard Hertig, Klaus Hopt, Hidekikanda, Edward Rock, *The Anatomy of Corporate Law: A Comparative and Functional Approach* (Second Edition), Oxford University Press, pp. 39 – 40.

② See Andrew Keny, *The Corporate Objective: Corporations, Globalization, and The Law*, Edward Elgar Publishing Limited, 2011, p. 314.

③ Ibid., pp. 154, 314.

④ 参见[马来西亚]罗修章、王鸣峰:《公司法:权力与责任》,杨飞、林海全、张辉、钟修勇等译,法律出版社2005年版,第215页。

量。在特定情况下以特定方式行使表决权是不公平的。[①] 英国国会于2006年公司法中,也显示出了对法官可以巧妙地评价董事行为的承认。例如,法庭必须评价董事是否根据该法第172(1)条按照促进公司成功的方式行事。国会看起来也愿意赋予法庭对管理人所作出的,有关1986年破产法案表B1的托管所采取的行为所作出的决定进行审查的责任。这一责任包含对管理人必须作出的商业决策进行评估。[②] ③在日本,尽管学术界普遍认同商业判断规则,[③]在东京地方法院的一起案件中,法院指出,在判断董事是否违反了注意义务时,应当注意以下几个事项:第一,是否具备该公司所属行业的通常经营者应该具有的知识和经验;第二,是否忽视了作为判断前提的事实;第三,经营决定是否被评价为明显不合理。[④] 而在日本最高法院审理的一起银行董事融资540亿日元的案件中,法院也认定,该案中的融资决定明显具有不合理性……违反了忠实义务善管义务。[⑤] 看来,在日本,无论是在最高法院还是地方法院,也并不排斥对董事决定的合理性/公正性进行司法识别。

允许司法对控制股东/董事自我交易进行公正性/合理性审查的态度自然会表现在司法对公司利益自我识别的结果——会议决议的识别的公正性进行审查。例如,根据日本公司法规定,其承认利害关系股东有表决权,但特殊利害关系股东滥用多数决原则,致使决议明显不当的,属于可撤销决议。[⑥] 在英美等国,即便股东大会决议的事项与特定股东存在利害关系,该股东参与表决本身并不影响决议的效力,只有当决议的结果造成显著不公平或者损害公司利益时,才构成决议瑕疵的原因。[⑦] 在这些国家,均允许法院对作为公司利益自我识别结果的决议的公正性进行司法识别。

之所以应允许公司利益司法识别包括对公司自我识别的公正性识别,其原因如下:存在法院易于判断的领域;法庭并不缺乏商事判断的能力;在公司法以外存在行政机关与法庭作出对商事判断的实践。就我国立法而言,也并未排除司法机关作出商业决策的权力,甚至在《企业破产法》中明确确认了此项权利。我国《企业破产法》第69规定了管理人的诸多对债务人财产进行管理和处分的权限,其所涉行为均属涉及公司利益的商业决策行为。而根据我国《企业破产法》第68条规定,债权人委员会有权监督债务人财产

① 参见[英]丹尼斯·吉南:《公司法》,朱羿锟等译,法律出版社2005年版,第241页。

② See Andrew Keny, *The Corporate Objective : Corporations, Globalization, and The Law*, Edward Elgar Publishing Limited,2011,p.271.

③ 参见[日]前田庸:《公司法入门》(第12版),王作全译,北京大学出版社2012年版,第315页。

④ 参见"东京地方裁判所2004年(平成16年9月28日)判决",载《判例时报》1886号,第111页。转引自[日]森田章:《公开公司法论》,黄晓林译,中国政法大学出版社2012年版,第200页。

⑤ 参见"最高裁判所2008年(平成20年)1月28日判决",载《判例时报》1997号,第143页。转引自[日]森田章:《公开公司法论》,黄晓林编译,中国政法大学出版社2012年版,第200页。

⑥ 参见日本《公司法》第831条第1款第3项,参见[日]前田庸:《公司法入门》(第12版),王作全译,北京大学出版社2012年版,第300页。

⑦ 参见钱玉林:《股东大会决议瑕疵研究》,法律出版社2005年版,第204页。

的管理和处分行为;管理人、债务人的有关人员违反该法规定拒绝接受监督的,债权人委员会有权就监督事项请求人民法院作出决定;人民法院应当在5日内作出决定。立法在此明确肯定了法院有权就《企业破产法》第69条涉及的商业决策事项自己直接作出决定,同时也否定了法院不具备进行这样的商业决策能力的假设。

(3)满足自我识别中的程序要求导致司法识别中举证责任转移

在公司利益自我识别中,存在对识别程序的要求。为了实现实体的正义必须不断地改善程序,但人类的认识和实践能力有限,且什么是实体的正义也并不总是明明白白的,于是妥协就成为必要。当从方法和过程上已尽了最大努力仍不能确定实体正义时,假定某个结果合乎正义是一种不得已的必要妥协。① 在公司利益的司法识别过程中,便假定公司依照自我利益识别的程序要求所形成的结果是与公司利益要求要求一致的。

因此,在公司利益识别过程中,当遵守了自我识别中的程序性要求,司法识别中便假定公司作出的利益识别是符合公司利益的。根据接近证据者举证以及主张积极事实者举证的证据法上的规则,应由主张决策或行为符合公司利益者(由于作出利益识别的机构通常对其符合法律或章程规定的程序要较之其他人具有更强的举证能力,因此,当该识别组织参加诉讼时,通常由其就此举证。若其不参加而由公司参加诉讼,则通过公司进行此项举证)举证证明利益识别组织就其作为利益识别机关的适格性以及其遵守了识别程序的要求。(1)若利益识别机关的适格性及其遵守了识别程序的要求得到证明,便推定公司所作自我利益识别是符合公司利益的。同时,既然是一种推定,在司法中便应允许对此提出质疑者举证予以推翻。反对者可从以下两方面进行举证:第一,证明识别组织的不适格性或未遵循正确的识别程序要求;第二,程序最终是为实体服务的,符合程序正义即为符合实体正义也只是一种推定,因此,当反对者确能证明识别结果不符合公司利益时,也应允许在司法识别中通过对公司自我识别进行公正性识别,并应允许司法识别推翻自我识别所形成的不公正的识别结果。(2)若未能证明利益识别机关的适格性及符合识别程序要求,则所作行为或决策符合公司利益假定的前提未能满足或被推翻,相关利益识别或董事决策符合公司利益要求的假定便失去成立基础。在此情形下,相关行为人或董事需就该交易或决策符合公司利益承担举证责任。域外关于董事/控制股东自我交易、商业判断规则、股东代表诉讼的立法与司法实践均体现了这一逻辑。

以董事/控制股东自我交易为例,交易以公平为目标,鉴于董事/控制股东自我交易损害公司利益的重大可能性,各国立法一般均对其作出了特别的程序要求。以美国法律研究院《公司治理原则:分析与建议》为例,其第5.02条第(a)(2)(A)款要求“交易在达成时对公司是公平的”,第5.02条第(a)(2)(B)款、第(a)(2)(C)款或第(a)(2)(D)款规定了董事/高级管理人员自我交易的程序要求,第5.02条第(b)款则对举证责任作出了明确的要求,即“对董事和高级主管与公司之间的交易提出争议的一方当事人承担举

① 参见[日]谷口安平:《程序的正义与诉讼》(增补本),王亚新、刘荣军译,中国政法大学出版社2002年版,第3页。

证责任,除非该当事人证实上述第(a)(2)(B)款、第(a)(2)(C)款或第(a)(2)(D)款的要求未得到满足时,则高级主管或董事承担证明该交易对公司公平的举证责任。"①与之类似,第5.10条第(a)(1)款要求控制股东与公司间的交易"该交易对公司是公平的",第(a)(2)款提出了该交易的程序要求,第5.10条第(b)款则对举证责任作出了规定,即"如果该交易是在进行相关信息披露之后经由无利害关系的董事之事先授权,或者经由无利益冲突的股东事先授权或批准,那么对该交易提出异议的一方负有举证责任。如果该交易经无利益冲突董事的事后批准,而且未能对该交易进行事先授权并未对公司利益造成重大的负面影响,提出异议的一方在这种情况下亦负有举证责任。如果该交易未经授权或批准,则除非下文第(c)款另有规定,该控股股东负有举证责任"。根据上述规则,当满足了董事/控制股东与公司交易的程序要求后,即推定该交易是符合公司利益的(对公司是公平的),从而对其提出质疑者应承担举证责任;而当未能遵循该程序要求时,关于该交易符合公司利益(对公司是公平的)的推定便不能成立,从而实施交易的董事/高级主管/控制股东应就交易的公平性承担举证责任。至于第5.10条第(c)款规定:"属于日常业务范围的业务:如果控股股东与公司之间的一项交易属于公司日常业务范围,不论该交易是否经无利益冲突的董事或股东的事先授权或批准,对该交易提出异议的一方负有首先证明该交易不公的责任。"②此条实际上免除了控股公司与公司之间就属于日常业务范围的业务所发生交易的程序要求,从而即便未经无利益冲突的董事或股东的事先授权或批准,该交易也被认为是属于董事/高级管理人员等公司经营层在自由裁量权范围内所作公司利益识别,被推定为符合公司利益的(对公司是公平的),从而,"对该交易提出异议的一方负有首先证明该交易不公的举证责任"。根据英国法律,证明公司大多数股东决议之通过并非为了整个公司利益的举证责任应由公司那些提起诉讼的人承担。作为原告的公司成员可以证明,公司大多数股东在行为时具有恶意,他们通过决议完全是因为他们想损害原告的利益,③这也是因为,依照多数决原则与合法程序通过的决议,首先便被假定为符合公司利益的,欲推翻此假定者应就此承担举证责任。

商业判断规则作为对非利益冲突情形下董事行为是否符合公司利益进行司法识别的规则,适用于对董事经营决策行为的审查,而董事作出经营决策行为乃属其权限范围,董事有权在其自由裁量权范围内进行利益识别,除非特殊情形(如前述董事自我交易、控制股东与公司间交易等),立法并未对此提出特别要求。因此,如同第5.10条第(c)款规定的控制股东与公司间就没有程序要求的日常业务进行交易的举证责任一样,可以认为,只要是董事就正常经营决策在其权限范围内做出决策,即被认为符合了程序要求,从而推定该交易是符合公司利益的。"商业判断规则假定:在做出经营决定时,公司董事们

① 美国法律研究院通过并颁布:《公司治理原则:分析与建议》(上卷),楼建波等译,法律出版社2006年版,第248~249页。

② 同上书,第378~379页。

③ 参见张民安:《现代英美董事法律地位研究》(第2版),法律出版社2007年版,第438页。

在了解情况的基础上出于善意和为了公司的最大利益的正直信念而采取行动。”[①]从而,“对高级主管或董事的行为提出质疑的人应当承担证明其违反注意义务的举证责任”。即对董事行为符合公司利益提出质疑者应承担不符商业判断规则适用要件的举证责任。在特拉华州,除非原告能证明经营判断规则的以下要素之一缺失,否则经营判断规则将适用于董事:①董事作出的决策;②决策时掌握了相关信息(决策程序合理谨慎);③善意的决策;④董事在决策过程中无实质性的利益冲突。[②] 因此,在适用商业判断规则审查董事的行为过程和方式时,举证责任首先在原告一方。如果原告以涉及利益冲突、无独立性等有利证据推翻商业判断规则的合理假定,举证责任转移转至被告董事一方。[③]

在股东代表诉讼中,各国一般均要求一个独立机构(通常是无利害关系的董事会或独立的特别诉讼委员会)就是否继续诉讼进行利益识别,正如纽约州法院在 Auerbach v. Bennett 案中所认为的,公司的特别诉讼委员会可以,而且应当代表公司决定是否终止派生诉讼。[④] 在此过程中,董事会就决定是否继续诉讼作出的利益识别一般被认为属于其经营决策事项,从而,商业判断规则亦可适用于董事会就是否终止派生诉讼作出的决策。例如,在美国特拉华州,对于股东没有必要在诉讼前先行向董事会提出要求的案件,公司在股东起诉后提名一个诉讼委员会来权衡诉讼的价值。如果诉讼委员会建议法院停止进行派生诉讼,那么法院首先就要确定该决定是否是该委员会的独立性以及其是否无利益冲突;之后,法院要确定该决定是否是该委员会的经营判断。[⑤] 如前所述,合法的股东代表诉讼的利益识别机构在其权限范围内依照法定程序所作出的决定/识别被推定为是符合公司利益的行为,如果该识别机构作出终止诉讼的决定,只要能证明其作为识别组织的适格性(例如,对特定起诉对象提起诉讼识别主体需符合特别要求)、该机构成员的独立性以及识别程序的适当性,那么,这一识别便应认为是符合公司利益的。反之,原告(提起诉讼者)如欲推翻此种推定,应当举证证明该机构作为股东代表诉讼的利益识别机构的不适格性或其组成成员的非独立性。上述结论与美国法律研究院《公司治理原则:分析与建议》第7.13(a)条的规定也是一致的,根据该规定,公司根据第7.08条(应董事会或委员会请求驳回诉讼的申请而驳回对董事、高级主管、对公司有控制权的人或上述人员的关联方的诉讼)或第7.11条(根据股东的决议而驳回派生诉讼)的规定提出驳回诉讼之申请时,应该向法院递交报告或其他书面材料,说明董事会或委员会所采用的程序及决定或股东之决议。[⑥] 除非原告能够证明,该识别机构不符合法定要求,即其成员并

---

① [美]罗伯特·C.克拉克:《公司法则》,胡平、林长远、徐庆恒、陈亮译,工商出版社1999年版,第91页。

② 参见朱圆:《美国公司治理机制的晚近发展》,北京大学出版社2010年版,第57~58页。

③ 参见丁丁:《商业判断规则研究》,吉林人民出版社2005年版,第135页。

④ See 418 F Supports 08,1976.转引自丁丁:《商业判断规则研究》,吉林人民出版社2005年版,第211页。

⑤ 参见[美]罗伯特·W.汉密尔顿:《美国公司法》(第5版),齐东祥组织翻译,法律出版社2008年版,第413页。

⑥ 参见《公司治理原则:分析与建议》(上卷),楼建波、陈炜恒、朱征夫、李骐译,法律出版社2006年版,第725页。

非真正独立,或公正无私,他们没有善意行事,或他们的调查或评议不够勤勉。如果原告不能证实,对决定的处理就将受到商业判断规则的保护,①进而,根据商业判断规则,董事作出的这些决策被假定是为了公司的利益而采取的行动,法院将根据该决定,终止派生诉讼。

3. 我国公司利益司法识别制度的完善

根据笔者对公司利益司法识别的研究,我国公司利益司法识别制度可从以下几个方面予以完善。

(1)在我国《公司法》第 22 条增加关于监事会决议无效、撤销、不成立之诉的规定。司法识别是司法机关对公司利益的识别,很多时候表现为对公司自我识别结果的审查,公司利益识别本质上公司意思的形成,形成公司意思的机关包括股东会、董事会、监事会等,我国《公司法》第 53 条规定的监事会职权中即包括“当董事、高级管理人员的行为损害公司的利益时,要求董事、高级管理人员予以纠正”,在行使此项职权时,监事会自然需对董事、高级管理人员的行为是否损害“公司利益”进行识别。此外,根据我国《公司法》第 151 条的规定,在股东代表诉讼中进行公司利益事后识别的机关也可能包括监事会。在我国,监事会是集体行使职权的,如同公司股东会、董事会一样,公司监事会亦有其议事方式和表决程序,监事会决议应经半数以上监事通过。作为对公司利益自我识别进行审查的司法识别,不能忽略对监事会所进行的利益识别的结果——监事会决议的审查,鉴于此,对于理论上存有争议的“对监事会决议能否请求确认无效或者撤销”的结论便十分明了——②当然可以。我国《公司法》第 22 条中未规定监事会决议无效、撤销及不成立之诉,属立法疏漏,应予补充。

(2)应增加规定决议内容的不公平性作为导致公司利益自我识别结果——决议撤销的原因。司法识别中对公司利益自我识别的审查,不仅包括程序审查,还包括实体审查。在实体审查中,应包括对公正性的审查,如前所述,域外一些国家也将决议不公正作为决

① 参见[美]罗伯特 · C. 克拉克:《公司法则》,胡平、林长远、徐庆恒、陈亮译,工商出版社 1999 年版,第 536 页。

② 对于监事会决议是否可以申请确认无效或者撤销,理论与实务界存在两种不同的意见。(1)否定说,认为公司法中仅规定了股东会决议及董事会决议撤销之诉,并未规定请求确认监事会决议无效或者撤销之诉,因此,撤销监事会决议无法律依据。只有股东(大)会与董事会才属于公司意思机关,其决议为公司决议,监事会决议不属于公司决议的范畴,换言之,监事会不能决定公司的具体事务,不可以作出公司决议,从职权而言,监事会主要享有提议、检查、报告、提案、提诉等权利,而最终决定权掌握在股东(大)会或者董事会手中,监事会的意思只有借助股东(大)会或董事会才得以实现,而不能成为独立的公司决议。既然监事会决议不属于公司决议的范畴,也就谈不上对监事会决议请求确认无效或者撤销。参见褚红军主编:《公司诉讼原理与实务》,人民法院出版社 2007 年版,第 430 页。(2)肯定说,认为随着加强公司权力监督的迫切需要,监事会的职权不断扩张,监事会作出的决议往往对所有股东、董事以及整个公司具有约束力,这类决议应当属于公司决议。对于有瑕疵的监事会决议应当赋予相应的司法审查权。此种观点转引自江苏省高级人民法院民二庭:《审判实务中公司法适用的若干问题——全国法院公司法理论与实践论坛学术会议综述》,载《人民司法 · 应用》2007 年第 23 期。

议撤销的原因,我国《公司法》第22条应增加规定决议结果的不公正性作为决议撤销的原因。

(3)总体而言,我国现行《公司法》较少该规定关于公司利益自我识别的程序性要求,将来在强化此类规定的同时,应可同步考虑增加程序要求对公司举证责任转移影响的相关规定,当然,这一规定也可通过司法解释的方式予以规定。

学 位 论 文

证券欺诈发行背景下责令回购制度研究

杨亚威*

摘要:2019 年《证券法》对证券欺诈发行予以更严厉的规制。注册制改革背景下,确保信息及时准确披露是证券监管的关键环节,证监会的监督职能越发重要。证监会应逐渐弱化事前审核,转而强化事中监督和事后问责。如何强化欺诈发行责任、提高欺诈发行违法成本,以最小的执法成本换取最大的执法收益,是制度构建需要着重考量的问题。责令回购制度是建构行政权主导的投资者保护机制的重要尝试,其实质为公权力为私利救济提供的辅助实现方式,应归入行政命令的范畴,制度的建构应遵循侵权责任恢复原状的基本法理。责令回购制度的构建需要明确责令回购的实施条件、回购价格、回购对象等,制度的设计应重视发挥其效率性优势,与民事诉讼制度、行政和解制度、退市制度等有效衔接。

关键词:责令回购　注册制　欺诈发行　恢复原状　行政命令

引　言

2013 年 11 月时任中国证券监督管理委员会(以下简称证监会)主席肖钢在上证法治论坛上表示,研究建立责令回购制度。① 6 年后的 2019 年《证券法》第 24 条首次以法律形式确立责令回购制度。肖钢指出,责令回购制度旨在追究通过欺诈方式从证券市场取得巨大经济利益的违法主体法律责任的同时,强制其支付相应经济代价,将不当得利回吐给投资者。② 可见,制度创设的初衷有三,即追究法律责任、强制支付代价、回吐不当得利。监管机关对责令回购制度寄予厚望,欲其承载制止欺诈、惩戒违法行为和救济投资者等多重使命,体现出公权力对证券违法监管趋严的态度和决心。

证券欺诈发行需要严格规制,原因在于发行阶段的虚假陈述使投资者实际掌握的信息不充分或不真实,进而使其对证券价值的判断产生偏差而遭受损失。在流动性强的证券市场中,信息披露不实被市场得知后,会加剧投资者对该证券价值的不利预期,证券价格可能进一步下跌,个体损失会被进一步放大。欺诈发行行为有违证券市场公开原则,

---

* 中国人民大学民商法学硕士,供职于中国中信集团法律合规部。

① 参见肖钢:《研究建立责令回购制度》,载《公司改革与管理》2014 年第 1 期。

② 参见肖钢:《证券法的法理和逻辑》,载《证券法苑》2014 年第 1 期。

损害了公众的投资信心。投资者需要搜寻更多信息以甄别披露信息的真实性,客观上提高了公司的融资成本,为资金供求的正常对接造成障碍,动摇了证券市场诚实信用的基石。

与罚款等传统监管方式不同,“责令回购”由“责令”行政法律关系与“回购”民事法律关系拼合而成,试图将公权力的基因移植于回购手段之中,形成了全新的行政权运作方式。责令回购制度处于民商法学与行政法学的交叉地带,学界对该制度的论述较少。责令回购虽已写入《证券法》,但制度的解释与建构工作尚在发轫之始。新《证券法》业已实施,对该问题的研究具有理论价值和实践意义。本文从责令回购的规范目的出发,通过规范分析、比较研究的方法,结合境外立法例,为责令回购制度的解释与实施提出建议。

一、责令回购的制度优势及实施困境

文义上,责令回购指针对发行过程中存在欺诈行为的发行人及相关责任方,通过公权力强制其购回已发行证券的措施。① 责令回购制度在一定程度上弥补了以私力救济为主的投资者保护机制的局限性,有望成为证券监管机构打击证券欺诈、维护发行秩序的重要一环。当前,我国《证券法》仅对责令回购制度进行了原则性规定,具体运行机制需要另行明确。证监会在科创板试行规则中一度设计了责令回购的实施细则,但旋即在正式稿中予以删除。证监会规则制定的谨慎源于我国缺乏责令回购的制度实践,境外可供借鉴的经验有限。依据《证券法》第24条对制度进行解释与建构,是责令回购制度实施的前提。

(一)责令回购的制度优势

我国证监会面对证券欺诈发行,通常的处理手段为对责任人进行行政处罚(如罚款、采取市场禁入措施等)。而交易所的处理方式多为公开谴责、启动强制退市等程序。我国对于证券欺诈发行行为形成了行政权主导的惩罚机制,却缺少完善的投资者救济机制。以欣泰电气案、万福生科案、海联讯案为例,投资者保护的主要实现途径为保荐机构或主要股东设立专项资金用于先行赔付,这取决于保荐机构或控股股东为维护名誉、减轻处罚而进行的自愿行为,而实际执行效果亦受多重限制。在绿大地案等欺诈案件中,股民只能通过诉讼的形式进行维权。可见,证监会对欺诈发行的传统惩处手段单一,力度较轻,对投资者保护手段不足,难以有效遏制证券欺诈发行行为。缺乏有效的制度供给,是证券欺诈发行中对投资者利益保护不力的重要原因。责令回购制度有望满足及时规制欺诈、救济投资者的现实需求。相较于罚款、诉讼等传统手段,责令回购制度具有比较优势。

责令回购制度有助于提高证券欺诈违法成本。证券欺诈发行屡禁不止的原因在于其“成本—收益”配比的失衡,公司面临的违法成本不足以实现阻却其违法的目的。提升

① 参见孙秀振:《欺诈发行责令回购股票制度:目标定位及现实构建》,载《证券市场导报》2019年第5期。

欺诈发行的违法成本应是反欺诈立法的基础理念。我国对欺诈发行的惩处力度过轻，尽管《证券法》修订大幅提高了对欺诈发行的罚款限额，但提高罚款金额与有效提升欺诈发行成本之间并不存在当然关系。首先，较为僵化的罚款机制难以有效遏制欺诈行为。公司一旦成功上市，发行人便可以攫取股价增值带来的巨额收益。即便被认定欺诈发行，缴纳一定罚款后，其仍有继续在市场交易的可能。其次，支付罚金的首要责任人为上市公司，弱化了罚款的惩戒目的。对欺诈发行的罚款主要针对涉事企业作出，非但未能维护受欺诈投资者的权益，反而使公司资产环境进一步恶化，高额罚金间接施加于包含受欺诈投资者在内的诸多股东之上。换言之，对欺诈发行不负直接责任的中小股东被迫分担了大股东的责任，显然不妥。相较于罚款等处罚手段，责令回购制度要求发行人返还违法所得，有望从制度层面杜绝违法主体即使被发现违法也能获得收益的可能性。同时，责令回购制度可以实现“违法主体与处罚主体的一致”，①强化对欺诈发行责任人的追究力度。证券监管机构责令发行人回购股份，可以实现在罚款等处罚前受欺诈投资者与公司的隔离，在受欺诈投资者获得充分赔付的基础上对企业实施后续处罚。

责令回购有助于提高投资者救济效率。诉讼维权是受欺诈投资者的传统救济途径。我国证券市场中，投资者众多且分散，机构投资者占比低，投资者专业性不足，仰赖于投资者进行私力救济面临诸多困难。面对体量庞大的上市公司，投资者往往难以获得直接通过调解方式进行协商赔偿的机会，而诉讼等救济手段则需要以损害后果等要件的查明为案件审理的前提，个体投资者难以负担高昂的诉讼成本。其他投资者存在“搭便车”(free-ride)的投机心理而不愿率先提起诉讼，集体行动困境使投资者通过诉讼途径获得救济的可能性进一步降低。② 尽管《证券法》第 95 条规定的代表人诉讼制度可以在一定程度上克服个体诉讼的局限性，但投资者集体委托代表人、等待法院查明证券违法的事实，将耗费较大的时间成本，而随着时间的推移，公司资产状况可能进一步恶化，这为投资者权益的救济增添了诸多不确定性。

鉴于证券诉讼天然的局限性，赋予证券监管机构“责令”的权力，有其现实意义。依据皮斯托和许成钢的“不完全法律理论”(Incomplete Law Theory)，③法律不可能对所有可能造成损害的行为作出准确无误的界定，因此需要通过对法律的解释使其适应环境的变化。证券市场中欺诈手段多变，法律的不完备程度高，且法院的被动性决定了其对欺诈发行行为进行标准化的成本高昂，寄希望于法院及时规制证券欺诈并不现实。监管机关本身具备主动性和事先性的特质，可以通过积极解释规则主动执法。因此，在金融和

---

① 盘和林：《遏止欺诈发行须提升处罚“威慑力”》，载《上海金融报》2019 年 7 月 5 日。

② 相关讨论，参见黄辉：《中国证券虚假陈述民事赔偿制度：实证分析与政策建议》，载黄红元、徐明主编：《证券法苑》(第 9 卷)，法律出版社 2013 年版，第 967～995 页；参见赵鼎新：《集体行动、搭便车理论与形式社会学方法》，载《社会学研究》2006 年第 1 期。

③ 参见许成钢：《法律、执法与金融监管——介绍“法律的不完备性”理论》，载《经济社会体制比较》2001 年第 5 期。

证券市场中,这种阐明法律含义的“剩余立法和执法权”(residual lawmaking and law enforcement powers)应由监管机关享有。行政权主导下的责令回购制度有助于发挥其高效率、低成本优势。

(二)责令回购的实施困境

1. 实施规则有待细化

(1)我国《证券法》的规定

2019年《证券法》第24条第2款在原《证券法》第26条(对应现行《证券法》第24条第1款)基础上新增对上市公司欺诈发行的处理方式,明确当发行人在证券发行文件中“隐瞒重要事实或者编造重大虚假内容”时,证监会有权“责令发行人回购证券,或者责令负有责任的控股股东、实际控制人买回证券”。

《证券法》第24条两款存在相似的监管逻辑:本条第1款的语境为“尚未发行”和“已经发行尚未上市”,此时证券尚未在二级市场进行交易,处理方式即为撤销注册等形式的恢复原状。当证券完成发行及上市,价格也随市场开始波动,无法通过双方直接返还不当得利的形式实现恢复原状,需要责任人在二级市场上作出回购的行为。故第2款赋予监管机构责令回购的权力。返还发行价款与回购证券的规定均希望通过积极作为及时避免证券在二级市场的进一步流动,上述两个条文在逻辑上相衔接,后者应为前者的违法加重形态,构建了证券违法行为的阶梯式监管体系。

观察《证券法》第24条第2款的表述,可以发现条文存在以下特点:首先,不同于《证券法》第24条第1款的连带责任,第2款发行人的“回购责任”与控股股东、实际控制人的“买回责任”用“或”相连接,条文并未对欺诈发行责任主体的责任形式予以明确;其次,立法首次创造了“责令买回”的规定,似乎尝试与“回购”相区分,但“买回”含义不甚明确;最后,立法中未明确控股股东、实际控制人的归责原则,条文中未采取“有过错的”表述,而笼统限定为“负有责任的”控股股东、实际控制人。这为法律解释甚至法律续造留存了空间。

整体来看,《证券法》授权证券监管机构责令回购的权力,但条文仍限于原则性规定,具体实施方案有待进一步细化。科创板是我国试点注册制等一系列重大改革措施的“创新助推器和改革试验田”,①因此,在科创板进行监管制度的先行实践成为治理规则完善的重要机遇。

(2)《科创板首次公开发行股票注册管理办法(试行)》及其征求意见稿的规定

《科创板首次公开发行股票注册管理办法(试行)(征求意见稿)》[以下简称《办法(征求意见稿)》]于2019年1月30日公布,该试行办法在第67条、②第68条中规

① 参见朱茵、浦泓毅:《科创板如何定位:创新助推器改革试验田》,载《上海证券报》2018年11月19日。

② 《办法(征求意见稿)》第67条规定:“发行人不符合发行上市条件,以欺骗手段骗取发行注册的,中国证监会将自确认之日起采取5年内不接受发行人公开发行证券相关文件的监管措施。对相关责任人员,视情节轻重,认定为不适当人选的监管措施,或者采取证券市场禁入的措施。”

定,[①]对以欺骗手段骗取股票发行注册上市的,证监会作出处罚的同时,有权责令上市公司及其控股股东、实际控制人在一定期间从投资者手中回购本次公开发行的股票。较于《证券法》,《办法(征求意见稿)》具备以下新的元素:第一,将责令回购的情形表述为“发行人不符合发行上市条件,以欺骗手段骗取发行注册的”;第二,规定责令回购决定具有可诉性,行政相对人在特定期限内未提起行政复议或行政诉讼的,行政机关可以申请人民法院强制执行;第三,回购义务的承担者为上市公司及其控股股东、实际控制人,未对“控股股东、实际控制人”的责任承担情形进行限定,亦未区分“回购”与“买回”责任;第四,明确了可以参与回购的投资者范围,即“自发行人首次公开发行,至欺诈发行揭露日期间买入股票,且在回购时仍然持有股票的投资者”,并对揭露日时点进行限定;第五,规定责令回购的价格以股票的交易价格与投资者买入价格孰高者计。

《办法(征求意见稿)》中对首次发行阶段的责令回购制度进行了较为具体的规定,[②]尝试提供责令回购的标准化方案。值得注意的是,在当年3月1日公布的《科创板首次公开发行股票注册管理办法(试行)》中,证监会大幅删减上述条文,对责令回购制度的表述简化为类似《证券法》第24条的原则性规定,[③]我国证券监管机构对于如何建构责令回购制度仍未能达成共识。[④]

2. 域外可供借鉴有限

责令回购制度并非我国现有实践经验总结的结果。比较法上,我国香港特别行政区(以下简称香港特区)证监会“责令”的行政权受到司法权及公司自治的双重制约,德国

---

① 《办法(征求意见稿)》第68条规定:“发行人有本办法第六十七条规定的行为,已经发行上市的,中国证监会在作出行政处罚的同时,可以责令上市公司及其控股股东、实际控制人在一定期间从投资者手中回购本次公开发行的股票。上市公司及其控股股东、实际控制人在法定期限内不申请行政复议或者提请行政诉讼,又不履行回购义务的,中国证监会可以依照《中华人民共和国行政强制法》的规定申请人民法院强制执行。本条第一款所称投资者是指自发行人首次公开发行,至欺诈发行揭露日期间买入股票,且在回购时仍然持有股票的投资者。前款所称欺诈发行揭露日是指欺诈发行在全国范围发行或者播放的报刊、电台、电视台等媒体上,或者在权威的网络媒体上首次被公开揭露之日。上市公司及其控股股东、实际控制人回购股票时,若股票的交易价格低于投资者买入股票时的价格,应当按照买入价并加算银行同期存款利息回购股票;若股票的交易价格高于投资者买入股票时的价格,应当按照股票交易价格回购股票。责令回购的具体规则由中国证监会另行规定。”

② 《科创板首次公开发行股票注册管理办法(试行)》及其征求意见稿关注首次公开发行股票中责令回购制度的应用。但证券欺诈发行的外延要更广,不仅包括首次公开发行股票的欺诈行为,还应包括欺诈发行其他类型证券的行为及再融资中的欺诈行为。

③ 《科创板首次公开发行股票注册管理办法(试行)》第68条规定:“对发行人存在本办法第六十七条规定的行为并已经发行上市的,可以依照有关规定责令上市公司及其控股股东、实际控制人在一定期间从投资者手中购回本次公开发行的股票。”

④ 证监会官方网站于2020年4月披露了资本市场2020年度立法工作计划。该立法工作计划显示,《欺诈发行上市股票责令回购实施办法(试行)》被列入“力争年内出台的重点项目”,载中国证券监督管理委员会官网:http://www.csrc.gov.cn/pub/newsite/zjhxwfb/xwdd/202004/t20200417_373996.html,最后访问日期:2020年7月9日。

法、美国法等以诉讼为中心的回购范式均无法对行政主导的"责令"回购范式提供借鉴。

(1)我国香港特区:行政权受制约的回购范式

我国香港特区《证券及期货条例》第298条规定:"(1)如任何数据相当可能会——(a)诱使他人在香港认购证券或进行期货合约交易……(i)该数据在某事关重要的事实方面属虚假或具误导性,或因遗漏某事关重要的事实而具虚假或误导性……任何人违反第(1)款,即属犯罪。"该条例第213条进一步规定:违反该条例的任何规定,原讼法庭可应证监会的申请,饬令当事人采取原讼法庭指示的步骤,包括使交易各方回复他们订立交易之前的状况的命令。我国香港特区《证券及期货条例》赋予香港证监会极大的执法权。只要香港证监会认为或者怀疑任何人违反了该条例的任何条款,即有权请求高等法院原讼法庭发出多项命令,包括要求当事人恢复交易原状。

洪良国际案是该条款的典型实践。2009年洪良国际控股有限公司(以下简称洪良国际)以每股2.15港元在港挂牌后,因涉嫌财务造假,上市3个月后就遭勒令停牌。香港证监会认为,洪良国际欺诈上市行为违反《证券及期货条例》第298条(披露虚假或具误导性的资料以诱使进行交易的罪行)之规定,进而主张适用第213条(强制令及其他命令)要求发行公司恢复到发行前的状态。[①] 后洪良国际于2012年与香港证监会达成协议,同意按停牌时每股2.06港元的价格回购公司股份。洪良国际案的实践可以清晰地表明,香港特区回购范式的特征是行政权受到司法权与公司自治权双重制约。

首先,作出责令回购命令的决定权归属于法院。换言之,香港证监会无权直接命令公司回购股票。香港证监会援引《证券及期货条例》第213条执法时,需要向原讼法庭申请,法院作出是否准用该条文的判断。在行政权—司法权关系上法院处于关键地位。香港证监会与其说有责令回购的权力,毋宁说其有作为申请人向法院提出请求的资格。其次,法院允许公司对是否通过回购方案作出决议。法院命令洪良国际须于一定期限内召开股东大会,以通过提出回购建议的决议案。原因在于根据洪良国际的注册地开曼群岛的法例,有关的回购建议须先获股东批准。仅该决议案获通过后,回购计划方可实施。可见,法院对公司内部自治予以尊重,将公司股东决议作为责令回购实施的必要步骤。香港证监会的权力实际上受到了法院和公司内部决议的双重制约,"责令"的效力被进一步削弱。

除此之外,尽管洪良国际案是责令回购机制有效维护投资者利益的成功实践,但洪良国际案存在特殊性,决定了其难以成为解决发行欺诈问题的范本,更难以抽象出可资借鉴的一般规则。第一,洪良国际上市发行完毕后就发现欺诈,公司股票换手率低。在洪良国际案中,绝大多数股票持有者是第一手认购的股东。第二,公司在欺诈揭露时依然保有多数募集资金并被及时冻结。第三,公司欺诈消息在揭露日前几乎未被市场知晓,停

---

① 香港法未直接规定责令回购制度。有评论认为,香港证监会依据《证券及期货条例》第213条要求公司回购股票,是基于监管便利的考虑,未遵循严格的法律程序。See Chee Kcong Low, Samantha Datwam, "Hontex-a Settlement of Convenience?", *Law & Financial Markets Review*, 7(2), 2013, pp. 75 – 87.

牌日前股价未发生大幅波动。正缘于此,香港证监会可以针对洪良国际案制订简单有效的回购方案:洪良国际以停牌价向在停牌日仍然持有公司股票的投资者发出回购要约。相较而言,我国内地上市公司的欺诈案件大多案情更为复杂,案件持续时间长,已发行的证券换手率高,且欺诈消息可能提前泄露到市场,难以直接复制洪良国际案的处理方案。

(2)德国法、美国法:诉讼中心的回购范式

证券回购本质上是实现发行人与投资者之间互为返还投资款项及证券的特殊交易安排,证券回购可由监管机构主动发起,亦可由投资者以诉讼形式发起。德国法、英美法关于回购的实践即属于后者。在证券欺诈中,受损的投资者通过提起诉讼要求法院作为回购的判决,行政机关并不参与该类回购实施,故该类实践无法对我国的"责令"机制提供直接借鉴。

德国《交易所法》(Exchange Act:Börsengesetz)第44条、第45条对欺诈公司的回购安排作出了详细的规定。《交易所法》第44条规定,若招股说明书中"对于评价有价证券有意义的重要信息不正确或者不全面时",且投资者已经据此购得上市交易的有价证券的,则投资者可以要求"对招股说明书承担责任的人员"及"公布说明书的人员"承担回购证券的连带责任。相关责任人以投资者购买价(不超过有价证券首次发行价的范围内)进行回购,并承担与购买有关的通常费用。回购的对象亦受到限制,该购买交易需是在招股说明书公布后且有价证券首次发行后6个月内订立的。《交易所法》保护在欺诈披露前曾持有股份的投资者利益,若投资者不再持有有价证券,则可以要求责任人支付"未超过首次发行价的购买价与转让价之间的差价以及与购买和转让相关的通常费用"。

德国法关于回购制度的规定明确了回购义务产生的情形、回购对象、回购价格、回购期限等,其中不乏具有特色和启发性的规定。首先,回购的价格算法。德国法以不超过发行价的买入价为标准。若证券持有人的买入价高于发行价(首次购买价),则以发行价为回购价格;若证券持有人的买入价低于发行价,则以购买者的买入价为回购价格。此规定依照恢复原状的形式要求,但当投资者以高于发行价买入证券时,就会遭受损失。此外,德国法规定投资者基于合同或故意侵权行为所产生的其他请求权,不因回购而受影响。该规定可以弥补价格规定对部分投资者的保护不周。其次,对历史投资者的救济。德国法不仅赋予持有证券的投资者要求回购的权利,还允许曾经持有证券的投资者有要求补偿的权利,补偿金额为证券或资产投资产品之购买价格与转卖产品的差价,以及因购买与转卖所生的费用。

美国《1933年证券法》第12节规定了与招股说明书及通信相关的责任,发行人存在对重要事实的虚假陈述或疏漏的,应当向购买证券的人负责,购买者可以提起诉讼。其有权在返还证券的同时,索回因购买证券所付出的费用及利息,但需要减去因此获得的任何收入。[①] 该条基于撤销交易后不当得利返还的法理,形式上可以表现为欺诈公司向

---

① 参见黄永庆:《证券民事救济案这个赔偿额计算的不同规则及其政策原因》,载《金融法苑》2001年第8期。

股东回购证券。

3. 制度定位尚需明晰

2019年《证券法》同时规定了责令回购制度(第24条)、先行赔付制度(第93条)、代表人诉讼制度(第95条),尝试建立起全方位的投资者保护体系。但《证券法》仅对投资者救济方式进行陈列,"法条之间的逻辑关系过于零散",①救济手段的适用顺序、适用条件等未予进一步明确。

依据现行《证券法》的规定,在欺诈发行背景下,受欺诈投资者面临不同的救济路径选择。《证券法》第24条的责令回购路径要求投资者等待证券监管机构作出的回购要求,进而考虑是否接受回购方案;第93条的先行赔付路径要求投资者考虑就赔偿事宜与相关责任主体达成协议;第95条的代表人诉讼路径则赋予投资者启动代表人诉讼的权利,且遵循"默示加入,明示退出"的规则。《证券法》第24条未对责令回购的具体运作方式予以说明,责令回购制度在投资者保护机制中的定位亦不明确。制度定位的不清晰徒增投资者的路径选择困扰:在证券欺诈发行案件中,证券监管机构是否当然作出责令回购要求?投资者在不同的救济方案中应如何行使选择权?不同制度的作用空间、适用时点又存在何种差异?

制度定位的模糊非但不能发挥投资者保护机制多元化的功用,反而会加剧不同救济方式间的龃龉。以责令回购制度与代表人诉讼制度的适用为例,若责令回购制度遵循常态下"备而不用"的原则,则投资者会倾向于选择代表人诉讼等救济途径,而非寄希望于证券监管机构作出回购要求。随着代表人诉讼的进行,责令回购制度的效率价值将不复存在。倘若中国证监会在个案中积极适用责令回购制度,基于责令回购制度的效率优势,且当其回购价格算法可能使受欺诈投资者获得较高赔付时,责令回购制度势必大幅挤压代表人诉讼的适用空间。因此,对责令回购制度进行解释和建构,在投资者保护体系中框定责令回购制度的适用边界,平衡不同制度的适用时点,是推进责令回购制度落地的重要环节。

二、责令回购的法律定性与建构路径

相较于公司主动回购证券,责令回购是证券监管机关运用行政权力作出的具有法律效果的意思表示,属于具体的行政行为。在语词上考察,"责令"在《现代汉语词典》上解释为"责成、命令",往往与强制的法律效果相联系。在强调平等和意思自治的民商事法律关系中,"责令"一词并不常见。责令回购是行政机关运用行政权力作出具有法律效果的命令,其属于何种模式化行政行为有待讨论。判定责令回购的性质,需要对责令回购的运行机制和法律效果进行综合判断。

(一)责令回购的法律定性

1. 责令回购不属于行政强制或行政处罚

责令回购不属于行政强制。行政强制是指行政主体为实现特定的行政目的,依法对

① 叶林:《〈证券法〉专章规定"投资者保护"的得失》,载《金融时报》2019年7月29日。

行政相对人的人身或财产予以强行处置的行为。行政强制包括行政强制措施和行政强制执行。行政强制措施具有即时性的特点,即行政主体在紧急情况下,为制止违法对行政相对人的人身或财产进行暂时的控制,在特定紧急事由消除后就解除强制,责令回购不具备即时性特点;行政强制执行是行政主体强制要求经告知仍不履行义务的行政相对人履行义务的行为。责令回购制度仅要求行政相对人发出回购要约,其亦非行政强制执行。

责令回购不属于行政处罚。行政处罚的核心特征是制裁性,即通过惩罚实现警戒与预防违法行为的效果。责令回购目的在于实现投资者利益的恢复原状,而非旨在进行违法制裁。公司的回购义务应为其在欺诈情形下的民事责任,并无惩戒性质。值得讨论的是,《办法(征求意见稿)》中曾规定责令回购的价格以股票买入价格与股票交易价格孰高者计算,是否具有惩戒性质? 应当认为,公司在该种算法下承担的责任并非基于其违法行为的加重惩罚,而是囿于证券价格波动特点下为保障投资者利益不受不合理减损的调节手段。公司为回购证券所支付的价款均由投资者保有,责令回购并不具有惩罚性质。

2. 责令回购属于行政命令

责令回购应属于行政命令。行政命令指行政主体要求行政相对人为或不为一定行为的意思表示。行政命令旨在设定义务或规则,要求行政相对人遵照指示作为或不作为。行政命令所设定的义务是行政相对人本身所应当承担的义务,而非额外的义务。行政机关作出行政命令后,行政法律效果仅能通过行政相对人实现。当然,若行政相对人拒绝履行行政命令的要求,行政机关可以依法采取行政处罚或行政强制执行,以实现行政目的。责令回购是行政机关作出的要求欺诈公司回购证券的意思表示,为公司设定了一定期限内的作为义务。该义务的实现只能依赖于公司发出回购要约。因此,责令回购本质上是行政机关命令欺诈公司履行其本身应承担的回购义务。

"行政命令的作出往往会成为行政制裁或者行政强制执行的原因或根据,而行政制裁或者行政强制执行往往会成为行政命令的形成效力得以最终实现的后续保障。"①证券监管机构进入欺诈发行的调查阶段后,应及时采取行政强制措施,冻结发行人通过发行证券筹集的、尚未动用的资金。这些资金是执行责令回购程序的首要资金来源。行政处罚亦是保障责令回购顺利实施的重要手段。行政相对人违反行政命令、怠于履行回购义务的,证券监管机构可以依法对其行政处罚,必要时,可以申请法院强制执行。

3. 私法关系的公法化改造

在风险社会语境下,"市场失灵"与"政府失灵"交替出现,私法关系与公法关系的渗透成为社会治理现代化的重要标志。针对证券市场上的欺诈行为,证券监管机构基于效率和最大化公平的考量,通过具有强制性质的"责令"命令,为受欺诈投资者的退出提供

① 姜明安主编:《行政法与行政诉讼法》,北京大学出版社、高等教育出版社 2005 年版,第 302 页。

便捷通道。责令回购具有明显的私利救济目的,实质为公权力主导下的私利救济的辅助手段。责令回购制度以公法手段实现私法目的,是私法的公法化改造(the public legalization of private law)的典型尝试。

公权力介入私利救济的原因在于私利主体的现实不平等性或私力救济的局限性。值得注意的是,在《消费者权益保护法》等相关法规中,存在责令召回的概念。其往往与产品责任相联系,召回行为可以最大限度地消除产品的质量隐患。责令召回与责令回购有着相似的逻辑构造,证券法中惯常适用的投资者(investor)概念在理论上可以被扩张化的消费者(consumer)概念包含。证券法完全可能借鉴《消费者权益保护法》的逻辑,给予证券市场的消费者更为具体的保护。

(二)"回购"及"买回"的建构路径

"义务性"是行政命令的重要特征。行政机关通过责令行政相对人履行其应承担的固有义务,实现纠正违法的目的。《证券法》第24条第2款将责令回购制度拆分为发行人的回购义务及有责任的控股股东、实际控制人的买回义务,上述义务均应在私法基本法理框架内建构。

1."回购"的建构路径

发行人与投资者之间的法律关系是回购的基础法律关系。投资者有待进一步类型化。投资者可分为初始投资者(自公司发行阶段买入并持有证券的投资者)和后续投资者(公司发行后从前手投资者手中买入并持有证券的投资者)。发行人与投资者之间存在合同法律关系和侵权法律关系。

(1)合同撤销理论

初始投资者购得发行人所发行的证券并持有,与发行人存在直接的交易关系。发行人在证券发行时信息失真,诱使投资者购买证券。发行人虚假陈述的行为构成欺诈。依据《民法典》第148条之规定,被欺诈方享有撤销权,即主张交易不发生效力。

证券在发行之后可能经过多次换手(change hands)。二级市场后手买入的后续投资者的交易对象并非发行人,其持有发行人的证券源于与前手投资者的交易。但问题在于,后续投资者购买证券后持有,其是否有权以欺诈发行为由要求救济。判断其交易行为是否受到发行人虚假陈述的影响。英国的Peek v. Curney案中,确立了"第三人陈述不构成虚假陈述"的规则。该观点认为,公司发行招股说明书的目的是诱使人们认购股份,而不是诱使人们在二级市场购买已经流通的证券,一旦公司的股份认购完毕,则招股说明书的功能亦告终止。相关主体对招股说明书中的陈述的责任,以公司的直接发行股份为限,因此无须因招股说明书中的虚假陈述而向作为非原始持有人的二级市场投资者承担责任。[①] 该观点并不符合现代公司法的要求。市场欺诈理论(Fraud-on-the-market Theory)认为,市场是充分竞争且健全的,能够及时地吸收所有已经公开的信息并予以及

① 参见程啸:《英美法中虚假陈述的法律责任》,载张新宝主编:《侵权法评论》(2003年第1辑),人民法院出版社2003年版,第113~150页。

时反映。投资者出于对市场的信赖作出投资的决定，自然就包括了对虚假信息的信赖。因此，发行行为的虚假陈述是对整个市场的欺诈。后续投资者依据公司在招股说明书中的陈述对证券投资价值作出判断，这符合第三人欺诈的构成要件。但根据我国《民法典》第149条的规定，若交易前手不知道且不应知道招股说明书内容存在虚假内容的，二级市场投资者无权撤销与前手的交易。仅在交易前手知晓或应该知晓欺诈发行事实的，才可能通过撤销权的依次传导实现最终的恢复原状，显然该类撤销路径难以实现。证券的转让行为具有无因性，可撤销的法律效果仅发生在发行人与初始投资者之间，后手交易不应传递证券上的权利瑕疵，因而后续投资者亦不能依据债权债务的概括移转直接向发行人主张撤销交易。

倘若因欺诈而产生的撤销权仅存在于发行人与初始投资者之间，则当初始投资者主张撤销交易时，发行人应返还投资款，同时初始投资者应返还证券。若此时初始投资者并不持有证券，在理论上，其可以在二级市场上购买作为种类物的相应数量证券返还给发行人，发行人无权拒绝。该流程可进一步简化为，初始投资者与持有该证券的后续投资者达成协议，以返还请求权让与的形式完成不当得利返还。在此情形下，后续投资者需要借助于初始投资者实现证券的返还，初始投资者在其中似乎还存在攫取利润的空间。这使得投资者维权复杂化，撤销后不当得利返还不能在法理上为后续投资者救济提供直接支持。

(2)瑕疵担保理论

值得注意的是，《公开发行证券的公司信息披露内容与格式准则第41号——科创板公司招股说明书》第93条、[①]《上海证券交易所科创板股票上市公告书内容与格式指引》第41条等要求上市公司需作出回购欺诈发行股票的先行承诺，[②]即若发行内容存在欺诈情形损害投资者利益时，公司主动回购已发行股份。事前承诺在一定程度上降低了证券执法的难度。自万福生科案起，发行人设置专项补偿基金的做法成为公司换取证监会从轻处罚的重要方式。《关于改革完善并严格实施上市公司退市制度的若干意见》也规定发行人按照公开承诺履行回购义务的，可以从轻或减轻处罚。

但事先承诺的效力具有不确定性。根据上海证券交易所2018年修订的《纪律处分和监管措施实施办法》，不履行回购承诺的，交易所仅可以对发行人予以公开谴责。而实践中，上市公司的事先承诺多仅具有宣示性质，难以被强制执行。[③] 仅由交易所公开谴责无法体现先行承诺的制度价值。对此，可以尝试将回购承诺视为公司发行证券的瑕疵担

① 参见证监会公告〔2019〕第6号。

② 参见上证发〔2019〕第65号。

③ 欣泰电气在2015年披露的《招股说明书》中承诺，如果发生虚假陈述等情形，将由公司以二级商场几个回购首次公开发行的全部新股。然而，在实际履行中，欣泰电气并没有真正履行股份回购承诺，而是在收到证监会行政处罚的次日，发布了《关于无法履行回购承诺的致歉公告》，在该公告中，欣泰电气强调，欣泰电气陷入流动性困难，无法进行股份回购，且股份回购行为会使公司经营雪上加霜，给投资者造成更大损失，因此，欣泰电气不能履行回购承诺。欣泰电气的这份公告发布后，没有任何方面强制启动股份回购。

保,公司承诺若发行的证券存在虚假陈述等瑕疵的,公司有义务予以回购,行政机关有权责令其履行。可见,责令回购的实施可以公司的先行承诺为前提,这样可以柔化行政监管色彩,证监会的职责转为敦促公司履行承诺的回购义务。但是,公司在回购承诺中可能对回购的实施机制、回购价格等作出不同规定,而公司对回购方案的设计具有较大的自主权,这样将不利于投资者权益的维护,因此,仅依据公司的先行承诺建构责令回购制度不能实现对投资者利益的充分保护。

(3)侵权责任理论

合同理论并不能解决回购的法理困境,持股投资者均应有权直接向公司主张责任,更为合适的进路为侵权责任。初始投资者和后续投资者均因持有欺诈发行的证券而遭受损失,公司应承担相应的侵权责任。证成侵权的存在,需要从过错、侵权行为、损害结果、因果关系等4个方面考察侵权的成立。

从过错来看,我国《证券法》规定欺诈上市情形下,发行人负无过错责任。同时,实际控制人、控股股东对证券侵权承担过错推定责任。从侵权行为来看,发行人隐瞒交易的重要信息,属于欺诈行为。需要判定隐瞒的信息属于"重要信息",即投资者需要证明公司的信息披露存在虚假陈述、误导或遗漏,且要证明这些信息是重要的,后者往往成为争执的焦点。从损害结果来看,发行人欺诈发行行为使投资者遭受损失。损失的计算需考虑投资成本、投资收入、市场波动等因素。实际上,损失的计算问题由于其复杂性和较强的技术性,对举证提出了较高的要求。从因果关系来看,市场欺诈理论认为,投资者出于对市场信息的信赖作出了投资的决定,可以推定因果关系成立。最高人民法院《关于审理证券市场因虚假陈述引发的民事赔偿案件的若干规定》第18条、第19条也对因果关系的认定进行了明确。因而,发行人的欺诈上市行为构成侵权,可以在侵权责任框架中建构责令回购制度。

侵权法律关系可以作为回购责任的法理基础,但要求投资者证明公司存在虚假陈述、遗漏或误导的信息属于重要信息,且对损害后果进行计算,显然无法满足投资者保护的效率要求。责令回购通过行政手段集合群体诉求,要求欺诈公司承担证券侵权责任,是责令回购制度的效率优势所在。责令回购制度进一步将投资者的救济路径进行限制或改造,以满足行政执法效率的要求。

首先,责令回购限制侵权责任的承担方式。依据民法法理,侵权责任的承担方式包括恢复原状、损害赔偿等多种形式。回购可以视为恢复原状的一种。纯粹的金钱赔偿也能解决投资者损害填平的问题。近年来,理论上也存在将恢复原状进行扩大解释,司法实践中已经出现了以金钱赔偿等形式实现价值上的恢复原状的处理方式。① 在特定情形下,发行人有动机以金钱赔偿形式替代回购证券,如通过保持股票的分散度进而保有上

① 该问题的主要争议为:能否以给付恢复原状的费用替代恢复原状行为。这在很大程度上模糊了恢复原状与损害赔偿的界限。相关讨论参见李承亮:《恢复原状费用赔偿的性质》,载《武汉大学学报》(哲学社会科学版)2019年第4期。

市资格。应该认为,责令回购旨在将证券市场秩序恢复至公司违法发行证券之前的原始样态,允许投资者保有欺诈发行的股票会对公司的退市等问题造成障碍,因此要求投资者接受证券回购方案时一并返还证券有其合理性。换言之,责令回购的恢复原状应作狭义解释,不包括价值上的恢复原状。

其次,责令回购确定了侵权责任的赔付标准。投资者持有欺诈发行的证券即意味着其被迫承受证券限制流动造成的损失,这直接导致交易目的不能实现,故责令回购制度免除了投资者对损害后果的举证责任。例如,《办法(征求意见稿)》对责令回购的价格等进行了限定,要求责令回购的价格依据交易价格与投资者买入价格孰高者确定。对责令回购价格算法的预先确定,有助于避免证券监管机关在执法中享有过大的裁量权。当然,固定的算法无法完全平等地对待受欺诈投资者,投资者有权选择是否接受该算法下的回购方案。若投资者选择另行起诉,则可能对赔偿方案有较大的商讨空间,但必然在效率上有所折损。

可见,"回购"的建构路径为行政机关通过行政干预,命令公司向投资者依据特定算法发出回购要约,以承担证券侵权责任。对救济形式或赔付标准的限定是基于效率的考量,行政机关需要通过完善规则实现高效率基础上的最大化公平。

2. "买回"的建构路径

《证券法》第 24 条第 2 款在发行人的回购责任外,另行规定控股股东、实际控制人的买回责任,即证券监管机关有权责令有责任的控股股东、实际控制人买回证券。"回购"与"买回"含义并不相同,后者强调负有责任的控股股东、实际控制人参与到公司与受欺诈投资者的侵权纠纷中来。在证券欺诈发行中,负有责任的控股股东、实际控制人与受欺诈投资者之间并无契约关系,但控股股东、实际控制人利用公司发行证券实施欺诈,理应向受欺诈投资者承担包括恢复原状在内的侵权责任。"责令买回"要求负有责任的控股股东、实际控制人向受欺诈投资者支付价款,受欺诈投资者返还证券。

值得进一步讨论的是,负有责任的控股股东、实际控制人承担"买回"责任后,证券的所有权是否应向控股股东、实际控制人转移?若对恢复原状进行严格解释,在欺诈发行中,控股股东、实际控制人不曾持有或售出发行的证券,恢复原状后,其亦不应保有买回的证券。公司作为控股股东、实际控制人实施侵权的工具,理应持有买回的证券。公司注销回购的证券,可以恢复至违法发行前的原始状态。另一种解释路径为:控股股东、实际控制人在履行买回责任时,外观上利用自有资金,而非公司募集的资金。买回责任的交易双方为控股股东、实际控制人与受欺诈投资者,证券所有权理应向控股股东、实际控制人转移。若控股股东、实际控制人有权保有买回的证券,则无涉我国《公司法》第 142 条的减资问题。法律未对买回责任下证券所有权的归属予以明确,亦未区分发行人与有责任的控股股东、实际控制人的责任分担方式。

监管部门作出责令回购命令后,发行人应在证监会指定账户中缴存可以足额回购的资金,形成特定用途的资金池(pool of funds),从而可以保证回购义务的履行。有责任的控股股东、实际控制人可以通过缴存资金履行"买回"义务。因此,对"回购"与"买回"的区分的实际意义有限,控股股东、实际控制人的"买回责任"应为发行人回购责任的辅助实现手段。二者共同组成责令回购制度。

三、责令回购的制度设计

责令回购制度建构需要解决两个核心问题。第一,责令回购的启动权限,包括责令回购决定权的归属问题、不同主体在责任回购制度中的权限分配问题;第二,责令回购的实施,具体表现为责令回购的实施条件、回购价格、回购对象等。

(一)责令回购的启动权限

1. 证券监管机构享有责令回购决定权

我国《证券法》第24条授予证监会对证券违法行为独立的行政执法权,其可以直接作出回购命令。这不同于我国香港特区的实践,依据香港特区《证券及期货条例》,香港证监会需向法院提出申请,法院作出裁判,回购的决定权在法院而非证监会。上市公司的证券回购涉及利益众多,责令回购的命令需要审慎作出。启动责令回购的最终权力应赋予证券监管机构还是司法机关是制度设计中需要考虑的问题。

内地证券市场不具备香港模式的移植条件。若将责令回购的终局决定权交由法院,则将难以确定责令回购的申请主体。普通投资者、中证中小投资者服务中心(以下简称投服中心)等投资者保护机构不宜向法院申请,原因在于上述主体可以通过个体诉讼或代表人诉讼要求公司承担欺诈发行责任,法院基于上述主体申请作出裁判应归入诉讼救济的范畴,由证监会向法院提出回购申请亦不合理。然而,证券监管机关具备专业知识及市场数据,较法院更易于对证券欺诈行为作出准确判断。此外,由法院决定责令回购有损监管效率要求。法院从受理申请到查明案件事实需要耗费大量时间,不能及时回应投资者的回购诉求。

《证券及期货条例》赋予了香港证监会过于宽泛的执法权,因此需要司法权予以制约,这也导致了香港法院驳回香港证监会申请的情况时有发生。香港证监会在对公司欺诈发行仅有初步的怀疑时就有权提起回购要求,显然内地证监会的标准要更为严格。内地证监会的权力行使应具备充分的依据,这是提高执法公信力与准确性的必然要求。内地证券监管机构的行政权力需经法律的明确授权,应从两个方面对证券监管机构的裁量权进行限制。第一,明确责令回购制度的适用情形、实施标准,限制证券执法的自由裁量权,增强外界对证券监管的预期;第二,保障行政复议、行政诉讼等监督渠道的畅通、有效。

2. 公司不享有对回购方案的表决权

依据《公司法》第124条的规定,回购一般属于公司内部决议事项,原理在于公司回购本公司股份,涉及公司资本结构的变动,需要股东决议或董事作出商业判断。香港证监会在责令回购实施的过程中,亦允许公司以股东大会决议的形式决定是否接受证监会提出的回购要求。

赋予内地上市公司对责令回购方案的表决权不具有合理性。首先,"责令"要求回购命令具有强制性,行政相对人仅能通过行政复议或行政诉讼的形式提出异议。倘若公司有拒绝回购命令的权利,则责令回购仅为证监会作出的行政指导行为,行政复议和行政诉讼亦无存在的必要。其次,以公司决议的形式对责令回购方案进行表决具有结果上的不确定性。一方面,股东大会中的控股股东、实际控制人等有意愿通过回购方案消除违法后果,进而换取较轻的行政处罚,但有责任的控股股东、实际控制人与欺诈行为具有直接关系,可能需要排除其表决权;另一方面,对于在证券发行前持股的中小股东来说,履行回购义务势必导致公司资产大幅减损,进而稀释其股权价值,因此欠缺通过回购方案的积极性。若仅由持股比例有限的受欺诈股东对回购方案作出表决,也缺乏足够的正当性。可见在股东大会中,股东利益的分歧导致决议结果存在不确定性,且排除任一方表决权均难言合理。此外,股东大会的召集与召开耗时持久,亦会影响投资者救济的效率。

(二)责令回购的实施

1. 责令回购的适用条件

《证券法》第24条规定发行人"隐瞒重要事实"或者"编造重大虚假内容"时,证券监管机构有责令回购的权力。并非发行人在发行阶段的所有的虚假陈述均可以引发责令回购,欺诈发行必须要达到严重的程度。判断"重要"或"重大"可以参考以下两个标准:第一,公司虚假陈述的内容补正了其发行条件,即公司的欺诈行为对骗取发行资格产生了决定性作用;第二,发行人隐瞒的事实或编造的虚假内容对投资者是否认购证券产生实质性的影响。实践中,公司虚假陈述多表现在虚造财务数据,以骗取上市资格及诱使投资者购买其证券。若发行人虚假陈述的不完整性和不真实性未达到重大的程度,则证券监管机构不应作出责令回购的命令。

是否作出责令回购的行政命令属于证券监管机关的裁量权范围,证券监管机关对获知的涉嫌欺诈发行的线索进行调查,综合考虑欺诈的程度、责令回购实现的可行性,谨慎作出责令回购的要求。

2. 责令回购的适用投资者范围

《办法(征求意见稿)》规定责令回购的投资者范围为"自发行人首次公开发行,至欺诈发行揭露日期间买入股票,且在回购时仍然持有股票的投资者"。该类投资者受到虚假陈述的影响而持有股票,理应受到责令回购制度的救济。其中,"欺诈发行的揭露日"值得进一步讨论,《办法(征求意见稿)》将"揭露日"界定为"欺诈发行在全国范围发行或者播放的报刊、电台、电视台等媒体上,或者在权威的网络媒体上首次被公开揭露之日"。若遵照该定义,证券欺诈的消息可能在"揭露日"之前即被市场得知,并可能导致股价下跌和部分投资者抛售证券。上述投资者在欺诈披露日前卖出证券,并因欺诈发行遭受损失的,是否有权要求予以救济?应当认为,历史投资者若有证据证明其因欺诈发行遭受经济损失,其有权以诉讼等形式要求损害赔偿。责令回购制度语境下,回购的主体仅限于在揭露日后仍持有证券的投资者,这是实现回购的形式要件。

并非证券欺诈披露时所有证券持有者均有权参与回购。控股股东、实际控制人及其关联方对公司的欺诈上市存在过错,其持有的证券不应成为责令回购的对象;公司的董事、监事、高管在证券发行过程中有违信义义务,应排除对其持有的证券的回购安排;公司公开发行上市前即持有股份的原始股东并未受到证券虚假陈述的影响,不应列入回购对象;在科创板要求的保荐人跟投制度下,[①]保荐人对公司欺诈发行负有重要责任,不同于一般投资者,其有能力对跟投对象进行充分调查,故不应将保荐人跟投的证券作为责令回购的对象;在欺诈发行行政处罚中被认定的其他责任人持有的证券亦应排除在回购对象之外。德国《交易所法》第45条对回购的免责条款进行了说明,规定若投资者在购买时期明知招股说明书不正确或者不全面或招股说明书中不正确或者不全面的信息所包含的事实未导致有价证券交易所的价格下跌,则免除相关责任人的回购义务。

随着发行后时间的推移,股票换手率上升,为责令回购的实施增加了诸多不确定性。后续投资者受招股文件虚假陈述的影响逐步减弱,因此应当对责令回购的适用期限予以限制。比较法上,德国法规定适用回购的购买交易需是在招股说明书公布后且证券发行后6个月内订立的。用时间来限制股票换手率,并非一个精当的控制手段,但在有限的时间内股票的换手次数可以得到一定程度上的控制,限定责令回购的适用期间是低成本的制度设计方案。我国证券市场个体投资者盲目性高,投机心理明显,其在二级市场的投资行为受到证券发行文件虚假陈述的影响有限,借鉴德国法规定6个月的适用期限是合理的选择。若设定回购期限,则需要保证在期限经过后,投资者依然保有救济手段维护自身利益,期限的设定应以制度的完备为前提。

3. 责令回购的价格

责令回购的价格是责令回购实施中最关键、最复杂的部分,责令回购价格的确定需要以特定时点的证券价格为参考,主要包括发行价格、证券持有人买入价格、交易价格(停牌日价格)、揭露日价格等。回购价格的确定存在如下方案。

方案一:回购价格参照发行人证券发行价加证券发行后至回购时相关期间银行同期存款利息确定。该回购价格标准被多家科创板上市公司的事先承诺部分采纳。[②] 该方案不关注证券发行后的价格变动,直接以发行价为基础对二级市场上的证券进行回购。此方案不能保护投资者的投资预期,当证券价格上涨时,投资者无法保有预期收益。此外,后续投资者的证券买入价格可能远高于证券发行价格,以发行价为基准回购可能会使后续投资者遭受直接损失。

方案二:回购价格参照证券揭露日/停牌日价格确定。我国香港证监会在洪良国际案中采取了该种价格方案。该方案实施的前提是欺诈发行并未被市场得知,若欺诈发行信息在揭露日前流入市场并直接导致证券价格下跌,停牌价处于低位时,该价格方案不能有效保护投资者利益。

---

① 上海证券交易所发布的《科创板股票发行与承销业务指引》中,明确要求保荐券商跟投科创板上市公司,其跟投比例为2% ~5%,具体根据发行人首次公开发行股票的规模分档,锁定期为2年。

② 例如,泽璟制药(688266)、万德斯(688178)等在上市公告书中承诺上市后回购价格"以发行价为基础并参考相关市场因素确定",高测股份(834278)则将承诺回购价格以"本次公开发行股票的发行价加上同期银行存款利息"确定。

方案三:回购价格参照证券持有人买入证券价格确定。该方案在一定程度上保护了后续投资者的利益,方案避免了证券持有人投资款的损失,但不保护投资者的预期投资收益。

方案四:回购价格参照证券交易价格与证券持有人买入价格孰高者为基准确定。该方案规定于《办法(征求意见稿)》中,是对投资者的倾斜性保护,在一定程度上保护了投资者的预期收益。

方案五:回购价格参照证券交易价格、证券持有人买入价格、证券发行价格孰高者为基准确定。该方案旨在杜绝公司因为履行回购义务尚能盈利的可能性,但可能使公司付出较大的成本。对于后续投资者来说,将发行价作为参考基准之一并无依据,存在矫枉过正之嫌。

在上述回购价格设计中,存在以下3个基本的考量因素:第一,保障投资者取回投资款;第二,保护投资者的投资预期;第三,避免公司因违法行为获利。投资者在欺诈发行中并无过错,保障投资者取回投资款是价格方案设计的底线要求。在此基础上,应保护投资者对市场的信赖,若证券的交易价格高于投资者买入证券时的价格,则按照证券交易价格回购证券有助于维护投资者的信心,亦可激励投资者接受回购方案,尽快恢复市场秩序。避免公司因违法行为获利不必成为价格回购方案的当然考量因素,在责令回购实施完成后,证券监管机构依然可以通过行政处罚等对责任人进行惩处。因此,《办法(征求意见稿)》设计的方案四有其合理性。

四、责令回购与相关法律制度的衔接

责令回购制度是公权力为私利救济提供的辅助实现方式,具有其相对独立性。证券监管机构在证券市场监管中,应对欺诈发行线索进行判断,及时作出停止交易、冻结募集资金等先行措施,依据公司的欺诈发行的严重程度,准确地作出责令回购命令。积极适用责令回购制度,方能发挥其效率性优势。责令回购制度是投资者救济的便捷方案,在制度设计上应与其他投资者救济机制相衔接,从而形成全方位、体系化的投资者权益保护机制。

(一)责令回购与民事诉讼

责令回购是对违法公司的强制约束,而非意在拘束投资者,投资者并无接受回购方案的义务。受欺诈投资者对回购方案享有选择权,投资者若不同意回购方案,则有权另行提起民事诉讼。证券民事诉讼由投资者主动发起,且承担相应的举证责任。有争议的是,允许投资者提起民事诉讼意味着投资者有权以侵权后恢复原状等为由要求上市公司承担责任。此类诉讼理由正是责令回购的法理基础。而投资者以民事诉讼形式主张权利存在以下可能:(1)以欺诈或侵权为由主张恢复原状(并赔偿损失),即归还证券的同时要求公司返还出资款;(2)以侵权为由主张金钱赔偿,不返还证券。换言之,在程序上无法排除投资者通过民事诉讼方式主张回购证券的可能。为了确保责令回购制度发挥其效率价值,应对其与证券民事诉讼做如下区分:首先,投资者在民事诉讼中主张回购价格参照责令回购算法确定的,人民法院不予支持;其次,相关责任人在责令回购程序中对投资者损失补偿的承诺等事项不应作为民事诉讼程序中法院审理的依据;最后,若投资者接受回购方案,则意味着其放弃通过民事诉讼等途径主张其他赔偿的权利。为保障回购方案的顺利推进,在回购方案发布的一定期限内,投资者有选择拒绝的权利,犹豫期间(cooling-off period)经过后,视为投资者默示接受回购方案。

(二)责令回购与证券行政和解

证券行政和解指被监管主体与行政机关就特定被调查行为的处理达成合意,通过为或不为特定行为代替行政处罚,实现终结案件的目的。证券行政和解往往与公司主动承认违法行为相联系。万福生科案、海联讯案均出现主动承担责任,以换取从轻处罚的先例。证券行政和解双方为上市公司与证券监管机构,行政机关与行政相对人互相妥协,"凸显的更多是行政执法的教育与补救功能,而非惩罚的功能"。[①]

行政和解制度在一定程度上可以促使欺诈上市公司通过积极赔付等行为换取较轻的处罚。行政和解制度实际上是证券市场上监管成本和监管效益进行博弈的结果,以实现用有限的监管资源来解决问题。行政和解制度存在其积极意义。法律永远存在滞后性,行政和解有利于降低证券监管机构对新类型的不当行为进行标准化的成本,实现监管收益的最大化。但应用行政和解制度实现投资者利益保护存在以下几个问题。

第一,行政和解的结果往往因具体情形而异,难以形成可复制的标准化程序。行政和解具有不确定性,参与行政和解并非证券监管机构或公司的当然义务,法院亦难以对行政和解结果的合理性作出判断,行政和解本身即以牺牲违法行为界定的精准性为前提。欺诈发行与公众利益相联系,不确定的行政和解结果难以给公众稳定的执法预期。

第二,由于投资者股权分散且诉求不一,和解程序难以作用于公司与个体投资者之上。因此,证监会作为受欺诈投资者的代理人参与到和解过程中,证监会目的在于促使双方达成投资者利益保护的安排,但证监会能否为达成和解协议代表投资者作出让渡自身权益的决策呢?若赋予证券监管机构过大的裁量权,则可能为权力寻租提供空间,影响了行政执法的公信力。受欺诈投资者未必认同行政和解的协议,这也为行政和解协议的执行带来了隐患。

第三,行政机关在和解协议中一般对上市公司违法行为的性质做模糊化处理,且可能在协议中放弃对公司的后续责任追究,但行政和解未必具有定性上的终局性,若后续需要对公司违法行为作出进一步的判定,行政和解的效力可能受到冲击。

因此,证券监管机构不应在行政和解上享有广泛的自由。责令回购与行政和解应当在适用情形上区别且衔接。行政和解制度仅在查清违法事实困难或将耗费极大执法资源的情形下,有补充适用的价值。证券行政和解协议主要涉及对公司违法行为的处罚及公司主动消除违法后果的安排,其中必然涉及投资者权益。证监会有必要在行政和解前以投资人会议的形式知晓投资者的主要诉求,并在和解中最大限度地维护投资者的利

① 吴陶:《论我国证券行政执法领域和解制度之构建》,载《云南大学学报》(法学版)2013年第2期。

益。但和解结果的不确定性决定了其对投资者利益的分配安排并不具有终局性，投资者在和解协议之外仍保有寻求民事赔偿的权利。

具体而言，若证监会对公司存在欺诈发行行为有初步的怀疑，则其不能径直提起责令回购的要求，但公司有权通过主动回购等方式消除违法后果，实现行政和解，避免证监会的进一步处罚；若证监会掌握的证据达到相当的程度，此时证监会可以申请冻结等行政强制措施，并依法作出责令回购的行政命令，此时对公司欺诈的行为应当准确查明，不存在行政和解的空间。但此时行政相对人可以主动承认违法情况，行政机关在作出行政处罚决定时，可以酌情考量欺诈公司主动承认违法行为的情节，进而从轻或减轻处罚。

（三）责令回购与债权人保护

“在传统公司法理论中，公司是一种资本集合的形式，确定的资本是公司独立主体资格的外观要件之一，是经营活动的物资基础和信誉的实质担保。”①资本维持原则要求公司需要维持与资本总额相当的财产。上市公司回购欺诈发行的股份后涉及减资，这与资本维持原则存在直接的冲突。如果允许公司任意减少资本，将“涉及公司法人财产运作基础的变化，而且会影响公司股东权利义务履行的扩张与缩减，关乎债权人等第三人之利益”。② 随着近年来公司法的发展，传统的资本维持原则受到较大冲击，③资本维持原则的实现方式愈加灵活。有观点指出，资本维持只是一种相对的维持，不是不得减损，而是禁止公司将资本非法返还给股东。④ 故对资本维持原则的准确理解是资本不得不当减损。责令回购是公司基于法律要求进行的减资活动，应当认为是在法律许可的范围内，其后果应当被资本维持原则所接受。

即便可以通过对资本维持原则的合理解释，将责令回购与资本维持原则相协调，但公司因履行回购义务将公司债权人置于不利境地是不争的事实。公司因履行回购义务导致公司偿债能力的减损，制度设计应调和受欺诈投资者救济与债权人保护之间的矛盾。依据债务发生时间的不同，债权人的权利保护方式存在差异。可以以债务发生时间顺序将债务分为以下类型（见图1）。

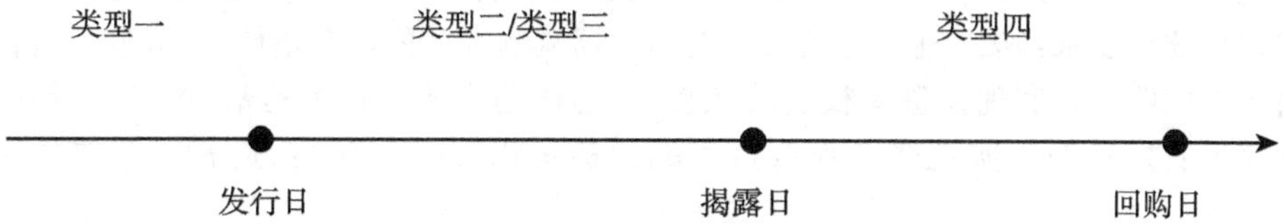

图1　证券欺诈发行公司的债务类型划分

---

① 赵万一：《资本三原则的功能更新与价值定位》，载《法学评论》2017 年第 1 期。

② 郑曙光：《公司减资的比较法考察》，载《四川大学学报》（哲学社会科学版）2004 年第 2 期。

③ 相关论述参见赵旭东：《从资本信用到资产信用》，载《法学研究》2003 年第 5 期；施天涛：《公司资本制度改革：解读与辨析》，载《清华法学》2014 年第 5 期。

④ 参见张保华：《资本维持原则解析——以“维持”的误读与澄清为视角》，载《法治研究》2012 年第 4 期。

类型一:债务产生于发行日前。债务发生时,公司尚未公开发行证券,揭露日后公司通过减资消除违法发行后果,并未对债务发生时的资本信用产生实质性改变。此时债权人无权以保护债权为由,排斥公司回购减资的权利,亦无权要求公司在履行回购义务前对公司债务提前清偿或作出担保。

类型二:债务产生于发行日后、揭露日前,债权人与公司的债权债务关系之设定受到欺诈发行的影响。债权人基于对公司上市资质的认可而对公司的资信产生错误的评估,进而与公司产生债权债务关系。此时债权人亦为受欺诈方,需要对债权人的权益予以救济。债权人应有权要求公司提前清偿债务或提供担保。

类型三:债务产生于发行日后、揭露日前,债务产生时债权人知道或应当知道公司存在欺诈发行行为,此时债权人应承受公司未来因回购减资进而减损偿债能力的风险,其无权要求公司提前清偿债务或提供担保。

类型四:债务产生于揭露日后,债权人已经知晓欺诈发行的事实。此时债权人应当知道公司未来的偿债能力或有大幅减损。此时债权人的交易或担保行为应视为自担风险,其无权排斥公司通过履行回购义务减资,亦无权要求公司提前清偿债务或提供担保。

综上,仅当债务产生于公司欺诈发行后、揭露日前,且债权人不知公司存在虚假陈述的,债权人有权要求公司提前清偿债务或提供担保。

(四)责令回购与退市制度

责令回购与退市制度联系紧密。责令回购的实施会造成公司流动股比例降低,进而可能导致公司不符合股票分散度等上市条件。对此问题,我国香港证监会在洪良国际案上的处理思路为:先责令洪良国际回购发行在外的股份,后香港证监会以公司流通股份不满足上市条件为由终止其上市资格。香港证监会的做法值得借鉴。先保护投资者,再要求公司退市的做法可以实现上市公司退出机制的畅通。当然,若责令回购执行不畅,证券监管机构依然可以因发行人构成重大违法而强制其退市。

可见,责令回购制度对于畅通退市渠道具有积极意义。其一,责令回购制度可能导致公司满足退市的条件,公司因为股份回购导致在外流通股减少,从而低于证券交易上市的最低比例要求;其二,退市也可以作为责令回购制度后的惩戒措施,证券监管机构先通过责令回购制度实现投资者权益的救济,再通过退市机制惩戒违法、维护市场秩序。如此制度安排有助于实现受欺诈投资者的提前退出,从而实现投资者利益的最大化保护。

(五)责令回购与破产制度

依据我国《企业破产法》第2条的规定,法院宣告破产的原因是公司清偿不能且资不抵债或公司明显丧失清偿能力。公司欺诈发行被要求责令回购的,公司可能因为回购义务的履行而陷入清偿不能,进入破产程序。此时,公司负有因回购要求而产生的债务和因其他交易产生的一般债务。破产情形下责令回购义务履行问题的核心争议在于受欺诈投资者和一般债权人的保护顺位问题。若将证券监管机构先行申请冻结的回购资金纳入公司破产财产,则受欺诈投资者和公司一般债权人平等受偿。而若将冻结的回购资金纳入破产别除权的对象，则回购义务会被优先履行。笔者认为，在破产情形下，责令回购义务应该优先履行。

首先，招股说明书等文件是投资者在证券市场中认购证券的唯一依据。若招股文件出现虚假记载，则公司如实披露是消除信息不对称的唯一途径。而在现代商业中，信用评级机制、担保机制等可以有效评估公司的资信状况，进而减少借贷或交易风险。因此，一般债权人对公司因履行回购义务而不能清偿债务并非完全没有过错，受欺诈投资者应该置于优先保护的位置。

其次，债权人与公司的债权债务关系是一对一、可拆解的；而受欺诈投资者与公司的回购关系是一对多、难以拆解的。① 后者涉及的利益主体更多，关系更为复杂，风险外溢性更强。此外，在我国，受欺诈投资者的保护问题与社会稳定密切相关，法律政策上可能对受欺诈投资者给予倾斜性保护。

五、结语

证券发行是证券市场融资功能实现的基础。投资者作为公司上市融资的资金供给方，是资本市场的基石。监管制度的设计应以拓宽投资者的救济途径、提高投资者的救济效率为出发点。我国投资者的传统维权途径有限，证券诉讼尚不成熟，适度扩张行政权力以实现投资者救济是有益的制度尝试。责令回购制度的确立具有重要意义。但当前我国责令回购制度设计过于原则化，制度的解释与建构任重道远。

责令回购的制度逻辑是以行政权调和上市公司与投资者的法律关系，首要目的是保护受欺诈发行而遭受不利益的投资者。回购本质上属于侵权责任的恢复原状，公权力基于效率考量介入私利救济的过程中。投资者在免于举证、节省诉讼成本的同时，也需要付出遵照特定算法下的赔偿方案的代价。在制度实施过程中，发挥制度的效率性功能，克服制度的机械性弊端，是执法实践中需要探索总结的重点。

责令回购机制是投资者多元化救济手段的一种。责令回购制度的精细化、私力救济手段的丰富化是保护证券市场投资者权益的一体两翼。“过分依赖公力救济、忽视私力救济的主张，不利于建立投资者的信心，也不利于规范证券市场秩序。”②因此，在责令回购制度外，进一步便利投资者私力救济，是证券市场良性发展的制度保障。

在注册制改革背景下，要想实现“买者自负”，首要落实“卖者尽责”。中国证券市场的发展离不开规则设计者的包容进取与锐意革新，证券监管机构应当将反欺诈作为证券市场监管的核心任务，通过与时俱进的制度完善回应证券市场的新变化，用科学的制度推进中国资本市场发展是当今学界与实务界的新使命。

---

① 参见陈刚、林剑峰：《论现代型诉讼对传统民事诉讼理论的冲击》，载《云南法学》2000 年第 4 期。

② 叶林：《探索适合证券市场大规模侵权纠纷解决的新型机制》，载《投资者》2018 年第 4 期。

征 稿 启 事

《商法界论集》由中国社会科学院法学研究所商法研究室主办,旨在繁荣商法学理论研究、促进商事法治发展。本书设专题研讨、论文、案例评论、研究报告、书评、优秀硕士学位论文选登等栏目,每年出版两卷。诚邀国内外高等院校、科研机构、实务部门的专家学者及博士生、硕士生惠赐佳作。

一、投稿要求

1. 稿件尚未公开发表,主题属于商事法领域,包括但不限于商法基础理论、公司法、证券法、期货法、信托法、破产法、保险法、票据法、金融法、海商法等。

2. 请在文章首页脚注内注明作者姓名、单位、职称、电话、邮箱、地址及邮编。

3. 写作规范,篇幅一般应在8000字以上,附300字摘要及5个以内关键词。

4. 文章注释采用全文脚注形式,以连续序号标注,所有脚注均不简写。

5. 邮件标题和Word文件命名格式均为:作者姓名+文章标题。

6. 投稿邮箱:shangshifa@126.com,投稿之日起一个月内告知审稿结果。

二、注释体例

1. 中文专著

邹海林:《破产法——程序理念与制度结构解析》,社会科学文献出版社2017年版,第56页。

叶林主编:《期货期权市场法律制度研究》,法律出版社2017年版,第10页。

[意]F.卡尔卡诺:《商法史》,贾婉婷译,商务印书馆2017年版,第6~7页。

2. 中文论文

陈甦:《资本信用与资产信用的学说分析及规范分野》,载《环球法律评论》2015年第1期。

曹兴权:《商事指导性案例中规则续造推理的规范性》,载陈洁主编:《商事指导性案例的司法适用》,社会科学文献出版社2017年版,第132页。

3. 外文文献:引用著作的,书名用斜体;引用论文的,文章名用正体,期刊名用斜体。多个作者之间用逗号。

Steven L. Emanuel, *Torts*, CITIC Publishing House, 2003, p. 149.

Richard A. Posner, "The Decline of Law as an Autonomous Discipline: 1962 - 1987", *Harvard Law Review*, Vol. 100, No. 4 (1987), pp. 761 - 780.

图书在版编目(CIP)数据

商法界论集. 第6卷 / 陈洁主编. -- 北京 : 法律出版社, 2020
ISBN 978-7-5197-5150-0

Ⅰ. ①商… Ⅱ. ①陈… Ⅲ. ①商法-中国-文集
Ⅳ. ①D923.994-53

中国版本图书馆CIP数据核字(2020)第229445号

商法界论集(第6卷)
SHANGFAJIE LUNJI (DI-6 JUAN)

陈 洁 主 编
夏小雄 唐林垚 副主编

策划编辑 沈小英
责任编辑 刘晓萌
装帧设计 马 帅

出版 法律出版社
总发行 中国法律图书有限公司
经销 新华书店
印刷 北京虎彩文化传播有限公司
责任校对 杨锦华
责任印制 吕亚莉
编辑统筹 法治与经济出版分社
开本 710毫米×1000毫米 1/16
印张 16.5
字数 375
版本 2020年12月第1版
印次 2020年12月第1次印刷

法律出版社/北京市丰台区莲花池西里7号(100073)
网址/www.lawpress.com.cn
投稿邮箱/info@lawpress.com.cn
举报维权邮箱/jbwq@lawpress.com.cn
销售热线/400-660-8393
咨询电话/010-63939796

中国法律图书有限公司/北京市丰台区莲花池西里7号(100073)
全国各地中法图分、子公司销售电话:
统一销售客服/400-660-8393/6393
第一法律书店/010-83938432/8433　西安分公司/029-85330678　重庆分公司/023-67453036
上海分公司/021-62071639/1636　深圳分公司/0755-83072995

书号:ISBN 978-7-5197-5150-0　**定价**:96.00元